SCHRÖTER / BECKER

Die deutsche Maschinenbauindustrie in der industriellen Revolution

ALFRED SCHRÖTER / WALTER BECKER

Die deutsche Maschinenbauindustrie in der industriellen Revolution

AKADEMIE-VERLAG · BERLIN · 1962

VERÖFFENTLICHUNGEN DES INSTITUTS
FÜR WIRTSCHAFTSGESCHICHTE
AN DER HOCHSCHULE FÜR ÖKONOMIE BERLIN-KARLSHORST

HERAUSGEGEBEN VON PROFESSOR DR. HANS MOTTEK

BAND 2

Erschienen im Akademie-Verlag GmbH, Berlin W 8, Leipziger Straße 3-4

Lizenznummer: 202 · 100/139/62
Gesamtherstellung: IV/2/14 · VEB Werkdruck Gräfenhainichen · 1734
Bestellnummer: 2109/2 · ES 5 B 2/14 E

INHALT

VORWORT

Da die Maschinen, welche die technisch-ökonomische Seite der industriellen Revolution charakterisieren, auch gebaut werden mußten, sollten die Probleme des Maschinenbaues bei jeder Darstellung jener Umwälzung eine wesentliche Rolle spielen. Diese Feststellung klingt so selbstverständlich, so trivial, daß man Hemmungen hat, sie niederzuschreiben. Wenn dennoch die Gefahr besteht, diese einfache Wahrheit selbst in bezug auf die klassische industrielle Revolution Englands zu vernachlässigen, so hängt das mit der bekannten Tatsache zusammen, daß die Fertigung zunächst nicht industriell, d. h. mittels Maschinen erfolgte. Wenn diese Gefahr sogar für Deutschland noch mehr besteht, so beruht das auf der weitverbreiteten, aber f a l s c h e n Ansicht, daß hier die Maschinen und Apparate der industriellen Revolution — jedenfalls in den ersten Stadien — importiert wurden.

Die vorliegenden Untersuchungen aber gehen von der grundlegenden Bedeutung des deutschen Maschinenbaues für die industrielle Revolution, für die Verwandlung Deutschlands in einen Industriestaat, für den aufsteigenden deutschen Kapitalismus aus. Und dieser Ausgangspunkt läßt es auch als berechtigt ansehen, sie als zweiten Band der Veröffentlichungen unseres Instituts für Wirtschaftsgeschichte über die industrielle Revolution erscheinen zu lassen.

Dem Herausgeber dieser Veröffentlichungen möge aber abschließend noch erlaubt sein, die Hoffnung auszusprechen, daß die beiden jungen, aus der Arbeiterklasse hervorgegangenen Autoren mit diesem Band für die ebenfalls noch junge Geschichtswissenschaft unserer Deutschen Demokratischen Republik Ehre einlegen mögen, für unsere Republik, die jetzt einen entscheidenden Beitrag für den Frieden in Europa und der ganzen Welt leistet.

Berlin, den 16. 10. 1961

Hans Mottek

DIE ENTSTEHUNG DER DEUTSCHEN MASCHINENBAUINDUSTRIE IN DER ERSTEN HÄLFTE DES 19. JAHRHUNDERTS

Von Alfred Schröter

VORWORT

Die deutsche Wirtschaftsgeschichte des 19. Jh. ist noch reich an ungelösten Problemen. Aber die Erforschung dieser Probleme ist von großer Bedeutung, vollzieht sich doch in jenem Jahrhundert in Deutschland die Herausbildung des modernen Industriekapitalismus, die Entstehung der beiden Hauptklassen der kapitalistischen Gesellschaftsordnung: Bourgeoisie und Proletariat.

Die Wirtschaftshistoriker der Deutschen Demokratischen Republik haben in der vergangenen Zeit bereits zahlreiche Arbeiten vorgelegt, die Kenntnis von den Anfängen der kapitalistischen Industrie in Deutschland geben. Diese Arbeiten befassen sich jedoch überwiegend mit der Entstehung der kapitalistischen Leichtindustrie. Der Marxsche Grundsatz aber, daß die Abteilung I der gesellschaftlichen Produktion stets vorrangig vor der Abteilung II wachsen muß, sowie die unbestreitbare Tatsache, daß keine Leichtindustrie ohne vorherige Entwicklung der Produktionsmittel erzeugenden Industrie entstehen kann, machten es mir wertvoll, mich mit der Entstehungsgeschichte eines wichtigen Teiles der Produktionsmittelindustrie, des Maschinenbaus, in Deutschland zu beschäftigen.

Die Arbeit entstand in den Jahren 1956/57 als Dissertationsschrift an der Hochschule für Ökonomie Berlin-Karlshorst und soll nunmehr auf diesem Wege, in einigen Details verändert oder ergänzt, der Öffentlichkeit unterbreitet werden. Ich hoffe, damit zur Abrundung und Vervollständigung des Bildes vom beginnenden deutschen Industriekapitalismus, besonders des Bildes von der industriellen Revolution in Deutschland, beitragen zu können. Insbesondere hoffe ich, bei der Klärung der Rolle und Bedeutung des deutschen Maschinenbaus in diesem Prozeß helfen und auch einige nicht mehr haltbare Auffassungen über diese Rolle und Bedeutung korrigieren zu können.

An dieser Stelle möchte ich es nicht versäumen, meinen besonderen Dank meinem Lehrer, Herrn Professor Dr. Hans Mottek, auszusprechen, dem ich nicht nur für die vielen wertvollen Hinweise und die eifrige Betreuung bei der Abfassung dieser Arbeit, sondern auch für meine ganze bisherige wissenschaftliche Entwicklung außerordentlich verpflichtet bin. Für zahlreiche wertvolle Hinweise danke ich ferner Herrn Professor Dr. Jürgen Kuczynski, der überdies der Erforschung der in dieser Arbeit behandelten Probleme mit großem Interesse gegenüberstand. Mein Dank gilt nicht zuletzt auch den Mitarbeitern des Deutschen Zentralarchivs, Abt. Merseburg, des Sächsischen Landeshauptarchivs Dresden sowie des Stadtarchivs Karl-Marx-Stadt, die mir beim Auffinden und Auswerten des Quellenmaterials ratend und helfend zur Seite standen.

Berlin, im November 1959

Alfred Schröter

EINLEITUNG

„Um im Kampf gegen idealistische und vulgärmaterialistische Entstellungen die ökonomischen Grundlagen der Klassenkämpfe der deutschen Werktätigen darzustellen und die deutsche Geschichte als einen gesetzmäßigen Prozeß zu zeigen, müssen die Historiker — gemeinsam mit den Wirtschaftswissenschaftlern — das Wirken der ökonomischen Gesetzmäßigkeiten, vor allem der Entwicklung der Produktivkräfte und des Charakters der Produktionsverhältnisse, in den einzelnen Perioden der deutschen Geschichte erforschen." [1] So heißt es in dem Beschluß des Zentralkomitees der Sozialistischen Einheitspartei Deutschlands, der für die Historiker der DDR richtungweisend geworden ist. Und unter den wichtigsten Komplexen, die zur Verwirklichung des oben Dargelegten der baldigen Erforschung harren, nennt der Beschluß „die industrielle Revolution in Deutschland".[2]

Der Forderung dieses Beschlusses zu entsprechen, war das Ziel der vorliegenden Arbeit. Gerade die Periode der industriellen Revolution in Deutschland ist bei der Untersuchung der Entwicklung von Produktivkräften und Produktionsverhältnissen in Deutschland von außerordentlicher Bedeutung. Die Zeit der industriellen Revolution ist die Zeit der Entstehung des modernen Industriekapitalismus in Deutschland, ist damit die Zeit der Herausbildung von moderner Bourgeoisie und modernem Proletariat und ihrer Konstituierung als Klassen.

Die Beschäftigung mit der industriellen Revolution in Deutschland hat in jüngster Zeit noch eine besondere Aktualität erhalten. Die gewaltigen Veränderungen, die sich gegenwärtig auf dem Gebiete der materiell-technischen Produktion vollziehen oder anbahnen, wie zum Beispiel die friedliche Anwendung der Atomenergie oder die Automatisierung, haben eine ganze Reihe bürgerlicher Historiker und Ökonomen zu der Ansicht gelangen lassen, daß diese Veränderungen als eine „zweite industrielle Revolution" zu kennzeichnen seien, eine These, die vor allem von den westdeutschen SPD-Theoretikern begierig aufgegriffen wurde. Die Schöpfer und Verteidiger dieser These aber gehen an die sich gegenwärtig vollziehenden Veränderungen nur von der technischen Seite heran und stellen vor allen Dingen ihre „zweite industrielle Revolution" der Kernfrage der heutigen Zeit, der gesellschaftlichen Entwicklung, die zum Siege des Sozialismus führt, entgegen. In zahlreichen Veröffentlichungen haben inzwischen besonders sowjetische Wissenschaftler nachgewiesen, daß von einer „zweiten industriellen Revolution" nicht gesprochen werden kann und daß diese These zur bewußten Irreführung der werktätigen Massen, besonders in Westdeutschland, benutzt wird.

Die Widerlegung der These von der „zweiten industriellen Revolution" ist um so leichter, je genauer man sich mit der wirklichen industriellen Revolution im 19. Jh. vertraut gemacht hat.

[1] Die Verbesserung der Forschung und Lehre in der Geschichtswissenschaft der Deutschen Demokratischen Republik (Beschluß des Zentralkomitees der Sozialistischen Einheitspartei Deutschlands). In: „Zeitschrift für Geschichtswissenschaft", Jg. 1955, H. 4, S. 516.

[2] Ebenda.

Die industrielle Revolution in Deutschland war nämlich eine Zeit gewaltiger *gesellschaftlicher* Veränderungen und trägt daher mit Recht diesen Namen.
So notwendig schon aus diesem aktuellen Anlaß die Kenntnis von der industriellen Revolution in Deutschland ist, so bedauerlich ist es andererseits, daß diese Zeit bisher in ungenügendem Maße durchforscht worden ist. Es gibt u. a. bis zur Zeit keine zusammenfassende Darstellung der Geschichte der deutschen Industrie, auch keine zusammenfassende Darstellung der industriellen Revolution in Deutschland. Auch die frühere deutsche bürgerliche Geschichtsschreibung hat solche Darstellungen unversucht gelassen. Was der Historiker heute auf diesem Gebiete vorfindet, das sind Abhandlungen über die Geschichte einzelner Zweige der Industrie, und zwar jener Zweige, die in der zu behandelnden Zeit eine augenscheinlich dominierende Rolle gespielt haben, wie vor allem die Textilindustrie. Solche Abhandlungen, überwiegend von bürgerlichen Historikern verfaßt, sind für den Bereich des Bergbaues und des Hüttenwesens schon weniger zahlreich, um für den Maschinenbau schließlich fast gänzlich zu fehlen. Lediglich Einzeluntersuchungen liegen hier vor.

Wir haben also in diesem Falle eine beträchtliche Lücke in der wirtschaftshistorischen Forschung, die schließen zu helfen der Verfasser bemüht gewesen ist. Dies ist um so wichtiger, da ohne eine Analyse der Entwicklung der deutschen Maschinenbauindustrie eine exakte Darstellung der industriellen Revolution in Deutschland nicht gegeben werden kann. Schließlich ist es doch der Maschinenbau, aus dessen Produktion die Arbeitsmittel der ganzen übrigen Industrie zu entscheidendem Teile hervorgegangen sind.
Die Maschine war die Grundlage für den Übergang zur fabrikmäßigen Großproduktion in allen Wirtschaftszweigen.[3] Aufgabe der vorliegenden Arbeit ist es nun, eine Darstellung der Anfänge der eigenen deutschen Maschinenbauindustrie zu geben. Es soll also gezeigt werden, warum und auf welche Weise die Grundlagen der deutschen Maschinenbauindustrie entstanden sind. Jedoch wird in der folgenden Abhandlung nicht eine technisch-historische Darstellung gegeben, vielmehr hatte der Verfasser das Ziel, der ökonomischen Seite des Entwicklungsprozesses seine Aufmerksamkeit zu schenken, kam es doch darauf an, einen wichtigen Teil der industriellen Revolution bzw. ihrer Vorbereitung in Deutschland mit seinen Gesetzmäßigkeiten zu erforschen und zu analysieren.

Eine solche Abhandlung hat jedoch nicht nur für die historische Wissenschaft einen Wert, wie ja im Vorstehenden schon erkenntlich wurde. Die Kenntnis der deutschen Wirtschaftsgeschichte ist auch von außerordentlicher Wichtigkeit für den Wirtschaftler und vor allem für den marxistischen Wirtschaftswissenschaftler. Lenin betonte einmal, es sei immer notwendig, „den grundlegenden historischen Zusammenhang nicht außer acht zu lassen, jede Frage von dem Standpunkt aus zu betrachten, wie eine bestimmte Erscheinung in der Geschichte entstanden ist, welche Hauptetappen diese Erscheinung in ihrer Entwicklung durchgemacht hat, und vom Standpunkt dieser ihrer Entwicklung aus zu untersuchen, was aus der betreffenden Sache jetzt geworden ist."[4] Der Wirtschaftswissenschaftler kann also bei seinen Untersuchungen der gegenwärtigen wirtschaftlichen Entwicklung zu richtigen Feststellungen und zu richtigen Vorschlägen in Hinsicht des weiteren wirtschaftlichen Verlaufes nur kommen, wenn er vom Standpunkt der historischen Entwicklung seiner „betreffenden Sache" ausgeht. Und das setzt natürlich voraus, daß er sich mit dieser historischen Entwicklung beschäftigt hat und auch beschäftigen kann, d. h. daß der Historiker ihm die Kenntnis der Vergangenheit seines Untersuchungsgegenstandes vermittelt.
Wenn wir bedenken, welche große Bedeutung die Industrie, und dabei wiederum die Maschinenbauindustrie, heute für die Wirtschaft der DDR hat, und das den Untersuchungen

[3] Vgl. MARX, K., Das Kapital. Bd. I, Berlin 1947, S. 396.
[4] LENIN, W. I., Über den Staat. Berlin 1948, S. 6.

gegenüberstellen, die die Vergangenheit dieser Industrie zum Gegenstand haben, so müssen wir feststellen, daß die historische Wissenschaft unseren Wirtschaftlern die Kenntnis dieser Vergangenheit bisher nicht befriedigend vermittelt hat. Durch solch eine Aufgabenstellung gewinnen Arbeiten wie diese auch aktuelle Bedeutung für die unmittelbar in der Wirtschaftspraxis stehenden Menschen.

Diese Arbeit kann nicht das Gebiet des heutigen Maschinenbaues in seinem Gesamtumfange behandeln. Für einige Zweige des heute stark spezialisierten Industriezweiges ist das durchaus einleuchtend, da sie erst nach 1850, also nach dem hier behandelten Zeitraum, entstanden sind. Das trifft vor allem für den Elektromaschinenbau, wenn wir von den Siemensschen Anfängen in den vierziger Jahren absehen, und für den Kraftfahrzeugbau zu. Doch auch alle übrigen heutigen Spezialgebiete des Maschinenbaues haben als solche, selbständig existierend, nicht bestanden, wenn auch ihre Erzeugnisse schon eine Rolle gespielt haben mögen. Wie noch später nachzuweisen sein wird, gab es noch keinen spezialisierten Maschinenbau [5]; vom Maschinenbau erwartete man eben den Bau aller vorkommenden Maschinen.

So ist es nicht verwunderlich, wenn wir mit den heutigen Begriffen und Vorstellungen nicht operieren können, sondern zu einer historisch richtigen Einteilung und Abgrenzung kommen müssen. Maschinenbau war vor 1850 — dieser Begriff wurde damals sowohl landläufig als auch offiziell so gebraucht [6] — jede Art der Anfertigung von Antriebs- und Arbeitsmaschinen.

Bei der Definition und Einteilung der Maschinen folge ich Marx: „Alle entwickelte Maschinerie besteht aus drei wesentlich verschiednen Teilen, der *Bewegungsmaschine*, dem *Transmissionsmechanismus*, endlich der *Werkzeugmaschine* oder *Arbeitsmaschine*." [7] Diese begriffliche Fassung ist die beste, weil sie sowohl historisch richtig ist als auch gestattet, das Wesen zu erkennen, da sie weniger von der technischen Seite aus urteilt, sondern von der ökonomisch-gesellschaftlichen ausgeht.

Maschinendefinitionen gibt es von bürgerlicher Seite her eine ganze Reihe. Sie gestatten jedoch nicht, die Gesetzmäßigkeiten der gesellschaftlichen Entwicklung zu erkennen, sondern sind oft eher geeignet, diese zu verzerren. Wie anders dagegen bei Marx, der nach der zunächst notwendigen Unterscheidung zwischen Bewegungs- und Werkzeugmaschine die Schaffung der letzteren als das Entscheidende für die Umwälzung in der industriellen Revolution erkannte und sie wie folgt definierte: „Die Werkzeugmaschine ist also ein Mechanismus, der nach Mitteilung der entsprechenden Bewegung mit seinen Werkzeugen dieselben Operationen verrichtet, welche früher der Arbeiter mit ähnlichen Werkzeugen verrichtete." [8]

Viel zahlreicher sind die Maschinendefinitionen vom technischen Gesichtspunkt aus, die den gesellschaftlichen Wert der Maschine, ihre Anwendbarkeit und letztlich deren Folgen außer Betracht lassen. Wir werden uns jedoch an dieser Stelle nicht damit auseinandersetzen.[9]

Im heutigen modernen Maschinenbau hat insbesondere der Begriff „Werkzeugmaschine" eine andere, viel spezialisiertere Bedeutung bekommen. Auch darauf wird in der folgenden Abhandlung keine Rücksicht genommen werden.

Der Maschinenbau der ersten Hälfte des 19. Jh. aber war, wie die Abhandlung zeigen wird, zu einem nicht unbeträchtlichen Teile handwerklicher Natur. Die auf diese Weise hergestellten

[5] Siehe unten S. 94 ff.

[6] Man findet diese Ansicht in zahllosen Aktenstücken staatlicher Stellen bestätigt.

[7] Marx, K., a. a. O., S. 389.

[8] Ebenda, S. 390 f.

[9] Eine wesentliche Rolle hat die Definition von F. Reuleaux gespielt. Vgl. deshalb sein Werk „Theoretische Kinematik", Braunschweig 1875, S. 38. — Für vergleichende Studien sei hingewiesen auf Lang, A., Die Maschine in der Rohproduktion. Berlin 1904. Er setzt sich auf den Seiten 15—24 mit allen wichtigen Maschinendefinitionen seiner Zeit auseinander.

Maschinen wurden ohne mechanische Hilfsmittel erbaut. Gegenstand unserer Untersuchung aber ist die *industrielle Fertigung*, die Herstellung in der Maschinen*fabrik*. Die Fabrik, auch die Maschinenfabrik, zeichnet sich aber, und das ist ihr Hauptunterscheidungsmerkmal gegenüber Handwerk und Manufaktur, durch die Verwendung von Maschinen aus.[10] Die vorliegende Untersuchung erstreckt sich also auf den Bau jeglicher Art von Werkzeug- und Antriebsmaschinen unter Anwendung ebensolcher Werkzeug- oder Antriebsmaschinen in Deutschland. Dabei wird die handwerksmäßige Fertigung jedoch insoweit in die Betrachtung einbezogen werden müssen, als sie Grundlage für die weitere Entwicklung gewesen ist bzw. nur an ihr besondere und eigentümliche Züge infolge des Fehlens von anderen Quellenmaterial dargestellt werden konnten.

Zeitlich gesehen werden die Jahre bis einschließlich 1849 behandelt. Diese zeitliche Abgrenzung ist keineswegs willkürlich. Wie wir wissen, haben gerade die Jahre nach 1850 der deutschen Industrie einen Aufschwung gebracht, wie er im Zeitalter des Kapitalismus in Deutschland nie wieder erreicht werden konnte.[11] Dieser Aufschwung erfaßte in besonders hohem Maße den Maschinenbau, der sich in diesen Jahren in Deutschland zu einer Industrie von Weltbedeutung entwickelte. Ein solches Ausmaß aber und ein solches Tempo des Wachstums hätte er nicht erreichen können, wäre nicht schon in den vorangegangenen Jahren die Grundlage dafür geschaffen worden, wären die Keime dieser Entwicklung nicht schon vorhanden gewesen. Es ist somit nicht geraten, diesen Aufschwung des deutschen Maschinenbaues noch zu seiner Entstehungsperiode zu zählen. Die fünfziger Jahre des 19. Jh. werden daher nicht untersucht und sind Gegenstand der folgenden Abhandlung.

Im Jahre 1847 verspürte die junge kapitalistische deutsche Industrie zum ersten Male die Auswirkungen einer Wirtschaftskrise. Es wäre naheliegend, die Grenzen der Betrachtung entsprechend dem Krisenzyklus zu wählen. Jedoch ist bekannt, daß auch die Revolution von 1848 ihre Auswirkungen auf das deutsche Wirtschaftsleben gezeitigt hat. Beide aber, Krise und Revolution, haben sich im jungen Maschinenbau besonders deutlich abgezeichnet. Darauf wird noch genauer eingegangen werden müssen.[12] Es erschien aus diesem Grunde ratsam, das Ende des Betrachtungszeitraumes so zu wählen, daß zumindest alle entscheidenden Auswirkungen der Krise von 1847 und der Revolution von 1848 in die Untersuchung einbezogen werden konnten.

Im Hinblick auf den Beginn des Betrachtungszeitraumes wurde keine Begrenzung gewählt. Insofern sich der Verfasser die Aufgabe gestellt hat, die Anfänge der Maschinenbauindustrie zu untersuchen, mußten eben diese Anfänge dort angesetzt werden, wo sie zu finden waren. Dabei erschien es dem Verfasser allerdings müßig, Betrachtungen darüber anzustellen, von welchem Jahre ab man vom Aufkommen des industriellen Maschinenbaues reden kann, standen ihm doch archivalische Quellen über größere Gebiete der Bundesrepublik nicht zur Verfügung; den Veröffentlichungen aber kann gerade auch in dieser Hinsicht nicht immer Glauben geschenkt werden, da ihre Autoren oft aus lokalpatriotischen oder betriebsegoistischen Erwägungen heraus nicht stichhaltige Daten für die Gründung dieses oder jenes Betriebes angeben. Fest scheint dagegen vielmehr zu stehen, daß, abgesehen von einigen bedeutenden und mehreren unbedeutenden Anfängen — Keimen —, die eigentlichen Grundlagen für den industriellen deutschen Maschinenbau in den Jahren von 1830 bis 1847 gelegt worden sind. Es war daher geraten, diesen Jahren die größte Beachtung zu schenken.

[10] MARX, K., a. a. O., S. 396.

[11] Vgl. KUCZYNSKI, J., Die Geschichte der Lage der Arbeiter in Deutschland von 1789 bis in die Gegenwart. Bd. I, I. Teil, Berlin 1954, S. 162, wo er für die Jahre 1851—1860 eine Steigerung der Bruttoproduktion von 120 % gegenüber den 10 Jahren vorher nachweist.

[12] Siehe S. 34 f.

Das für die Untersuchungen herangezogene Material war sehr unterschiedlicher Natur und in seinem Aussagewert stark differenziert. Zunächst ein Blick auf das primäre Quellenmaterial.

Man sollte meinen, daß für eine Abhandlung über wirtschaftliche Verhältnisse früherer Zeit vor allen anderen wirtschaftlichen Archivalien, Betriebsarchivalien den meisten Aufschluß geben könnten. An sich ist das auch so, jedoch sind solche Archivalien schwer oder nicht mehr zugänglich. So konnten auch zu dieser Arbeit keine unmittelbaren Betriebsunterlagen früherer Maschinenbaubetriebe herangezogen werden. Das hat seine Ursachen darin, daß die Aufzeichnungen der Betriebsinhaber oder ihrer Beschäftigten aus der Gründungszeit ihrer Betriebe meist nicht mehr vorhanden sind. Abgesehen von der Kurzlebigkeit solcher Aufzeichnungen dachte auch kein Unternehmer daran, „seine Wirtschaftsaufzeichnungen für alle Zukunft aufzubewahren und für eine historische Würdigung zu erhalten." [13] Außerdem stößt die intensive Nachforschung nach diesen Unterlagen auf Schwierigkeiten, da eine große Zahl der als Nachfolger jener früheren Maschinenbauunternehmen anzusehenden heutigen Betriebe in Westdeutschland liegt. Von 210 untersuchten Betrieben hatten 60 ihren Standort auf dem Gebiet der heutigen Bundesrepublik oder Westberlins; darüber hinaus hatten weitere 28 ihren Standort in den heutigen polnischen und sowjetischen Westgebieten.[14] Somit entschloß sich der Verfasser, lediglich auf das staatliche Archivmaterial zurückzugreifen, waren es doch die Staatsbehörden, die unter anderem auch dem Aufkommen des Maschinenwesens in ihrer Gewerbepolitik Beachtung schenkten. Gleichgültig, in welche Richtung diese Beachtung tendierte, die Aufzeichnungen und Akten darüber sind heute sehr aufschlußreich.

Zur Untersuchung wurde Material aus folgenden Archiven herangezogen: aus dem Deutschen Zentralarchiv, Abteilung Merseburg (früher: Preußisches Geheimes Staatsarchiv), dem Sächsischen Landeshauptarchiv Dresden und den Stadtarchiven der für den frühen Maschinenbau besonders typischen Städte Karl-Marx-Stadt, Berlin und Magdeburg.[15] In diesen Archiven fanden sich Akten folgenden Inhalts: Unterstützungsgesuche der Fabrikanten, Reisebeschreibungen von Staatsbeamten, Privilegienbegutachtungen und dergleichen anderes mehr.[16]

Dieses Material ist für unsere Zwecke sehr aufschlußreich, aber, und das ist sein Mangel, sehr einseitig aufschlußreich. Daher können nicht alle den Historiker interessierende Fragen mit diesem Material geklärt werden, sondern nur ein bestimmter Komplex, der das, was die damaligen Staatsbehörden an den Maschinenbaubetrieben interessierte, umschließt. So erfahren wir von den verschiedenen Unternehmen die Art ihrer Produktion, ihre wirtschaftliche Lage, die jedoch, wenn es sich um Unterstützungsgesuche handelt, mit Vorsicht als richtig anzusehen ist, die Zahl ihrer Arbeiter, seit welcher Zeit der Betrieb existiert und sehr, sehr viel technische Angaben, wie vor allem bei Ansuchen um Privilegien [17] oder bei der Anlage von Dampfmaschinen.[18] Keinen oder geringen Aufschluß dagegen erhalten wir über die Herkunft der Arbeiter, deren Berufsausbildung oder über die Finanzierung bzw. Rentabilität der Betriebe. Das ist nicht verwunderlich, war doch dies des Unternehmers heiligstes Geheimnis,

[13] NEUSS, E., Aktenkunde der Wirtschaft. Teil I, Berlin 1954, S. 28.

[14] Ich verweise auf die Liste der Betriebe, deren archivalische oder literarische Nachrichten zur Untersuchung in dieser Arbeit herangezogen wurden. Siehe Anhang S. 125 ff.

[15] Aus den beiden letztgenannten Archiven konnten keine Akten verwendet werden.

[16] Vgl. Verzeichnis der benutzten Quellen und Literatur. Siehe Anhang S. 127 ff.

[17] Da z. B. in Sachsen noch keinerlei Patentschutz bestand, waren die Urheberrechte an technischen Erfindungen nur durch staatliche Privilegien zu sichern.

[18] Lt. preußischem Gesetz v. 17. Jan. 1845 waren z. B. alle Dampfkessel konzessionspflichtig. Auch vordem galten bereits Sicherheitsvorschriften. Vgl. Beiträge zur Geschichte der Technik und Industrie. Jahrbuch des VDI, Bd. 7, S. 62 ff.

während die Arbeiter den Unternehmer nur soweit interessierten, als sie an dem ihnen angewiesenen Arbeitsplatz Werte für ihn schufen. Etwas anders liegt in dieser Hinsicht der Aussagewert bei solchen Akten, die über staatliche oder mit staatlicher Beteiligung gebaute Fabriken berichten.[19]

Während wir also wichtige Aufschlüsse erhalten, bleiben uns andere bedeutsame Tatsachen in den staatlichen Akten verborgen.

Als weitere, sekundäre Quellen kommen in erster Linie die Fest- und Jubiläumsschriften der verschiedenen Maschinenbaubetriebe in Frage. Unternehmungen, deren Vorläufer bis in die erste Hälfte des 19. Jh. zurückreichen, hatten in den vergangenen 100 Jahren zu mehrfachen Jubiläen Anlaß.[20] Diese Festschriften sind insofern eine bedeutende Quelle, als sie im Auftrage der Betriebe verfaßt worden sind und zu diesem Zwecke ihren Autoren Materialien und Auskünfte gegeben wurden, die nirgends anders vorgefunden werden können.

Die Festschriften sind eine wertvolle Ergänzung der staatlichen Akten, da sie in der Regel auf betrieblichen Unterlagen entstanden sind. Aber auch sie sind einseitig, doch ist ihre Einseitigkeit eine andere. Nur die wirtschaftlich bedeutenderen Unternehmen, die also bestehen geblieben sind, liefern uns solche Quellen, während die wirtschaftlich schwächeren, die während der kapitalistischen Industrialisierung kamen und bald wieder gingen, uns auch keine ihrer Unterlagen hinterließen. Doch das ist nur der unbedeutende Teil der Einseitigkeit.

Wesentlich bedeutsamer ist, daß die Festschriften jede kritische Note zum Betrieb, zu seiner Entwicklung und zum Unternehmer vermissen lassen. Sie sind im Auftrage und damit im Sinne des Unternehmers geschrieben, heben den betreffenden Betrieb außerordentlich hervor und dienen in zahlreichen Fällen darüber hinaus auch noch Zwecken wirtschaftlicher Reklame. Von einer objektiven Einschätzung der Tatsachen kann in diesem Falle keine Rede sein, lassen sie doch das die betriebliche Entwicklung und die Stellung des Unternehmers herabsetzende Material weg, während sie anderes, oft unbedeutendes, überschätzen oder aufbauschen. Dennoch kann man auf das in ihnen dargelegte Material bei einer Analyse des frühen Maschinenbaues nicht verzichten.

In zweiter Linie, jedoch nicht weniger bedeutsam, sind die Aufschlüsse, die wir aus Zeitschriften und Zeitungen gewinnen können. Uns interessieren dabei selbstverständlich vor allem Wirtschaftsfachblätter und die zahlreichen periodischen Veröffentlichungen einer großen Anzahl wirtschaftlicher Verbände und Vereine. Dabei sind nicht nur jene von Belang, die im behandelten Zeitraum erschienen sind, sondern durchaus auch solche, die bis in unsere Zeit hineinreichen.

Da die uns interessierenden Notizen im Verhältnis zur Fülle der existierenden Zeitungen und Zeitschriften sehr spärlich, darüber hinaus Blätter und Jahrgänge schwer zugänglich sind, konnten für diese Arbeit nur einige Zeitschriften herangezogen werden. Darunter sind vor allem Veröffentlichungen des Vereins Deutscher Ingenieure (VDI) hervorzuheben, besonders das Jahrbuch des VDI „Beiträge zur Geschichte der Technik und Industrie“. Während jedoch diese Zeitschriften, gemäß ihrer Aufgabenstellung, eine technische Ausrichtung haben, geben die Zeitschriften der Gewerbevereine, wie sie um die Mitte des 19. Jh. wohl in allen deutschen Ländern bestanden, auch hin und wieder ein gutes wirtschaftliches Bild.

Die Literatur nunmehr, die zu dieser Untersuchung herangezogen wurde, ist noch weit unterschiedlicherer Natur. Werke, in denen die Probleme der vorliegenden Arbeit berührt werden, sind sehr zahlreich. Fast jeder Autor, der in irgendeiner Weise auf die wirtschaftlichen Vorgänge der ersten Hälfte des 19. Jh. in Deutschland zu sprechen kommt, erwähnt die Entwicklung des Maschinenbaues. Wollte man alle diese Bemerkungen untersuchen, so würde das die Kräfte

[19] Z. B. über die Maschinenbauanstalten der kgl. preußischen Seehandlungs-Sozietät.

[20] Vgl. Verzeichnis der benutzten Quellen und Literatur. Siehe Anhang S. 127 ff.

eines einzelnen übersteigen. Indessen ist das auch gar nicht erforderlich, da sich solche Autoren, insbesondere die der mehr oder minder globalen Wirtschaftsgeschichten, immer wieder auf die gleichen wenigen Beispiele beziehen, die aus dem deutschen Maschinenbau bisher untersucht worden sind. So tauchen denn Namen wie Harkort, Borsig, Hartmann und vielleicht noch drei oder vier andere, denen wir im folgenden auch noch häufig begegnen werden, stets und immer wieder als Beweis für die jeweils aufgestellten Thesen auf. Es soll damit nicht gesagt werden, daß die genannten Maschinenbauunternehmen keine oder eine geringe Rolle gespielt hätten, doch ist eine Beweisführung auf Grund so weniger Betriebe und noch dazu solcher, die sich günstig entwickelt haben und schnell bedeutend geworden sind, für eine Analyse völlig ungenügend. Im übrigen sind es gerade Analysen, die den Darstellungen und Bemerkungen über den frühen Maschinenbau fehlen; vielmehr ergeht sich eine Reihe von Autoren in Mutmaßungen. So muß festgestellt werden, daß die ökonomisch-historische Literatur für den vorliegenden Gegenstand äußerst spärlich gesät ist.

Doch sagte ich schon, die Probleme sind an zahlreichen Stellen in der Literatur berührt. Das ist in erfreulicherem Maße als bei den umfassenden wirtschaftshistorischen Darstellungen bei den territorial-wirtschaftshistorischen Darstellungen der Fall. Über eine ganze Reihe von Städten oder Gegenden Deutschlands und deren wirtschaftliche Entwicklung sind Darstellungen vorhanden, in sehr vielen Fällen waren sie Gegenstand von Dissertationen. Diese Abhandlungen sind in der Hinsicht erfreulicher, daß sie ihre Beweisführung auf im entsprechenden Territorium liegende Betriebe gründen mußten und somit neue Anhaltspunkte lieferten. Jedoch stützten auch sie sich wiederum auf die bedeutendsten Betriebe ihres Gebietes. Ferner haben sie meist eine längere historische Periode als Untersuchungsgegenstand, so daß sie der Entwicklung des Maschinenbaues in der uns interessierenden Zeit nur wenige Zeilen widmen. Selbst solche Darstellungen, wie die von Doogs [21], die lediglich den Maschinenbau oder die Metallindustrie eines eng begrenzten Territoriums zum Gegenstand haben, kommen über wenige Worte zur Entstehungszeit nicht hinweg und retten sich meist sehr schnell in die materialreichere Zeit der zweiten Hälfte des Jahrhunderts. Auch klingt in zahlreichen landesgeschichtlichen Arbeiten das Vorhandensein eines nicht unbeträchtlichen Lokalpatriotismus an, der das Gute hervorkehrt und für das Schlechte eine Rechtfertigung sucht.

Einen nicht unwesentlichen Aufschluß aber gaben die zahlreich vorhandenen biographischen Darstellungen. Zwar haben auch sie mit den vorigen die Art der Wertung der historischen Vorgänge gemeinsam, jedoch ist ihr Aussagewert zweifellos etwas höher, wurden doch oft die Biographen, ähnlich wie die Festschriftautoren, mit Material bekannt, das anderen verschlossen blieb. Biographische Darstellungen sind schon sehr alt in Deutschland. Bis in das letzte Viertel des vorigen Jahrhunderts hinein wurden aber fast ausschließlich Politiker und andere Angehörige der herrschenden Adelsschicht, allenfalls noch berühmte Künstler und Wissenschaftler, einer biographischen Behandlung gewürdigt. So finden sich beispielsweise in der Allgemeinen Deutschen Biographie (ADB) [22] neben einer Vielzahl solcher Menschen nur sehr wenige Industrielle. Das wird mit der wachsenden Industrie und dem wachsenden gesellschaftlichen Einfluß der Bourgeoisie gegen Ende des 19. Jh. anders. Die überall entstehenden historischen Vereine tragen ein übriges dazu bei, so daß wir heute eine Vielzahl von Unternehmerbiographien vorfinden. Soweit es sich dabei um Unternehmer aus der Maschinenbauindustrie handelte, sind diese Biographien weitgehend zu meinen Untersuchungen herangezogen worden.

Als letzte Kategorie der verwendeten Literatur, wobei nicht gesagt sein soll, daß alle benutzten Werke in eine der genannten eingeordnet werden können, ist die technisch-historische zu

[21] Vgl. DOOGS, K., Die Berliner Maschinen-Industrie und ihre Produktionsbedingungen seit ihrer Entstehung. Berlin 1928.

[22] Vgl. Allgemeine Deutsche Biographie (im folgenden abgekürzt: ADB). Berlin 1875 ff.

nennen. Sie ist am stärksten vorhanden, ist doch der Maschinenbau vor allen anderen Industriezweigen besonders eng mit der Technik verbunden. Zahlreiche Darstellungen analysieren die Entwicklung der einzelnen Maschinenarten oder bestimmter Produktionsprozesse in technischer Hinsicht. Hieraus ließen sich mehrfach der Produktionsablauf und wirtschaftliche Vorgänge im Betrieb rekonstruieren. Besonders ist es der seit 1856 bestehende Verein Deutscher Ingenieure (VDI), der seit dem Beginn unseres Jahrhunderts der Erforschung der Geschichte der Technik erhebliche Aufmerksamkeit zugewendet hat. Über sein Jahrbuch „Beiträge zur Geschichte der Technik und Industrie" wurde in anderem Zusammenhang schon gesprochen.[23] Auf seine Veranlassung hin und oft auch durch seine Unterstützung sind darüber hinaus eine Reihe weitgehender Untersuchungen betrieben worden, zu denen auch die Biographien bedeutender Erfinder und Ingenieure zu rechnen sind. Vor allem war es C. Matschoß, u. a. Herausgeber des oben genannten Jahrbuches, der durch zahlreiche technisch-historische und technisch-biographische Abhandlungen bekannt geworden ist.[24] Für uns sind viele dieser Veröffentlichungen willkommen; sie geben jedoch nur ein mäßiges oder mittelbares wirtschaftliches Bild. Mehr von ihnen zu beachten ist auch nicht unsere Aufgabe, geben wir der technischen Entwicklung doch nur insoweit Raum, als zum Verständnis der Zusammenhänge notwendig ist.
Die Übersicht und Einschätzung der benutzten Quellen und Literatur zeigt sehr deutlich die Schwierigkeit einer Behandlung der Probleme der Frühentwicklung der deutschen Maschinenbauindustrie. Es braucht an dieser Stelle wohl nicht noch betont zu werden, daß marxistische Darstellungen dieser Art bisher gänzlich fehlen, wenn man von den Bemerkungen der Klassiker und einigen Bemerkungen in historischen Darstellungen der Gegenwart, die andere Probleme behandeln, absieht. Wenn ich dennoch die Darstellung der Entstehung der deutschen Maschinenbauindustrie und ihrer ersten Entwicklungsjahre versuche, so deshalb, weil es mir gelungen ist — aus Quellen und Literatur —, Abhandlungen, Bemerkungen und Notizen zu 210 Maschinenbaubetrieben aus der Zeit vor 1850 zusammenzustellen, die, unter dem Aspekt des Untersuchungsgegenstandes dieser Arbeit analysiert, meines Erachtens ausreichen, um mit größerer Wahrscheinlichkeit als bisher Allgemeingültiges sagen zu können.

[23] Siehe S. 20.

[24] Eine Bibliographie der wichtigsten Werke und Beiträge von C. MATSCHOSS findet sich bei UHDE, H., Conrad Matschoß. Ein Leben für die Technik und ihre Geschichte. In: „Deutsches Museum", Abhandlungen und Berichte, Jg. 14, H. 3, S. 80 ff.

I. DIE GRÜNDE FÜR DIE ENTSTEHUNG DER ERSTEN DEUTSCHEN MASCHINENBAUBETRIEBE

1. Grundzüge der ökonomischen Entwicklung in Deutschland in der ersten Hälfte des 19. Jahrhunderts in ihrer Bedeutung für die Entstehung der Maschinenbauindustrie

Das Aufkommen eines deutschen Maschinenbaues kann nur im Zusammenhang mit der gesamten industriellen Revolution in Deutschland betrachtet werden. Dabei unterscheidet sich der Prozeß des Aufkommens nur in einigem von dem in England, wo er sich gänzlich aus der alten Wirtschaftsstruktur heraus entwickelte. In Deutschland dagegen unterlag dieser Prozeß bei gleichen grundlegenden ökonomischen Notwendigkeiten bereits dem in seiner Gesamtheit fördernden Einfluß der vorangegangenen englischen Industrialisierung.

Durch seine industrielle Revolution hatte England einen beträchtlichen Vorsprung gegenüber der kontinentalen Wirtschaft erlangt. England war das klassische Land der industriellen Revolution, wo sie sich seit dem letzten Viertel des 18. Jh. durchsetzte. Die industrielle Revolution, d. h. vor allem die massenhafte Anlage konstanten fixen Kapitals, war aber die breite Anwendung der Maschinerie in Produktionsprozessen, die seither durch die tätige Hand des Menschen bestimmt gewesen waren. Die Maschinen aber, die die menschliche Arbeitskraft an der Stelle ersetzten, wo „von alters her das finale Resultat menschliche Arbeit erheischt", das waren die Werkzeugmaschinen.[25]

Die Werkzeugmaschinerie trat dort auf, wo sie ökonomisch notwendig geworden war — im englischen Textilgewerbe um die Mitte des 18. Jh.[26] So ist es verständlich, daß alle bedeutenden Maschinen für die industrielle Revolution englischen Ursprungs gewesen sind. 1764 erfand Hargreaves die Jenny, 1769 finden wir Arkwrights Waterframe, 1779 Cromptons Mule, 1790 taucht Cartwrights mechanischer Webstuhl auf; aber auch die Dampfmaschine, die Antriebsmaschine in der industriellen Revolution, 1764 von Watt verbessert, erlangte in England erstmals ökonomische Bedeutung.

Die Anwendung dieser Maschinen machte innerhalb weniger Jahrzehnte aus einem unbedeutenden Gewerbe, der Baumwollproduktion, die erste Fabrikindustrie der Welt. Die Produktion von Baumwollgarn stieg „von 106 Mill. Pfd. 1819—1821 auf 216 Mill. 1829—1831", verdoppelte sich also nahezu.[27] In derselben Zeit stieg die Produktion von Baumwollzeugen von 80 Mill. auf 143 Mill. Pfd.[28]

[25] Marx, K., Brief an Engels v. 28. Jan. 1863. In: Marx, K., Engels, F., Briefwechsel. Bd. 3, Berlin 1950, S. 150.

[26] Eine Erklärung der Ursachen und der Entwicklung dieser historischen Vorgänge ist an dieser Stelle nicht möglich. Dazu sei auf einschlägige Werke verwiesen.

[27] Kulischer, J., Allgemeine Wirtschaftsgeschichte des Mittelalters und der Neuzeit. Bd. 2, Berlin 1954, S. 460. [28] Ebenda.

Alle die Maschinen, die die Revolutionierung der Textilproduktion, vor allem der Baumwollproduktion, hervorriefen, wurden, wenn man die Produktionssteigerung erklären will, nicht nur erfunden, sie wurden auch in dem Maße hergestellt, daß sie diese Rolle erfüllen konnten. Nach der Erfindung der entscheidenden Maschinen, die die industrielle Revolution einleiteten, rief die industrielle Revolution einen großen Bedarf an diesen Maschinen hervor, so, wie deren Erfindung schon durch einen, allerdings unkonkreten, Maschinenbedarf hervorgerufen worden war. Die Befriedigung dieses Bedarfes erforderte den Bau dieser Maschinen. Während sie am Anfang handwerklich produziert wurden — ihre Erfinder waren Angehörige der unterschiedlichsten Berufe —, verlangte der ständig steigende Bedarf bald ihre Produktion auf erhöhter Stufe: Die Manufaktur bemächtigte sich dieser Produktion, indem sie den handwerklichen Herstellungsprozeß der Maschinen arbeitsteilig zergliederte. „Dies Produkt der manufakturmäßigen Teilung der Arbeit produzierte seinerseits — *Maschinen.*“ [29]

Erst „gegen Ende der Industriellen Revolution (in England. A. S.) ergreift der Prozeß der Mechanisierung die Herstellung von Maschinen selbst“.[30] Besonders das Auftreten der Eisenbahnen, die bekanntlich seit 1825 durch Stephenson Bedeutung erlangten, erhöhte den Bedarf an Maschinen schnell, so daß der Prozeß der fabrikmäßigen Organisation des Baues von Maschinen ungemein beschleunigt wurde. Die Maschinenfabriken bauten Maschinen unter Anwendung von Maschinen. Das wiederum wirkte auf den ganzen Maschinenbau zurück, als nunmehr auch der Bau derartiger für den Maschinenbauprozeß geeigneter Maschinen, und zwar wiederum unter gleichzeitiger Anwendung ihrer selbst, notwendig wurde. Das Ausmaß des Baues von Maschinen läßt sich unter anderem an der Steigerung der Eisenproduktion deutlich machen, die, je größer der Eisenanteil an den Maschinen wurde, hauptsächlichster Rohstofflieferant für den Maschinenbau wurde. Die Eisenproduktion in England stieg von 68 000 t im Jahre 1788 auf 500 000 t im Jahre 1825 und 2 Mill. t im Jahre 1846/47.[31] „... in den ersten Dezennien des 19. Jahrhunderts *bemächtigte sich die Maschinerie* ... allmählich der *Fabrikation der Werkzeugmaschinen*“ [32], und die so entstandene englische Maschinenbauindustrie, Fabriken wie Boulton & Watt, Sharp Roberts & Cie., Whitworth usw., besaß bereits „Weltruf“, als die deutsche Maschinenbauindustrie noch in ihren Anfängen steckte.

In Deutschland begann die industrielle Revolution später als in England. Am Anfang des 19. Jh. war Deutschland ein Land mit weitgehend feudalen Zügen. Es besaß eine kaum nennenswerte Industrie, ein noch durch Zünfte gefesseltes Handwerk, und die überwiegende Mehrheit seiner Bevölkerung suchte ihren Lebensunterhalt auf dem agrarischen Sektor der Wirtschaft. Deutschland war politisch in eine Vielzahl kleiner und kleinster Länder zerrissen, deren Beherrscher oft eine antinationale Politik verfolgten. In Preußen, dem größten dieser deutschen Länder, fanden 80 % der Bevölkerung 1804 ihre Beschäftigung in der Landwirtschaft.[33] Von den 616 preußischen Städten über

[29] MARX, K., Das Kapital. Bd. I, a. a. O., S. 387.

[30] KUCZYNSKI, J., Studien zur Geschichte des Kapitalismus. Berlin 1957, S. 9.

[31] HAUSSHERR, H., Wirtschaftsgeschichte der Neuzeit. Weimar 1955, S. 297.

[32] MARX, K., a. a. O., S. 402.

[33] SARTORIUS v. WALTERSHAUSEN, A., Deutsche Wirtschaftsgeschichte 1815—1914. Jena 1923, S. 7.

1000 Einwohner galten die mit mehr als 10 000 als Großstädte.[34] Das Gewerbe hatte überwiegend in den Städten seinen Sitz. Industrie im modernen Sinne war unbekannt, die höchste Form der gewerblichen Produktion war die Manufaktur.

Diese von Dichtern, Historikern und Politikern später oft zu Unrecht als „gute alte" bezeichnete Zeit stand jedoch schon im Begriff, verändert zu werden. Die industrielle Revolution in England strahlte auf den Kontinent und damit auf Deutschland aus, und es kam einiges über den Kanal, was eine Änderung vorbereiten ließ. Bereits 1785 hatte man bei Hettstedt auf einem Schacht die erste Dampfmaschine aufgestellt [35], 1788 folgten ihr eine in Oberschlesien und dann noch einige in den folgenden Jahren.[36] Auch die Werkzeugmaschinen der Textilindustrie Englands fanden bereits vereinzelte Anwendung. Bereits 1784 wurde in Cromford im Rheinland eine mechanische Baumwollspinnerei eingerichtet, der ebenfalls einige folgten. Die erste sächsische derartige Baumwollspinnerei wurde 1797 begonnen.[37]

Zu den aus England stammenden wirtschaftlichen Faktoren kamen die politischen in dieser Zeit aus Frankreich. Die große Französische Revolution hatte mit ihren Ideen sehr bald im deutschen Bürgertum Fuß gefaßt, und in mannigfacher Art machte sich auch in den deutschen Landen eine bürgerlich-freiheitliche Regung bemerkbar. Doch abgesehen von diesem mittelbaren Einfluß Frankreichs sollte sein unmittelbarer viel entscheidender für die deutsche wirtschaftliche Entwicklung werden.[38] Überall, wohin nämlich die Franzosen im Verlaufe der Revolutionskriege und der napoleonischen Eroberungen kamen, beseitigten sie die feudalen Fesseln und schufen die kapitalistische Entwicklung fördernde Verhältnisse. Am deutlichsten ist das im linksrheinischen Gebiet Deutschlands, wo sie am längsten herrschten. Dieses Gebiet, das zu jener Zeit staatsrechtlich Frankreich angeschlossen war, nahm durch diesen Umstand einen günstigen Aufschwung. „Doch bestand die Belebung, die davon ausging, mehr in der Ausbreitung und Vollbeschäftigung des Kleingewerbes in manufakturmäßiger oder verlegerischer Organisation als in der Einführung von Maschinen in bedeutendem Umfange." [39] Überhaupt zeigt sich, mit Ausnahme eben der linksrheinischen Gebiete, der fördernde Einfluß der französischen Besetzung auf das deutsche Wirtschaftsleben erst in den folgenden Jahren, da die Maßnahmen der französischen Behörden keine unmittelbare Industrieförderung beinhalteten, sondern durch die Beseitigung der Hemmnisse aus der Feudalzeit den Weg für die kapitalistische Entwicklung freimachten und so „viele Mißstände"

[34] Wuessing, F., Geschichte des deutschen Volkes vom Ausgang des 18. Jahrhunderts bis zum Ende des ersten Weltkrieges. Berlin 1947, S. 36.

[35] Matschoss, C., Die Entwicklung der Dampfmaschine. Bd. 1, Berlin 1908, S. 151.

[36] Ebenda, S. 155 ff.

[37] Kulischer, J., a. a. O., S. 476.

[38] Es ist uns hier, wie an anderen Stellen der Arbeit, nicht möglich, auf die politischen Verhältnisse der damaligen Zeit näher einzugehen. Sie werden nur soweit erwähnt, als sie für die wirtschaftliche Entwicklung bedeutsam gewesen sind und ihre Anführung zum Verständnis unserer Untersuchungen notwendig ist, werden aber auch dann nicht erläutert, sondern faktenmäßig vorausgesetzt.

[39] Haussherr, H., a. a. O., S. 386.

beseitigten, „die sonst noch jahrzehntelang fortbestanden hätten".[40] Napoleon war „der Zerstörer der alten feudalen Gesellschaft".[41]
Nach der Vertreibung der Franzosen war es 1815 trotz mannigfacher Bestrebungen nicht möglich, generell die fortschrittlichen Züge des französischen Wirtschaftssystems zu beseitigen. Wir finden daher in den deutschen Ländern nach 1815 eine auf völlige oder beschränkte Gewerbefreiheit gerichtete Gesetzgebung bzw. die alten Zunftrechte einschränkende Maßnahmen vor, die die Hemmnisse für die freie Entwicklung der kapitalistischen Industrie in dieser Hinsicht beseitigten. Preußen z. B. führte bereits innerhalb der Reformgesetzgebung die Gewerbefreiheit ein, und zwar zunächst die absolute durch die Bestimmungen von 1810 und 1811, wobei jedoch die neu erworbenen Landesteile das alte Gewerberecht bis 1845 behielten. 1849 aber ging man in der Gewerbenovelle wieder einen Schritt zurück[42], nachdem bereits 1845 für 42 Gewerbe der Befähigungsnachweis wieder eingeführt worden war. Vordem genügte auch in diesen Gewerben die Lösung eines Gewerbescheines. In Sachsen dagegen verschwanden die Zünfte im Gewerbe erst nach 1848; allerdings war bereits 1840 eine beschränkte Gewerbefreiheit eingeführt worden. Bayern führte die Gewerbefreiheit 1825 ein, während in Württemberg 1828 ein Teil der Gewerbe des Zunftzwanges ledig wurde.[43] So können wir sagen, daß sich in den wesentlichsten Teilen Deutschlands die Gewerbefreiheit in der ersten Hälfte des 19. Jh. durchsetzte. Für die Zwecke unserer Untersuchung können wir die in einzelnen Ländern noch geltenden Zunftbestimmungen außer Betracht lassen, da sie für die Entwicklung des Maschinenbaus nur eine mittelbare Rolle gespielt haben. Da der Maschinenbau ein völlig neu aufkommender Zweig war, ohne zünftige Traditionen, unterlag er in diesen Ländern, wie z. B. in Sachsen, nicht dem Zunftzwange, sondern meist nur die im Maschinenbau beschäftigten *Gesellen* verschiedener Metallgewerbe. Die Unzünftigkeit des Maschinenbaus wurde für den Bau von Wagen z. B. damit erklärt, daß wohl Einzelteile zünftig gebaut werden könnten, nicht aber ein ganzer Wagen.[44]
Die gewerbliche Entwicklung in dieser ersten Hälfte des Jahrhunderts ging sehr wenig kontinuierlich vor sich. Eingangs hatten wir gesagt, daß neben dem zünftigen Gewerbe zu Beginn des 19. Jh. eine kaum nennenswerte Industrie existierte. Die gewerbliche Wirtschaft war überwiegend als Handwerk und teilweise als Manufaktur organisiert. Die Entwicklung ging sehr langsam vor sich; sie wurde durch zwei Gesetze Napoleons zunächst modifiziert. Auf der einen Seite waren die Rheinbundstaaten Frankreich gegenüber verpflichtet, der französischen Wareneinfuhr keine Hindernisse in den Weg zu

[40] NEUHAUS, G., Deutsche Wirtschaftsgeschichte im 19. Jahrhundert. Kempten 1907, S. 9.
[41] ENGELS, F., Deutsche Zustände. In: MARX/ENGELS/LENIN/STALIN, Zur deutschen Geschichte. Bd. II, Berlin 1954, S. 14.
[42] Man beachte die Handwerkerbewegung in der Revolution von 1848.
[43] Zu den einzelnen Gewerbegesetzen in den deutschen Staaten vgl. Darstellungen über die deutsche Wirtschaftsgeschichte der Neuzeit, wie die von BECHTEL, HAUSSHERR, SIEVEKING, WUESSING u. a.
[44] Sächsisches Landeshauptarchiv Dresden (im folgenden stets abgekürzt: SLA). Min. d. Innern, Nr. 1275 a, fol. 4.

legen. Sie durften französische Einfuhren nur mit 10 %igen Wertzöllen belegen.[45] Die Einfuhren aus dem industriell höher entwickelten Frankreich drosselten die einheimischen Gewerbezweige dieser Länder noch mehr. Auf der anderen Seite dagegen war es die Kontinentalsperre, die zu einer erheblichen Drosselung der englischen Einfuhren führte und somit Anstoß zu einer schnelleren industriellen Entwicklung sein konnte. Engels sagt dazu: „Das Verbot aller englischen Waren und der Krieg mit England waren die Ursache, daß sie (die deutschen Bürger. A. S.) selbst zu fabrizieren begannen..." [46] Jedoch war die Wirkung der Kontinentalsperre eine zwiespältige. Fördernd wirkte sie im wesentlichen nur auf die deutsche, besonders die sächsische Baumwollindustrie, was jedoch hoch eingeschätzt werden muß, befanden sich doch in diesem Zweig die Keime der neuen, der modernen, der Fabrikindustrie. Dagegen wurden andere Zweige der deutschen Textilindustrie, wie z. B. die Leinenproduktion, durch die Unterbindung ihrer Absatzmöglichkeiten geschwächt. Gleich nach dem Ende der napoleonischen Kriege setzte für die geförderten Gewerbezweige ein Rückschlag ein, waren sie doch nur durch die Ausschließung der englischen Konkurrenz gewachsen und hatten, da kein ökonomischer Zwang mehr dazu bestand, auch nicht wesentlich andere Bahnen eingeschlagen, als die Produktionsform der Vorväter es vorschrieb. Das zeigt sich z. B. darin, daß in der sächsischen Baumwollspinnerei, die als die entwickeltste in Deutschland galt, 1812 noch kein Betrieb mit Dampfkraft angetrieben wurde.[47]
In England war dagegen die rasche Entwicklung der industriellen Revolution auch in der Zeit der napoleonischen Kriege nicht stehengeblieben. Nach 1815 ist daher die englische Konkurrenz so stark, daß sie entweder die aufkommende deutsche Fabrikindustrie oder andere alte Gewerbezweige zur Modernisierung zwang bzw. sie zu erdrücken drohte. Die Modernisierung der alten, vor allem Textil-Gewerbe bedeutete aber Mechanisierung, Maschinisierung, bedeutete also letzten Endes Industrialisierung.
Damit beginnt die industrielle Revolution, sich auch in Deutschland durchzusetzen. Sie ergriff, wie in England auch, zunächst die Baumwollproduktion. Nach der Aufhebung der Kontinentalsperre einer starken englischen Konkurrenz ausgesetzt, nahm ihre Entwicklung einen langsamen, aber unaufhörlichen Fortgang. Bis 1836 war die Zahl der Spindeln in der Baumwollspinnerei des Zollvereinsgebietes auf 626 000 gewachsen, sie stieg im folgenden Jahrzehnt bis 1849 um weitere 300 000 auf 900 000, also um fast $^{1}/_{3}$.[48] Wie in England und anderen Ländern war die Baumwollspinnerei auch in Deutschland am weitesten in der industriellen Entwicklung fortgeschritten. „Hier hatte die Spinnmaschine das Spinnrad ebenso ersetzt wie die Fabrik die Hausindustrie." [49] Auch in den anderen Zweigen der Textilproduktion nahm die Mechanisierung ständig zu bzw. gewann Eingang. Wir sehen die Zunahme der mechanischen Spinnereien z. B. im Wollgewerbe oder in der Leinwandproduktion. In der Wollspinnerei nahm die Zahl der preußischen Spindeln von fast 346 000 im Jahre 1837 auf mehr als 420 000 im

45 Sartorius v. Waltershausen, A., a. a. O., S. 43.
46 Engels, F., ebenda.
47 Wuessing, F., a. a. O., S. 83.
48 Hausshert, H., a. a. O., S. 391.
49 Mottek, H., Die wirtschaftliche Entwicklung Deutschlands von 1834—1848 (Vorlesung, unveröffentl.).

Jahre 1849 zu.[50] In verschiedenen Textilzweigen treten auch mechanische Webereien auf. Die Zahl der preußischen Dampfmaschinen stieg, ebenfalls von 1837 bis 1849, von 419 auf 1444.[50a] Gerade dieser Zuwachs von ca. 350 % ist besonders geeignet, den Grad der Zunahme der Maschinenverwendung und damit den Fortgang der industriellen Revolution bzw. der Industrialisierung überhaupt auszudrücken. Man muß davon ausgehen, daß die Anwendung von Maschinen auch die Anwendung einer bewegenden Kraft erforderte. Diese bewegende Kraft war neben der Dampfmaschine noch in weiten Teilen Deutschlands die Wasserkraft. Die Anwendung menschlicher und tierischer Antriebskraft war für einen größeren Betrieb undiskutabel. Wenn man nun einen geringen Prozentsatz von der steigenden Zahl der Dampfmaschinen für jene abzieht, die nicht zum Antrieb für neue Maschinerie bestimmt waren (wie z. B. im Bergbau möglich) bzw. als zusätzliche Maschinen in bereits bestehenden, mit Werkzeugmaschinen ausgerüsteten, aber bisher von Wasserkraft betriebenen Fabriken eingesetzt wurden, so bedeutet die übrigbleibende Zahl der Dampfmaschinen *neue Antriebskraft für neue Maschinen.* Da jedoch ein Teil der Werkzeugmaschinen zunächst von Wasserkraft bewegt wurde, also wiederum zuzurechnen wäre, kann man sich den obigen Abzug ersparen; die Mechanisierung auf der Basis der Wasserkraft, wie z. B. die der Textilfabriken im Erzgebirge, wiegt diesen mehr als auf. Folglich kann man sehr gut an der Zunahme der Zahl der Dampfmaschinen den Grad der übrigen Mechanisierung erkennen. Deshalb seien den preußischen Zahlen noch zwei weitere hinzugefügt: In Bayern, wo 1816 8 Dampfmaschinen vorhanden waren[51], stieg ihre Zahl bis 1847 auf 129.[52] In Sachsen betrug 1825 die Zahl der Dampfmaschinen 3 und stieg bis 1846 auf 197, wobei jedoch die inzwischen wieder abgebrochenen Maschinen fehlen.[53]

Diese Zahlen sollen genügen, um das Ausmaß der Mechanisierung in Deutschland, die beginnende Durchsetzung der industriellen Revolution, kenntlich zu machen. Die Staatsbehörden der einzelnen deutschen Länder haben in den meisten Fällen, so in Preußen, Sachsen, Bayern und Württemberg, diese Entwicklung unterstützt und den Fabrikanten Anreize zur Mechanisierung ihrer Produktion zu geben versucht. So wurde zu diesem Zweck in Preußen häufig die zollfreie Einfuhr von Maschinen gestattet, wie Treue an einigen Beispielen nachweist.[54]

Wenn in Deutschland Maschinen in dem geschilderten Ausmaße verwendet wurden, so müssen diese zuvor irgendwo, sei es in Deutschland oder anderswo, gebaut worden sein. Die industrielle Revolution in Deutschland hatte in dieser Hinsicht die gleiche Wirkung wie in England: sie rief einen hohen Bedarf an Werkzeug- und Antriebsmaschinen her-

[50] SCHMOLLER, G., Zur Geschichte des deutschen Kleingewerbes im 19. Jahrhundert. Bd. I, Halle 1870, S. 478.

[50a] LÜTGE, F., Deutsche Sozial- und Wirtschaftsgeschichte. Berlin 1952, S. 361.

[51] 1815—1915. Hundert Jahre technische Erfindungen und Schöpfungen in Bayern. Jahrhundertschrift des Polytechnischen Vereins in Bayern. München 1922, S. 75.

[52] GRASSMANN, J., Die Entwickelung der Augsburger Industrie im 19. Jahrhundert. Augsburg 1894, S. 246.

[53] Die Dampfmaschinen im Königreiche Sachsen. Leipzig 1846, S. 4.

[54] TREUE, W., Wirtschaftszustände und Wirtschaftspolitik in Preußen 1815—1825. Beiheft 31 zur „Vierteljahrschrift für Sozial- und Wirtschaftsgeschichte", Stuttgart 1937, S. 215.

vor. Dieser Bedarf war, wiederum wie in England, die ökonomische Basis für das Entstehen eines deutschen Maschinenbaues. Langsam zunächst, wie die ganze Industrie, entwickelte er sich aus den kleinsten Anfängen heraus.[55]

Der zunächst langsame Entwicklungsgang der deutschen Industrie und des deutschen Maschinenbaues erklärt sich aus dem uneinheitlichen Wirtschaftsterritorium, war doch Deutschland in eine Anzahl von Ländern zerrissen, die jeweils eine eigene Wirtschaftspolitik verfolgten und den innerdeutschen Handel durch Zölle enorm behinderten. Der seine Waren realisierende Fabrikant stieß überall, zum Teil nicht nur an den Landesgrenzen, auf Zollschranken, die seine Waren, je weiter sie transportiert werden mußten, so verteuerten, daß sie nicht mehr mit dem dort einheimischen Handwerk zu konkurrieren in der Lage waren. Einen ersten Schritt, diese die Kleinproduktion konservierenden Zustände zu beseitigen, hatte Preußen bereits 1818 mit seinem Zollgesetz getan, das jedoch infolge der freihändlerischen Haltung des Staates der aufstrebenden Industrie nicht zureichenden Nutzen brachte.[56] Erst die Bildung des deutschen Zollvereins 1834 mit seiner wirtschaftlichen Zusammenfassung der meisten deutschen Länder schuf eine wichtige Voraussetzung für das stärkere Aufblühen der kapitalistischen Industrie. So ist es erklärlich, daß sich erst in den 30er und 40er Jahren des 19. Jh. der Aufschwung der industriellen Fertigung bemerkbar macht.

Auch die Entwicklung eines deutschen Maschinenbaues wurde durch die Gründung des deutschen Zollvereins beeinflußt. Es gibt eine Reihe Stimmen, die der Gründung des deutschen Zollvereins für die Entwicklung des Maschinenbaues in Deutschland die gleiche große Bedeutung zumessen wie für den Industrialisierungsprozeß überhaupt. Hierbei kann man sich auf solche zeitgenössischen Mitteilungen stützen wie die von Wieck, der betont, daß „insbesondere nach Eintritt des Zollverbandes ... verschiedene Etablissements für Maschinenbau“ entstanden.[57] Trotz der Bedeutung des Zollvereins für die Entwicklung des deutschen Maschinenbaues können wir jedoch nicht umhin, eine fördernde Rolle nur in der historischen Tatsache des wirtschaftlichen Zusammenschlusses der Mehrheit der deutschen Länder zu erblicken. Durch die Gründung des deutschen Zollvereins 1834 wurden die deutschen Länder wirtschaftlich eine Einheit. Seit 1842 gehörten dem Verbande außer Hannover, Mecklenburg, Oldenburg und den Hansestädten alle anderen deutschen Länder an. Dadurch waren die lästigen Zollschranken innerhalb Deutschlands weggefallen, und damit war die Konkurrenzfähigkeit der Industrie gegenüber der herkömmlichen Produktionsweise erhöht, ihr Absatzgebiet wurde vergrößert. Maßgeblich *hierin* ist die fördernde Rolle des Zollvereins auch für die Maschinenindustrie zu suchen.

Wenngleich nicht gerade als hemmend, so aber doch als zwiespältig muß man die Schutzzollpolitik des deutschen Zollvereins für den Maschinenbau ansehen. Der Zollverein besteuerte in den 40er Jahren „grobe Eisenwaren“, jene Kategorie, in die die Mehrzahl der Maschinen fielen, mit 6 Tlr. pro Zentner.[58] Dieser Zoll war durchaus geeignet, die

[55] Auf diesen Komplex wird im folgenden Kapitel eingegangen. Siehe S. 35 ff.

[56] Vgl. dazu ausführliche Bemerkungen bei Treue, W., a. a. O.

[57] Wieck, F. G., Industrielle Zustände Sachsens. Chemnitz 1839/40, S. 259.

[58] Gesetzessammlung des Preußischen Staats. 1845, S. 605 ff. Auch andere Jahrgänge können hier herangezogen werden.

ausländische Konkurrenz von den deutschen Maschinenfabriken weitgehend fernzuhalten, und deshalb muß ihm Bedeutung für die schnellere Entwicklung dieser Fabriken zugemessen werden. Jedoch war man nicht in der Lage und beabsichtigte im Interesse der ganzen Industrie auch gar nicht, auf die Maschineneinfuhr völlig zu verzichten, war doch gerade der englische Maschinenbau so entwickelt, daß das einen Verzicht auf die neuesten und besten Maschinen bedeutet hätte. Daher hatte der erwähnte hohe Zollsatz eine Umgehungsklausel, indem nämlich von ihm Nachlässe gewährt wurden, „wenn die aus dem Auslande bezogenen Maschinen, Apparate und Werkzeuge von neuer oder verbesserter Construction waren und im Zollverein in gleicher Weise nicht hätten bezogen werden können. ... Der in solchen Fällen zurückvergütete Zoll betrug $^2/_3$ oder $^1/_2$ des Tarifsatzes“ [59]. Von dieser Umgehungsklausel wurde natürlich auch Gebrauch gemacht, und bei Dieterici kann man die besonders ausgewiesenen Mengen an Maschinenteilen, die nicht dem allgemeinen Zoll unterlagen, nachlesen.[60]

Neben dieser also nur bedingt fördernden Rolle des Zolles haben wir auf der anderen Seite auch eine, wenn hier auch nur bedingt hemmende. Ein Zoll lag nämlich nicht nur auf den *Fertigwaren* aus Eisen, sondern auch auf dem Roh-, Stab- und Schmiedeeisen, jenen Produkten also, die Ausgangsprodukte des Maschinenbaues, die Rohstoff für ihn waren. Wenn zwar der Roheisenzoll mit 10 Silbergroschen noch gering war, so war der für Stabeisen mit $1^1/_2$ und der für Schmiedeeisen mit 3 Taler pro Zentner seit 1844 recht beträchtlich.[61] Nicht immer nämlich war das deutsche Erzeugnis auch bei diesen Halbfabrikaten dem englischen gleichwertig, und so wurden viele Maschinenbauer gezwungen, zum Bau einer qualitativ hochwertigen Maschine hohen Einfuhrzoll, z. B. auf Schmiedeeisen, zu zahlen. Die damit verbundene Verteuerung der Maschinen erschwerte die Konkurrenzfähigkeit der Maschinenfabriken und hinderte manche Keime an ihrer weiteren Entwicklung. Die Zollpolitik des Zollvereins kann demnach für den deutschen Maschinenbau nicht eindeutig günstig eingeschätzt werden.

Einen wichtigeren Einfluß auf die Entwicklung des Maschinenbaues nahm in der gleichen Zeit eine andere Erscheinung des wirtschaftlichen Lebens: das in die gleichen Jahre fallende Aufkommen der Eisenbahnen in Deutschland. Die Eisenbahnen waren es, die durch das Ermöglichen eines schnellen und billigeren Güterverkehrs die Fabrikindustrie dem Handwerk und der Manufaktur gegenüber an allen Stellen des Landes, wohin sie geführt wurden, konkurrenzfähig machten, die der Industrie Rohstoffquellen und Absatzmärkte neu erschlossen und somit wesentlich zum Aufstieg der deutschen kapitalistischen Industrie beitrugen. In England stand das Aufkommen der Eisenbahnen nahezu am Ende der industriellen Revolution, in Deutschland am Beginn, und das hat unzweifelhaft Einfluß auf ihren Verlauf gehabt. Wie in England erhielt der Maschinenbau aber durch die Eisenbahnen einen der kräftigsten Impulse, und das mußte, verbunden mit dem ohnehin vorhandenen hohen Maschinenbedarf der beginnenden industriellen Revolution, in Deutschland ungemein entwicklungsfördernd wirken.

[59] VISCHER, L., Die industrielle Entwicklung im Königreich Württemberg und das Wirken seiner Centralstelle für Gewerbe und Handel. Stuttgart 1875, S. 383.

[60] DIETERICI, C. F. W., Statistische Übersicht der wichtigsten Gegenstände des Verkehrs und Verbrauchs im Preußischen Staate und im deutschen Zollverbande. Bd. II—IV, Berlin 1838 ff.

[61] SARTORIUS V. WALTERSHAUSEN, A., a. a. O., S. 83.

Bekanntlich gilt der 7. 12. 1835 als der Geburtstag des Eisenbahnwesens in Deutschland, als mit der bayrischen „Ludwigsbahn" (Nürnberg—Fürth) die erste mit Lokomotiven betriebene deutsche Eisenbahnlinie in Betrieb genommen wurde. Bekanntlich hat dann dieses neue Beförderungsmittel rasch an Verbreitung gewonnen, und bis 1850 waren mehr als 60 längere oder kürzere Linien eröffnet oder im Bau.[62] Seine Bedeutung für die kapitalistische Industrialisierung Deutschlands muß sehr hoch eingeschätzt werden. Über das bereits Gesagte hinaus verbilligte es die Zufuhr von Roh- und Hilfsstoffen und erleichterte auf diese Weise eine absatzorientierte Standortwahl. Die zunehmend raschere Verbreitung der Dampfmaschinen ist nicht zuletzt auf die durch die Eisenbahnen ermöglichte billigere Zufuhr von Kohlen zurückzuführen.

Die Eisenbahnen hatten die gleichen Wirkungen zwar auch für den Maschinenbau, doch gingen sie auf diesem Wirtschaftszweig noch weit darüber hinaus. Für die Herstellung der wichtigsten Ausrüstungsgegenstände einer Eisenbahn kam neben dem Baugewerbe und den Eisenhütten der Maschinenbau in Frage. Das Aufkommen der Eisenbahn brachte also eine sprunghafte Steigerung des Bedarfes an Erzeugnissen des Maschinenbaues mit sich. Man brauchte Lokomotiven, Wagen, Drehscheiben, Signaleinrichtungen, Weichen und dergleichen Dinge mehr, die die Eisenbahngesellschaften in Deutschland oder im Ausland herstellen lassen mußten. Nichts ist also erklärlicher, als daß zahlreiche neue Werkstätten für den Bau dieser Gegenstände ins Leben gerufen wurden.

Man kann nun dieser Tatsache entgegenhalten, daß es sich hier nur in den wenigsten Fällen um den Bau von tatsächlichen Maschinen gehandelt habe. Die von den Eisenbahnen benötigten Gerätschaften waren aber mit überhaupt keinen herkömmlichen Apparaturen vergleichbar, und mit der Anfertigung ihrer überwiegend beweglichen Teile beschäftigten sich die Mechaniker.

Überhaupt war für den Beginn des Maschinenbaus die Art der Maschinen oder Apparate, mit denen er begann, gleichgültig. So stellen wir als Anstoß nicht selten Spinnmaschinenbau fest, der bald überwiegend dem Bau von Lokomotiven Platz macht; genauso oft ist aber auch das Umgekehrte zutreffend.

Es muß also dem beginnenden Eisenbahnbau in Deutschland für das Aufkommen des Maschinenbaus besondere Aufmerksamkeit zugewandt werden. So errichtete zu einem Zeitpunkt, an dem die Berlin-Potsdamer Eisenbahn bereits im Bau war, A. Borsig seine Maschinenfabrik in Berlin mit dem Ziel der Herstellung von Lokomotiven. Sie sei „ganz besonders auf den Bau von Lokomotiven und allen anderen Eisenbahnarbeiten eingerichtet" [63], heißt es in einer zeitgenössischen Darstellung. Wie bei der Berlin-Potsdamer Eisenbahn, so zog auch die Linie Leipzig—Dresden die Gründung einer Maschinenbaufabrik nach sich: in Übigau bei Dresden entstand während des Baues jener Linie eine Aktiengesellschaft für Maschinenbau [64], die übrigens auch die erste in

[62] Über die Verbreitung des Eisenbahnwesens in Deutschland zu dieser Zeit vgl. v. MAYER, A., Geschichte und Geographie der deutschen Eisenbahnen. Berlin 1891.

[63] Ausführlicher Bericht über die große allgemeine deutsche Gewerbe-Ausstellung in Berlin im Jahre 1844. Berlin 1845, S. 64.

[64] SLA. Min. d. Innern, Nr. 1398 a, fol. 93.

Deutschland gebaute Lokomotive auf die Bahn gebracht hat.[65] Auch die erste Linie, Nürnberg—Fürth, rief eine Maschinenfabrik ins Leben: 1838 gründete F. Klett unter Beteiligung von bei dieser Bahn beschäftigten Engländern eine Maschinenfabrik.[66] Aber nicht nur zahlreiche *neue* Werkstätten für Maschinenbau entstanden, sondern auch viele bereits bestehende wandten sich dem neuen Absatzgebiet zu. Diese Hinwendung zum Bau von Eisenbahnbedarfsgegenständen wirkte sich für diese Betriebe ebenso fördernd aus. Sehr deutlich wird diese Wirkung an einer Reihe von Beispielen: Hartmann in Chemnitz nahm, nachdem er einen hohen Staatskredit erhalten hatte, 1848 den Lokomotivbau auf.[67] Seit 1846 baute G. Egestorff Lokomotiven und anderes Eisenbahnmaterial.[68] Solche Fälle gibt es noch mehrere, und stets führte das Hinwenden zum Eisenbahnmaterialbau zum raschen Aufschwung dieser Werke. Das Ausmaß dieser Hinwendung wird z. B. von der Gutehoffnungshütte berichtet, die sich 1839 gleichfalls im Bau von Lokomotiven versuchte: „In dem Briefwechsel Ende der dreißiger bis Mitte der vierziger Jahre nimmt die Korrespondenz mit den Eisenbahngesellschaften einen solchen Raum ein, daß man zeitweise den Eindruck erhält, die Hütte betreibe nur noch die Erzeugung von Eisenbahnbedarfsartikeln.“ [69] Selbst die königliche Seehandlungs-Maschinenbauanstalt Moabit hoffte 1843 auf Geschäfte mit den Eisenbahndirektionen.[70] Dieses Hinwenden zum Bau von Lokomotiven war für viele Maschinenbauer naheliegend, da der Schritt vom Dampfmaschinenbau zum Lokomotivbau nicht sehr groß war. Zwar dominierten, wie bei allen anderen Maschinen auch, in der Anfangszeit die englischen Lokomotiven, doch der Anteil der in Deutschland gebauten nahm ständig zu. Wenn 1842/43 von 245 Lokomotiven 166 aus England, 12 aus Belgien, 29 aus Amerika stammende und 38 deutsche liefen[71], so veränderte sich das Bild bis 1851 folgendermaßen: von 1084 Lokomotiven waren aus England 281, dem übrigen Ausland 124, aus Deutschland aber 679.[72] Nach dem Gewerbeausstellungsbericht von 1844 sind jene erstgenannten 38 deutschen Lokomotiven von folgenden Betrieben geliefert worden: Maschinenbauanstalt Übigau; Maschinenbaukompagnie Chemnitz; Dr. Kufahl, Berlin; A. Borsig, Berlin; F. A. Egells, Berlin; Dobbs & Pönsgen, Aachen; Emunds & Herrenkohl, Aachen; Jacobi, Haniel & Huyssen, Ruhrort; Maschinenbauanstalt der Magdeburg-Leipziger-Eisenbahngesellschaft in Buckau; J. Maffei, München; Keßler und Martiensen, Karlsruhe; Maschinenfabrik Buckau; Maschinenbauanstalt in Zorge.[73] Für den jungen deutschen Maschinenbau ist das bereits eine erkleckliche Anzahl.

[65] Ehemaliges Preußisches Geheimes Staatsarchiv, heute Deutsches Zentralarchiv, Abteilung Merseburg (im folgenden stets abgekürzt: DZA). Rep. 120 D I 1, Nr. 11, Vol. II, fol. 117. Ferner: „Deutsche Gewerbezeitung“, Jg. 1848, Nr. 18, S. 105.

[66] BÜCHNER, F., Hundert Jahre Geschichte der Maschinenfabrik Augsburg-Nürnberg. O. O. 1940, S. 62.

[67] Sächsische Maschinenfabrik vorm. Rich. Hartmann Aktiengesellschaft Chemnitz, Leipzig 1912, S. 10.

[68] DÄBRITZ, W., u. METZELTIN, E., Hundert Jahre Hanomag. Düsseldorf 1935, S. 21.

[69] Die Gutehoffnungshütte Obershausen, Rheinland. O. O. und o. J., S. 18.

[70] DZA. Rep. 109 A XXIV f., Nr. 5, Vol. I, fol. 106.

[71] SARTORIUS v. WALTERSHAUSEN, A., a. a. O., S. 100.

[72] LINDEN, W., Eisenbahn und Konjunktur. Karlsruhe 1926, S. 28.

[73] Ausführlicher Bericht... A. a. O., S. 54.

Den gewaltig fördernden Einfluß des Aufkommens der Eisenbahnen wollen wir uns an zwei weiteren Untersuchungen veranschaulichen. Von 83 Betrieben, die wir auf ihre Gründungszeit untersuchten, wurden in der Zeit von 1836 bis 1840 23 (27,7 %), 1841 bis 1845 17 (20,5 %) und von 1846 bis 1850 9 (10,9 %) gegründet.[74] Wir erkennen, daß mehr als die Hälfte der Betriebe nach 1836, d. h. also nach dem Aufkommen der Eisenbahnen, gegründet wurden. Wir erkennen darüber hinaus, daß die stärkste Zunahme, eben jene 27,7 %, in die Zeit fällt, in der die ersten Eisenbahnlinien gebaut wurden. Der Zuwachs von Maschinenbauunternehmen entspricht hier demjenigen von Eisenbahnlinien, denn von 45 Eisenbahnlinien, die vor 1850 eröffnet wurden oder von denen uns der Baubeginn bekannt ist[75], wurden begonnen:

1835—40:	12 = 26,7 %
1841—45:	28 = 62,2 %
1846—50:	5 = 11,1 %

Daß zunächst die Zunahme der Eisenbahnlinien weitaus höher war, ist völlig natürlich, wurde doch zunächst die wesentliche Grundlage unseres Eisenbahnnetzes gelegt, während eine Grundlage unseres Maschinenbaues in den 30er Jahren vorhanden war.

Die zweite Untersuchung ist nicht weniger deutlich. Von 125 Maschinenbaubetrieben vor 1850 sind uns Angaben über die Art ihrer Produktion bekannt.[76] Diese Angaben, aufgeschlüsselt nach der produzierten Maschinenart, ergeben, daß hinter Dampfmaschinen und Textilmaschinen Lokomotiven unter insgesamt 30 Maschinenarten an dritter Stelle rangieren.

Außer dem genannten Einfluß, den die Eisenbahnen mittelbar, durch Erhöhung des Maschinenbedarfes, ausübten, war jedoch auch ein unmittelbarer, wenngleich geringerer Einfluß vorhanden. In der Regel legten die Eisenbahngesellschaften zur Gewährleistung eines reibungslosen Verkehrs ihrer Bahn Reparaturwerkstätten an. Solche Werkstätten, wie die „Wagenbau- und Reparaturwerkstätte der Leipzig-Dresdner Eisenbahn-Compagnie", die der Leipzig-Magdeburger Eisenbahngesellschaft, die der Sächsisch-Schlesischen Eisenbahngesellschaft und andere, spielten eine bemerkenswerte Rolle. Sie beschäftigten sich nämlich nicht allein mit der Reparatur ihrer Eisenbahnmaterialien, sondern bauten auch neue Eisenbahnbedarfsgegenstände, und das — wie im Falle der erwähnten „Wagenbau- und Reparaturwerkstatt der Leipzig-Dresdner Eisenbahn-Compagnie" — nicht nur für ihre Gesellschaft, sondern sogar für fremde Bahnen.[77] Zahlreiche spätere Maschinenbauer und Techniker erhielten in diesen Werkstätten ihre Ausbildung. Die Eisenbahnen halfen also in Deutschland, nicht wie in England, wo sie bei ihrer Einführung einen einigermaßen entwickelten Maschinenbau vorfanden, vergrößern oder verstärken, sondern in der Hauptsache entwickeln.

Trotz dieser die Entwicklung des deutschen Maschinenbaues begünstigenden Umstände ging sein Wachstum keineswegs kontinuierlich vor sich. Es wirkten ihm noch eine ganze

[74] Siehe S. 56.

[75] Vgl. v. Mayer, A., a. a. O., nach dessen Ausführungen auch die Berechnung angefertigt wurde.

[76] Siehe S. 98 f.

[77] SLA. Min. d. Innern, Nr. 1275 a.

Reihe von Faktoren entgegen.[78] So wurden z. B. trotz der Gründung des deutschen Zollvereins von Anfang an die gemeinsamen deutschen Interessen noch nicht über die kleinlichen dynastischen gestellt. Die weiter bestehende politische Zersplitterung mußte auf die wirtschaftliche Einheit abfärben. Die Förderung der Industrie durch den Staat war in den einzelnen Ländern sehr unterschiedlich, was sowohl durch die persönlichen Ansichten der Landesherren als auch durch die politische und ökonomische Stellung der Bourgeoisie bestimmt wurde. In Württemberg z. B. gehörten große Anstrengungen dazu, um Förderungsmaßnahmen für die Industrie durchzusetzen, da gerade in diesem Lande, wie Mohl betont, der Industrie und dem Maschinenwesen mit Feindschaft gegenübergetreten wurde.[79] Andere deutsche Länder gehörten wiederum nicht von vornherein zum Zollverein und fanden erst nach und nach Anschluß. Auch Thüringen kann als Beispiel dienen, wo die politische Zersplitterung besonders groß war. Die thüringischen Länder wiesen noch am Ende der ersten Hälfte des 19. Jh. kaum Maschinenbauindustrie auf, was man dieser Tatsache mit zur Last legen muß.

Am Ende unseres Betrachtungszeitraumes wurde schließlich das Wachstum der deutschen Maschinenbauindustrie durch die Krise von 1847 und die Revolution von 1848 besonders gehemmt. So verwunderlich auf den ersten Blick ist, daß dieser junge Industriezweig bereits von einer Krise erfaßt wurde, die die übrige deutsche Industrie kaum berührte, so war das doch der Fall. Schon 1840 hatten sich einmal Absatzschwierigkeiten bemerkbar gemacht, als die Baumwollspinnerei vorübergehend ohne Maschinenbedarf war.[80] Der große Bedarf an Maschinen rief den Maschinenbau ins Leben, das Nachlassen dieses Bedarfs mußte sich dementsprechend unmittelbar auf den Maschinenbau auswirken. Obgleich gerade die Krisen den Kapitalisten zur Vervollkommnung seines Produktionsprozesses, zur Neuausrüstung, zwingen[81], läßt zunächst aber in der Krise der Bedarf an Maschinen nach. Die Unternehmer der anderen Industriezweige, die mit Absatzschwierigkeiten zu kämpfen haben und folglich über weniger flüssige Mittel verfügen, verzichten vorerst auf die Anschaffung von neuen Maschinen. Das zeigte sich deutlich 1847 beim deutschen Maschinenbau, bei dem keine Überproduktion vorlag, da er, wie später noch ausgeführt werden wird[82], noch vorwiegend auf Kundenproduktion eingestellt war. Die Krise machte sich für den Maschinenbau am deutlichsten 1848 bemerkbar. In diesem Jahre hatten die sächsischen Maschinenfabriken z. B. wenig Absatz, und viele Betriebe standen.[83] Auch die für diese Zeit schon, verglichen mit anderen Gegenden, bedeutende Berliner Maschinenindustrie wurde davon arg betroffen. Ihre Beschäftigtenzahlen gingen von 11 000 im Jahre 1846 auf 7 000 im Jahre 1849 zurück.[84] Der Drehbankbauer A. Hamann z. B. hat in dieser Zeit „fast gänzlich darniedergelegen"[85]. Die Schwierigkeiten des Maschinenbaus im Jahre 1848, in dem sich die

[78] Diese Faktoren werden im 2. Abschnitt dieser Arbeit an den betreffenden Stellen besprochen.

[79] MOHL, M., Ueber die württembergische Gewerbs-Industrie. Stuttgart 1828, 1. Abt.

[80] WIECK, F. G., a. a. O., S. 260.

[81] MARX, K., Das Kapital. Bd. II, a. a. O., S. 165.

[82] Siehe S. 95 ff.

[83] SLA. Min. d. Innern, Nr. 5894, fol. 16 ff.

[84] WIEDFELDT, O., Statistische Studien zur Entwickelungsgeschichte der Berliner Industrie von 1720 bis 1890. Leipzig 1898, S. 83.

[85] DZA. Rep. 109 A XXIV f, Nr. 5, Vol. III.

Krise erst richtig auf ihn auswirkte, sind jedoch darüber hinaus auf die revolutionären Ereignisse dieses Jahres zurückzuführen. Die deutsche Bourgeoisie, und damit auch die Maschinenbauunternehmerschaft, wurde durch ihren eigenen Verrat der Revolution dazu bestimmt, ohne größeres wirtschaftliches Risiko wieder eine „Stabilisierung" der Verhältnisse abzuwarten, was sich unzweifelhaft in einem Rückgang der Geschäftstätigkeit äußerte.

Mit den 50er Jahren des 19. Jh., mit dem Aufschwung jener Zeit, beginnt für den Maschinenbau eine neue Etappe in Deutschland. Wenn wir aus den bisherigen Feststellungen nunmehr einen Ausgangspunkt gewonnen haben, so kommt das zusammenfassend in folgendem zum Ausdruck:

In der ersten Hälfte des 19. Jh. stellen wir die Vorbereitung und den Beginn der industriellen Revolution in Deutschland fest. Es entsteht in einer Reihe von Zweigen eine kapitalistische Fabrikindustrie oder die wesentliche Grundlage dazu. Diese Entwicklung vollzieht sich vor allem in der Textilindustrie. Die Textilindustrie, als Zweig der Leichtindustrie, kann auf der Basis der Maschinerie und der Fabrik aber nur entstehen, wenn die zu dieser Entwicklung notwendigen Ausrüstungsgegenstände, vor allem die Maschinen, vorher und in genügender Menge hergestellt worden sind. Die Herstellung besorgte zum Teil ein bereits entwickelter Maschinenbau des Auslands, der Englands, Frankreichs oder Belgiens. Zum anderen und überwiegenden Teile aber wurden die Maschinen vom deutschen Handwerk und von den verschiedenen manufakturellen oder fabrikindustriellen Anfängen des deutschen Maschinenbaues gebaut. Das Wachsen der gesamten Industrie in der industriellen Revolution und die damit verbundene Steigerung der Nachfrage nach Maschinen mußten zwangsläufig zu einem bestimmten Zeitpunkt auch in Deutschland die maschinelle Herstellung der Maschinen, mußten die Maschinenbau-*fabriken* notwendig machen. Durch das Aufkommen der Eisenbahnen fand dieser Prozeß starke Impulse und eine wesentliche Beschleunigung.

Nachdem wir so einen Ausgangspunkt für das Verständnis der Vielfältigkeit des zu behandelnden Prozesses geschaffen haben, wenden wir unsere Aufmerksamkeit der Behauptung zu, daß die Herstellung von Maschinen, und darüber hinaus auch ihre industrielle Herstellung, sich in Deutschland unter den oben geschilderten Umständen zwangsläufig entwickeln mußte.

2. Die Ursachen der Entstehung deutscher Maschinenbaubetriebe

Der Prozeß der industriellen Revolution in Deutschland, die massenhafte Anlage von konstantem fixem Kapital, die Zunahme der Mechanisierung und der Fabrikindustrie in den herkömmlichen gewerblichen Wirtschaftszweigen, hatten einen Bedarf an den für diesen Prozeß notwendigen maschinellen Einrichtungen hervorgerufen. Dieser Bedarf an Maschinen stieg von vorn herein in wesentlich stärkerem Maße als der Zuwachs der Industrie, denn die Notwendigkeit der Reproduktion der bereits eingesetzten Maschinen erhöhte vom ersten Tage an den Bedarf über das Zuwachsmaß hinaus. Das Gesetz der Reproduktion hatte für die Entstehung des Maschinenbaues von Anfang an Bedeutung.

Der Bedarf an Maschinen gliedert sich zunächst in drei Gruppen:

1. Die Industrialisierung früher handwerklich oder manufakturell betriebener Gewerbszweige, die in der Textilproduktion am deutlichsten sichtbar und am bedeutendsten ist, erforderte das Vorhandensein der entsprechenden Werkzeugmaschinen. Hierher gehören die verschiedenen Arten der Spinnmaschinen (Jenny, Waterframe, Mule und ihre Verbesserungen, Selfactors usw.), Kratzen, Krempel, die mechanischen Webstühle und Wirkstühle, die Ausrüstungen für die Appretur und viele andere.
2. Das fabrikmäßige Ingangsetzen dieser Werkzeugmaschinen erforderte das Vorhandensein einer Antriebsmaschine oder eines Antriebsmechanismus, der nicht für den Einsatz von Menschen oder Tieren bestimmt war. Hierher gehören in erster Linie die Dampfmaschinen, dann aber auch alle Arten von Wasserrädern und die Transmissionen.
3. Die Befriedigung des in den vorgenannten zwei Gruppen aufgeführten Bedarfes, der, gemessen am Grad der Industrialisierung, zunehmend wächst, erforderte sehr schnell die Mechanisierung der auf eben diese Befriedigung gerichteten Produktion. Sofern, wie gezeigt werden wird, diese Produktion in Deutschland und auf handwerkliche oder manufakturelle Art geschieht, treten die gleichen die Mechanisierung erfordernden Momente hinzu, die schon für den gleichen Prozeß in der deutschen Textilproduktion mit verantwortlich waren, d. h. die auf diesem Sektor z. B. vorhandene Überlegenheit der englischen Industrie. Die Mechanisierung des Maschinenbaugewerbes aber erfordert das Vorhandensein von dementsprechenden Werkzeugmaschinen, wie z. B. Drehbänken, Bohr-, Hobel- und Schleifmaschinen und anderen.

Wie wurde dieser Bedarf befriedigt? Hat er für das Entstehen des deutschen Maschinenbaues eine Bedeutung?
Es ist zunächst naheliegend anzunehmen, daß dieser Bedarf allein nicht als ausreichender Grund dienen kann, das Entstehen eines *deutschen* Maschinenbaues zu erklären, da England auch auf dem Gebiet des Maschinenbaus das fortgeschrittenste Land war. Man könnte also meinen, ein beachtlicher Teil des Bedarfes an Maschinen sei aus England durch Einfuhren befriedigt worden. Zweifellos sind nicht wenige Maschinen aus England gekommen. „Since the industrial changes of the second half of the eighteenth century turned Britain into the workshop of the world it was to this country that Continental manufacturers turned for new Machinery, steam engines and skilled workers when they began to modernise their own industries.“ [86] So charakterisiert W. O. Henderson die Bedeutung Englands für die Industrialisierung auf dem Kontinent und damit auch die Bedeutung des englischen Maschinenbaues. Diese Bemerkung darf man als nicht übertrieben ansehen. Die englische Industrie hatte einen solchen Aufschwung genommen, daß sie allen anderen Ländern voraus war und daß sich daraus für diese Länder ergab, das englische Vorbild nachzuahmen, ehe an eine eigene selbständige Entwicklung zu denken war.

[86] HENDERSON, W. O., Britain and Industrial Europe 1750—1870. Liverpool 1954, S. 139.

Der Einfluß, den England auf die Entwicklung des deutschen Maschinenbaues nahm, ist weniger durch seine Konkurrenz als vielmehr durch die Überlieferung seiner Erfahrungen bestimmt und somit mehr fördernd als hemmend einzuschätzen.

Da, wie noch gezeigt werden wird, die meisten deutschen Maschinenbauer im Anfang noch eine mehr handwerkliche als industrielle Produktion durchführten, ist es nicht verwunderlich, wenn schon allein aus dieser Tatsache heraus der englische Maschinenbau jede Konkurrenz hätte erdrücken können. Dazu kommt, daß sowohl die Kunde von den meisten Maschinen als auch sie selbst aus England stammten, sei es als Zeichnung, Modell oder fertige Maschine; die Deutschen konnten also zunächst lediglich an Nachahmung denken, die, mangels eigener Erfahrungen, wiederum in der Regel schlechter ausfallen konnte als die Originale und dementsprechend geeignet war, den ihnen qualitativ überlegenen englischen Maschinen den Absatz noch zu erleichtern. Dem war aber nicht so, obgleich sich die folgende Tatsache auch nicht nur fördernd auf die Deutschen auswirkte: Die Engländer unternahmen, ihrer Monopolstellung durchaus bewußt, alles, was geeignet erschien, diese Stellung zu halten. In der zweiten Hälfte des 18. Jh. wurde nacheinander die Ausfuhr der meisten Maschinen verboten.[87] Dazu kam, daß, gleichfalls seit der Mitte jenes Jahrhunderts, die Auswanderung von Fabrikarbeitern untersagt war.[88] Ab 1800 wurden auch die Fabrikbesichtigungen für Ausländer verboten.[89]

Die Erfahrung hat gezeigt, daß dieser Versuch der Konservierung der Monopolstellung fehlschlug. Er mußte fehlschlagen, weil die englischen Maschinenbauer selbst weitgehend an einer Ausfuhr ihrer Erzeugnisse, die höheren Profit versprach, interessiert waren. So kam es, daß die Verbotsgesetze seit Beginn des 19. Jh. in immer steigenderem Maße umgangen wurden. Sie wurden einmal von den englischen Maschinenbauern umgangen, die in immer mehr Fällen eine Ausnahmelizenz (Treasury license) erwarben.[90] Die Folge war, daß England z. B. 1840 eine Maschinenausfuhr in einer wertmäßigen Höhe von 600000£ trotz Verbotsgesetzen hatte.[91] Selbstverständlich siedelten auch zahlreiche englische Facharbeiter auf den Kontinent über, denn hier wurden ihre Fachkenntnisse hoch geschätzt und auch dementsprechend vergütet. So erhielt der Lokomotivführer der Nürnberg-Fürther-Eisenbahn, ein englischer Facharbeiter, z. B. doppelt so viel Gehalt wie der deutsche Direktor der Bahn.[92] Eine Anzahl englischer Facharbeiter kam auch im Auftrage von englischen Unternehmern, um nach Beendigung ihrer Mission den Versuch der Verselbständigung zu wagen. Als Beispiel sei hier nur Biram genannt, der für Humphrey in Berlin tätig war und 1818 mit Unterstützung von Cockerill den Versuch machte, eine eigene Werkstatt zu gründen.[93]

87 Ebenda.

88 Ebenda, S. 141.

89 Groba, K., Der Unternehmer im Beginn der Industrialisierung Schlesiens (Historische Kommission für Schlesien). Breslau 1936, S. 17.

90 Vgl. Henderson, W. O., a. a. O., S. 140.

91 Ebenda, S. 141.

92 Büchner, F., a. a. O., S. 61.

93 DZA. Rep. 120 D XIV 1, Nr. 2, Vol. I, fol. 102. — Im übrigen ist diese Werkstatt 1828 wieder eingegangen.

Die Gesetze wurden jedoch nicht nur durch die Engländer selbst umgangen, sondern in gleichem, wenn nicht weit größerem Maße durch die Ausländer. So reisten viele Deutsche, Staatsbeamte wie Unternehmer, nach England, um sich, wenn nicht in den Besitz von Maschinen, so doch von Modellen oder Zeichnungen zu setzen, oder, sofern es sich um Maschinenbauer handelte, um später aus der Erinnerung heraus nachkonstruieren zu können. Ein gewisser Beyer, der mit Unterstützung des sächsischen Staates in England weilte, schickte z. B. 1834 Maschinenzeichnungen, die von der königlichen Landes-Oeconomie-, Manufactur- und Commercien- Deputation unverzüglich an die Maschinenbauer Haubold, Chemnitz, und Eisenreich, Plauen, weitergereicht wurden.[94] All das mag dazu beigetragen haben, daß man sich 1843 in England zu einer Aufhebung der Ausfuhrverbotsgesetze entschloß.[95]

Die englische Überlegenheit im Maschinenbau war in Deutschland allgemein anerkannt. Diese allgemeine Anerkennung und die, mit zunehmender Entwicklung in Deutschland teilweise sogar unberechtigt werdende Bevorzugung der englischen Erzeugnisse des Maschinenbaues waren für den eigenen deutschen Maschinenbau erschwerender als die durch die Konservierungsversuche doch in gewissem Rahmen gehaltene englische Konkurrenz. Man darf nämlich nicht vergessen, daß die englischen Prohibitivgesetze, wenn auch in immer schwächer werdendem Maße, die Ausfuhr englischer Maschinen nach Deutschland gehemmt haben und damit die Konkurrenzfähigkeit der Engländer beschränkten, während die englischen Erfahrungen durch die Möglichkeit des Besuches oder der Auswanderung von Facharbeitern nicht so leicht zurückgehalten werden konnten. Nur so erscheint es verständlich, daß der deutsche Maschinenbau vor 1850 in der Lage war, eine breite Grundlage zu schaffen und bereits in der zweiten Hälfte des Jahrhunderts in steigendem Maße mit England zu konkurrieren. Dagegen lähmte zunächst das öffentliche Ansehen der englischen Erzeugnisse gegenüber den deutschen entscheidend die Lust, sich dem Maschinenbau zuzuwenden. Dieses Ansehen hatte durchaus eine reale Grundlage, waren eben doch die deutschen Maschinen im Anfang fast durchweg schlechter oder zumindest technisch rückständiger als die englischen. Jedoch mit der Zeit, mit den zunehmenden Erfahrungen, wuchs die Solidität der deutschen Erzeugnisse, ihr Ruf dagegen blieb. Bereits 1839 meinte ein preußischer Fabriken-Kommissionsrat, daß die rheinischen Maschinenbauanstalten in der Lage wären, „nicht nur die Nachfrage des Inlandes zu befriedigen, sondern selbst viele fremde Länder mit Maschinen zu versehen", und fand es unbegreiflich, „daß man hiesige Fabrikanten noch so häufig nach auswärtigen Anstalten Bestellungen machen sieht." Zwar dürfte die hier getroffene Einschätzung der Leistungsfähigkeit des deutschen Maschinenbaues übertrieben sein, doch die Formulierung, die inländischen Fabrikanten hätten „mehr Vertrauen" nötig, dürfte richtig sein.[96] Wie gering das Vertrauen zu deutschen Erzeugnissen war, und zwar ohne nähere Prüfung des betreffenden Gegenstandes, zeigt auch, daß die erste von der Gutehoffnungshütte gebaute Lokomotive (1839) erst 1841 verkauft werden konnte, und zwar für 11 000 Taler; noch fünf Jahre später kostete aber

[94] SLA. Loc. 11 184, Nr. 1637, fol. 58.

[95] HENDERSON, W. O., ebenda.

[96] DZA. Rep. 120 D I 1, Nr. 11, Vol. II, fol. 199.

eine englische Lokomotive in Deutschland 14—16 000 Taler.[97] Da weitere Mißerfolge, die man auf das höhere Ansehen der englischen Erzeugnisse zurückführte, folgten, gab man hier 1845 den Lokomotivbau wieder auf.[98] Überhaupt zeigt sich das öffentliche Ansehen der englischen Erzeugnisse wohl nirgends besser als im Eisenbahnwesen. Wie wir bereits ausführten, waren von den 1842/43 in Deutschland im Betrieb befindlichen 245 Lokomotiven 166 aus England, 41 aus anderen Ländern und 38 aus Deutschland selbst.[99] Zwar befand sich der deutsche Lokomotivbau zu dieser Zeit erst in den Anfängen, doch auch der Vergleich zwischen den englischen und den aus anderen Ländern bezogenen Maschinen dient hier unseren Zwecken als Illustration.

Auf Grund des hohen Ansehens der englischen Maschinenbauerzeugnisse vervollkommnete ein großer Teil der deutschen Maschinenbauer seine technische Ausbildung in England oder unternahm zum Sammeln von Erfahrungen Reisen nach dort.

Diese Art der Reisen nach England überwiegt zahlenmäßig natürlich jene, die, wie oben erwähnt [100], zum Zwecke der Umgehung der Prohibitivgesetze unternommen wurden. Die meisten später bekannt gewordenen Maschinenbauunternehmer hatten einen mehr oder minder längeren Aufenthalt in England hinter sich. Das trifft zu für solche Unternehmer wie Egells, Harkort, König, Borsig, Uhlhorn und andere.

Neben England spielten noch Belgien und Frankreich für die deutsche Industrialisierung und damit auch für den deutschen Maschinenbau eine Rolle. Zwar bauten diese Länder mehr oder minder zunächst auch auf den englischen Erfahrungen auf, jedoch waren sie zur Zeit der deutschen Industrialisierung bereits so weit fortgeschritten, daß ihre Maschinenindustrie Bedeutung für Deutschland haben konnte. Frankreich wurde in zweierlei Hinsicht bedeutsam. Einmal stammte eine Reihe von Maschinen ihrem Ursprung nach aus Frankreich, wenngleich auch Frankreich Versuche unternahm, seine Maschinenausfuhr zu behindern [101]. So verschaffte sich zum Beispiel der Jacquart-Stuhl in großem Umfang Eingang in die deutsche Textilindustrie. Zum zweiten aber war es Frankreich, das das technische Schulwesen als erstes Land entwickelte, in dem auch der theroretischen Vorbildung der zukünftigen Maschinenbauer Rechnung getragen wurde. Die École polytechnique in Paris war die erste technische Hochschule und die erste Bildungsstätte, in der eine wissenschaftliche Theorie des Maschinenbaues versucht wurde.[102] Deshalb zog Frankreich auch eine Reihe von Maschinenbauern an.

Die belgische Maschinenindustrie war insbesondere für das Rheinland von Bedeutung. Seit 1807 betrieb nämlich J. Cockerill in Seraing bei Lüttich eine Maschinenfabrik.[103] Zwar waren die Gebrüder Cockerill auch gebürtige Engländer, jedoch wurde ihr Unternehmen Ausgangspunkt für die belgische Maschinenindustrie. Es galt im ersten Viertel

[97] SLA. Min. d. Innern, Nr. 5946, fol. 55.
[98] Die Gutehoffnungshütte ... A. a. O., S. 19.
[99] Vgl. S. 32.
[100] Vgl. S. 38.
[101] Vgl. Henderson, W. O., a. a. O., S. 140.
[102] Vgl. Goldbeck, G., Technik als geistige Bewegung in den Anfängen des deutschen Industriestaates. In: Schriftenreihe der Fachgrupppe für Geschichte der Technik beim VDI, Berlin 1934, S. 12.
[103] ADB, Bd. IV, S. 385.

des 19. Jh. als das größte seiner Art auf dem Kontinent.[104] Von dort kamen zahlreiche Maschinen nach Deutschland, was dadurch begünstigt wurde, daß die Cockerills mehrere Fabriken verschiedenster Produktion in Deutschland unterhielten und sich der Förderung durch den preußischen Staat erfreuten.[105] Die Bedeutung für das Rheinland macht folgende Bemerkung aus einem Reisebericht deutlich: „Man findet in den Rheinischen und Westphälischen Fabriken viele Maschinen aus fremden Maschinenbauanstalten; der Zahl nach wie es scheint am meisten Belgische, nächst dem Englische und Französische, dann Deutsche. Unter den Belgischen sind die meisten aus den Anstalten von J. Cockerill, und Houget & Tefton zu Verviers und aus der Fabrik der Phönix-Gesellschaft zu Gent .... Fremde Deutsche Maschinen sind selten." [106]

Wenn wir jetzt zu unserer ursprünglichen Annahme zurückkehren, so kommen wir zu der Feststellung, daß das Vorhandensein des entwickelten ausländischen, vor allem englischen Maschinenbaues, wenn man die eben beleuchteten konkreten historischen Vorgänge berücksichtigt, die Entwicklung eines eigenen deutschen Maschinenbaues eher gefördert als gehemmt hat. Und was die Konkurrenz des englischen Maschinenbaues anbetrifft, so kann auf Grund der Prohibitivgesetze der Import fertiger Maschinen aus England nach Deutschland keine überragende Rolle gespielt haben. Wir wollen damit das Vorhandensein einer Konkurrenz keineswegs in Abrede stellen, jedoch war der Maschinenimport, mutmaßlich eben auf Grund der englischen Gesetze, so gering, daß er den in Deutschland vorhandenen Bedarf an Maschinen nicht befriedigen und dementsprechend der Entwicklung des eigenen Maschinenbaues nicht im Wege stehen konnte.

Schauen wir uns zum Zwecke der Einschätzung der Maschineneinfuhr einmal Einfuhrstatistiken an. Vor 1850 waren Maschinen ein so unbedeutendes Produkt, daß es in den Zolltarifen und dementsprechend auch in den Nachweisungen der Zollbehörden nicht gesondert aufgeführt wurde. Nach den Angaben von Dieterici betrug die Ein- und Ausfuhr von Maschinen einschließlich aller „Instrumente, musicalische, mechanische, mathematische, optische, astronomische, chirurgische" nach Zentnern [107]:

Jahr	Einfuhr	Ausfuhr
1829/31	1062	395
1832	1668	515
1833	1399	732
1834	1149	4615
1835	1106	5394
1836	1662	6400

Im Vergeich zu den folgenden Zahlen erscheinen uns diese Angaben zu niedrig, noch dazu, als in ihnen eine Reihe Gegenstände enthalten sind, die nicht zum Maschinenbau

[104] Vgl. GROBA, K., a. a. O., S. 19.
[105] James COCKERILL wohnte seit 1825 in Aachen. Vgl. ADB, ebenda.
[106] DZA. Rep. 120 D I 1, Nr. 11, Vol. II, fol. 198 f.
[107] DIETERICI, C. F. W., Bd. I, a. a. O., S. 436.

rechnen. Wenn man jedoch bereits seit dem Jahre 1834 die Ausfuhr in dieser Kategorie höher ansetzen kann als die Einfuhr, und das ist das wichtige hierbei, so beweist das, daß bereits ein Maschinenbau vorhanden gewesen sein muß, der diese Maschinen herstellte. Dieterici meint, die höhere Ausfuhr sei hervorgerufen „durch die Fabrikation von Maschinen und Instrumenten im Königreich Sachsen, und hauptsächlich in Bayern“ [108]. Sehen wir uns aber noch eine andere Zahlenreihe an. Soweit die Maschinen überwiegend aus Eisen hergestellt waren, wie es schon bei den meisten der Fall war, so erschienen sie in den „Zusammenstellungen der zum Eingange verzollten Waaren-Mengen in sämmtlichen Staaten des Zoll-Vereins“ in der Kategorie „grobe Eisenwaren“ [109]. Neben dieser gab es für Eisenfertigfabrikate noch die Kategorie „grobe Gußwaren“, zu der aber kaum Maschinen gerechnet wurden, weil diese mehr aus schmiedeeisernen Teilen bestanden. Geht man nun davon aus, daß die überwiegende Menge der „groben Eisenwaren“ Maschinen gewesen sind, so erhält man noch ein brauchbares Bild der Maschineneinfuhr.

Die Einfuhr von „groben Eisenwaren“ in den Zollverein betrug nach Zentnern in den Jahren

1834	10509	1841	25458
1835	11688	1842	25632
1836	13139	1843	31598
1837	15729	1844	32322
1838	24058	1845	41106
1839	28137 [110]	1846	41963
1840	28445	1847	44027 [111]

Analysieren wir diese Tabelle: Nach einem kontinuierlichen Anstieg sind 1838 und 1839 die ersten größeren Sprünge zu verzeichnen. Ihnen folgt 1845 ein weiterer. Dieser steile Anstieg ist im wesentlichen auf den Eisenbahnbau zurückzuführen. Die Lokomotiven der ersten deutschen Eisenbahnen wurden fast restlos eingeführt.[112] 1840—1842 erkennen wir dagegen einen Rückgang. In dieser Zeit machten sich Krisenanzeichen in der deutschen Wirtschaft bemerkbar. Wieck schildert, daß um 1840 „das Maschinenwesen in Chemnitz ganz darniederliegt, namentlich die Baumwollspinnerei ohne allen Maschinenbedarf ist“ [113]. Wir hatten festgestellt, daß der Zuwachs an Dampfmaschinen, den wir als Charakteristikum für den Industrialisierungsgrad wählten, von 1837 bis 1849 in Preußen 350% betrug, in den anderen genannten Staaten war er sogar noch etwas höher. Die Einfuhr an „groben Eisenwaren“ nahm im Zeitraum bis 1847 von ca. 16 185

108 Ebenda.

109 DZA. AA II, Rep. 6, Nr. 360.

110 Bis zum Jahre 1839 einschließlich handelt es sich um preußische Ztr. (51,448 kg), dann um Zoll-Ztr. (50 kg). Auf eine Umrechnung ist verzichtet worden, da die Veränderung keine Bedeutung für die Relationen zwischen den einzelnen Angaben hat. Lediglich für das Jahr 1839 erwies es sich als zweckmäßig, um den bereits 1840 sich andeutenden Rückgang erkennen zu lassen. (1839 = 28 951,8 Zoll-Ztr.).

111 DZA. Ebenda.

112 Wir waren S. 32 schon darauf eingegangen.

113 Wieck, F. G., ebenda.

(1837)[114] auf 44 027 Zollzentner, d. h. um ca. 272%, zu. Diese Zunahme entspricht also noch nicht der der Dampfmaschinen, müßte jedoch beim geschilderten Maschinenbedarf höher sein.

Die nicht vorhandene Befriedigung des Maschinenbedarfs durch die Einfuhr wird noch deutlicher sichtbar, wenn wir einmal vergleichsweise berechnen, wieviel Maschinen die angegebenen Eisenwarenmengen eigentlich repräsentieren können. Man darf nämlich nicht vergessen, daß bei einer verhältnismäßig groben Bearbeitungsweise die Maschinen im Vergleich zu ihrer Leistung ein größeres Gewicht als heute hatten. Lokomotiven z. B. wogen in den 40er Jahren in der Regel zwischen 300 und 600 Zentnern[115], und größere Dampfmaschinen muß man auch mit ähnlichem Gewicht ansetzen.[116] Die 1840 angegebene Menge von 28 445 Zollzentnern würde folglich, wiese sie lediglich Dampfmaschinen oder Lokomotiven aus, die Zahl von 47—60 solcher Maschinen repräsentieren. Bei einem Zuwachs der Dampfmaschinen allein in Preußen von über 1 000 Stück in 12 Jahren[117] ist ersichtlich, daß allein dieses Land ohne Lokomotiven pro Jahr ca. die doppelte Anzahl (etwa 80) brauchte. Wir wollen uns aber durchaus die Mühe machen, eine Kontrolle dieser Zahlen vorzunehmen. Nach Henderson betrug im Jahre 1840 die Maschinenausfuhr Englands nach Deutschland 85 000£.[118] Der Einfachheit halber sei es uns hier gestattet, das Pfund Sterling mit 6½ Reichstaler anzusetzen, so daß diese Summe den Wert von 552 500 Rtlr. darstellen würde. Eine Lokomotive aus England kostete Mitte der 40er Jahre ca. 15 000 Rtlr.[119], eine gute Dampfmaschine von mittleren PS-Zahlen (20 PS) ca. 6 000 Rtlr.[120], eine Drehbank von 14 Fuß Länge ca. 1 900 Rtlr.[121] Unsere 552 500 Rtlr. können also 37 Lokomotiven *oder* 92 Dampfmaschinen *oder* 290 Drehbänke repräsentieren. Leider ist es nicht möglich, auch den Bedarf an derartigen Maschinen zahlenmäßig zu messen, doch dürften die angegebenen Mengen, insbesondere bei dem Industrialisierungsgrad der Textilindustrie, nicht ausgereicht haben, um den inländischen Bedarf zu decken.

Es kann uns nun zwar entgegengehalten werden, daß wir zu dieser Gegenüberstellung ein Jahr mit mittlerer Einfuhr gewählt haben. Würden wir jedoch ein späteres Jahr wählen, so müssen wir in Rechnung stellen, daß auch der Bedarf wiederum größer ist, und wie wir bereits gezeigt haben, wuchs die Einfuhr nicht proportional mit dem Industrialisierungsgrad, sondern blieb hinter ihm zurück. Ferner erschien es uns zweckmäßig, das Jahr auszuwählen, in dem die Maschinennachfrage vorübergehend nachgelassen hatte, somit ein steigender Bedarf nicht berechnet zu werden braucht. Wir kommen nach all dem zu dem Schluß, daß die Einfuhr von Maschinen den Bedarf nicht deckte. So blieb die ökonomische Notwendigkeit, diese Maschinen in Deutschland selbst zu produzieren, bestehen. Und das ist schließlich durch Maschinenbauer auf handwerklicher

[114] Umrechnung in Zoll-Ztr. von mir. A. S.

[115] MAYER, M., Lokomotiven, Wagen und Bergbahnen. Berlin 1924, S. 35 ff.

[116] JUNGHANNS, K., Die Fabrikindustrie des Zollvereins. Leipzig 1848, S. 33.

[117] Vgl. S. 28.

[118] HENDERSON, W. O., a. a. O., S. 141.

[119] SLA. Min. d. Innern, Nr. 5946, fol. 55.

[120] SLA. Min. d. Innern, Nr. 1403 a, Vol. I, fol. 91.

[121] DZA. Rep. 120 D II, Nr. 86 Adh.

Basis und durch andere Vorläufer einer Maschinenbauindustrie geschehen. In dem Maße jedoch, wie die Industrialisierung zunahm, die Einfuhr jedoch hinter ihr zurückblieb, wie die Statistiken zeigen, enstand ferner der Zwang, die Maschinen durch Maschinen, d. h. industriell zu produzieren.

Das Vorhandensein eines deutschen Maschinenbaues und sein starkes Wachstum beweisen u. a. die Zahlen für die Roheiseneinfuhr. Der Maschinenbau hat natürlicherweise einen großen Bedarf an Roheisen, doch war Deutschland verhältnismäßig arm an solchem. Die Roheiseneinfuhr stieg, gemessen am Durchschnitt der Jahre 1834/40 gegenüber dem der Jahre 1841/46, von 283203 auf 1377158 Ztr., d. h. um 386,28%.[122] Dieser Zuwachs entspricht durchaus unserem angenommenen Industriealisierungsgrad.

3. Die Quellen der Entstehung der deutschen Maschinenbauindustrie

Wenn eine ökonomische Basis für die Entstehung eines deutschen Maschinenbaues vorhanden war, so erhebt sich nunmehr die Frage, woher der deutsche Maschinenbau gekommen ist, wie er entstanden ist. Die erste, sich zwangsläufig aufdrängende Erklärung wäre gegeben, indem man die Rolle der englischen Facharbeiter in Deutschland in Betracht zieht. Wir hatten schon darauf hingewiesen, daß zahlreiche englische Facharbeiter trotz Auswanderungsverbotes auf den Kontinent kamen und hier als Maschinenbauer zu arbeiten begannen.[123] Sie kamen entweder, um sofort eigene Gründungen vorzunehmen, oder sie kamen als Facharbeiter für die Aufstellung, Wartung oder Reparatur der eingeführten Maschinen und nahmen dann eigene Gründungen vor. Die erste Kategorie scheint gegenüber der zweiten erheblich kleiner zu sein. Als ein bedeutendes Beispiel dieser Art sind die Gebrüder Cockerill zu nennen, die, von England kommend, in Seraing bei Lüttich eine große Maschinenfabrik betrieben. Sie legten in Preußen eine Reihe von Fabriken an, und ihre Textilmaschinen waren Vorbild für viele spätere deutsche Nachahmer.[124] So gründete John Cockerill um 1815 in Berlin eine große Fabrik für Werkzeugmaschinen [125], die vor allem Webstühle, Appreturmaschinen, später aber auch Dampfmaschinen lieferte.[126] Von James Cockerill, der sich 1825 in Aachen niederließ, war schon berichtet worden.[127] Haagen schätzt das Verdienst der Gebrüder Cockerill so hoch ein, daß er sagt: „An den Namen Cockerill knüpft sich überhaupt das Verdienst der Einführung der meisten in England erfundenen Maschinen in die deutsche Industrie.“ [128] Zweifellos haben solche Unternehmen wie diese ungemein anregend gewirkt, doch sollte eine solche Wertschätzung übertrieben sein.

[122] v. Reden, F. W., Erwerbs- und Verkehrsstatistik des Königsstaats Preußen. Bd. 3, Darmstadt 1853, S. 2044 f.

[123] Vgl. S. 37 f.

[124] Man findet in den Quellen oft Sentenzen wie „echt Cockerillscher Bauart“ oder „nach Cockerillschem Muster“ usw. als Anpreisung der Vorzüglichkeit.

[125] Goldschmidt, P., Berlin in Geschichte und Gegenwart. Berlin 1910, S. 188.

[126] Doogs, K., a. a. O., S. 11.

[127] Vgl. S. 40.

[128] ADB, Bd. 4, S. 385.

Wesentlich größer ist der Teil der Engländer, der nicht sofort als Gründer von Maschinenbaubetrieben auftrat, sondern zunächst in seiner Eigenschaft als Arbeiter in Deutschland tätig war. Der Maschinenbauer William Whitfield, der um die Jahrhundertwende zu dem Spinnereibesitzer Wöhler nach Chemnitz kam [129], machte in Leipzig eine eigene Werkstatt auf.[130] William Dorning hatte für die sächsische Eisen-Compagnie, eigenen Angaben zufolge, „die Königin Marienhütte in Cainsdorfs eingerichtet", und wir finden ihn in den 40er Jahren als Inhaber einer eigenen Maschinenwerkstätte in Zwickau.[131] Thomas, von Haubold in Chemnitz für seine Maschinenbauwerkstatt herangezogen, versuchte 1828 gemeinsam mit einem gewissen Bracegirdle eine Gründung in Sachsen vorzunehmen.[132] Der schon erwähnte Benjamin Biram und ein gewisser Foster, beide als englische Facharbeiter in Berlin tätig, machten sich 1818 selbständig.[133] Zu einiger Bedeutung brachte es Samuel Aston. Er war 1814 als Facharbeiter zu Nathusius nach Althaldensleben geholt worden, und einige Jahre später, als Nathusius' Maschinenbauversuche gescheitert waren, ließ er sich in Magdeburg selbständig nieder.[134] Bereits 1822 wurde er durch Dampfmaschinenbauten bekannt.[135] Auch die zum Betrieb der Nürnberg-Fürther Eisenbahn herangezogenen Engländer riefen gemeinsam mit F. Klett ein Maschinenbauunternehmen ins Leben.[136]

Zwar ist nicht möglich, festzustellen, wie groß der Anteil der englischen Gründungen am deutschen Maschinenbau ist; er dürfte jedoch unseres Erachtens nicht allzu groß gewesen sein, finden sich doch unter den uns bekannten Maschinenbaubetrieben aus der Zeit vor 1850 nur wenige, die von Engländern selbst oder mit ihnen als Compagnon gegründet worden sind. Größer als ihr zahlenmäßiger Anteil und auch ihre Produktion dürfte aber ihre Bedeutung für den Beginn des deutschen Maschinenbaues gewesen sein. Sie überlieferten an Ort und Stelle in Deutschland ihre Erfahrungen auf dem Gebiet des Maschinenbaues, was für die Bildung zahlreicher deutscher Facharbeiter von unschätzbarem Nutzen gewesen sein muß.[137] Man könnte ihre Bedeutung ohnehin nicht an ihrer Zahl messen; schließlich sind zu jener Zeit sowohl eine ganze Reihe von weniger qualifizierten Arbeitern in Erwartung besserer und leichterer Verdienstmöglichkeiten nach Deutschland gekommen als auch eine Reihe von Abenteurern. Als Beispiel dafür kann dienen, daß Haubold einen seiner englischen Mechaniker mit beträchtlichen Geldmitteln zum Einkauf von Maschinen nach England sandte und ihn nie wieder sah.[138] Festhalten wollen wir demnach, daß die englischen Gründungen in Deutschland zahlreiche Anregungen gegeben haben und für die Anfänge eines deutschen Maschinenbaues von Bedeutung gewesen sind, daß sie aber nicht allein für seine Entwicklung verantwortlich zeichnen.

[129] KULISCHER, J., ebenda.

[130] SLA. Loc. 11 148, Nr. 922.

[131] SLA. Min. d. Innern, Nr. 5946, fol. 79.

[132] SLA. Loc. 11 173, Nr. 1299, fol. 1.

[133] DZA. Rep. 120 D XIV 1, Nr. 2, Vol. I.

[134] DZA. Rep. 120 D XIV 1, Nr. 10.

[135] Die Dampfmaschinen... A. a. O.

[136] BÜCHNER, F., ebenda.

[137] Wir kommen S. 76 noch einmal darauf zurück.

[138] Sächsische Lebensbilder. Bd. 3, Leipzig 1941, S. 148.

Wir sind eben bei der Behandlung der Rolle der englischen Facharbeiter darauf gestoßen, daß zahlreiche von ihnen — von den oben erwähnten alle außer Biram und Foster — zunächst als Facharbeiter in deutschen Unternehmungen gearbeitet hatten. Zugleich also mit den englischen Gründungen in Deutschland müssen demnach Produktionsstätten (ob Fabrik oder nicht, spielt hierbei keine Rolle) bestanden haben, die erfahrener Mechaniker oder Maschinenbauer bedurften. Und das war zweifellos der Fall.

Wir hatten untersucht, in welch hohem Grade die Maschinen bereits in die Textilproduktion eingedrungen waren. Die deutschen Textilproduzenten, die diese Maschinen anwenden wollten, waren zu Beginn der Entwicklung, als auch der handwerkliche Maschinenbau nicht verbreitet war, gezwungen, selbst zu bauen, soweit sie diese Maschinen nicht importieren konnten. So finden wir vor allem in der Zeit seit dem Ende des 18. Jh. bis etwa um 1820 zahlreiche Inhaber von Textilbetrieben, die Maschinen für ihre Produktion bauten oder von Angestellten bauen ließen. So baute z. B. Haubold in der Wöhlerschen Spinnerei in Chemnitz, einer der ersten sächsischen Baumwollspinnereien, Spinnmaschinen.[139] Der Engländer Evan Evans, einer der ersten Spinnmaschinenbauer Deutschlands, arbeitete anfangs im Auftrage eines Textilfabrikanten.[140] Diese Beispiele könnten noch fortgesetzt werden. Sie charakterisieren den Beginn des Maschinenbaues in Deutschland überhaupt, denn auf diese Weise ist sogar eine Anzahl von Maschinen, ehe sie je importiert wurde, in Deutschland bereits gebaut worden. Damit gewinnen diese Anfänge eine nicht zu unterschätzende Bedeutung für die Entstehung des Maschinenbaues in Deutschland.

Die Anwendung, Wartung, Reparatur und letztlich auch der Ersatz dieser neuen Maschinerie erforderten dann aber weiter die Anwesenheit von damit vertrauten Mechanikern. So sind es vor allem wiederum Spinnereien, die zunächst die schon erwähnten englischen Facharbeiter zu eben diesem Zwecke bei sich anstellten. Doch auch unabhängig vom Vorhandensein eines englischen Technikers waren die Textilunternehmer gezwungen, vielfach Mechaniker zu beschäftigen. Immer wieder war es die Notwendigkeit der Reparatur der Maschinen, die das erforderte. Die Reparatur dieser Maschinen oder unter Umständen auch die Herstellung einiger neuer konnten auf zweierlei Art erfolgen: entweder der Textilunternehmer ließ diese Arbeit in einer eigenen Werkstatt vornehmen, oder er überließ sie einem Handwerker.

Wir wollen zunächst die erste Möglichkeit untersuchen. Das Fehlen eines geeigneten Handwerkers, die Umständlichkeit seiner Heranziehung oder dergleichen ähnliche Gründe mögen manchen Textilunternehmer veranlaßt haben, selbst eine Werkstatt zur Reparatur der Spinn-, Web-, Appretur- oder sonstigen Maschinen zu unterhalten. So hatten Lucius & Co. in Erfurt 1846 in ihrer Weberei mit 800 Arbeitern eine Schlosserei zur Reparatur eingerichtet, wo sie ständig 2 Arbeiter beschäftigten.[141]

[139] Ebenda, S. 145.

[140] KULISCHER, J., ebenda. Ein Brief von EVANS' Hand, der, obzwar aus dem Gefühl persönlicher Benachteiligung heraus nicht immer objektiv, einigen Aufschluß über das Wirken von EVANS und über das von englischen Facharbeitern überhaupt gibt, ist dem Anhang beigefügt. Vgl. S. 120 ff.

[141] DZA. Ebenda.

Es ist naheliegend, daß eine solche Werkstatt entweder von vornherein auch für den Neubau eigener Maschinen eingerichtet worden ist oder daß zumindest im Laufe der Zeit sich ihr die Gelegenheit zum Neubau bot. So bauten die zu ihrer Zeit bekannten schlesischen Flachsmaschinenspinnereibesitzer Kramsta in Märzdorf und Alberti in Waldenburg in den 30er Jahren Maschinen für den eigenen Bedarf.[142] Auch Heymann in Flöha (Sa.), der eine Spinnerei von 8 000 Spindeln betrieb, legte 1833 eine Maschinenbauanstalt an.[143] F. G. Wieck in Hartau bei Chemnitz betrieb seit 1828 ebenfalls Maschinenbau für den eigenen Bedarf.[144] Ferner unterhielten Oberrhein & Schönborn in Grünberg (Schl.), Milde in Breslau, Schieferdecker und Lauchner in Aue und andere in ihren Textilbetrieben Maschinenbauwerkstätten.[145] Es gibt jedoch nur vereinzelte Fälle, in denen aus diesen den Textilbetrieben angeschlossenen Maschinenbau- und -reparaturwerkstätten wirkliche Maschinenfabriken enstanden. Wenngleich hin und wieder diese Einrichtungen über den eigenen Bedarf hinaus auch für fremde Betriebe arbeiteten, so verloren sie dennoch den Charakter einer Nebenbeschäftigung mit einem anderen Fabrikationszweig nicht. Mit dem stärkeren Hervortreten einer eigentlichen Maschinenbauindustrie nimmt die Zahl dieser angegliederten Werkstätten wieder ab. So verkaufte Wieck seine vorerwähnte Werkstatt 1839 an die Sächsische Maschinenbau-Compagnie, den in diesen Jahren bedeutendsten Maschinenbaubetrieb Sachsens.[146] Deshalb kann man auch nur mit Vorbehalt sagen, daß der deutsche Maschinenbau aus der Textilindustrie hervorgegangenen sei, wie es z. B. A. Lang tut.[147] Dagegen sind wir völlig seiner Meinung, daß die Textilindustrie neben dem Bergbau und Hüttenwesen ihn angeregt hat. Ja, wir betonen sogar nochmals, daß die Textilindustrie und das Berg- und Hüttenwesen die entscheidenden Gründe und wichtige Ausgangspositionen für sein Entstehen lieferten. Historisch gesehen ist natürlich die Textilindustrie als wichtigste Entstehungsquelle anzusehen, da die in Textilfabriken auftretenden Formen des Maschinenbaues die ersten und damit die Ausgangs- und Anregungspunkte für die anderen Quellen geworden sind.[148] Das soll auch keineswegs abgeschwächt werden, wenn wir in der Folge die Textilindustrie als letzte Quelle der Maschinenbau*industrie* erkennen.

Außer der Textilindustrie gab es noch andere fremde Produktionszweige, die sich nebenbei dem Maschinenbau widmeten und so deshalb bei seinem Aufkommen genannt werden müssen. So betrieb der Papierfabrikant J. Oechelhäuser bereits Mitte der 20er Jahre den Bau von Papiermaschinen.[149] Der Berliner „Oberhofbuchdrucker" R. Decker baute selbst Druckpressen; die Anker- und Kettenfabrik Mason in Memel hatte eine eigene Maschinenbauwerkstatt.[150] Doch fallen diese Beispiele gegenüber der Nebenproduktion bei der Textilindustrie nicht ins Gewicht.

[142] DZA. Rep. 120 D I 1, Nr. 11, Vol. I, fol. 182.

[143] Ebenda, Vol. II, fol. 84.

[144] Ebenda, Vol. I, fol. 181.

[145] Vgl. dazu die Akten DZA. Rep. 120 D I 1 und D XIV 1.

[146] WIECK, F. G., a. a. O., S. 259.

[147] LANG, A., a. a. O., S. 46.

[148] Auf die Bedeutung dieser Anfänge wurde schon auf S. 45 verwiesen.

[149] KRUSE, H., u. WALLE, R., 100 Jahre Waldrich. Siegen 1940, S. 40.

[150] Vgl. Anm. 145.

Dafür ist aber unter dieser Kategorie noch ein wesentlicher Produktionszweig, das Hüttenwesen, zu nennen, der genauso wie die Textilindustrie maßgeblichen Anteil am Aufkommen des Maschinenbaues hatte. Es ist aus zweierlei Gründen begreiflich, daß gerade das Hüttenwesen noch ein wichtiger Keim des Maschinenbaues gewesen ist. Einmal waren die Hütten (und gemeint sind hier vor allem Eisenhütten) mit der hergebrachten Technik der Verarbeitung des Eisens vertraut, ihre Arbeitskräfte darin geschult. Daß ihnen Aufträge zum gelegentlichen Bau von Maschinen gegeben worden sind, erscheint also naheliegend. Bestärkt wird das noch durch die Tatsache, daß bei Ausführung des betreffenden Auftrages an anderer Stelle die Gußeisenteile und anderes Halbzeug von ihnen ohnehin hätten bezogen werden müssen.[151] Zum anderen ist es genauso naheliegend, Maschinen für den eigenen Bedarf der Hütte oder für die Bergwerke selbst herzustellen bzw. von der Maschinenteilefertigung, wozu insbesondere der Eisenguß gerechnet werden muß, zur völligen Fertigung überzugehen. Schließlich waren es ja auch die Bergwerks- und Hüttenbetriebe, die zuerst mit der Dampfmaschine vertraut wurden. Dieser zweite genannte Grund für den Beginn von Maschinenbau auf Hüttenwerken ist der weitaus wichtigere von beiden, und es verwundert uns daher nicht, in den an Hütten angeschlossenen Maschinenbauwerkstätten vor allem den Bau von Dampfmaschinen, Walzen, Pressen, Gebläsen usw. entwickelt zu sehen, also von Gegenständen des eigenen Bedarfs.

Bereits 1794 hatte man in Oberschlesien auf den staatlichen Hüttenbetrieben mit dem Bau von Dampfmaschinen begonnen, und A. F. W. Holtzhausen baute dort bis 1825 50 Stück.[152] Freiherr v. Burgk baute bis 1846 auf seinem Eisenhüttenwerk bei Dresden 12 Dampfmaschinen.[153] Das gräfliche Einsiedelsche Eisenwerk zu Lauchhammer lieferte 1827 Dampfmaschinen[154], und auch auf dem Hüttenwerk zu Ilsenburg, das dem Grafen v. Stolberg-Wernigerode gehörte, begann man mit deren Bau.[155] Der Bau von Maschinen wurde auch betrieben auf der königlichen Marienhütte zu Cainsdorf[156], der Eisenhütte von Lattermann auf Morgenröthe, von Querfurth in Schönheyda, von Elterlein auf Pfeilhammer[157], auf der preußischen staatlichen Sayner Hütte[158], bei H. D. Piepenstock in Hörde.[159] Ein bemerkenswertes Beispiel, wie die Herstellung der Halbfabrikate die Fertigung ganzer Maschinen angeregt hat, ist die Gutehoffnungshütte in Sterkrade. Nachdem man sich dort „über ein Jahrzehnt lang ... auf die bloße Herstellung der von Franz Dinnendahl bestellten Maschinenteile beschränkt" hatte[160], nahm die Hütte unter Leitung von Gottlob Jacobi 1820 selbst den Dampfmaschinenbau auf.[161]

151 Erst spät kam es zur Einrichtung von Gießereien im Maschinenbau. Vgl. S. 88.

152 Rheinisch-Westfälische Wirtschaftsbiographien. Bd. 1, Münster 1932/41, S. 359.

153 Die Dampfmaschinen... A. a. O., S. 4. 154 Ebenda.

155 DZA. Rep. 120 HA, R, Nr. 17.

156 Die Dampfmaschinen... Ebenda.

157 Wieck, F. G., ebenda.

158 DZA. Rep. 120 D I 1, Nr. 11, Vol. II, fol. 313.

159 Matschoss, C., Männer der Technik. Berlin 1925, S. 204.

160 Die Gutehoffnungshütte ... A. a. O., S. 40.

161 Rheinisch-Westfälische Wirtschaftsbiographien. A. a. O., S. 369.

Während direkt aus der Textilindustrie weniger oft richtige Maschinenfabriken entstanden, so war das beim Eisenhüttenwesen schon zahlreicher der Fall. Die Erzeugnisse z. B. der genannten Werke waren zu ihrer Zeit bekannt, und manche der Werkstätten sind zu großen Betrieben gewachsen, wie z. B. die der Gutehoffnungshütte. Es genügt aber nicht, hieraus allein oder im entscheidenden Maße die Entstehung der Maschinenbauindustrie in Deutschland abzuleiten.

Als wir uns der Entstehung des Maschinenbaues zuwandten, sagten wir, daß neben der Möglichkeit, die Maschinen in dem Betriebe herstellen zu lassen, der sie brauchte, weiter die vorhanden sei, entsprechende Handwerker damit zu beauftragen. Wir wollen jetzt diese Möglichkeit näher untersuchen.

Es ist unrichtig, annehmen zu wollen, daß der Maschinenbau in Deutschland keine Grundlage besessen habe, seine Entstehung nicht vorbereitet gewesen wäre, folglich also völlig aus dem „Nichts" entstanden sei. Es wurde schon erwähnt, daß die Eisenhütten sich deshalb gut für den Beginn von Maschinenbau eigneten, weil ihre Beschäftigten mehr oder minder mit der Technik der Eisenbereitung vertraut waren und dementsprechend Grundkenntnisse für die Maschinenfertigung mitbrachten. Um wieviel mehr muß das bei einer großen Anzahl von Handwerkern der Fall gewesen sein! Man darf doch nicht annehmen, daß der Bau von Maschinen so etwas grundlegend Neues für einen Teil von ihnen war. Schließlich gab es seit längerer Zeit zahlreiche Produktionsinstrumente, die man mit einigem Recht als Maschinen ansprechen kann, und komplizierte Werkzeuge. Diese Produktionsmittel, die vor allem im für die damalige Zeit technisch sehr hochstehenden Bergbau oder im Hüttenwesen Anwendung fanden, sind ja auch hergestellt worden, und folglich muß es Menschen gegeben haben, die mit ihrer Herstellung vertraut waren. Auf diese Weise mußten z. B. hergestellt werden: Wasserräder, Göpelwerke, Mühleneinrichtungen, Uhren, Handwebstühle, Tretspinnräder und dergleichen Geräte mehr. Es wurden optische und mechanische Instrumente, vielfach zu Forschungszwecken, gebaut. Alle diese Produktionsinstrumente wurden handwerklich hergestellt. Die auf diese Produktion spezialisierten Handwerker waren sehr zahlreich. Sie sind nicht nur unter den Handwerkergruppen der Schlosser, Tischler und Uhrmacher zu finden, in den Statistiken des beginnenden 19. Jh. finden wir auch viele „Mechanici", „mechanische Künstler" und unter anderen Bezeichnungen laufende derartige Kategorien. Die Tabelle des preußischen Staats weist an „Mechanici" z. B. für die Jahre

1822	294
1834	453
1846	367

aus.[162] 1846 werden überdies noch 56 Maschinenbauer (Meister) aufgeführt.[163] Wir sehen also, daß für den Maschinenbau in Deutschland durchaus Kader in anderen Zweigen des Wirtschaftslebens herangebildet worden sind.

Diese Handwerker waren geradezu prädestiniert für die zunächst nur gelegentliche Übernahme der Reparatur oder Herstellung einer Maschine. So begannen die Schlossermeister Hille und Neukrantz in Burg mit der Reparatur Cockerillscher Maschinen,

[162] v. REDEN, F. W., a. a. O., Bd. 1, S. 263.
[163] Ebenda, S. 264.

als diese in Burg auftauchten.[164] Der Tischler Zimmermann, gleichfalls aus Burg, begann, die nach dort gelangten Chemnitzer Textilmaschinen für die Tuchmanufaktur nachzubauen.[165] Da der Bedarf vorhanden war, ging die Spezialisierung von Handwerkern für den Bau von Maschinen sowohl über die Reparatur zum eigenen Bauen als auch sofort zum letzteren.

Welche Handwerker waren es, die sich dem Bau von Maschinen zuwandten? Als erste wären wohl die Schlosser und Schmiede zu nennen. So hatten im Cottbuser Gebiet 1833 alle Appreturanstalten ihre Maschinen von Knische aus Finsterwalde, einem Schlosser mit einer kleinen Werkstatt, bezogen, der bis dahin bereits 700 Spinnmaschinen gebaut hatte.[166] Der Schlossermeister H. F. Eckert begann 1846 den Bau von landwirtschaftlichen Maschinen in Berlin.[167] G. Kuhn begann 1852 noch als Schlosser den Maschinenbau.[168] R. Hartmann, Chemnitz [169], und C. Heckmann, Berlin [170], waren gelernte Schmiede. Dann dürften in zweiter Linie wohl die Tischler und Zimmerleute zu nennen sein, da große Teile der Maschinen, insbesondere der für die Textilindustrie, noch aus Holz gefertigt wurden. Der Tischlermeister Diepers in Crefeld begann auf diese Weise den Bau von Webstühlen, Scherrahmen und ähnlichem.[171] Doch auch der Dampfmaschinenbau wurde von Tischlern begonnen, wie z. B. von Plöttner in Crimmitzschau.[172] Franz Dinnendahl, Essen, begann den Dampfmaschinenbau als Zimmermann.[173] Da so viel an Webstühlen und dergleichen zu tun sei, entschloß sich auch der Zimmermeister Nendel in Chemnitz, eine Werkstatt dafür anzulegen.[174] Und selbst der schon bei der Entstehung aus der Textilproduktion erwähnte Haubold war an sich von Beruf Zimmermann.[175] Drittens verdienen hier noch die Uhrmacher und die Handwerker für den Bau von optischen oder physikalischen Instrumenten erwähnt zu werden. Ihre Erzeugnisse hatten bereits einen dem aufkommenden Maschinenbau am nächsten kommenden Grad von Kompliziertheit erreicht, und so ist es zu verstehen, daß auch diese Handwerkergruppe Kader für den Maschinenbau lieferte. J. Mannhardt, München, war z. B. Uhrmacher, auch blieb dies später, als er Maschinen baute, sein Hauptbeschäftigungszweig.[176] Auch Labahn, Greifswald, ging von diesem Beruf aus.[177] Die Lokomotivfabrik Karlsruhe ging aus einer Werkstätte für Instrumente zum Bedarf der Polytechnischen Schule hervor.[178] Auch das mathematisch-mechanische Institut München kann man hierher rechnen.[179]

[164] DZA. Rep. 120 D XIV 1, Nr. 10. [165] DZA. Rep. 120 HA, R, Nr. 17.
[166] DZA. Rep. 120 D I 1, Nr. 11, Vol. I, fol. 156.
[167] Geschichtskalender der Eckertwerke. Lichtenberg o. J., S. 7.
[168] Matschoss, C., a. a. O., S. 147. [169] ADB, Bd. 10, S. 701.
[170] Matschoss, C., a. a. O., S. 108. [171] DZA. Rep. 120 D XIV 1, Nr. 21, Vol. II, fol. 3.
[172] SLA. Min. d. Innern, Nr. 1403 a, fol. 161 ff.
[173] Däbritz, W., Unternehmergestalten aus dem rheinisch-westfälischen Industriebezirk. In: „Schriften der Volkswirtschaftlichen Vereinigung im rheinisch-westfälischen Industriebezirk", H. 6, Jena 1929, S. 10.
[174] SLA. Loc. 11 181, Nr. 1555. [175] Sächsische Lebensbilder. A. a. O., S. 144.
[176] ADB, Bd. 20, S. 200 ff. [177] DZA. Rep. 120 D XIV 1, Nr. 12, Vol. I.
[178] Beiträge zur Geschichte der Technik ... Bd. 12, a. a. O., S. 218.
[179] Netz, H., Berühmte Männer der Technik (Wissenschaft und Bildung, Bd. 265). Leipzig 1930, S. 14.

Die handwerkliche Basis des Maschinenbaues ist breiter, als wir nachzuweisen in der Lage sind. Von einer Reihe später bedeutender Betriebe sind uns z. B. ihre ersten Schritte gar nicht bekannt. Ferner zeigten wir nur die Handwerkergruppen, aus denen der Maschinenbau hervorgegangen ist; einmal da, begann er aber selbst auch handwerklich, nämlich in Gestalt der sogenannten Mechaniker. Die Statistik jener Jahre aber gibt einen zweifelhaften Aufschluß, da sie keine eindeutige Trennung zwischen Handwerk und Fabrik vornimmt. Es tauchen in der Tabelle handwerkliche Maschinenbauer entweder einfach unter ihrer handwerklichen Berufsbezeichnung auf, und dann ist nicht ersichtlich, sofern sie nicht als Mechaniker ausgewiesen werden, ob sie schon Maschinen gebaut haben oder nicht, oder sie werden als Maschinenbauanstalten gezählt, und das wiederum unabhängig von ihrer Größe. Wenn wir unten Zahlen für das Vorhandensein von Maschinenbau in Deutschland angeben, so wird das noch zu erkennen sein.[180] Der Unterschied, ob ein Betrieb als Handwerksbetrieb oder als Fabrik zu zählen sei, wurde in den preußischen Gewerbezählungen oft darin gesucht, ob Maschinen verwendet wurden oder nicht.[181] Das Vorhandensein einer Drehbank in einer Handwerkstatt, noch dazu, als bei den ersten Drehbänken der Stahl noch mit der Hand geführt wurde, machte aber noch keine Fabrik. In Sachsen wiederum, wo noch der Zunftzwang bestand, unterlagen die kleinen Betriebe des Maschinenbaues ihm nicht und wurden daher nicht als Handwerk gezählt, ebenfalls unabhängig von ihrer Größe.[182]

So sind wir berechtigt, getrost einen Teil der in den Statistiken als Fabrik gezählten Maschinenbaubetriebe zu den handwerklichen zu zählen. Es wird sich dabei die Zahl jener Handwerker, die durch ihren Beruf zum Maschinenbau gekommen sind, nur wenig erhöhen, vielmehr wird ein Teil dabei sein, der den Maschinenbau zwar handwerklich betrieb, ohne aber zuvor jemals ein anderes Handwerk betrieben zu haben. Sie haben für uns, wie schon gesagt, insofern Bedeutung, als sie der handwerklichen Grundlage zuzurechnen sind, sie haben aber keine Bedeutung für die Entstehung des Maschinenbaues aus den herkömmlichen Handwerken. Wir erkennen also, daß eine einwandfreie Begrenzung des handwerklichen Ursprungs des Maschinenbaues nicht möglich ist. Von allen Quellen der Entstehung des deutschen Maschinenbaues aber dürfte er zu den entscheidenden zu rechnen sein.

Von 83 Maschinenbaubetrieben, zu denen wir Angaben über die Betriebsstruktur bei der Gründung haben[183], gingen 9 Betriebe (11%) aus der Textilindustrie hervor, 15 Betriebe waren ursprünglich Eisenhütten (das sind 18%), aber 28 Betriebe (also 34%) kamen aus dem Handwerk. Die Mehrheit aber, 31 Betriebe (37%), sind von vornherein als Maschinenbauanstalten entstanden. Wir verwenden hier absicht-

[180] Vgl. Anhang S. 124.

[181] DIETERICI, C. F. W., Handbuch der Statistik des preußischen Staats. Berlin 1861, S. 378.

[182] Vgl. als Beispiel die Politik der Zunft bei der Aufnahme handwerklichen Maschinenbaues. Siehe SLA. Min. d. Innern, Nr. 1275a, fol. 163 ff.

[183] Uns ist hier natürlich nicht möglich, diese Berechnung quellenmäßig zu belegen, müßten wir doch dann, wie auch bei den folgenden derartigen Berechnungen, eine lange Liste (in diesem Falle eben 83) von Belegstellen anführen. Daher verweisen wir nur auf die im Anhang gebotene Zusammenstellung der von uns untersuchten Betriebe und der verwendeten Quellen und Literatur. Vgl. Anhang S. 125 ff.

lich ebenfalls den Begriff „Maschinenbauanstalten", da, wie schon die Unterscheidung zwischen Handwerk und Fabrik uns Schwierigkeiten gemacht hat, hier das Erkennen der Fabrik noch schwieriger ist, da zahlreiche der untersuchten Betriebe zuvor gewiß längere oder kürzere Zeit an sich Manufakturen waren. Marx weist schon darauf hin, daß die Manufakturen bei der Maschinenproduktion eine große Rolle gespielt haben und sagt u. a.: „Eins ihrer vollendetsten Gebilde (der Manufaktur. A. S.) war die Werkstatt zur Produktion der *Arbeitsinstrumente selbst,* und namentlich auch der bereits angewandten komplizierten *mechanischen Apparate.*" [184] Das Vorhandensein vereinzelter Maschinen und ihre Verwendung bei der Herstellung von Maschinen machte auch noch keine Manufaktur zur Fabrik. Erst wenn die Maschinerie das Entscheidende in der Produktion geworden ist, wenn an Stelle von selbständigen einzelnen Maschinen ein Maschinensystem zur Anwendung kommt, kann man von einer Fabrik sprechen, einer „auf Maschinenbetrieb gegründeten *Werkstatt.*" [185] Wann dieser Zeitpunkt in den einzelnen Maschinen bauenden Betrieben da ist, läßt sich heute nicht mehr rekonstruieren. „Der Unterschied zwischen der kapitalistischen Werkstatt und der Werkstatt des Kleingewerbetreibenden besteht zunächst nur in der Zahl der gleichzeitig beschäftigten Arbeiter. Darum verschwinden gewissermaßen die ersten kapitalistischen Betriebe, die zahlenmäßig eine Minderheit darstellen, in der großen Masse der Kleinbetriebe." [186] Es dürfte aber kaum anzunehmen sein, daß sehr viele Gründungen von vornherein als Maschinenfabriken anzusprechen waren, wenngleich sie sich auch damals als solche bezeichneten. Vielmehr wird der überwiegende Teil eben jene Stufe durchlaufen haben, in der seine Maschinen von der Unterstützung eines einzelnen Produktionsprozesses zum herrschenden System in der ganzen Produktion geworden sind. Zumindest werden alle später zu Fabriken gewordenen, aus dem Handwerk hervorgegangenen Gründungen diese Stufe durchgemacht haben. Indem wir so festhalten, daß die Manufakturperiode, obgleich historisch bereits vorüber, auch in der aufkommenden Maschinenindustrie ihre Berechtigung und Notwendigkeit beweist, möge es uns gleichzeitig gestattet sein, in den folgenden Ausführungen infolge der Schwierigkeiten auf die Trennung zwischen Manufaktur und Fabrik zu verzichten und uns des historischen Begriffes der „Maschinenbauanstalt" zu bedienen.

Bei dem fließenden Übergang, der zwischen Handwerk, Manufakur und Fabrik im Maschinenbau besteht, ist es durchaus möglich, daß sich unsere vorerwähnte Berechnung des Ursprungs der deutschen Maschinenbauindustrie noch weiter zugunsten der handwerklichen Quelle verschieben kann. Das setzt jedoch nicht die Tatsache außer Kraft, daß ein großer Teil des Maschinenbaues auf keiner herkömmlichen Quelle basiert, sondern von vornherein manufakturelle oder fabrikindustrielle Maschinenbau-Unternehmen gewesen ist. Das ist um so mehr der Fall, je weiter die Entwicklung vorgeschritten ist. Diese Entstehungsart und die aus dem Handwerk haben nach unseren Berechnungen mit ca. 70% der vor 1850 bestehenden Maschinenbaubetriebe ein entscheidendes Übergewicht vor der Entstehung aus der Textil- oder Eisenproduktion.

[184] Marx, K., Das Kapital. Bd. I, a. a. O., S. 387.

[185] Ebenda, S. 396.

[186] Lenin, W. I., Die Entwicklung des Kapitalismus in Rußland. Werke, Bd. 3, Berlin 1956, S. 361.

Diese Berechnung hat ihre volle Berechtigung für die Maschinenindustrie, das betonten wir schon, und sie nimmt ab, je näher wir an die Anfänge des Maschinenbaues, unabhängig von seinem industriellen Charakter, überhaupt kommen. Der wesentliche Teil dieser Betriebe ist in der Zeit nach der Gründung des deutschen Zollvereins und dem Aufkommen der Eisenbahnen gegründet worden.

Was waren die Ursachen für die Entstehung von reinen Maschinenbaubetrieben größeren Umfanges? Auch hier müssen wir die Ursache letzten Endes in dem immer mehr zunehmenden Bedarf an Maschinen suchen. Insbesondere seit die Eisenbahnen den Bedarf enorm steigerten und andererseits das Absatzgebiet der Maschinenbaubetriebe durch die besseren Transportmöglichkeiten erweiterten, nimmt die Gründung solcher Betriebe zu. Die sofortige industrielle Gründung rührt in vielen Fällen daher, daß neben der erweiterten Absatzmöglichkeit auch die betreffenden Unternehmer keinem anderen herkömmlichen Wirtschaftszweig angehörten, sondern eben Maschinenbauer oder Techniker von Beruf waren. Die meisten dieser Betriebe sind seit der Mitte der 30er Jahre entstanden, d. h. also zu einem Zeitpunkt, an dem ihre Gründer bereits in bestehenden, jedoch auf andere Weise entstandenen Betrieben ihren Beruf zu erlernen Gelegenheit hatten.[187] Das war aber auch der Zeitpunkt, an dem die maschinelle Maschinenherstellung ebenfalls in Deutschland notwendig wurde. Ausgehend vom Bedarf vor allem der Eisenbahnen gründete z. B. Borsig 1837 seine Maschinenfabrik in Berlin[188], Klett 1838 in Nürnberg[189], Hagen & Baehrens gründeten ihre 1845 in Köln.[190]

Eine nicht unbeträchtliche Rolle spielten bei diesem Prozeß die eigenen Erfindungen der Gründer, von denen eben ein größerer Teil bereits als Techniker (Maschinenbauer) anzusprechen war. In zahlreichen Fällen brachten sie technische Verbesserungen oder Neukonstruktionen zustande. Es soll dabei nicht untersucht werden, ob die Mehrzahl dieser Erfindungen einer wirtschaftlichen Verwertbarkeit entsprachen oder nicht. Der Schutz der Erfindungen in jener Zeit war jedoch sehr schwach oder überhaupt nicht vorhanden.[191] Um wenigstens einen gewissen wirtschaftlichen Erfolg auch persönlich an den betreffenden Erfindungen zu haben, entschloß sich eine Reihe Erfinder zur Gründung eigener Maschinenbaubetriebe. Sofern jedoch ein Schutz zu erlangen war, war die Zahl der die Erfindungen verwertenden Betriebe zu gering, andere für die Ausführung technisch ungeeignet oder unqualifiziert, so daß die Erfindungen schwer „an den Mann" zu bringen waren.[192] So war die Verbesserung der Dampfmaschine (Wasserrohrkessel) mit entscheidend für die Gründung der Maschinenbauanstalt von Dr. Alban in Plau.[193] Auch für die Maschinenbauanstalt von Freund, der ersten privaten Berliner, in der Dampfmaschinen gebaut wurden, ist dieser Grund heranzuziehen, hatte doch Georg

[187] Vgl. S. 69.
[188] ADB, Bd. 3, S. 180.
[189] MATSCHOSS, C., a. a. O., S. 139.
[190] DZA. Rep. 120 D XIV 1, Nr. 21, Vol. II, fol. 6.
[191] Für Preußen vgl. die Bemerkungen bei MATSCHOSS, C., Preußens Gewerbeförderung und ihre großen Männer. Berlin 1921, S. 54.
[192] Darauf weist auch SACHTLER, H., Wandlungen des industriellen Unternehmers in Deutschland seit Beginn des 19. Jahrhunderts. Jur. Diss. Halle 1937, S. 8, hin.
[193] MATSCHOSS, C., Männer der Technik. A. a. O., S. 2.

Christian Freund ein Patent auf eine Mitteldruckmaschine.[194] Eine weiteres besonders deutliches und auch hinreichend bekanntes Beispiel ist die Anlage der Schnellpressenfabrik in Oberzell durch den Erfinder der betreffenden Maschine, Friedrich König.[195, 196]

Durch ihre Größe, Ausrüstung und ihr Produktionsprogramm waren die von vornherein fabrikmäßig aufgebauten Maschinenbauunternehmen wirtschaftlich stärker als andere, die diese Stufe noch nicht erreicht hatten, obgleich sie länger bestanden. Es ist so nicht verwunderlich, daß gerade jene Betriebe ihre Existenz bewahrten und damit eine wichtige Grundlage für den späteren Aufstieg des deutschen Maschinenbaues darstellten. Wir wollen jedoch nicht vergessen, zu dieser Kategorie auch die zu rechnen, die hin und wieder durch den Staat ins Leben gerufen wurden und gleichfalls von vornherein als industrielle Gründungen anzusehen sind. Hier wären besonders die Maschinenbauanstalten der königlich preußischen Seehandlungs-Sozietät zu nennen, wie sie seit 1834 in Berlin-Moabit[197] und seit etwa der gleichen Zeit in Breslau bestanden.[198] Auch die in dem ehemaligen „kurfürstlich sächsischen Amalgamierwerk" in Halsbrücke (Freiberg) eingerichtete Werkstätte[199] und die auf Betreiben des württembergischen Staates als Aktiengesellschaft gegründete Maschinenfabrik Eßlingen[200] sind hierzu zu rechnen.

Wir können nunmehr festhalten: Der Ursprung der deutschen Maschinenbauindustrie ist sehr vielfältig. Sie wurde durch den Bedarf an Maschinen im Zuge der industriellen Revolution ins Leben gerufen. Abgesehen von einigen spärlichen anderen Quellen ist ihr Ursprung auf vier Hauptausgangspunkte zurückzuführen. Diese sind erstens das Metall und Holz verarbeitende Handwerk, zweitens die Maschinenbauanstalten, d. h. die Maschinenbaumanufakturen oder -fabriken von Anfang an, drittens das Eisenhüttenwesen und viertens die Textilindustrie.

In der herkömmlichen bürgerlichen wirtschaftshistorischen Literatur wird die Entwicklung des Maschinenbaues in Deutschland in der Regel sehr einseitig dargestellt. Die Abhandlungen oder, in den meisten Fällen, Bemerkungen zu diesem Problem basieren auf wenig Quellenmaterial, manche gründen ihre Vorstellungen lediglich auf die Feststellungen aus einem Betrieb oder mehreren Betrieben gleichen Ortes. Eine einseitige Darstellung, die übrigens sehr verbreitet ist, wird von G. Jahn in seiner „Entstehung der Fabrik" gegeben. Er sieht zwei Quellen: die Entstehung aus dem Handwerk und die Entstehung gleich als Fabrik. Für ihn ist typisch, das Vorhandensein der Manufaktur nicht anzuerkennen, und das übrigens nicht nur für den Maschinenbau. Bei ihm wird

[194] Doogs, K., a. a. O., S. 11.
[195] ADB, Bd. 16, S. 501.
[196] Eigene Erfindungen haben natürlich auch für handwerkliche Gründungen eine Rolle gespielt. Beispiele dafür siehe in: DZA. Rep. 120 D XIV 1, Nr. 3.
[197] Ausführlicher Bericht über die große allgemeine deutsche Gewerbe-Ausstellung in Berlin im Jahre 1844. Berlin 1845, S. 73.
[198] DZA. Rep. 120 D I 1, Nr. 11, Vol. II, fol. 83.
[199] DZA. Rep. 120 D I 1, Nr. 11, Vol. I, fol. 183.
[200] Beiträge zur Geschichte der Technik ... Bd. 12, a. a. O., S. 220 f.

der Handwerksbetrieb „allmählich ... zur mechanischen Werkstätte..., ohne in Arbeitsorganisation und Technik den Boden des Handwerks zu verlassen“ [201]. Daß die „mechanische Werkstätte“ durch die Zahl ihrer Arbeiter und die verschiedensten schon angewandten Maschinen nicht mehr zum Handwerk gerechnet werden kann, wird dabei übergangen. Marx wies schon darauf hin, daß die Manufaktur im Anfang nichts weiter als die vergrößerte Werkstätte eines Handwerksmeisters ist.[202] Auch treten bei Jahn die übrigen Quellen des Maschinenbaues nicht in Erscheinung, was jedoch insofern verziehen werden kann, als sich die Arbeit nicht mit der Entstehung des Maschinenbaues, sondern mit der der Fabrik beschäftigt und letztlich auch die Textil- und Eisenhüttenbetriebe und ihre Maschinenbauwerkstätten handwerklich, manufakturell oder fabrikmäßig organisiert waren.

F. Frölich sieht den Ausgangspunkt fast völlig in der Reparatur. Das weitere Wachsen erklärt er dann aus dem individuellen Streben des Kapitalisten zur Erweiterung und der damit auftretenden Konkurrenz: „Mit steigender Vergrößerung des Betriebes reicht das umliegende Absatzgebiet bald nicht mehr aus, der Betrieb wird gezwungen mit seinen Erzeugnissen entferntere Gegenden aufzusuchen, und tritt dabei in Wettbewerb mit anderen Maschinenfabriken.“ [203] Der Wettbewerb zwingt ihn dann zur Mechanisierung usw. usw. Frölich weiß also nicht, daß erst der steigende Bedarf an Maschinen die Unternehmer veranlaßte zu vergrößern und daß die Anfänge des Maschinenbaues gänzlich, wie später noch ausgeführt werden wird [204], durch Kundenproduktion charakterisiert sind. Der Wettbewerb, also die Konkurrenz, kann erst eine Rolle spielen, wenn andere Fabriken da sind, die auch entstanden sein müssen ohne Konkurrenz. Aber das löst sich bei ihm einfach, da ein Betrieb seiner Meinung nach bereits bei Aufnahme der Produktion der „ihm aus seinen Ausbesserungsarbeiten vertrauten Maschinengattung ... zur *Maschinenfabrik* wird“ [205]. Andere Quellen gibt es bei ihm nicht.

C. Matschoß, der an sich eine gute Darstellung der Entwicklung gibt und besonders auf die „außerordentlich große Mannigfaltigkeit“ hinweist, unterschätzt unseres Erachtens die industriellen Gründungen von vornherein, in dem er sagt: Nur einige „wurden von Anfang an als Spezialfabriken für Maschinenbau gegründet“ [206]. Da er, wie die meisten bürgerlichen Historiker, die Manufaktur im Maschinenbau nicht erkennt, sieht er auch nicht, daß, wenn es schon wenige *Fabriken* von vornherein waren, es doch zahlreiche Spezial*manufakturen* für Maschinenbau gab.

Laut Gewerbetabelle des Zollvereins von 1846 waren in folgenden Staaten an Maschinenfabriken oder -manufakturen vorhanden [207]:

[201] JAHN, G., Die Enstehung der Fabrik. In: „Schmollers Jahrbuch für Gesetzgebung, Verwaltung und Volkswirtschaft“, 69. Jg., H. 1 u. 2, 1949, S. 90.

[202] MARX, K., Das Kapital. Bd. I, a. a. O., S. 337.

[203] FRÖLICH, F., Die Stellung der deutschen Maschinenindustrie im deutschen Wirtschaftsleben und auf dem Weltmarkte. Berlin 1914, S. 10.

[204] Vgl. S. 96.

[205] Ebenda. Hervorhebung von mir. A. S.

[206] MATSCHOSS, C., Die Entwicklung ... A. a. O., S. 110 f.

[207] Gewerbetabelle der Fabrikationsanstalten und Fabrikunternehmungen aller Art in sämtlichen Staaten des Zollvereins nach den Aufnahmen im Monat Dezember 1846. In: SLA. Min. d. Innern, Nr. 1398 c.

Sachsen	232	Grhzt. Hessen	14
Preußen	131	Kurhessen	4
Bayern	17	Anhalt/Bernbg.	2
Baden	14		

Wenngleich diese Zahlen auch kein eindeutiges Spiegelbild vom Stand des Maschinenbaues geben, weil, wie wir schon ausgeführt haben [208], die Momente, ob ein Betrieb in die Gewerbe- oder Fabrikentabelle aufgenommen wurde, sehr willkürlich gewählt waren, so sind sie dennoch als Illustrationsmaterial zu verwenden. Eine Wachstumsreihe läßt sich leider von solchen Zahlen nicht aufstellen, da 1846 erstmalig die Fabriken aus der allgemeinen Gewerbetabelle ausgegliedert, in den früheren Tabellen aber Maschinenfabriken nicht geführt wurden.[209] Es sei an Stelle dessen nochmals die Reihe für die Mechaniker, und zwar in Preußen, gegeben, denen augenscheinlich Maschinenbauereien zugerechnet wurden, wie die letzte Zahl (1846, also nach der Ausgliederung der Fabriken) erkennen läßt. Es gab Mechaniker in Preußen:

1831	398	1840	488
1834	453 [210]	1843	549 [212]
1837	452 [211]	1846	376 [213]

Leider können wir hierin die tatsächlich nicht mehr handwerklichen Betriebe nicht erkennen. So müssen wir uns mit einem Ersatz begnügen. Das seien hier die Angaben für eine für den Maschinenbau jener Zeit typische Stadt, nämlich Berlin. Die Zahl der Berliner Maschinenbauanstalten war in den Jahren [214]:

		Index (1846 = 100)
1837	3	9
1840	6	18
1843	11	33
1846	33	100
1849	29	87

Diese Zahlen werden schon von Wiedfeldt selbst als zu niedrig bezeichnet, da die damals vor der Stadt gelegenen Betriebe nicht mitgezählt worden sind. Als weiterer Beweis sei für Sachsen die steigende Zahl der Dampfmaschinen im Maschinenbau selbst angeführt, da uns direkte Betriebszahlen für diese Zeit fehlen. In Sachsen gab es Dampfmaschinen in Maschinenbaubetrieben [215]:

[208] Vgl. S. 50.

[209] Vgl. v. Reeden, F. W., a. a. O., Bd. 1, S. 257.

[210] Dieterici, C. F. W., a. a. O., S. 467.

[211] Ebenda, Bd. II, S. 607.

[212] Dieterici, C. F. W., Die statistischen Tabellen des Preußischen Staats nach der amtlichen Aufnahme des Jahres 1843. Berlin 1845, S. 134.

[213] v. Reeden, F. W., a. a. O., Bd. 1, S. 263. 56 handwerkliche Maschinenbauer werden gesondert gezählt. Ebenda, S. 264.

[214] Wiedfeldt, O., a. a. O., S. 259. Die Indices sind von mir berechnet und auf ganze Zahlen aufgerundet. A. S.

[215] Die Dampfmaschinen ... A. a. O., S. 6.

Index (1846 = 100)		
1834	1	4
1835	2	8
1836	3	12
1838	6	23
1841	7	27
1842	9	35
1843	11	42
1844	13	50
1845	20	77
1846	26	100

Während uns diese Zahlenreihe nicht das absolute Wachstum an Betrieben zeigt, sondern geeignet ist, uns das gesamte Wachstum, einschließlich der schon bestehenden Betriebe, zu verdeutlichen, so zeigen jedoch beide Zahlenreihen annähernd die gleiche Entwicklung und machen uns vor allem das besonders schnelle Wachstum in den 40er Jahren deutlich. Wenn zwar nicht die Grundlage des deutschen Maschinenbaues überhaupt, so wurde aber doch die Grundlage unserer modernen Maschinenbauindustrie in den Jahren 1836 bis 1847 gelegt. Von 83 von uns untersuchten Betrieben, von denen uns das Jahr ihrer Gründung bekannt ist, wurden gegründet:

1801—05	1	1,2%
1806—10	3	3,6%
1811—15	4	4,8%
1816—20	6	7,2%
1821—25	4	4,8%
1826—30	6	7,2%
1831—35	10	12,1%
1836—40	23	27,7%
1841—45	17	20,5%
1846—50	9 (davon 1846 = 5)	10,9%

45 Betriebe, also mehr als die Hälfte, stammen aus den Jahren von 1836—1846. Daß gerade jene Jahre die Entwicklung des Maschinenbaues so beschleunigten, hat seine Ursache in den historischen Ereignissen. Es war die Zeit nach der Gründung des deutschen Zollvereins und die des Aufkommens der Eisenbahnen.[216] Es ist die Zeit der ersten Phase der industriellen Revolution.

Darüber hinaus erfährt aber der Maschinenbau in der ganzen Zeit seiner Entwicklung eine bedeutsame Förderung, der es zu verdanken ist, daß seine Entwicklung nicht schleppender verlief und die uns vor allem die besondere Rolle, die die handwerkliche Quelle seiner Entstehung spielt, verständlicher macht. Diese bedeutsame Förderung, die dem deutschen Maschinenbau zuteil wurde, war vor allem eine außerökonomische. Sie ging von den jeweiligen deutschen Staaten, von den Staatsapparaten, aus. Die Rolle, die der Staat bei der Entwicklung des Maschinenbaues gespielt hat, ist so groß, daß sie

[216] Vgl. S. 29 ff.

Historiker verleitet hat, diese Entwicklung ganz dem Staate zuzuschreiben. Nach Ansicht von Doogs war z. B. dem preußischen Staat in erster Linie das Entstehen der Berliner Maschinenindustrie zu danken.[217] Dem ist zwar nicht so; denn es kann nichts entwickelt werden, wofür nicht eine reale ökonomische Basis vorhanden ist, doch muß der Rolle des Staates, die er bei der Industrialisierung Deutschlands gespielt hat, im besonderen bei der Entwicklung des Maschinenbaues gedacht werden.

Die Maßnahmen, die seitens des Staates zur Förderung des Maschinenbaues ergriffen wurden, sind sehr vielseitig. In erster Linie wären da die Darlehen zu nennen, die vom Staat zur Finanzierung von Maschinenbauunternehmen gewährt wurden. In den staatlichen Archiven finden sich zahlreiche Aktenbände, die mit Gesuchen um Darlehen und dem damit verbundenen Schriftwechsel angefüllt sind.[218] Die Darlehen, in sehr unterschiedlicher Höhe, wurden in der Regel gegen hypothekarische Sicherheit gegeben. Das sächsische Ministerium des Innern hatte z. B. einen Fonds von jährlich bestimmter Höhe zur Unterstützung neuer Industriezweige.[219] Doch auch über diesen Fonds hinaus sind Darlehen gegeben worden, z. B. im Falle von R. Hartmann. Er erhielt zum Zwecke der Aufnahme des Lokomotivbaues 30 000 Taler, wozu sogar die Genehmigung der Ständeversammlung eingeholt werden mußte.[220] Staatliche Darlehen wurden in vielen Fällen gewährt. Da aber die Mehrzahl der Unternehmen zunächst handwerklicher Struktur war, aus kleinen Anfängen herauswuchs, kann man sich leicht erklären, daß auch ihre Gründer nicht sonderlich mit Kapital gesegnet waren. Wenngleich der Schilderung der Lebenslage und der Kapitalkraft in den Gesuchen um Darlehen nicht in vollem Maße Glauben geschenkt werden darf, da sie oft aus begreiflichen Gründen schlechter dargestellt worden sein mögen als sie in Wirklichkeit waren, so muß dennoch gesagt werden, daß in einer Reihe von Fällen die Hoffnung auf einen Staatskredit die Unternehmer überhaupt erst zur Anlage einer Maschinenbauwerkstatt veranlaßte. In weitaus mehr Fällen war jedoch ein solcher Kredit Grundlage für das Hinauswachsen aus der handwerklichen oder manufakturellen Struktur.[221] In vereinzelten Fällen wurde später auf die Rückzahlung des Darlehens, besonders eines niedrigen, verzichtet.[222]

Diese Form der direkten Geldzahlungen durch den Staat ist besonders in Sachsen zu finden. In Preußen hatte sich eine andere Methode herausgebildet, die man als großzügiger bezeichnen kann. Hier gab man den Bittstellern nicht einen Kredit in Gestalt von Geld, sondern in Gestalt von fixem Kapital, nämlich Maschinen. Der Mangel an geeigneten Werkzeugmaschinen für die Maschinenbauwerkstätten war bei Beginn der Entwicklung der deutschen Maschinenindustrie sehr bedeutsam. Wenngleich schon zahlreiche Maschinenarten für andere Industriezweige gebaut wurden, so wurden doch solche für den eigenen seltener in Arbeit genommen.[223] Auch die vorerwähnten Darlehen

[217] Vgl. Doogs, K., a. a. O., S. 13 f.

[218] Vgl. Aktenverzeichnis. Siehe Anhang S. 127 ff.

[219] SLA. Min. des Innern, Nr. 5894, fol. 4.

[220] Mittheilungen über die Verhandlungen des Landtags. II. Kammer. Nr. 144, Jg. 1846, v. 29. 5. 46. In: SLA. Min. d. Innern, Nr. 5946, fol. 71.

[221] Vgl. dazu die den Maschinenbau direkt betreffenden Akten im DZA und SLA. Siehe Anhang S. 127 ff.

[222] Beispiele siehe SLA. Min. d. Innern, Nr. 1403 a.

[223] Wir kommen darauf im Abschnitt „Die Maschinenfabrik" zurück. Vgl. S. 89 f.

dienten in den meisten Fällen dazu, geeignete Maschinen, vor allem in England, einzukaufen. Eben dieser Umstand bewog die preußischen Behörden, die Maschinen gleich selbst zu besorgen und als Darlehen zu geben. In Anbetracht dessen handelt es sich bei den preußischen Bittgesuchen meist um Maschinen.[224] Bei den Maschinen, die Maschinenbauern überlassen wurden, handelte es sich zumeist um Drehbänke. Sie wurden entweder in England gekauft oder vom Staat bei preußischen Maschinenbauern in Arbeit gegeben. Auf diese Weise hat A. Hamann in Berlin einen großen Teil seines Produktionsprogramms bestritten.[225] Im Gegensatz zu den Gelddarlehen ging dieses Kapital meist ohne Rückzahlung in das Eigentum des Beliehenen über. Für die Überlassung einer Maschine stellte der preußische Staat nämlich folgende Bedingungen: Die Maschine ging nach sechs Jahren in das Eigentum des Beliehenen über, wenn sie im Verlauf dieser Zeit ständig im Produktionsprozeß tätig war, allen Interessenten gezeigt wurde und die Aufschrift „Staatseigentum" trug.[226] Da diese Bedingungen in den meisten Fällen erfüllt wurden, gingen die Maschinen nach Ablauf der sechs Jahre in das Eigentum des betreffenden Unternehmers über.

Ein solches Überlassen von Maschinen ist in hohem Maße, und das nicht nur für den Produktionszweig Maschinenbau, durchgeführt worden. Einen kleinen Einblick möge nachstehende Aufstellung geben, in der alle in den 40er Jahren beliehenen Maschinenbauunternehmer aufgeführt sind.[227] Folgende Maschinenbauer erhielten vom preußischen Staat folgende Maschinen:

Jahr	Name und Ort	Maschine
1840	Maschinenfabrik Seydell & von Würden, Grabow	1 Drehbank
	Mechaniker Stephan, Altwasser	1 Drehbank
	Maschinenbauer Friedr. Gaestel, Berlin	1 Drehbank
	Schlossermeister Friedr. Hartmann, Berlin	1 Drehbank
1841	Mechaniker Steinfurt, Königsberg	1 Drehbank
	Mechaniker Labahn, Grimmen	1 Drehbank
	Mechaniker Hummel, Berlin	1 Räderschneidemaschine
	Maschinenbauer Freund, Berlin	1 Drehbank
	Schlossermeister Hauschild, Berlin	1 Blasebalg
	Maschinenbauer Fr. Mohl, Berlin	1 kleine Dampfmaschine
1841	Mechaniker C. Lüttig, Berlin	1 Drehbank
1842	Eisengießerei Negenborn, Königsberg	1 Bohrmaschine
	Metallarbeiter Wannovius, Tilsit	1 Drehbank
1843	Maschinenbauer Plagemann, Bromberg	1 Drehbank und 1 Hobelmaschine
	Fabrikbesitzer Offermann, Sorau	1 Drehbank
	Schlossermeister Centner, Spremberg	1 Drehbank

224 Vgl. Anm. 221.

225 Vgl. DZA. Rep. 120 D XIV 1, Nr. 2.

226 Vgl. DZA. Die den Maschinenbau direkt betreffenden Akten. Siehe Aktenverzeichnis im Anhang S. 127 ff.

227 Die Angaben wurden zusammengestellt aus: DZA. Rep. 120 D II, Nr. 86 Adh.

Jahr	Name und Ort	Maschine
1844	Union Eisengießerei, Königsberg	1 Drehbank
	Maschinenbauer A. Cremer, Recklinghausen	1 Drehbank
	Joseph Voupier, Aachen	1 Drehbank und 1 Hobelmaschine
1845	Mechaniker Nobert, Greifswald	1 Drehbank
	Mechaniker Aug. Oertling, Berlin	1 Kreisteilmaschine
	Maschinenbauer Kraatz, Nowawes	Beihilfe 235 Taler
	Mechaniker Schroedter, Düsseldorf	1 Drehbank
1846	Eisengießerei Steimmig, Danzig	1 Drehbank
	Maschinenbauer Müller, Graudenz	1 Räderschneidemaschine
		1 Drehbank und
	Maschinenbauer C. Hoppe, Berlin	1 Drehbank und 1 Hobelmaschine
	Mechaniker Aug. Hamann, Berlin	Maschinenteile
	Maschinenbauer A. Zimmermann, Burg	1 Drehbank
1847	Maschinenbauer v. Netrebski, Posen	1 Drehbank
	Mechaniker Schauer, Berlin	Beihilfe 1200 Taler
	Maschinenbauer Wolter, Finsterwalde	1 Drehbank
1848	Mechaniker Rekoß, Königsberg	1 Drehbank
	Schlossermeister Brechert, Stolp	1 Drehbank
	Maschinenbauer A. Cremer, Recklinghausen	1 Drehbank
1849	Drewitz & Rudolph, Thorn	1 Drehbank

Die dritte Form der Unterstützung des Staates war die Zinsenbeihilfe. Wenn in dem vorliegenden Ausmaße von bürgerlichen Personen Kapital vom halbfeudalen Staate verlangt wurde, so läßt das darauf schließen, daß Kapital aus Privathand nicht zu haben oder für Maschinenbauer relativ zu teuer war. Wo nun die Bitte um ein Darlehen abgeschlagen wurde, oft mit der Begründung, daß der Fonds erschöpft sei [228], wurde in verschiedenen Fällen seitens des Staates ein Teil der Zinsen für Privatkredit übernommen, eine sogenannte Zinsenbeihilfe gewährt.[229]

Über die Zollnachlässe, die für Maschineneinfuhren gewährt wurden, ist oben schon berichtet worden.[230] Sie wurden genau so Maschinenbauunternehmern für die Einfuhr von Werkzeugmaschinen gegeben, so daß die oben geschilderte Zollschutzumgehungsklausel auch ihnen selbst zugute kam.

Diese ganze Kategorie von staatlichen Maßnahmen kann man unter dem Begriff der unmittelbaren Förderung der Maschinenbaubetriebe zusammenfassen. Daneben sind als zweite Kategorie die Maßnahmen zu nennen, die zwar die Maschinenindustrie insgesamt förderten, nicht aber einzelne Betriebe direkt. Die staatlichen Behörden waren sich darüber im klaren, daß man das Maschinenwesen als ganzes am besten unterstützen

[228] SLA. Min. d. Innern, Nr. 5894.

[229] Ebenda. Dort sind auch zahlreiche Beispiele zu finden.

[230] Vgl. S. 30.

kann, indem man die Kenntnis über die Maschinerie und ihre Anwendung verbreitet und die Ausbildung der Techniker vorantreibt. Zum Zwecke der Erhöhung der Ausbildung wurden deshalb gewerbliche höhere Schulen geschaffen, Vorläufer der späteren technischen Hochschulen. So wurden 1821 in Berlin das Gewerbeinstitut eröffnet[231], 1825 die polytechnische Schule in Karlsruhe, 1827 die polytechnische Schule in München, 1828 die technische Bildungsanstalt Dresden, 1832 die polytechnische Schule in Stuttgart.[232] In Preußen hatte man darüber hinaus noch zahlreiche Provinzialgewerbeschulen ins Leben gerufen. Ferner unterstützte der Staat kräftig die Reisen junger Mechaniker, vor allem nach England. Wir wissen z. B. von F. A. Egells, daß er, ehe er nach Berlin kam, mit staatlicher Unterstützung längere Reisen durch England unternehmen konnte.[233] Auch in Sachsen war man der Meinung, daß es vorteilhaft sei, junge Männer ins Ausland zu senden[234], und gab ihnen Reiseunterstützungen zu folgenden Bedingungen: Sie mußten gegebenenfalls Aufträge durchführen, vor allem aber während ihres Aufenthaltes im Ausland ausführlich berichten und schließlich sich nach ihrer Rückkehr im Heimatland niederlassen.[235] Auch für Württemberg finden sich solche Beispiele.[236]

Neben den Maßnahmen, Techniker auszubilden, nehmen auch diejenigen einen breiten Raum ein, die geeignet waren, die Kenntnis über das Maschinenwesen und seine Anwendungsmöglichkeiten zu verbreiten. Das Ziel konnte man erreichen, wenn man die in Frage kommenden Kreise an die Technik heranführte, sich mit eigenen Augen überzeugen ließ. Der gangbarste Weg dazu war die Ausstellung. Die Ausstellung von Industrieerzeugnissen, vor allem von solchen der aufkommenden Schwerindustrie und des Maschinenbaues, ist im 19. Jh. eine beliebte Methode geworden, und auch in unserer Zeit finden sich noch viele ähnliche Schaustellungen (technische Messen, Industrieausstellungen, Automobilsalons usw.). Während jedoch in der zweiten Hälfte des 19. Jh. diese Ausstellungen einen umfassenden Charakter annahmen und die ganze Welt einbezogen, waren die der ersten Hälfte meist kleine, territorial eng begrenzte Ausstellungen. Sie wurden meist vom Staat organisiert, in verschiedenen Fällen auch von gewerblichen Vereinen, wie z. B. in Hannover (1835, 1837, 1840 und 1844).[237] In Preußen fanden gewerbliche Ausstellungen größeren Rahmens[238] 1822, 1827 und vor allem 1844 in Berlin statt. In Dresden fand eine solche 1843 statt. Daneben hat es noch zahlreiche Lokalausstellungen gegeben. Die Berliner Ausstellung 1844 kann man dabei als die erste gesamtdeutsche bezeichnen, waren doch Bayern, Württemberg, Sachsen und die thüringischen Staaten mit vielen Ausstellern auf ihr vertreten.[239]

[231] MATSCHOSS, C., Geschichte der königlich preußischen Technischen Deputation für Gewerbe. Berlin 1911, S. 21.

[232] Handbuch für das Berufs- und Fachschulwesen. Leipzig 1923, S. 18.

[233] DZA. Rep. 120 D XIV 1, Nr. 2, Vol. I, fol. 87 ff.

[234] SLA. Loc. 11 184, Nr. 1636, fol. 5.

[235] SLA. Loc. 11 184, Nr. 1637. Hier sind auch eine Reihe Beispiele für solche Unterstützungen zu finden.

[236] Vgl. VISCHER, L., a. a. O., S. 325.

[237] Handbuch wirtschaftlicher Vereine und Verbände des Deutschen Reichs. Berlin 1913, S. 103.

[238] Hierunter muß im Rahmen des ganzen Staates verstanden werden.

[239] Vgl. dazu Ausführlicher Bericht ... A. a. O., S. 36 f.

Der Maschinenbau war auf den Gewerbeausstellungen der ersten Jahrhunderthälfte verhältnismäßig gering vertreten. Obzwar sein wirtschaftliches Gewicht auch ein geringes war, spiegelte seine Beteiligung an solchen Ausstellungen das doch nicht genügend wider. Das hat seinen Grund maßgeblich im Fehlen eines genügenden Erfinderschutzes. So berichtet Goldschmidt von der Ausstellung 1822 in Berlin, daß man große Mühe gehabt habe, „Aussteller zu finden, weil die meisten Fabrikanten ängstlich bedacht waren, ihre Geheimnisse zu wahren, ihre Muster und Preise nicht bekannt machen wollten".[240] Auf dieser Ausstellung waren nur 176 Aussteller vertreten, davon lediglich 11 aus Eisenindustrie und Maschinenbau zusammen.[241] Das letztere ist nur allzu erklärlich, da der Maschinenbau mehr der Anregung bedurfte, als daß seine Vertreter selbst schon hinreichend hätten anregend wirken können. Deshalb haben wir in der Zeit Beispiele, in denen der Staat diese Rolle der Anregung übernahm und den Maschinenbaufabrikanten die Anwendung von Maschinen vorführte. Bereits die in Preußen und auch in Württemberg übliche Bestimmung, vom Staat überlassene Maschinen der Besichtigung stets freizugeben, war eine solche Methode. Darüber hinaus aber hat der Staat noch Maschinen erworben und selbst zur Betrachtung ausgestellt. So ließ der preußische Staat 1815/16 zwei Dampfmaschinen in der königlichen Eisengießerei bauen und bei Berliner Fabrikanten aufstellen (eine bei Hummel und eine bei Tappert).[242] Das preußische Fabrikendepartement unterhielt einen Vertreter in London mit der alleinigen Aufgabe, den preußischen Fabrikanten die Kenntnis von Maschinen zu vermitteln.[243] Als weiteres Beispiel diente, daß die sächsische Regierung 1828 einen Webstuhl von A. Koechlin aus Mühlhausen (Elsaß), der damals ein führender Maschinenbauer war, kommen ließ und ausstellte, damit alle seine Konstruktion kennenlernen könnten.[244] Als Kuriosum sei noch vermerkt, daß die württembergische „Centralstelle für Gewerbe und Handel" die Einrichtung von „Kraft-Vermiethungs-Anstalten" empfahl, wo Dampfmaschinen und Werkzeugmaschinen von Dritten benutzt werden konnten.[425]

In den Kreis der fördernden Maßnahmen muß auch das Erteilen von Privilegien mit einbezogen werden. Da es kein Patentrecht gab, wandten sich die Maschinenbauer in der Regel an den Staat mit der Bitte um ein Privileg (privilegium exclusivum). Hierin wurde dem Betreffenden die alleinige Ausnutzung seiner Erfindung oder Verbesserung innerhalb des betreffenden Staates durch den Staat gesichert. Das Privilegium war befristet. In Preußen variierte seine Dauer zwischen 6 Monaten und 15 Jahren.[246]

Durchgeführt wurden alle diese den Maschinenbau fördernden Maßnahmen von denselben staatlichen Behörden, denen die Förderung oder die Aufsicht über das Gewerbe insgesamt oblag. In Preußen war es das Ministerium für Handel und Gewerbe. Seit 1811 gab es besonders die „Technische Deputation für Gewerbe". Die unmittelbare Verbindung zu den Fabrikanten stellten oft die sogenannten „Fabriken-Kommissions-Räthe"

[240] Goldschmidt, P., a. a. O., S. 191. [241] Ebenda.

[242] DZA. Rep. 120 D XIV 1, Nr. 2, Vol. I, fol. 60. Vgl. auch Goldschmidt, P., a. a. O., S. 188, oder Matschoss, C., Die Entwicklung . . . A. a. O., S. 44.

[243] Goldschmidt, P., a. a. O., S. 188.

[244] SLA. Loc. 11 173, Nr. 1299, fol. 10.

[245] Vischer, L., a. a. O., S. 381 f.

[246] Matschoss, C., Geschichte . . . A. a. O., S. 28.

her. In Sachsen war es die Landes-Oeconomie-, Manufactur- und Commercien-Deputation, seit den 30er Jahren eine besondere Sektion des Ministeriums des Innern, vorher selbständige Behörde. Auch in den anderen deutschen Staaten gab es meist ähnliche Einrichtungen. Zwar in dem einen mehr, in dem anderen weniger, in dem einen früher, in dem anderen später, aber insgesamt doch in allen bedeutenden deutschen Ländern wurde eine solche die Industrie allgemein und das Maschinenwesen im besonderen fördernde Tätigkeit durchgeführt. Auch die ergriffenen Maßnahmen sind ihrer Art nach meist gleich oder ähnlich; auf Unterschiede wurde schon hingewiesen.

Wir wollen jetzt zu erklären versuchen, was den Staat eigentlich veranlaßte, solche Förderungsmaßnahmen zu ergreifen, die letzten Endes eine politisch unterdrückte Klasse, das Bürgertum, mit wirtschaftlicher Macht ausstatten halfen. Hierfür gibt es eine Reihe von Erwägungen, die dabei eine Rolle gespielt haben mögen. Prinzipiell muß man bei der Beantwortung dieser Frage davon ausgehen, daß die betreffenden Staatsbehörden, Beamten, die Maßnahmen in der Absicht ergriffen, dem Staate, der Erhaltung und Festigung der bestehenden Ordnung, zu nützen. So hat selbst der Staat z. B. in Sachsen die Unterstützung weiterer Lokomotivfabrikanten, wie Rabenstein, abgelehnt aus der Erwägung heraus, die bereits in der Hartmannschen Fabrik investierten 30 000 Taler Staatskapital nicht zu gefährden.[247] Es ist heute nicht mehr abzusehen, ob man bereits in der Lage war, zu erkennen, welche Bedeutung das Maschinenwesen für die Kriegstechnik haben kann, aber es ist anzunehmen, daß man sich von der Verbreitung des Maschinenbaues auch in dieser Hinsicht einiges versprach. Eindeutiger fiel jedoch bereits ins Auge, daß mit der Verbreitung des Maschinenwesens eine wirtschaftliche Stärkung des Landes verbunden war. Als Beispiel hatten die Staatsmänner immer wieder England vor sich, wo sie die Auswirkungen genau studieren konnten. Daß die Verbreitung des Gewerbes, also auch des Maschinenbaugewerbes, eine Erhöhung des Steueraufkommens darstellte, braucht nicht besonders erwähnt zu werden. Jedoch auf die Gestaltung der Handelsbilanz hatte es einen großen Einfluß. Das Vorhandensein eines hochentwickelten Maschinenbaues verringert die Maschineneinfuhr. Bei einer beträchtlichen Maschineneinfuhr aber kann das der Grund für eine passive Handelsbilanz sein. Dieser Beweggrund wurde zweifellos dadurch unterstützt, daß die Behördenpraxis hin und wieder noch von früheren merkantilistischen Gesichtspunkten bestimmt wurde. Wer jedoch von den Maschinenbauern einer Förderung teilhaftig wurde, hing in den meisten Fällen vom Zufall ab. Nur ein typisches Beispiel soll dafür Erwähnung finden: F. A. Egells, später bekannter Berliner Maschinenbauer, wurde von Kunth auf einer Inspektionsreise in Westfalen aufgesucht und der weiteren Förderung empfohlen.[248]

Bei der Förderung der Industrie und damit der des Maschinenbaues haben sich in den einzelnen Ländern verschiedene Männer dadurch Ruhm erworben, daß sie sich in den Dienst dieser Förderung stellten. Hier sind vor allem zu nennen die Namen Beuth, Kunth, Rother in Preußen, Baader und Reichenbach in Bayern, Nebenius in Baden,

[247] Vgl. SLA. Min. d. Innern, Nr. 5946, fol. 110.

[248] DZA. Rep. 120 D XIV 1, Nr. 2, Vol. I, fol. 87 ff. MATSCHOSS, C., Die Entwicklung ... A. a. O., S. 172.

Schubert und Hülße in Sachsen und verschiedene andere. Besonders mit Abstand sei nochmals Beuth hervorgehoben. In ihm hatte der preußische Maschinenbau einen Förderer, wie ihn die anderen deutschen Länder nicht aufweisen konnten. Auf ihn gehen die meisten der zahlreichen großzügigen Unterstützungsmaßnahmen zurück. Besondere Bedeutung erwarb er sich darüber hinaus als Direktor der technischen Deputation und als Gründer des Gewerbeinstitutes und des Vereins zur Beförderung des Gewerbfleißes.[249]

Wir haben jetzt die Notwendigkeit, die Ursachen und die Quellen der Entstehung der deutschen Maschinenbauindustrie in der konkreten politischen und ökonomischen Situation der ersten Hälfte des 19. Jh. betrachtet. Diese Situation erforderte den Maschinenbau. Wir können aber die Entwicklung erst dann einschätzen, wenn wir auch die Struktur der sich bildenden Industrie untersucht haben; denn die Faktoren, die sie bestimmten, sind jeder einzeln für die gesamte Entwicklung mitverantwortlich gewesen.

[249] Es würde in dieser Arbeit zu weit führen, die Rolle und Bedeutung Beuths und der anderen erwähnten Industrieförderer zu schildern oder gar zu analysieren. Wir verweisen für das Wirken der Betreffenden auf einschlägige Biographien, wie: Matschoss, C., Preußens Gewerbeförderung und ihre großen Männer, Berlin 1921; Straube, H. J., Peter Christian Wilhelm Beuth. In: „Deutsches Museum“, Abhandlungen und Berichte, Jg. 2, H. 5; Goldschmidt, P., Das Leben des Staatsrats Kunth. Berlin 1881, und andere.

II. DIE STRUKTUR DER ERSTEN DEUTSCHEN MASCHINENBAUBETRIEBE

Im vergangenen Abschnitt haben wir einen Teil der Frage der Entstehung des Maschinenbaues in Deutschland betrachtet. Das war die Frage, weshalb der Maschinenbau entstand und woher er kam. Im nun folgenden Abschnitt wollen wir die Frage beantworten: Wie sieht die Maschinenbauindustrie in Deutschland in der ersten Hälfte des 19. Jh. aus? Diese Untersuchungen nehmen wir wiederum vor an Hand der Angaben und Mitteilungen, die uns von 210 Betrieben jener Zeit vorliegen. Die Ausführungen über die Struktur der deutschen Maschinenbauindustrie gliedern wir in folgende Abschnitte: 1. Die Maschinenbau-Unternehmer, wobei wir auch die Frage ihrer Ausbildung und die der Finanzierung ihrer Gründungen behandeln; 2. Die Maschinenbau-Arbeiter; 3. Die Maschinenbau-Fabrik und ihre maschinelle Ausrüstung; 4. Die Erzeugnisse der Maschinenfabriken, wobei wir auch auf die Frage der Spezialisierung eingehen; und letztlich 5. Der Standort der Maschinenbauindustrie vor 1850. Das ist der andere Teil der Frage der Entstehung der Maschinenbauindustrie.

1. Die Maschinenbau-Unternehmer

Von den von uns untersuchten Betrieben liegen aus 72 Betrieben Angaben über die berufliche Stellung der Gründer vor. Entsprechend unserer Feststellung, daß das Handwerk eine der Hauptquellen für die Entstehung des deutschen Maschinenbaues war, ist auch das Ergebnis dieser Untersuchung. 33 der 72 Gründer waren Handwerker von Beruf, d. h. knapp die Hälfte. Mit 17 Gründern sind an zweiter Stelle die Maschinenbauer zu nennen, das sind jene, deren Ausbildung sich von vornherein auf den Maschinenbau ausgerichtet hatte. An dritter Stelle rangieren solche Gründer, die Kaufleute oder Fabrikunternehmer in anderen Wirtschaftszweigen waren. Ihre Zahl beträgt 11. Die Anlage von Maschinenreparaturwerkstätten in an sich anderen Industriebetrieben ist dabei nicht eingerechnet. Im übrigen muß nochmals betont werden, daß bei dieser ganzen Berechnung der Berufe der tatsächliche Beruf zugrunde gelegt wurde und nicht wie bei der im vorigen Abschnitt die soziale Stellung zum Zeitpunkt der Gründung. So wird hier G. Egestorff, der zum Zeitpunkt der Anlage seiner Maschinenfabrik bereits das väterliche Unternehmen einer Kalkbrennerei leitete, nicht als Fabrikant, sondern unter seinem Beruf als Böttcher gezählt.[250] Die restlichen 11 Gründer in unserer Berechnung kann man schließlich in eine Kategorie „Sonstige“ einreihen, die sich

[250] DÄBRITZ, W., u. METZELTIN, E., a. a. O., S. 7. Hier können wir die Angaben über Egestorff vergleichen.

auflöst in 3 Akademiker, 6 Adlige, 1 Offizier und 1 Richter. Da es sich bei den Adligen meist um die ursprüngliche Anlage eines Eisenhüttenwerkes handelt, fällt die gesamte Gruppe weniger ins Gewicht.

Interessant bei diesen Angaben ist noch, ihnen solche über die Herkunft der Gründer gegenüberzustellen, und zwar gemessen am Beruf des Vaters. Leider stehen uns solche Angaben nur von 29 Gründern zur Verfügung, doch zeigt sich schon das gleiche Bild (mit Ausnahme dessen, daß es noch keine Maschinenbauer von Beruf geben konnte!): 12 waren Handwerker, 8 Kaufleute oder Fabrikanten, 6 „Sonstige" (4 Pastoren, 1 Lehrer und 1 Bankier), und 3 waren Bauern. Wenn oben [251] bei den Entstehungsquellen das Handwerk noch nicht das eindeutige Übergewicht hatte, so deshalb nicht, weil eine ganze Anzahl industrieller Gründungen ins Leben gerufen worden waren, deren Gründer jedoch einen Handwerksberuf erlernt hatten. Bei der beruflichen Herkunft der Gründer geht nunmehr das Handwerk völlig als entscheidende Berufsgruppe sowohl für die eigentlichen Gründer als auch für ihre eigene soziale Herkunft hervor. Das unterstreicht alle unsere bisherigen Feststellungen in dieser Richtung.

Zur Untermauerung unserer eigenen Berechnungen wollen wir hier vergleichsweise diejenigen noch zitieren, die Sachtler [252] an Hand von 200 industriellen Unternehmern aller Zweige für die Zeit von 1800—1840 angestellt hat, wobei uns nicht bekannt ist, wieviel Maschinenbauunternehmer er dabei berücksichtigte. Nach seinen Berechnungen entstammen der Kategorie

Arbeiter, Kleinbürger	61%
Mittelstand, Handwerker, Kaufleute, mittlere Beamte	28%
Höhere Gesellschaft, Adel, Geistlichkeit, höheres Beamtentum	11%

Da bei seiner Aufgliederung das Handwerk unter Mittelstand und Kaufleuten genannt ist, läßt das schließen, daß er darunter nur die Meister versteht, während er die Gesellen oder unselbständigen Handwerker unter die Kategorie der Arbeiter und Kleinbürger zählt. Wenn die Masse der Handwerker damals nicht zum Kleinbürgertum rechnete, wenn schon dieser Begriff von ihm verwandt wird, was rechnete dann überhaupt dazu? So betrachtet würde seine Berechnung natürlich, mit unserer verglichen, eine wesentliche Verschiebung zugunsten des Handwerks aufweisen. Wir halten also fest, daß als hauptsächliche Kategorie für die Gründung von Maschinenbauunternehmen vor 1850 Handwerker in Frage kommen. Nach ihnen folgen die Maschinenbauer (Techniker, Mechaniker, oder wie wir sie sonst nennen wollen), die keine herkömmliche handwerkliche Bildung genossen hatten oder zumindest nicht mit dem Ziel, diesen Beruf zu ergreifen, und dann folgen die Kaufleute und Fabrikanten als dritte Hauptgruppe. Wir werden uns jetzt jeder dieser Gruppen einzeln zuwenden.

Die 33 angeführten Gründer, die Handwerker waren, gliedern sich nach ihrem Beruf wie folgt:

Schlosser	10	Gießer	2
Tischler	5	Buchdrucker	2
Schmiede	4	Tuchmacher	2
Zimmerleute	4	Böttcher	1
Uhrmacher	2	Arbeiter	1

[251] Vgl. S. 50.

[252] SACHTLER, H., a. a. O., S. 7.

Mit dieser Rechnung unterstreichen wir wiederum unsere schon oben getroffenen Feststellungen.[253] Auch dort hatten wir schon das Schlosser-, Tischler-, Zimmerer- und Schmiedehandwerk als die hauptsächlich in Frage kommenden Handwerke genannt. Jetzt erweist es sich aber weiter, daß diese zusammen mit Abstand vor den anderen Handwerken führen, während von ihnen selbst die Schlosser die überwiegende Mehrheit ausmachen. Das ist völlig verständlich; denn es ist gerade der Schlosserberuf, der dem Maschinenbau damals wie heute am nächsten steht (heute sind einige damals nicht gebräuchliche Berufe dazu gekommen, wie Dreher, Schleifer, Monteur u. a.). Wir erklärten auch schon, daß das Handwerk die Kader herangebildet habe. Wie wichtig eine umfassende handwerkliche Bildung für den Maschinenbauer war, das soll uns die Schilderung F. Dinnendahls zeigen. Er schreibt: „Freilich war es ein wichtiges Unternehmen (eine Dampfmaschine zu bauen. A. S.), besonders, weil in der hiesigen Gegend nicht einmal ein Schmied war, der imstande gewesen wäre, eine ordentliche Schraube zu machen, geschweige denn andere zur Maschine gehörige Schmiedeteile, als Steuerung, Zylinderstange und Kesselarbeit usw. hätte verfertigen können oder Bohren und Drechseln verstanden hätte. Schreiner- und Zimmermannsarbeiten verstand ich selbst; aber nun mußte ich auch Schmiedearbeiten machen, ohne sie jemals gelernt zu haben.“ [254] Der Bau von Maschinen verlangte eben Kenntnisse und Fertigkeiten in verschiedenen Berufen, und das war ja auch der Grund, weshalb es in den Ländern des noch bestehenden Zunftzwanges keine Maschinenbauerzunft gab. So heißt es auch von J. G. Martin aus Leipzig, er habe vor der Einrichtung eines eigenen Betriebes bei der Leipzig-Dresdner Eisenbahn-Compagnie gearbeitet, und zwar „in sehr vielseitiger Art, nämlich bald mit Arbeiten, wie sie sonst von Schlossern und Schmieden, bald mit solchen, wie sie von Stellmachern oder anderen Holzarbeitern gefertigt zu werden pflegen.“ [255]

Die Notwendigkeit einer eigenen praktischen Ausbildung des Gründers ergab sich nicht nur oder nicht besonders deshalb, um die Produktion gut leiten zu können, sondern, wie schon das Beispiel Dinnendahls zeigte, vor allem deshalb, weil in den ersten Maschinenbaubetrieben die Unternehmer in der Regel, zumindest aber in den kleineren Betrieben, auch ihre eigenen Meister und Vorarbeiter waren, denen die Fertigung der kompliziertesten Werkstücke überlassen blieb.[256] Diese durchaus notwendige Praxis unterstützte die Erhaltung des handwerklichen Charakters der innerbetrieblichen Struktur der Maschinenbaubetriebe, wie auf der anderen Seite die handwerkliche Herkunft der Gründer eben jene Praxis begünstigte. Bei den kleinsten Betrieben, die man ohnehin als handwerkliche und nicht als industrielle ansehen muß, ist dieser Zustand Selbstverständlichkeit geblieben.

Die von Handwerkern gegründeten Maschinenbaubetriebe waren meist klein und zu Beginn ihres Bestehens vorwiegend Handwerksbetriebe. Das hatte seine Ursache darin, daß die Aufnahme des Baues von Maschinen im kleinen keine allzu großen finanziellen Mittel nötig machte. So galten die Schlossermeister Hille und Neukrantz in Burg als „unbemittelte Leute“.[257] Auch von Aston wird gesagt, seine Magdeburger Gründung

[253] Vgl. S. 49 ff. [254] Rheinisch-Westfälische Wirtschaftsbiographien. Bd. I, a. a. O., S. 363.

[255] SLA. Min. d. Innern, Nr. 5894, fol. 22.

[256] Wir kommen darauf im nächsten Kapitel zurück. S. 79 f.

[257] DZA. Rep. 120 D XIV 1, Nr. 10.

sei „ganz ohne Mittel“ vorgenommen worden.[258] Das wird verständlich, wenn man bedenkt, daß z. B. Schünemann die Gießerei, die Ausgangspunkt seines Maschinenbaubetriebes wurde, 1828 mit 200 Talern gründete.[259] Zwar war auch ein solcher Betrag für manchen Handwerker bestimmt nicht zu erschwingen, und die mit so geringen Mitteln gegründeten Betriebe waren sehr klein, aber es zeigt doch, daß relativ günstige Voraussetzungen für die Gründung von Maschinenbaubetrieben bestanden, wenn diese dann auch sehr schwer und oft überhaupt nicht an Bedeutung gewannen.

Die Handwerker stellten, wie kann es eigentlich anders sein, die Gründer für die handwerkliche Quelle des Maschinenbaues. Sie stellten ferner einen Teil der industriell-manufakturellen Quelle. Den entscheidenden Anteil an dieser Quelle aber stellten die berufsmäßigen Maschinenbauer. Das sind jene, die in den meisten diesbezüglichen Abhandlungen als „Ingenieur-Unternehmer, Techniker-Unternehmer“ oder dergleichen bezeichnet werden. Mit 17 der 72 Gründer stehen sie an zweiter Stelle in unserer Reihenfolge.

Von vornherein sich dem Maschinenbau als Beruf zuzuwenden, war selbstverständlich erst möglich, als Voraussetzungen vorhanden waren, diesen Beruf zu erlernen. Erst mußten einmal Maschinenbaubetriebe bestanden haben, in denen diese „Lehre“ absolviert werden konnte. Dementsprechend ist auch klar, daß diese Kategorie von Gründern erst in der zweiten Hälfte des von uns behandelten Zeitabschnittes eine Rolle spielen konnte, nämlich etwa ab 1835. Es erhebt sich nun die Frage, wie diese Kategorie entstand.

Zunächst sei festgestellt, daß die Maschinenbauer ihrer Herkunft nach wohl aus allen Klassen der Bevölkerung stammten, daß aber bei ihnen die soziale Stellung des sogenannten „Mittelstandes“ recht maßgeblich beteiligt ist. Der Vater von E. Keßler war Offizier[260], der von Andreae (Chefkonstrukteur der Maschinenfabrik Buckau) war Großkaufmann[261], der Vater von Hoppe war Domprediger[262]. Daß diese Herkunft nicht ganz unbegründet ist, wird sich erweisen, wenn wir die Ausbildung betrachten, die die Maschinenbauer gewöhnlich in dieser Zeit durchmachten. Der Beginn ihrer Laufbahn ist verschieden. Entweder ergriffen sie eine handwerkliche Lehre, aber mit dem Ziel, sich zum Maschinenbauer auszubilden, oder aber sie genossen zunächst eine höhere Schulbildung; hin und wieder finden wir auch den Besuch einer Universität wie im Falle von Cramer[263] und auch Doktoren kommen vor, wie A. Bauer[264], E. Alban[265] und L. Kufahl[266]. Diese höhere Schulbildung war wiederum bei einem Teil von vornherein auf die Technik ausgerichtet, indem er gewerbliche Schulen besuchte.

An dieser Stelle sei uns ein kleiner Exkurs gestattet, um einige kurze Ausführungen über den Charakter dieser Schulen machen zu können. Vom Vorhandensein höherer technischer Schulen, gewissermaßen Vorläufern unserer heutigen Technischen Hoch-

[258] Ebenda.
[259] DZA. Rep. 120 D XIV 1, Nr. 12, Vol. I.
[260] MATSCHOSS, C., Männer der Technik. A. a. O., S. 137.
[261] Ebenda, S. 5.
[262] Ebenda, S. 122.
[263] Ebenda, S. 47.
[264] ADB, Bd. 2, S. 138 f.
[265] MATSCHOSS, C., Männer der Technik. A. a. O., S. 2.
[266] Ausführlicher Bericht . . . A. a. O., S. 66.

schulen, ist schon gesprochen worden. Doch es gab in der ersten Hälfte des 19. Jh. auch bereits solche Schulen, die den Besuch jener vorbereiteten, etwa im Sinne unserer Fachschulen. Bereits Beuth hatte nicht nur das Gewerbeinstitut geschaffen, sondern war auch für die Einrichtung einer Anzahl sogenannter Provinzialgewerbeschulen eingetreten. Diese bereiteten den Besuch des Gewerbeinstituts vor. Zwar war nicht überall so gut wie in Preußen das gewerbliche Schulwesen bereits entwickelt, doch auch andere, ursprünglich anderen oder niedereren Ausbildungszielen dienende Schulen haben die Rolle erfüllt, Vermittler theoretischen Wissens für die Maschinenbauer zu sein. Dazu gehörten in erster Linie die Bergschulen, wie sie auch in Preußen bestanden. Dazu gehörten aber auch die Gewerbeschulen, wie sie z. B. in Württemberg bestanden. Der Besuch einer gewerblichen, wie auch der folgenden höheren technischen Schule wurde als Auszeichnung geschätzt, Bummelei wurde nicht gestattet.[267] Für das gewerbliche Schulwesen hatte sich in den meisten Fällen der Staat, wie in Preußen, eingesetzt. Aber auch die Gewerbevereine riefen solche Schulen ins Leben. Z. B. machte es der Gewerbeverein für Nassau seit 1845 jedem seiner Lokalvereine zur Pflicht, eine „gewerbliche Fortbildungsschule" zu unterhalten.[268]
Nun ist es verständlich, daß eine Reihe Maschinenbauer sich auf dem Wege über eine solche Schule auf ihren Beruf vorbereiteten. R. Wolf, Maschinenbauer, besuchte zwei Jahre die Provinzialgewerbeschule in Halberstadt.[269] A. Holtzhausen, langjähriger Leiter der Gleiwitzer Maschinenbauanstalt, hatte die Bergschule in Andreasberg besucht[270], Borsig die Baugewerbeschule in Breslau[271]. Nach dem Besuch der vorbereitenden Schule schloß sich, sagen wir: der Hochschulbesuch an. So besuchten Borsig (wenn auch ohne Erfolg)[272], Behrens[273], Hoppe[274], Schichau[275] und andere das Gewerbeinstitut in Berlin, Keßler[276], Meßmer[277], Andreae[278] und andere die Polytechnische Schule in Karlsruhe, Schwalbe[279] und andere die technische Bildungsanstalt in Dresden.[280] Das Gewerbeinstitut bildete zunächst in Zwei-, dann in Dreijahreskursen[281], die technische Bildungsanstalt in Dresden in Vierjahreskursen aus.[282]

267 Vgl. GOLDBECK, G., a. a. O., S. 30.
268 Handbuch wirtschaftlicher Vereine und Verbände des Deutschen Reichs. Berlin 1913, S. 98.
269 Mitteldeutsche Lebensbilder. Bd. 1, Magdeburg 1926, S. 331 f.
270 MATSCHOSS, C., Männer der Technik. A. a. O., S. 122.
271 ADB, Bd. 3, S. 180.
272 NETZ, H., a. a. O., S. 47 f.
273 DZA. Rep. 120 D XIV 1, Nr. 21, Vol. II.
274 MATSCHOSS, C., Männer der Technik. A. a. O., S. 122.
275 NETZ, H., a. a. O., S. 87.
276 MATSCHOSS, C., Männer der Technik. A. a. O., S. 137.
277 Ebenda, S. 175.
278 Ebenda, S. 5.
279 SLA. Loc. 11 184, Nr. 1636, fol. 1.
280 Sofern dieser oder jener Name aus der vorliegenden Abhandlung oder anderer Literatur noch nicht bekannt sein sollte, sei hier und an anderer Stelle auf das Verzeichnis der Betriebe verwiesen. Siehe Anhang S. 125 ff.
281 Handbuch für das Berufs- und Fachschulwesen. Leipzig 1923, S. 18.
282 SLA. Loc. 11 184, Nr. 1636, fol. 1.

Erst jetzt ist verständlich, weshalb mehr Maschinenbauer aus dem Mittelstand stammten als aus anderen Kreisen. Eine solche Ausbildung kostete natürlich Geld, und nicht jeder konnte dieses Geld von seinem Elternhaus erwarten oder war in der Lage, seine Ausbildung selbst zu finanzieren. Deshalb trat bereits in der Zeit, in der der eine Teil studierte, bei dem anderen die praktische Maschinenbauarbeit an die Stelle des Studiums. Wieder andere begaben sich nach einer ordnungsgemäß vorangegangenen Handwerkerlehre auch nicht selten einige Jahre auf die Wanderschaft.[283] Nach den Schulbesuchen folgte in fast allen Fällen die praktische Maschinenbaulehre, die praktische Arbeit in einer bereits bestehenden Maschinenbaufabrik. Das ist überhaupt das Charakteristikum, an dem wir die Kategorie der Maschinenbauer erkennen können; ihrer berufsmäßigen Herkunft nach sind Maschinenbauer jene Unternehmer zu nennen, die zu dem Zeitpunkt, wo sie auf eigene Rechnung Maschinen herzustellen begannen, den Bau der geläufigsten Maschinen praktisch erlernt und dementsprechend zu deren Produktion keine Versuche mehr nötig hatten. So wird auch uns klar, daß gerade aus jenen Gründungen wirtschaftlich große Maschinenbauunternehmen hervorgegangen sind, begannen doch ihre Gründer meist mehr oder minder im großen mit dem Maschinenbau. Auch kann man verfolgen, wie die erste Generation der Maschinenbauer bei den ersten, vielfach aus dem Handwerk hervorgegangenen Maschinenbauunternehmern lernte, um dann selbst Lehrmeister für die um die Jahrhundertmitte gründenden Unternehmer zu werden. Borsig, Hoppe und Wöhlert lernten bei Egells[284], Hartmann[285], Schönherr[286] und Rabenstein[287] bei Haubold, Keßler lernte bei Meßmer[288], Andreae in der Gutehoffnungshütte[289], von Würden bei Freund[290], Haag bei Sander (dem späteren Stammwerk der MAN)[291]. Dann aber stellen wir fest: Gruson lernte bei Borsig[292], Kuhn lernte bei Hoppe[293], Wolf lernte bei Wöhlert und Kuhn[294]. Das war aber erst möglich, nachdem eben bereits bestehende bedeutende Betriebe diese Rolle der Bildungsstätte übernehmen konnten.

Während der Zeit der praktischen Arbeit im Maschinenbau oder danach gingen diese späteren Gründer in der Regel noch auf Reisen ins Ausland. Die Kenntnis des ausländischen, vor allem englischen und französischen Maschinenbaues spielte bei der Bildung noch eine nicht zu unterschätzende Rolle. Zwar war für diese Unternehmer England nicht mehr das Land, aus dem sie ihre Bildung, ihre Maschinenbaukenntnisse herholen mußten, aber es war noch immer das Land, das über die modernsten Maschinen

283 Auf das letztere weist hin Kühne, A. In: Handbuch für das Berufs- und Fachschulwesen. A. a. O., S. 15.

284 Goldschmidt, P., Berlin in Geschichte und Gegenwart. Berlin 1910, S. 188.

285 ADB. Bd. 10, S. 701.

286 SLA. Min. d. Innern, Nr. 5946, fol. 105.

287 Zöllner, W., Chemnitz am Ende des 19. Jahrhunderts. Chemnitz o. J., S. 11.

288 Beiträge zur Geschichte der Technik ... Bd. 12, a. a. O., S. 218.

289 Matschoss, C., Männer der Technik. A. a. O., S. 5.

290 DZA. Rep., 120 D XIV 1, Nr. 12, Vol. I.

291 Grassmann, J., a. a. O., S. 112.

292 Matschoss, C., Männer der Technik. A. a. O., S. 97.

293 Ebenda, S. 147.

294 Mitteldeutsche Lebensbilder. A. a. O., S. 331.

verfügte und auch über ein breites Fabriksystem in der Maschinenproduktion. Deshalb waren die Reisen nach dort nach wie vor wichtiger Bildungsbestandteil eines jeden Maschinenbauers. Wir wissen von 40 Maschinenbauunternehmern sicher, daß sie das Ausland mindestens einmal aufgesucht haben; darunter ist England 14- und Frankreich 13mal mit weitem Abstand vor allen anderen Ländern vertreten. Die Reisen spielten aber nicht nur innerhalb der Ausbildung der Maschinenbauer eine Rolle, sie waren weitaus wichtiger für die Unternehmer mit anderer Ausbildung, vor allem für die mit handwerklicher, und sie waren ferner umso wichtiger, je kleiner die Anfänge des deutschen Maschinenbaues waren, worauf wir bereits in unserem Kapital I/2 eingegangen sind. Nur konnten die kleineren Gründer, die handwerklichen Gründer, diese Reiseerkenntnisse nicht immer schon bei ihrer Gründung berücksichtigen, da ihnen gewöhnlich das Geld dazu fehlte, falls sie nicht mit einer Unterstützung rechnen konnten. Wie uns eine Kassenanweisung für die Erstattung der Unkosten der Reise des Fabriken-Kommissionsrates Wedding 1832 nach England zeigt, waren die Kosten nicht gering: für 73 Tage erhielt er 101.20.2 Taler und 70.10.3 engl. Pfund.[295] Diese Rückvergütung nach einer behördlichen „Vergütungsordnung" läßt darauf schließen, daß damit noch nicht alle aufgetretenen Kosten gedeckt worden sind.

Wenngleich der „Mittelstand" unter den Maschinenbauern noch zahlreich vertreten ist, so finden wir jedoch kaum Angehörige der Oberschichten. Das hat seinen Grund darin, daß der Beruf des Maschinenbauers zu der Zeit, da man von diesem als Beruf gerade sprechen konnte, in jenen Schichten keinerlei Ansehen genoß. Der Standesdünkel spielte dabei eine große Rolle, und so sahen die alten Privilegierten auf die neuen Emporkömmlinge aus der Technik herab.[296] Schließlich hat ja auch die technische Wissenschaft um ihre Anerkennung als solche ringen müssen, wie so manches Neue, sie fand aber selbst nach ihrer Anerkennung keinen Eingang in die Universitäten. Für die herrschenden Klassen waren Techniker, Maschinenbauer damals schon deshalb keine ansprechenden Berufe, weil sie noch mit Handarbeit verbunden waren; die bereits vorhandene höhere Bourgeoisie wandte sich dem Maschinenbau erst dann im wesentlichen zu, als die Erwerbung von Profit durch ihn nicht mehr mit eigener Arbeit in der Produktion verbunden war. Darüber hinaus trugen herrschende philosophische Anschauungen, und die der Romantik, nicht zu einer besseren Bewertung der Technik durch all jene Kreise bei.[297] Selbst bei den aus dem Mittelstand stammenden Maschinenbauern ging das Ergreifen ihres Berufes nicht immer ohne Schwierigkeiten innerhalb der Familie ab. Denken wir nur an das Entsetzen, das Matschoß schildert, welches sich in der Familie des Gymnasialprofessors Wolf ausbreitete, als der Sohn seinen Entschluß, Maschinenbauer zu werden, bekannt gab.[298]

Daß durch alle diese Umstände tatsächlich der überwiegende Teil der Maschinenbauunternehmer jener Zeit wenigerbemittelte Leute waren, hat in der Folgezeit dazu geführt, daß mit diesen Beispielen versehen die Segnungen des Kapitalismus gepriesen

[295] DZA. Rep. 120 D I 1, Nr. 11, Vol. I, fol. 139.

[296] Vgl. GOLDBECK, G., a. a. O., S. 26 ff.

[297] Vgl. auch GROBA, K., a. a. O., S. 29 f.

[298] MATSCHOSS, C., R. Wolf, der Begründer der Maschinenfabrik R. Wolf in Magdeburg-Buckau. Beiträge zur Geschichte der Technik ... Bd. 4, a. a. O., S. 2 f.

wurden, in dem jeder Tüchtige sich emporarbeiten könne. Aber die ganze Tüchtigkeit hätte diesen Maschinenbauern wenig genützt, hätte nicht der halbfeudale Staat die Mittel gegeben, die den Gründern fehlten und die die vorhandene Bourgeoisie nicht zu geben bereit war. Nicht also der Kapitalismus und seine Umstände haben diese Maschinenbauer aufsteigen lassen, im Gegenteil, je mehr die kapitalistische Bourgeoisie die Staatsmacht übernahm, um so mehr verwandelte sich die Unterstützung und Subventionierung der kleinen Unternehmer in eine der großen. Es ist also nicht gerechtfertigt, sich auf die Maschinenbauunternehmer der ersten Hälfte des 19. Jh. zu stützen, wenn man den Kapitalismus rechtfertigen will.

Die von Maschinenbauern gegründeten Betriebe waren meist von vornherein als mittlere, teilweise sogar als größere Betriebe anzusprechen. Im Laufe ihrer mehrjährigen Arbeit, teils in leitenden Stellungen bei anderen Maschinenbauunternehmern, hatten sich ihre Gründer kleinere Vermögen erspart, mit denen sie den Beginn eines solchen Unternehmens finanzierten. Im Falle der „mittelständischen" Herkunft half auch manchmal die Familie mit Krediten.[299]

Als dritte hauptsächlich in Frage kommende Gruppe hatten wir unter den Gründern die Kaufleute und Fabrikanten erkannt. Sie waren mit 11 Gründern vertreten, davon war mit 7 die Mehrzahl Kaufleute. Das alles sind Leute, die mit dem Maschinenbau nicht über die Technik in Berührung gekommen sind. Sie gründeten folglich unter Ausschluß des Moments, daß ihr Beruf Maschinenbauer oder ein Teil davon war. Sie gründeten also aus kapitalistischen Geschäftsinteressen heraus, d. h. aus dem alleinigen Streben nach Profit. Wir wollen mit diesen Feststellungen nicht in Abrede stellen, daß das bei den anderen Gründern natürlich auch der Fall war; bei jenen aber war es der alleinige Grund [300], bei diesen nicht.

Gemessen am Anteil der beiden zuerst analysierten Gruppen sind es wenige Kaufleute und Fabrikanten, die Maschinenbauunternehmungen ins Leben riefen. Wenn aber, wie bemerkt, zu einer kleinen Maschinenbauwerkstatt nicht allzu viel Kapital notwendig war, so daß viele Handwerker das zuwege brachten, so sollte man annehmen, daß es für die Kaufleute, die über hinreichende Mittel verfügten, umso leichter gewesen sein muß. An sich ist das richtig, jedoch zeigt sich hier, welche wichtige Rolle in jener Zeit noch die eigene technische Fähigkeit des Unternehmers spielte, und eben die fehlte den Kaufleuten. Während so der größere Teil von ihnen von der Gründung von Maschinenbaubetrieben abgehalten wurde, war der andere, versuchende Teil gezwungen, sich auf die Arbeit angestellter Techniker zu verlassen. Wir finden deshalb die kaufmännischen Gründungen mit Technikern besetzt, die zum Unternehmer im Angestelltenverhältnis standen; in einer Reihe von Fällen sind sie auch am Unternehmen beteiligt.[301] Man kann nun erneut einwenden, daß die Möglichkeit, Techniker zu beschäftigen, jedenfalls

[299] Zur Frage der Finanzierung der Betriebe überhaupt werden am Ende des Kapitels noch einige Ausführungen gemacht.

[300] Wir verweisen auf die Spannungen zwischen F. Harkort und D. Kamp. Vgl. MATSCHOSS, C., Ein Jahrhundert deutscher Maschinenbau. Berlin 1919, S. 39.

[301] Als Beispiel seien hier die Betriebe von A. Wever, Elberfeld (vgl. DZA. Rep. 120 D XIV 1, Nr. 21, Vol. II) und A. Charlier, Köln (vgl. C. MATSCHOSS, Männer der Technik. A. a. O., S. 41) genannt.

jedem Gründer offenstand, folglich nicht dazu geführt haben kann, das Kaufmannskapital vom Maschinenbau abzuhalten. Dem ist entgegenzuhalten, daß eben wegen des geringen erforderlichen Kapitals die meisten qualifizierten Maschinenbauer zur eigenen Gründung schritten, folglich wenige für ein Angestelltenverhältnis zu haben waren. Das war nur dort zahlreicher der Fall, wo diese Maschinenbauer selbst noch lernen konnten. Aus diesem Grunde sehen wir denn nur wenige kaufmännische Einzelgründungen. Statt dessen finden wir das Kaufmannskapital in den Gesellschaften.

Damit kommen wir bereits zu der Frage der Finanzierung der Maschinenbaubetriebe. Es ist schon mehrfach erwähnt worden, daß zur Gründung eines kleinen Maschinenbaubetriebes kein großes Kapital erforderlich gewesen ist. Doch bei einer solchen Gründung handelt es sich dann eben nur um einen äußerst kleinen Betrieb, der nicht mit den nötigsten Maschinen ausgerüstet war, den man gar nicht von vornherein als industrielle Gründung ansprechen kann.

Damit wird der Mangel an Kapital zu einem die rasche Entwicklung des Maschinenbaues hemmenden Faktor. Die Maschinenbauer, meist weniger wohlhabende Leute, oft Handwerker, waren nicht in der Lage, so viel Kapital aufzubringen, wie notwendig gewesen wäre, einen größeren Betrieb zu unterhalten. Privatkapital war für den Maschinenbau sehr schwer zu haben; der Grund muß in dem mangelnden Zutrauen zum deutschen Maschinenbau gesucht werden. Es ist uns aber auch bekannt, daß in jener Zeit Privatkapital für industrielle Unternehmen überhaupt schwer zu beschaffen war. Daraus hatten wir ja auch zum Teil das häufige Hinwenden der Maschinenbauer zum Staat im vorigen Kapitel erklärt. Der Mangel an Kapital mußte sich im Maschinenbau besonders deutlich bemerkbar machen, da bei ihm, einem Zweig der Produktionsmittelindustrie, die Umschlagszeit des Kapitals wesentlich länger ist als beispielsweise in der Textilindustrie und dementsprechend eine größere Summe vorgeschossen werden muß. Hinzu kommt, daß die technischen Bedingungen die Produktionszeit, mit heute z. B. verglichen, beträchtlich verlängerten. Denken wir daran, daß Freund 1818 sich für eine Dampfmaschine eine Lieferzeit von 7 Monaten erbat.[302] Deshalb wurde auch oft, bei größeren Maschinenarten (Dampfmaschinen, Lokomotiven), ein Vorschuß vom Besteller gezahlt.[303] Die Maschinenbauer wußten um den größeren Kapitalaufwand bei Produktionsbeginn, sie waren jedoch nicht immer in der Lage, das Kapital aufzubringen. C. Pfaff brachte das 1841 zum Ausdruck, indem er schrieb, daß jeder Maschinenbauer „anfänglich mehr aufzuwenden, als zu erwarten“ habe.[304] Da, abgesehen von der Anschaffung der Ausrüstung, sich auch wenige Arbeiter „Woche für Woche“ leichter bezahlen ließen als „Zahlung von 300 Arbeitern auf einmal“ [305], so waren viele Maschinenbauer gezwungen, handwerklich zu produzieren.

Die Gründung begann meist mit dem Erwerb eines geeigneten Grundstückes oder Gebäudes, in dem ein handwerklicher Maschinenbaubetrieb eingerichtet wurde. Anschließend nahm der Unternehmer auf das Grundstück eine Hypothek, mit der er die Anschaffung von Maschinen finanzierte. Gleichzeitig oder anschließend wandte sich

302 DZA. Rep. 120 D XIV 1, Nr. 2, Vol. I.

303 Wir kommen wieder darauf zurück. Vgl. S. 97.

304 SLA. Min. d. Innern, Nr. 5894, fol. 2.

305 MARX, K., Das Kapital, Bd. I, a. a. O., S. 345.

dann ein Teil, als weiterer Kapitalbedarf vorhanden war, jedoch eine genügende Sicherheit für Privatkapital nicht mehr geboten werden konnte, an den Staat. Die Hypothek scheint überhaupt für den Maschinenbau der Zeit die einzige bedeutende Form für Privatdarlehen gewesen zu sein. So hatte A. Rabenstein, Chemnitz, dessen Grundstück, Einrichtung und Werkzeuge einen Wert von 59 000 Talern hatten, 1846 eine Hypothek von 20 000 Talern [306], als er um Staatshilfe anhielt. Ch. Bergmann, Greifswald, mußte bereits beim Erwerb seines Hauses für 900 bis 1000 Taler „einige Schulden" darauf ruhen lassen.[307] Schünemanns, Demmin, neue Gebäude im Werte von 6000 Talern waren auch mit 2400 Talern Schulden belastet.[308]

Sollte jedoch eine richtige Maschinenfabrik gleich entstehen, so mußten wesentlich höhere Mittel vorhanden sein. Diese Mittel eben waren aber in der Hand eines einzelnen Maschinenbauers noch sehr selten.[309] Nicht jeder hatte, wie Borsig, 10 000 Taler sparen können [310] oder war, wie Negenborn, in der Lage, 100 000 Taler mit Hilfe der Verwandten aufzubringen.[311] Denn eine große Maschinenfabrik aufzubauen und einzurichten, kostete immerhin doch etwa 150 000 Taler.[312] Eine solche Größe hatten aber nur wenige, die meisten waren wesentlich kleiner. Doch auch dann war das Vermögen eines einzelnen in der Regel noch viel zu klein; es reichte oft nicht weit über das für einen Handwerksbetrieb nötige hinaus. Deshalb nimmt es nicht wunder, wenn die Gesellschaften gegenüber den Einzelgründungen eine wesentlich größere Rolle spielten. Von 68 Betrieben sind uns Bemerkungen über die Finanzierungsverhältnisse bekannt; davon sind nur 13 Einzelunternehmen. Zwar haben später einige Maschinenbauer die Beteiligung anderer wieder gelöscht, zum Zeitpunkt der Gründung oder unmittelbar im Anschluß an diese aber waren sie liiert. Bereits daraus ist zu entnehmen, daß es sich bei den Gesellschaften im Maschinenbau vor allen Dingen um Personalgesellschaften gehandelt hat, und zwar um offene Handelsgesellschaften. Außer ihnen sind noch Aktiengesellschaften vertreten, sie sind aber noch geringer an Zahl als die Einzelgründungen und nehmen 8 von 68 Betrieben in Anspruch.

Wir können also feststellen: die Mehrzahl der Maschinenbaubetriebe vor 1850 war OHG. Diese kann man in zwei Gruppen scheiden; die erste Gruppe ist gekennzeichnet durch das Compagnonverhältnis zwischen zwei Technikern (Maschinenbauern, Handwerkern), die zweite durch das Compagnonverhältnis zwischen einem Techniker und einem oder mehreren anderen Kapitalgebern. Im ersten Falle liierten sich zwei Techniker, um auf gemeinsame Rechnung zu arbeiten. *Beide* brachten ein kleines Kapital ein und konnten den Betrieb somit bereits bei der Gründung oft größer als einen handwerklichen einrichten. So finden wir eine solche Verbindung von zwei Maschinenbauern

[306] SLA. Min. d. Innern, Nr. 5946.

[307] DZA. Rep. 120 D XIV 1, Nr. 12, Vol. I.

[308] Ebenda.

[309] Wir finden dieses durch viele Maschinenbauer jener Zeit bestätigt, die auch damit ihre Bittgesuche um Staatskredite zu motivieren suchten. Vgl. z. B. DZA. Rep. 120 D XIV 1, Nr. 10, Vol. I.

[310] Netz, H., a. a. O., S. 50.

[311] DZA. Rep. 120 A VIII 1, Nr. 3, Vol. II.

[312] Auf diese Summe veranschlagte Schöttler die Kosten für die Errichtung der 1847 projektierten Maschinenbauanstalt der Seehandlungs-Societät in Gleiwitz. Vgl. dazu DZA. Rep. 109 B IV, Nr. 54.

zwischen Keßler und Martiensen[313], zwischen König und Bauer[314], zwischen Petzold und Centner[315] oder eine solche zwischen Gebrüdern, wie den Gebrüdern Voupier[316], den Gebrüdern Harkort in Leipzig[317], oder eine solche zwischen Vater und Sohn, wie im Falle von Schwalbe[318], Plöttner[319] und anderen. In zahlreichen Fällen entstanden später durch das Ausscheiden des Compagnons und dessen Verselbständigung daraus zwei Betriebe. So war vor seiner eigenen Gründung A. Götze mit Hartmann liiert[320], Rabenstein mit Pfaff[321], Dobbs mit Reuleaux[322] usw.

Im zweiten Falle liierte sich der Techniker mit einem Kaufmann oder einer anderen vermögenden Person, um einen Geldgeber zu haben, bzw. es liierte sich — wenn auch in wenigen Fällen — letzterer mit einem Techniker, um einen Fachmann auch persönlich am Gelingen des Unternehmens zu interessieren. Auch für diesen Kreis einige Unternehmen als Beweis: F. Harkort war mit Kamp verbunden[323], Blochmann mit dem Kaufmann Dietrich[324], Götze mit seinem Schwager, dem Kaufmann Wiede[325], und bei Dobbs & Poensgen soll der Herzog von Aremberg beteiligt gewesen sein.[326] Welches der beiden Compagnieverhältnisse bedeutender gewesen ist, läßt sich nicht eindeutig feststellen, es hat jedoch den Anschein, als sei die Verbindung zwischen Technikern untereinander zahlreicher gewesen.

Abschließend zu diesen Ausführungen bleibt noch übrig, einen Blick auf die Aktiengesellschaften im Maschinenbau zu werfen. Wir hatten bereits festgehalten, daß sie nicht sehr zahlreich vorhanden waren. Das braucht nicht erstaunlich zu sein, sind doch in jener Zeit Aktiengesellschaften überhaupt noch eine Seltenheit. Darüber hinaus waren sie, im Gegensatz zu anderen Betrieben, in Preußen und Sachsen z. B. konzessionspflichtig. Am häufigsten waren sie damals im aufkommenden Eisenbahnwesen vertreten. Deshalb sei es uns hier auch gestattet, die Reparaturwerkstätten der Eisenbahngesellschaften, die bekanntlich mehrfach Maschinenbauwerkstätten waren, bei der Betrachtung der Aktiengesellschaften auszuschließen. Wie gering Aktiengesellschaften noch vertreten waren, zeigt uns, daß vor 1848 in Preußen nur 15, in Bayern nur 6 bestanden.[327] Nur von Sachsen berichtete man, dort habe 1837 das Aktienwesen überhand genommen, da schon 21 Aktiengesellschaften gebildet worden wären.[328] Wenn aber schon das Kaufmanns- und anderes dem Maschinenbau fremdes Kapital vor der *selbständigen* Gründung von Maschinenbaufabriken zurückschreckte, dann war es auch

313 Beiträge zur Geschichte der Technik ... Bd. 12, a. a. O., S. 218.

314 ADB, Bd. 16, S. 501.

315 SLA. Min. d. Innern, Nr. 5894.

316 DZA. Rep. 120 D XIV 1, Nr. 21, Vol. II.

317 „Deutsche Gewerbezeitung", Jg. 21, Nr. 104, S. 623.

318 ZÖLLNER, W., a. a. O., S. 145.

319 SLA. Min. d. Innern, Nr. 1403 a, fol. 161.

320 SLA. Min. d. Innern, Nr. 1398 b, fol. 151.

321 SLA. Min. d. Innern, Nr. 5894.

322 MATSCHOSS, C., Die Entwicklung... Bd. 1, a. a. O., S. 168.

323 MATSCHOSS, C., Ein Jahrhundert ... A. a. O., S. 9.

324 SLA. Loc. 11 173, Nr. 1299, fol. 21.

325 ZÖLLNER, W., a. a. O., S. 11.

326 DZA. Rep. 120 D I 1, Nr. 11, Vol. II, fol. 275.

327 WUESSING, F., a. a. O., S. 84.

328 DZA. Rep. 120 D I 1, Nr. 11, Vol. II, fol. 112.

nicht geneigt, sich in Aktien der gleichen Branche anzulegen. Von Burg wird 1839 berichtet, daß allein die Form der Aktiengesellschaft genüge, um alle Interessenten abzuschrecken.[329] Wie bei den kaufmännischen Einzelgründungen fehlte auch hier geeignetes technisches Personal, worauf auch Wieck die Schwierigkeiten der Maschinenbau-Aktiengesellschaften zurückführte[330], und nicht jede Aktiengesellschaft hatte wie die Buckauer einen Tischbein[331] oder wie die Eßlinger einen Keßler[332] als technischen Leiter. Vielmehr standen manche Aktiengesellschaften, die als bedeutend galten, in kurzer Zeit vor der Liquidation. Der Maschinenbauanstalt Uebigau[333] und der Sächsischen Maschinenbau-Compagnie (vormals Haubold sen.)[334] war dieses Schicksal beschieden.

Die Zahl und damit die Rolle der Aktiengesellschaften im Maschinenbau verringert sich noch, wenn wir bedenken, daß von den angeführten weitere zwei nicht von vornherein Aktiengesellschaften waren, sondern vielmehr aus ursprünglichen Einzelgründungen hervorgingen. Diese Aktiengesellschaften sind eher als eine Notlösung anzusehen; denn das Aktionärkonsortium bestand im wesentlichen aus den Gläubigern des Einzelunternehmers, das zunächst versuchte, um nicht das Risiko der Liquidation zu tragen, den Betrieb als Gesellschaft weiterzuführen. Dafür sind die Sächsische Maschinenbau-Compagnie[335] und die Lokomotivfabrik Karlsruhe[336] das beste Beispiel. Selbst die Maschinenfabrik Buckau AG, die von vornherein Aktiengesellschaft war, da sie der Hamburg-Magdeburger-Dampfschiffahrtsgesellschaft gehörte, wurde 1848 in eine Aktiengesellschaft der Gläubiger umgewandelt.[337] Bemerkenswert ist dabei, daß unter den Gläubigern in allen drei genannten Fällen Bankhäuser mit an erster Stelle standen. Wir stellen also bei der Analyse der Entwicklung des Maschinenbaus fest, daß Aktiengesellschaften vor 1850 keine Rolle spielten, daß ihre Anzahl neben den anderen Unternehmungsformen sehr gering war.

2. *Die Maschinenbau-Arbeiter*

Nachdem wir zunächst die Herkunft der Maschinenbauunternehmer[338] und die Finanzierung ihrer Unternehmungen betrachtet haben, wenden wir uns jetzt einer Betrachtung

[329] DZA. Rep. 120 D XIV 1, Nr. 10. [330] Wieck, F. G., a. a. O., S. 262.
[331] Matschoss, C., Männer der Technik. A. a. O., S. 5.
[332] Beiträge zur Geschichte der Technik... Bd. 12, a. a. O., S. 220.
[333] SLA. Min. d. Innern, Nr. 5946. [334] Sächsische Lebensbilder. Bd. 3, a. a. O., S. 172.
[335] Ebenda, S. 170. [336] Beiträge zur Geschichte der Technik... Bd. 12, a. a. O., S. 225.
[337] DZA. Rep. 120 A VIII 1, Nr. 3, Vol. I, fol. 20.
[338] Es ist selbstverständlich in diesem Rahmen nicht möglich, längere und genauere Ausführungen über diesen Gegenstand zu machen. Vielmehr müssen wir für jene, die sich für die Frage der Herkunft der Unternehmer näher interessieren, auf die einschlägige Literatur zu diesem Thema verweisen. Sie findet sich neuerdings größtenteils angeführt und besprochen bei W. Zorn, wobei wir mit Zorn keineswegs einer Meinung sind, was seine Einschätzung anbetrifft. Zorn, W., Typen und Entwicklungskräfte deutschen Unternehmertums im 19. Jh. In: „Vierteljahrschrift für Sozial- und Wirtschaftsgeschichte", Bd. 44, H. 1.

der Maschinenbauarbeiter zu. Es ist im Verlaufe dieser Arbeit schon mehrfach von diesen oder jenen Maschinenbauern gesprochen worden. Wenngleich die Maschinenbauunternehmer jener Zeit in den meisten Fällen tatsächlich *selbst* Maschinen bauen konnten und sich damit auch beschäftigten, so waren sie es doch niemals allein. Sie beschäftigten eine Anzahl von Arbeitern, die mit steigender Größe des Betriebes und, je später er gegründet wurde, mit immer mehr wachsendem maßgeblichen Anteil an der Produktion letztlich auch im Maschinenbau alleinige Träger der Produktion wurden. Die Leistungen des deutschen Maschinenbaues sind, genau wie in anderen Zweigen der Industrie, vor allem ein Verdienst seiner Arbeiter, wenn auch hier nicht allein und nicht von vornherein.

Bei der Entstehung der deutschen Maschinenbauindustrie gab es keine Facharbeiter für diese Produktion. Der Maschinenbau war fremd in Deutschland, es gab lediglich Menschen, die, wie die Unternehmergruppen, ihrer bisherigen Arbeit nach nur mehr oder weniger für die Beschäftigung im Maschinenbau prädestiniert waren. Auch bei der Frage der Entstehung der Maschinenbauarbeiterschaft muß man zunächst die Rolle der ausländischen Arbeiter untersuchen. In England, Frankreich und Belgien, wo eine Maschinenbauindustrie bereits bestand, existierte ebenso eine Facharbeiterschaft, auf die sich die deutschen Unternehmer stützen konnten. Zweifellos ist diese Feststellung richtig, sie hat jedoch ihre, und zwar sehr engen Grenzen. Einmal — wir hatten bereits darauf hingewiesen — bestand in England z. B. eine ganze Zeit lang ein Auswanderungsverbot für Facharbeiter, das deren Auswanderung zumindest erschwerte. Zum anderen aber, und das ist wesentlich wichtiger, konnten aus dem Ausland gar nicht so viele Facharbeiter herangezogen werden, wie der deutsche Maschinenbau benötigte. Wenn es schon allein durch die ausländischen Unternehmer nicht möglich war, den deutschen Maschinenbau zu schaffen, so war es noch viel weniger möglich, die entsprechend notwendigen Facharbeiter aus dem Ausland zu bekommen. Deshalb finden wir in den Betrieben nur wenige ausländische Facharbeiter, die jedoch unter den übrigen, deutschen Arbeitern eine eminent wichtige Rolle spielten. Sie vermittelten ihnen nämlich, ob bewußt und systematisch oder nicht, ihre Kenntnisse und bildeten auf diese Weise deutsche Facharbeiter aus. In zahlreichen Fällen wurden sie von den deutschen Unternehmern eigens zu diesem Zwecke angestellt und mit leitenden Aufgaben in der Produktion betraut. G. Egestorff beschäftigte in der Anfangszeit seines Betriebes in solchen Stellungen nur Ausländer, wie z. B. W. Blankley.[339] Auf der Gutehoffnungshütte zog man ebenfalls bei Beginn der Maschinenproduktion Engländer hinzu.[340] Nestler & Breitfeld hatten den Engländer Paine angestellt.[341] Zahlreiche andere Fälle könnten hier angeführt werden, wie die von Harkort, von Haubold und dergleichen.

Wenn also die ausländischen Arbeiter im Maschinenbau zahlenmäßig eine geringe Bedeutung hatten, so mußte die Mehrzahl folglich deutscher Herkunft sein. Doch deutsche Arbeiter waren für die Maschinenbauindustrie schwer zu bekommen. Der mit dem Maschinenbau in Berührung gekommene herkömmliche Handwerker war, wenn

[339] DÄBRITZ, W., u. METZELTIN, E., a. a. O., S. 16.

[340] Die Gutehoffnungshütte ... A. a. O., S. 40.

[341] WIECK, F. G., a. a. O., S. 259.

er sich ihm ganz widmen wollte, bestrebt, das als selbständiger Unternehmer zu tun. Handwerker, die bereit waren, als Arbeiter in die Fabriken zu gehen, waren viel seltener. Sie wurden dazu gewöhnlich erst durch ihre schlechte ökonomische Lage gezwungen. Nicht nur Meister, sondern selbst Gesellen machten sich als Maschinenbauer selbständig. 1837 wird deshalb in Chemnitz Klage geführt, daß sich so viele „einheimische, mehr aber noch auswärtige Gesellen . . . selbständig dadurch etabliert“ hätten, „daß sie sogenannte mechanische Werkstätten errichteten, oder als Maschinen- oder Stuhlbauer sich niederließen“.[342] Derjenige Handwerker aber, der noch nicht mit dem Maschinenbau in Berührung gekommen war, erwies sich zunächst ohne Anlernzeit als untauglich für die Beschäftigung in Maschinenfabriken. Dies war um so schlimmer, je entfernter seine frühere Beschäftigung von der Metallbearbeitung war.

Bei den deutschen Maschinenbauarbeitern kann man eine generelle Teilung in solche vornehmen, die ihrer beruflichen Herkunft nach dem Maschinenbau nahe standen, und in solche, bei denen dies nicht der Fall war. Dem Maschinenbau nahe standen Handwerker der Berufe, aus denen auch die Mehrzahl der aus dem Handwerk stammenden Gründer hervorgegangen war: Schlosser, Schmiede, Tischler, Zimmerleute. Diese brachten bereits gewisse Kenntnisse mit und wurden deshalb vornehmlich im Maschinenbau beschäftigt. Ihre Kenntnisse beschränkten sich jedoch auf die herkömmliche Produktion ihres Berufes und waren für den Maschinenbau in keinem Falle ausreichend. Das Beispiel aus Dinnendahls Autobiographie ist bereits angeführt worden.[343] Auch Bauer mußte feststellen, daß die gelernten Handwerker für den Maschinenbau nicht *von vornherein* tauglich waren.[344] Noch 1839 klagte die „Sächsische Maschinenbau-Compagnie“ über Mangel an guten Kesselschmieden.[345] Diese handwerklich vorgebildeten Arbeiter waren aber leichter als die übrigen für die qualifizierten Anforderungen des Maschinenbaues auszubilden, weshalb sie die mit größerer Qualifikation verbundenen Arbeiten auch ausführen mußten, wie Schmieden oder Montieren, während die anderen Arbeiter mit mehr mechanischen Tätigkeiten beschäftigt wurden, wie beispielsweise Drehen.[346] Die Maschinenbauarbeiter jedoch, die durch ihren erlernten Beruf dem Maschinenbau von vornherein nahe standen, waren in der Mehrzahl; sie waren in der Regel *Gesellen* ihres Handwerks, in weniger zahlreichen Fällen aber auch ohne abgeschlossene handwerkliche Lehre.

Diese Tatsache wird in zweifacher Hinsicht belegt. Den ersten Beweis liefert das Land Sachsen, in dem noch der Zunftzwang bestand. Diesem Zunftzwange nach mußten die Handwerksgesellen von ihrer Zunft einen Einweisungsschein haben, auch wenn sie Arbeit in Maschinenbaubetrieben nahmen, die dem Zunftzwange bekanntlich nicht unterlagen. Ohne Einweisungsschein durften die Maschinenbauunternehmer keine Einstellungen vornehmen.[347] Nun zog der sich entwickelnde Maschinenbau ständig mehr

[342] Stadtarchiv Karl-Marx-Stadt (im folgenden stets abgekürzt: STAKMST. Cap. V, II, Nr. 86.
[343] Siehe S. 66.
[344] Matschoss, C., Männer der Technik. A. a. O., S. 13.
[345] „Deutsche Gewerbezeitung“, Jg. 1848, Nr. 18, S. 105.
[346] Vgl. „Deutsche Gewerbezeitung“, Jg. 1847, Nr. 45, S. 271.
[347] SLA. Min. d. Innern, Nr. 1275 a, fol. 45 ff.

Handwerksgesellen der betreffenden Berufe von den Handwerksmeistern ab, was so weit ging, daß bereits 1837 über einen „immer mehr überhand nehmenden Mangel an Gesellen" geklagt wurde.[348] Das veranlaßte die Zünfte, Einweisungsscheine zu verweigern und andere Schritte gegen die Maschinenfabriken zu unternehmen.[349] Die Sächsische Maschinenbau-Compagnie war deshalb gezwungen, ausdrücklich auf das ihr durch die Konzession verliehene Recht zu verweisen, „nicht allein alle in das Maschinenbaufach einschlagenden Artikel zu fertigen, sondern auch dazu alle diejenigen Gehilfen aus den verschiedenen Innungen zu verwenden, welche der Fabrikbetrieb nothwendig macht, z. B. Schlosser, Schmiede, Feilenhauer, Roth- und Gelbgießer, Flaschner, Tischler, u. a. m." [350] Solche Maßnahmen der Zünfte lassen berechtigt den Schluß zu, daß die Mehrzahl der Maschinenbauarbeiter eben Gesellen jener Berufe war, deren Zünfte diesbezüglich den lautesten Lärm schlugen, nämlich Schmiede, Schlosser und vor allem Tischler.[351]

Zweites Beweisstück ist die Tatsache, die nunmehr nicht nur in Sachsen zu verzeichnen ist, daß die in Maschinenfabriken arbeitenden Handwerksgesellen weiterhin Angehörige der Unterstützungs- oder Verpflegungskasse ihrer Zunft oder Innung blieben.[352] Diese Kassen, die man als die Krankenversicherungskassen der Handwerker ansehen kann, verweigerten in zahlreichen Fällen die Versorgung solcher Gesellen, die in Maschinenfabriken arbeiteten, insbesondere dann, wenn dort eine besondere Betriebskasse gegründet worden war. In ebenso zahlreichen Fällen mußten sie sich sehr energisch um die Beitragseinzahlungen kümmern.[353] Aus dem aus diesen Streitfällen entstandenen Briefwechsel und den Unterstützungseingaben von Maschinenbauarbeitern ist zu entnehmen, daß diese eben *ausgebildete Handwerksgesellen* waren.[354]

Die zweite Gruppe der Maschinenbauarbeiter war diejenige, deren Angehörige durch ihren Beruf dem Maschinenbau *nicht* nahe standen und die die Kenntnisse ihrer früheren Tätigkeit nicht bei der Arbeit in der Maschinenfabrik verwenden konnten. Dafür kamen wiederum Handwerker in Frage, eben solche von maschinenbaufremden Berufen (z. B. Müller, Weber, Schneider u. a.), dann aber auch Hausindustrielle, hier vor allem Weber und Spinner, letztlich Bauern und Landarbeiter. Sie brachten in der Regel keinerlei brauchbare Vorkenntnisse für den Maschinenbau mit, scheinen aber gegenüber den in der ersten Gruppe genannten Arbeitern in der Minderzahl gewesen zu sein, da sich in den Quellen nur spärliche Hinweise finden. Ihr Vorhandensein wird aber von Zeitgenossen bestätigt, wie z. B. durch einen leitenden Mitarbeiter des Maschinenbauarbeitervereins (ein solcher bestand z. B. in Chemnitz), der die Herkunft der Maschinenbauarbeiter 1847 folgendermaßen beschreibt: „Die Arbeiter auf Maschinenfabriken theilen sich in drei Klassen, und zwar besteht die erste Klasse aus Denen, welche durch ihre Profession auf den Maschinenfabriken unentbehrlich sind

348 STAKMST, Cap. V, II, Nr. 86.
349 SLA. Min. d. Innern, Nr. 1275 a, fol. 45 ff.
350 STAKMST. Cap. IX, Lit. Fb, Nr. 3, fol. 5.
351 Vgl. die vorstehend angeführten Aktenstücke.
352 SLA. a. a. O.
353 Ebenda.
354 Vgl. DZA. Rep. 109 A XXIV f., Nr. 6.

(Schmiede, Schlosser, Zeugschmiede, Drechsler und Tischler); in die zweite Klasse rechne ich alle die, welche keiner solchen Profession angehören, sondern einer anderen, die sich auf die Fabrik begaben, wo sie durch günstige Umstände, durch Emsigkeit und Talent sich eine Geschicklichkeit erwarben, die ihnen eine ehrenwerthe Existenz sichert. Sie nennen sich Maschinenbauer und finden zwischen sich und der ersten Klasse keinen Unterschied, da ihrer Meinung nach, ein Schlosser oder Tischler eben so wenig auf die Fabrik gehört, als ein Müller oder Strumpfwirker. Es gibt in dieser Klasse Leute aus allen Professionen: Müller, Formstecher, Spinner, Drucker, Bäcker, Fleischer, Weber, Strumpfwirker u. a., die sich meistens an der Drehbank befinden, zuweilen am Schraubstock und der Hobelbank, seltner am Feuer." [355] Abgesehen von der größeren Schwierigkeit der Verwendung dieser zweiten Gruppe in den Maschinenfabriken hat ihre Zahl noch der Umstand vermindert, daß zu ihr alle diejenigen kamen, von denen eine Abneigung und Feindschaft gegen die Maschinen aus jener Zeit bekannt ist, wie z. B. die Weber. 1844, dem Jahr, in dem es aus der bekannten Notlage der schlesischen Weber zu Maschinenstürmerei gekommen war, wird von der Einstellung der deutschen Arbeiter berichtet: „Unsere deutschen Arbeiter... stemmen sich mit aller Kraft gegen alle Maschinen, die, wie sie meinen, sie mehr oder weniger überflüssig machen und intriguiren daher offen und versteckt auf alle mögliche Weise gegen die Einführung von allen dergleichen Maschinen." [356] Dieses Urteil ist zwar zu generell; wir wissen jedoch, daß der Hinweis darauf völlig berechtigt ist und sind der Ansicht, daß diese Abneigung auch herangezogen werden kann, um die Minderzahl der aus den dem Maschinenbau ferner stehenden Berufen hervorgehenden Arbeiter zu erklären.

Mit Ausnahme der ausländischen Facharbeiter mußten die Arbeiter zunächst für ihre Arbeit im Maschinenbau qualifiziert werden. Das mag bei der ersten Kategorie leichter und schneller vor sich gegangen sein als bei der zweiten, nötig war sie bei beiden. Diese Qualifizierung wurde durch die ausländischen Facharbeiter dergestalt durchgeführt, wie es oben erwähnt wurde. Sie wurde aber in den meisten Fällen wohl, auch dort, wo ausländische Facharbeiter vorhanden waren, durch den Unternehmer selbst durchgeführt. Das unterstreicht ein erneutes Mal die im vorigen Kapitel dargelegte Notwendigkeit eigener technischer Kenntnisse und Fertigkeiten des Maschinenbauunternehmers. So mußten die Gebrüder Druckenmüller in Koblenz 1834 „stets gleichzeitig mit den Arbeitern wirken, damit die gewöhnlicheren Arbeiten lieferbar dargestellt werden" [357]. Auch Petzold und Centner, Bautzen, leiteten „in practischer Beziehung" alle Geschäfte persönlich.[358] A. Bauer führte noch nach der Arbeitszeit Unterricht durch.[359] Je später die Gründung eines Maschinenbaubetriebes vorgenommen wurde, um so weniger bestand zur eigenen persönlichen Qualifizierungstätigkeit des Unter-

[355] „Deutsche Gewerbezeitung", Jg. 1847, Nr. 45, S. 271. Veröffentlicht in R. Strauss, Beiträge zur Heimatgeschichte von Chemnitz. H. 1, Chemnitz 1952.

[356] Ausführlicher Bericht... A. a. O., S. 80.

[357] DZA. Rep. 120 D XIV 1, Nr. 21, Vol. I.

[358] SLA. Min. d. Innern, Nr. 5894, fol. 5.

[359] Matschoss, C., Männer der Technik. A. a. O., S. 13.

nehmers Veranlassung, weil die bereits bestehenden Betriebe schon einen Stamm von Maschinenbauarbeitern ausgebildet hatten. Die weitere Qualifizierung ging dann in die Hände entsprechender, nun auch deutscher, Angestellter (Meister und dgl.) über. Der Unternehmer wurde mehr und mehr, wie in anderen Industriezweigen, zu einem richtigen kapitalistischen Unternehmer; denn die kapitalistische Produktion beginnt eigentlich erst, wenn das Kapital die Minimalgröße hat, daß der Kapitalist nicht mehr selbst mitzuarbeiten braucht.[360] Die Ausbildung der zusätzlich notwendigen Facharbeiter und des Nachwuchses überlassen die Maschinenfabriken sonst jedoch nach wie vor dem Handwerk, was aus der Tatsache hervorgeht, daß wir keine Lehrlinge in Maschinenfabriken finden.

Die Herkunft der meisten Maschinenbauarbeiter aus dem Handwerk übertrug natürlich eine Reihe handwerklicher Traditionen und Gepflogenheiten auf die Maschinenfabriken, was noch begünstigt wurde durch die Kleinheit vieler Betriebe und deren handwerklichen Charakter. Dadurch, daß der Unternehmer oft selbst mitarbeitete und den Arbeitern noch Kenntnisse vermittelte, entwickelte sich daraus in solchen Betrieben nicht selten eine Art patriarchalischen Verhältnisses, ähnlich dem zwischen Meister und Gesellen in einer kleinen Handwerksstatt. Als Chr. Dingler 1827 den Bau von Maschinen aufnahm, beschäftigte er 10 Arbeiter, die wie mittelalterliche Handwerksgesellen bei ihm im Hause Kost und Wohnung hatten.[361] Aber auch die Einstellung des Handwerks brachten die Arbeiter mit, und es hat längerer Zeit bedurft, sie an die kontinuierliche Arbeit in der arbeitsteilig aufgebauten Fabrik zu gewöhnen. Es kam vor, daß aus Anlaß eines besonderen Vorkommnisses die Arbeiter einfach wegblieben.[362] Insbesondere waren die Unternehmer bestrebt, den Arbeitern die Wanderlust zu nehmen und sie zu hindern, nach der Qualifizierung wegzugehen.[363]

Aus all diesen Fragen der Herkunft, Zusammensetzung und Qualifikation der Maschinenbauarbeiter ergaben sich auch zu anderen Arbeitern Unterschiede in ihrer Lage. Diese wollen wir jetzt beleuchten. Zwar sind die hierzu vorhandenen Quellen spärlich, sie sind jedoch trotzdem geeignet, einigen Aufschluß darüber zu geben. Zunächst sollen die Löhne für Maschinenbauarbeiter betrachtet werden. Hier müssen wir sofort die Qualifikation der betreffenden Arbeiter berücksichtigen. Die Mehrzahl der Arbeiter mußte, wie wir oben gesehen haben, bei der Entstehung des Maschinenbaues erst in diesem Berufe ausgebildet werden. Je unqualifizierter sie für die Maschinenbauarbeit waren, um so niedriger waren folglich ihre Löhne. 1849 bezeichnete der Maschinenbauarbeiter Leopold das Existenzminimum eines Maschinenbauarbeiters mit wöchentlich drei Talern; der Verdienst sei aber „höchst selten über 3 Taler“ [364]. Auch in der

[360] Vgl. MARX, K., Das Kapital. Bd. I, a. a. O., S. 347.

[361] 1815—1915. Hundert Jahre technische Erfindungen und Schöpfungen in Bayern. A. a. O., S. 123.

[362] Dobbs & Poensgen wurden 1838 z. B. durch ein Pferderennen sämtliche Arbeiter abgezogen. Man mußte an diesem Tage die Fabrik schließen. Vgl. DZA. Rep. 120 D I 1, Nr. 11, Vol. II, fol. 276.

[363] Hiergegen richten sich besonders Haubolds „Hausgesetze“. Vgl. Sächsische Lebensbilder. A. a. O., S. 162.

[364] STRAUSS, R., a. a. O., S. 45 f.

auf S. 79 zitierten zeitgenössischen Herkunftsschilderung wurde eine letzte Gruppe, die unqualifizierteste, angeführt und als die ärmste bezeichnet.[365]
War aber ihre Qualifikation hoch, so erhielten die Maschinenbauarbeiter höhere Löhne, vor allem in der beginnenden Entstehungsperiode, als Facharbeiter für den Maschinenbau sehr knapp waren. Mohl klagte z. B. darüber, daß der Maschinenbauarbeiter „den Uebermuth hat, die Zeiten großer Nachfrage nach Maschinen dazu zu benützen, vier Tage in der Woche gar nicht zu arbeiten, weil er in den übrigen drei Tagen so viel verdient, und dem Maschinen-Fabrikanten durch die Schwierigkeit, Arbeiter im mechanischen Fache zu erhalten, so unentbehrlich ist, daß er sich erlauben darf, spaziren zu gehen, während sein Fabrikherr Strafe zahlt.“ [366] Dieser Zustand änderte sich durch die mit dem wachsenden Maschinenbau zunehmende Zahl der Maschinenbauarbeiter. 1847 hieß es schon: „Der höchste Wochenlohn steigt nie über 4 Taler, der geringste beträgt 2 Taler 7½ Ngr.“ Bei Akkordarbeitern steige er bisweilen bis zu 6 Talern.[367] In der gleichen Quelle wird für eine Fabrik für drei Jahre der Durchschnittslohn angegeben, der etwa der anderen Angabe entspricht: „In einer unserer bedeutendern Maschinenbauanstalten, welche in den letzten 7 Jahren 210 bis 400 Arbeiter beschäftigte, von denen durchschnittlich zwei Drittel in Akkordarbeit, ein Drittel in Lohnarbeit standen“, betrug der mittlere Wochenlohn für Akkordarbeiter 1846/48 „4 Thaler 22 Ngr. 5 Pf.“, der des Lohnarbeiters zwischen „2 Thalern 16—22 Ngr.“ [368] Obgleich diese Löhne für sich kaum einen Aussagewert besitzen, so geht doch aus ihnen hervor, wenn wir sie mit dem angegebenen Existenzminimum vergleichen und dasselbe als richtig ansehen, daß die Löhne der Maschinenbauarbeiter um das Existenzminimum schwankten und eher darüber als darunter gelegen haben. Die Löhne erhalten aber dann eine größere Aussagekraft, wenn wir sie mit anderen Löhnen der gleichen Zeit vergleichen. Lohnangaben aus jener Zeit sind aber sehr spärlich vorhanden. Eine Reihe solcher Lohnangaben findet sich bei Kuczynski, der sie uns in Markbeträgen angibt.[369] Um vergleichen zu können, rechnen wir die oben angegebenen Durchschnittslöhne für 1846/48 in Mark um. Danach ergibt sich für Akkordarbeiter ein durchschnittlicher Wochenlohn von 14,25 Mark (pro Tag 2,375 Mark), für die übrigen Arbeiter einer von 7,90 Mark (pro Tag 1,315 Mark).[370] Kuczynski gibt für folgende Arbeitergruppen im Durchschnitt der Jahre 1840/49 folgende Löhne an:[371]

Bauarbeiter	1,29 — 1,31	Textilarbeiter	1,13 — 1,29
Holzarbeiter	1,20 — 1,77	Metallarbeiter	1,14 — 1,23

(Inwieweit in der Maschinenindustrie Beschäftigte berücksichtigt sind, ist nicht zu erkennen.) Bei den Angaben handelt es sich jeweils um die niedrigste und die höchste.

[365] „Deutsche Gewerbezeitung“, Jg. 1847, Nr. 45, S. 271.
[366] Mohl, M., a. a. O., S. 232.
[367] „Deutsche Gewerbezeitung“, Jg. 1847, Nr. 45, S. 272.
[368] „Deutsche Gewerbezeitung“, Jg. 1849, Nr. 60, S. 362.
[369] Vgl. Kuczynski, J., Die Geschichte der Lage der Arbeiter ... A. a. O., S. 298 ff.
[370] Ein Reichstaler = 30 Ngr. à 10 Pf. Hierauf beruht die Umrechnung.
[371] Kuczynski, J., ebenda.

Diese Angaben sind sämtlich aus Württemberg; man muß bei ihnen zugrunde legen, daß Württemberg noch verhältnismäßig wenig industrialisiert war, die Löhne gegenüber ausgesprochenen Industriegebieten demnach etwas niedriger lagen, und ferner, daß es sich um einen Durchschnitt von 10 Jahren handelt.[372] Beim Vergleich dieser Angaben mit den unsrigen erkennen wir, daß sich der Durchschnittslohn der im Zeitlohn arbeitenden Maschinenbauarbeiter unter den Höchstangaben einreihen ließe. Selbst bei Berücksichtigung des vorstehend Gesagten würde er denen gleich sein, während der Durchschnittslohn der Akkordarbeiter zum Teil wesentlich über den gebotenen Angaben liegt. Wenn auch dieser Vergleich an Exaktheit manches zu wünschen übrig läßt, was in Anbetracht der Quellenlage nicht zu vermeiden war, und insbesondere bemerkt werden muß, daß die Löhne kaum für die ganze Maschinenbauindustrie Gültigkeit gehabt haben dürften, so erlauben sie doch die Feststellung, daß die Maschinenbauarbeiter nicht zu den schlechtest bezahlten Arbeitern gehörten. Sie verfügten vielmehr oft über einen höheren Verdienst als ihre Klassenbrüder in anderen Berufen. Das müssen wir wissen, wenn wir bei der Anzahl von 28 Streiks von 1820 bis 1848 Streiks der Maschinenbauarbeiter vermissen.[373] Auch die teilweise Inaktivität im Jahre 1848 läßt sich darauf zurückführen.[374] So wird im April 1848 z. B. von den Arbeitern der Hartmannschen Fabrik in Chemnitz durch das Ministerium des Innern bemerkt, sie hätten eine „musterhafte Haltung" gezeigt und würden „in keinem Etablissement so hohe Löhne verdienen".[375]

Keinerlei Unterschiede sind dagegen in anderen, die Lage der Arbeiter bestimmenden Tatsachen zu finden. Das trifft besonders für die Arbeitsbedingungen zu. Wir sind jedoch nicht in der Lage, die Entwicklung der Arbeitsbedingungen im Maschinenbau zu schildern, sondern müssen uns allein auf die Angaben aus den vierziger Jahren beschränken. Die Arbeitszeit im Maschinenbau betrug zu dieser Zeit wie in anderen Industriezweigen in der Regel 12 bis 14 Stunden täglich. So wird von Waldrich, Siegen, berichtet, daß von fünf bis neunzehn Uhr gearbeitet wurde.[376] Bei Egestorff galt dieselbe Arbeitszeit, nur im Winter, wahrscheinlich unter Berücksichtigung der Beleuchtungsverhältnisse, dauerte sie von 6 bis 18 Uhr.[377] Von Chemnitz wird 1847 berichtet, daß die tägliche Arbeitszeit 12 Stunden betrage, außer Sonnabend und Montag; an jenem Tage endete sie bereits um 17 Uhr, während sie an diesem erst um 7 Uhr begann.[378] In der Seehandlungs-Maschinenbauanstalt in Berlin ging die Arbeitszeit von 6 bis 19 Uhr.[379] Wir können hier zur Lage der Arbeiter insgesamt keine Unterschiede feststellen.[380]

[372] Deshalb vgl. noch die Angaben bei J. KUCZYNSKI, Die Geschichte der Lage der Arbeiter. A. a. O., S. 89.

[373] Vgl. TODT, E., u. RADANDT, H., Zur Frühgeschichte der deutschen Gewerkschaftsbewegung 1800—1849. Berlin 1950, S. 68 ff. und 200 ff.

[374] 1848 fanden nur 2 Streiks der Maschinenbauarbeiter statt (in Berlin, vermutlich Egells, und Magdeburg-Buckau). Vgl. ebenda.

[375] SLA. Min. d. Innern, Nr. 5946, fol. 119.

[376] KRUSE, H., u. WALLE, R., a. a. O., S. 46.

[377] DÄBRITZ, W., u. METZELTIN, E., a. a. O., S. 16.

[378] „Deutsche Gewerbezeitung", Jg. 1847, Nr. 90, S. 539.

[379] DZA. Rep. 109 A XXIV f., Nr. 6, Vol. I, fol. 10.

[380] Vgl. KUCZYNSKI, J., Die Geschichte der Lage der Arbeiter . . . A. a. O., S. 93 ff.

Mit der Zunahme der Arbeiterzahl und des Überganges der Qualifizierungsfunktion auf bereits qualifizierte bezahlte Angestellte verschwand auch das „patriarchalische" Verhältnis zwischen den Maschinenbauunternehmern und ihren Arbeitern. Während es sich in den kleineren Betrieben noch länger erhielt, trat in den größeren an diese Stelle, wie ebenfalls in anderen Industriezweigen, die Fabrikordnung. Sie war im Maschinenbau nicht minder scharf und niederdrückend als in anderen Zweigen, und mit ihrer Hilfe wurde durch die Unternehmer die Fabrikdisziplin durchgesetzt. Hohe Strafen in Gestalt von Lohnabzügen erwirkten dies. Die Fabrikordnung für die Maschinenbauanstalt der königlichen Seehandlung in Berlin-Moabit soll uns hier als Beispiel dienen.[381]

Nachdem wir die Herkunft, die Lage und die Besonderheiten der Maschinenbauarbeiter betrachtet haben, interessiert natürlich noch die Frage, ob es in jener Zeit überhaupt so viele Maschinenbauarbeiter gegeben hat, daß diese Dinge bei einer Analyse der Lage der Arbeiterklasse jener Jahre ins Gewicht fallen könnten. Die Zahl der Maschinenbauarbeiter war sowohl absolut als auch relativ noch sehr klein. Die geringe Anzahl der Maschinenbauarbeiter zeigt, daß die vorhandenen Betriebe noch mit wesentlich weniger Arbeitern besetzt waren, als wir es vielleicht erwarten. Wenn wir zu den obigen Angaben über vorhandene Betriebe[382] die entsprechenden Arbeiterzahlen jetzt hinzusetzen, so wird das deutlich. Nach der Gewerbetabelle von 1846 waren in Maschinenbauanstalten beschäftigt in[383]

Preußen	131	Fabriken	7644	Arbeiter	58,3 ⌀	pro Fabrik
Anhalt-Bernburg	2	„	48	„	24,0 ⌀	„
Bayern	17	„	1020	„	60,0 ⌀	„
Baden	14	„	1091	„	77,9 ⌀	„
Ghztm. Hessen	14	„	246	„	17,5 ⌀	„
Kurhessen	4	„	212	„	53,0 ⌀	„
Nassau-Frankfurt	1	„	45	„	45,0 ⌀	„
Sachsen	232	„	2250	„	9,6 ⌀	„
auf dem Lande					2,5 ⌀	„
in der Stadt					22,5 ⌀	„

Obwohl uns diese Aufstellung die geringe Zahl der Maschinenbauarbeiter bereits deutlich macht, wenn man bedenkt, daß die durchschnittliche Betriebsgröße etwa 50 Arbeiter betrug, so wird das noch deutlicher, wenn wir eben diese Arbeiterzahlen mit denen vergleichen, die im gleichen Jahre in Preußen in anderen Industriezweigen beschäftigt wurden (gleichfalls nach der Fabriktabelle von 1846 aufgestellt).

Es wurden beschäftigt ausschließlich der Maschinenbauarbeiter in[384]

Mechanischer Spinnerei aller Art	26 478	Arbeiter
Fabrikation, Appretur, Färberei, Druckerei der verschiedenen Gewebe	214 070	„
Mühlen aller Art	57 885	„

381 Vgl. den Wortlaut im Anhang, S. 112 ff.

382 Siehe S. 55.

383 Gewerbetabelle der Fabrikationsanstalten ... A. a. O. (Die Berechnung des Durchschnitts pro Fabrik von mir. A. S.)

384 Vgl. v. Reden, F. W., a. a. O., Bd. 1, S. 279.

Fabriken in Metall und überhaupt dem Bergbau angehörige oder verwandte Unternehmungen	86 224[385]	Arbeiter
Brauereien, Brennereien	30 327	„
Andere Fabriken	58 714	„

Die Maschinenbauarbeiter waren also vor 1850 in Deutschland noch eine kleine Gruppe innerhalb des sich bildenden Proletariats. Sie waren jedoch wiederum so zahlreich und durch die Stellung ihres Produktionszweiges so bedeutend, daß sie bei einer Behandlung der Arbeiterklasse in jener Zeit Berücksichtigung verdienen.
Auf die einzelnen Maschinenbaubetriebe verteilt war diese Maschinenbauarbeiterschaft sehr zerstreut. Auch das kann als Grund für die wenigen revolutionären Aktionen gelten. Die schon angeführten Streiks fanden z. B. in Fabriken statt, die für die damalige Zeit zu Großbetrieben gerechnet werden müssen. Wie wir schon in der vorletzten Aufstellung nachwiesen, betrug die durchschnittliche betriebliche Arbeiterzahl etwa 50. Es muß jedoch angenommen werden, daß in Wirklichkeit die meisten Maschinenbaubetriebe noch darunter lagen; wir meinen, daß die durchschnittliche Besetzung der Maschinenbaubetriebe mit Arbeitern vor 1850 zwischen 11 und 50 Arbeitern pro Betrieb zu suchen ist. Diese Berechnung beruht auf Angaben aus den vierziger Jahren, für die frühere Zeit dürfte die Zahl niedriger, jedoch kaum unter 10 gesunken sein. Wir haben diesen Berechnungen zugrunde gelegt erstens die Angaben, die wir selbst über die Betriebsgröße einzelner von uns untersuchter Betriebe erhalten haben, und zweitens die durchschnittliche Betriebsgröße, die wir errechnet haben nach den territorial aufgegliederten Angaben der Gewerbetabelle. Bei unseren eigenen Untersuchungen haben wir 15 Angaben über Beschäftigtenzahlen aus den dreißiger Jahren und 38 Angaben derselben Art aus den vierziger Jahren erhalten können. Diese geben folgendes Bild:

1. Fünfzehn Betriebe aus den dreißiger Jahren

Bis 10 Arbeiter	2
11 bis 50 Arbeiter	6
51 bis 100 Arbeiter	3
über 100 Arbeiter	4

2. Achtunddreißig Betriebe aus den vierziger Jahren

Bis 10 Arbeiter	5
11 bis 50 Arbeiter	14
51 bis 100 Arbeiter	5
über 100 Arbeiter	14

Etwas sehr zahlreich sind in der letzten Tabelle die Betriebe mit mehr als 100 Arbeitern vertreten. Das hat seine Ursache darin, daß über die großen Betriebe jener Zeit, die bekannter als die kleinen sind, mehr Angaben als zu diesen zu finden waren. Deshalb haben wir die Angaben der Gewerbetabelle von 1846, worin die in den einzelnen

[385] Diese Zahl ist nicht von v. Reden. Dieser gibt dafür 93 868 an, von welcher Zahl ich die vorseitig angegebenen 7644 Maschinenbauarbeiter abgezogen habe.

Ländern vorhandenen Maschinenfabriken samt deren Arbeiterzahlen auf die Regierungsbezirke aufgeschlüsselt ausgewiesen werden, so verwendet, daß wir die zweiten durch die ersten dividiert haben und damit eine durchschnittliche Betriebsgröße pro Regierungsbezirk erhielten. Von den 22 Regierungsbezirken Preußens, in denen Maschinenfabriken angegeben waren, ergab sich eine mittlere Betriebsgröße von [386]

bis 10 Arbeiter	in 3 Fällen
11 bis 50 Arbeiter	in 12 „
51 bis 100 Arbeiter	in 4 „
über 100 Arbeiter	in 3 „

Mit diesen Berechnungen erscheint uns die von uns angenommene durchschnittliche Betriebsgröße als hinreichend begründet.

3. Die Maschinenbau-Fabrik

Wenden wir uns nun der Maschinenfabrik selbst zu und betrachten erstens die Fabrikgebäude und zweitens die Ausrüstung der Betriebe.

Bei dem Problem der Lokalitäten müssen wir nach den Kategorien vorgehen, die wir der Art der Enstehung des Maschinenbaues nach gebildet haben. Bei dem handwerklichen Maschinenbau ist als sicher anzunehmen, daß die gleiche Werkstätte, die dem Handwerk diente, nun auch den Bedürfnissen des Maschinenbaues diente, bis der Erwerb oder der Bau eines neuen Grundstückes vorgenommen werden konnte. Solche Gründungen werden demnach gewöhnlich auf Wohngrundstücken vor sich gegangen sein. Beim Entstehen aus einem bereits bestehenden Fabrikunternehmen eines anderen Industriezweiges wird dem Maschinenbau auf dem betreffenden Fabrikgrundstück zunächst ein entsprechendes Gebäude eingeräumt worden sein. Insofern gibt es für diese Art nichts Bemerkenswertes.

Anders dagegen ist es schon bei den Maschinenbaubetrieben, die zu diesem Zwecke von vornherein gegründet worden sind, bzw. bei den handwerklichen zu dem Zeitpunkt, als ihre Produktion über den engen Rahmen hinaus zu wachsen schien. Diese Frage zu klären, ist insbesondere für die Anfangszeit interessant. Nachdem die Keime vorhanden waren, pflegte man die Gründung von Maschinenfabriken nur noch in eigens dafür geeigneten Lokalitäten vorzunehmen, bzw. es wurde von vornherein ein entsprechendes Gebäude errichtet. G. Egestorff, der durchaus in der Lage gewesen wäre, in seinen Fabrikbesitzungen den Maschinenbaubetrieb einzurichten, baute dennoch eine neue Fabrik.[387] Petzold, der gleichfalls schon ein Hammerwerk besaß, baute ebenfalls an einem „wüsten Platz“ einen neuen Betrieb.[388] Auch Borsig baute sich seine Gebäude.[389] Hartmann dagegen bezog die Werkstatt des Maschinenbauers Schubert [390], A. Götze

[386] Die Originalangaben zu den Berechnungen finden sich im Anhang. Vgl. S. 124.
[387] Däbritz, W., u. Metzeltin, E., a. a. O., S. 10.
[388] SLA. Min. d. Innern, Nr. 5894, fol. 5 ff.
[389] Netz, H., a. a. O., S. 50.
[390] Sächsische Maschinenfabrik ... A. a. O., S. 5.

siedelte in die Fabrik von Pfaff über, als dieser neue Räumlichkeiten bezog.[391] Diese Gründungen wurden alle nach 1835 vorgenommen, d. h. also zu einer Zeit, als auch in bezug auf das Gebäudeproblem hinreichende Erfahrungen in Deutschland gesammelt worden waren.

Ganz anders sah das vordem aus. Zu jener Zeit wurden die Maschinenbauunternehmen zumeist in vorhandenen Gebäuden eingerichtet, und da solche, die bereits dem Maschinenbau gedient hatten, nicht existierten, wurden andere ihrer Größe nach ausreichende Komplexe herangezogen. Am nächstliegenden waren Fabrikgebäude anderer Industriezweige, z. B. der Textilindustrie. So finden wir die Haubold'sche Maschinenbauanstalt [392] ebenso in einer Spinnerei eingerichtet wie die von Klett [393], während Haag eine ehemalige Kattunfabrik bezog.[394] Aber solche Gebäude dürften kaum in notwendiger Anzahl frei gewesen sein. Deshalb wurden auch andere größere Räumlichkeiten aufgesucht, vor allem alte Bauten, wie Burgen, Klöster usw. Nicht immer waren diese Lokalitäten bestens geeignet, sondern ihre geographische Lage (von den Siedlungen abgelegen, auf Bergen, schlechte Zufahrtsmöglichkeiten) oder der Mangel an Wasser (als Antriebsmöglichkeit) waren für die Unternehmen ungünstig.[395] In solchen Räumlichkeiten entstanden die Unternehmen von Harkort (auf der Burg zu Wetter) [396], von Piepenstock (auf der Burg der Grafen von der Mark) [397], von Nathusius (Hundisberger Schloß) [398], von König (Kloster Oberzell) [399] oder von Uhlhorn (gleichfalls in einem Kloster) [400]. Diese Gründungen stammen sämtlich aus der Zeit vor 1820. Manche solcherart gegründete Unternehmen erlebten mehrere Verlegungen.

In der Regel war die flächenmäßige Ausdehnung der Maschinenfabriken nicht sehr groß. Der Betrieb Borsigs umfaßte 1848 120000 preußische Quadratfuß Fläche.[401] Er dürfte zur damaligen Zeit wohl der größte Maschinenbaubetrieb Deutschlands gewesen sein. Die meisten Unternehmen erreichten eine solche Ausdehnung in der damaligen Zeit nicht; ihre bei der Gründung eingenommene Fläche vergrößerte sich nur wenig. Leider sind uns nur sehr wenige Angaben bekannt, aus denen auf die flächenmäßige Größe des Betriebes geschlossen werden kann. Es seien deshalb noch zwei uns bekannte Beispiele angeführt. J. Meyer, Hildburghausen, schloß seinem Walzwerk eine Maschinenfabrik an, die eine Fläche von 70×450 preuß. Fuß umfaßte.[402] Der Betrieb von A. Zimmermann

[391] ZÖLLNER, W., a. a. O., S. 11.

[392] Deutschlands Jubiläumsfirmen. Handelskammerbezirk Chemnitz. Leipzig 1926, S. 33.

[393] MATSCHOSS, C., Männer der Technik. A. a. O., S. 139.

[394] GRASSMANN, J., a. a. O., S. 112.

[395] Vgl. als Beispiel die Gründung von F. Harkort. MATSCHOSS, C., Ein Jahrhundert . . . A. a. O., S. 10.

[396] Ebenda.

[397] MATSCHOSS, C., Männer der Technik. A. a. O., S. 204.

[398] DZA. Rep. 120 D XIV 1, Nr. 10.

[399] ADB, Bd. 16, S. 501.

[400] Rheinisch-Westfälische Wirtschaftsbiographien. Bd. 1, a. a. O., S. 177 ff.

[401] „Deutsche Gewerbezeitung“, Jg. 1848, Nr. 19, S. 116. Die Größe entspricht etwa der von 1,33 ha. Der Einfachheit halber wurden pro qm 9 preuß. Quadratfuß gerechnet.

[402] „Deutsche Gewerbezeitung“, Jg. 1847, Nr. 91, Beilage S. 2. Das sind 31 500 Quadratfuß oder etwa 3500 qm.

dagegen umfaßte nur eine Fläche von 202×39 preuß. Fuß.[403] Wie den zuletzt angeführten, glauben wir, muß man sich die Mehrzahl der Maschinenbaubetriebe vor 1850 in Anlage und Ausdehnung vorstellen. Diese Annahme wird bestärkt durch die Skizze, die uns von dem Grundstück des A. Zimmermann vorliegt und die dessen Aufteilung erkennen läßt.[404] Daraus sehen wir auch, daß es sich um ein gewöhnliches städtisches Straßengrundstück von der Art handelt, wie es noch heute in vielen Kleinstädten zu finden ist. Solche Grundstücke mögen den zahlreichen handwerklichen Unternehmungen als Grundlage gedient haben. Mit dem Wachsen eines Betriebes reichten diese Grundstücke jedoch nicht mehr aus, doch dürfte dieser Zeitpunkt für die meisten derartigen Betriebe erst nach der Jahrhundertmitte eingetreten sein.

Auf dem Grundstück einer Maschinenbaufabrik mußten in der Regel mindestens vorhanden sein: eine Werkstatt, eine Schmiede und ein Lager. Je kleiner der Betrieb war, um so mehr dürfte räumlich vereint gewesen sein. Je größer der Betrieb wurde, um so größer wurde die Arbeitsteilung, die sich letztlich auch in einer räumlichen Trennung der einzelnen Produktionsabschnitte oder Produktionsarten ausdrückte. Von einem Gebäude der Sächsischen Maschinenbau-Compagnie liegt uns von 1838 folgende Beschreibung vor:

„Das Haupt- oder alte Fabrik- sonst Spinnereigebäude ... ist 63 Fuß l. 23$^3/_4$ Fuß tief und dreistöckig. Parterre ist Hausflur und 1. großer Saal zur Eisendreherei. Im 2ten Stockwerke sind: Vorplatz, 1. Comptoir, 1. Piece, 1. Arbeitsstube und 1. Saal zur Eisendreherei, sowie zum Aufstellen fertiger Maschinen; Treppen, steinern. Im 3ten Stockwerke 1. Schlafstube, 1. Comptoir, 1. Saal zur Eisendreherei und Aufstellen fertiger Maschinen und 1. Vorplatz. ... Sämtliche Gebäude sind mittelmäßig ausgebaut. ... Das Dach ist mit Schiefer gedeckt; im Dachraum sind 3. übereinander befindliche gespründete Böden, der untere enthält 1. heizbaren Saal, zum Aufstellen der Maschinen benutzt, mit Vorboden, der mittlere desgleichen, der 3te oder der oberste ist frei und unbenutzbar.“ [405]

Der Betrieb war zu der angegebenen Zeit der größte in Sachsen, und die Beschreibung spiegelt die räumliche Aufteilung bereits wider. Das wird bestärkt, wenn wir weiter damit bekannt werden, daß zum Unternehmen außer diesem „Hauptgebäude“ ferner gehörten: Wohnhaus, Eisengießerei, Zylindergießerei, großes Fabrikgebäude, Schmiedewerkstatt, Gangmagazin, Krempelwerkstatt, Schuppen für Eisen und Holz.[406]

Eine besondere Behandlung bei der Gliederung eines Maschinenbaubetriebes jener Zeit verlangt die Gießerei. Von sehr vielen Betrieben ist uns bekannt, daß sie zu einem bestimmten Zeitpunkt eine eigene Gießerei anlegten. Das ist erklärlich, wurden doch die meisten Teile für die Maschinen, die heute gedreht oder gefräst, spanabhebend verformt werden, damals gegossen und erhielten bestenfalls eine Nachbearbeitung mit der Hand.

[403] DZA. Rep. 120 D XIV 1, Nr. 10, Vol. I, fol. 198 f. Das sind 7878 Quadratfuß oder etwa 875 qm.

[404] Die Skizze ist dem Anhang in vergrößerter Form nachgezeichnet beigegeben worden. Vgl. Anhang S. 49.

[405] STAMKST. Cap. VIII, II, Nr. 10.

[406] Ebenda.

Das geschah, weil die komplizierten spanabhebenden Maschinen, insbesondere Fräsmaschinen, noch nicht bekannt waren. Fräsmaschinen gab es vor 1850, mit Ausnahme der auch in England erst in den zwanziger Jahren gebauten Scheibenfräser, überhaupt nicht.[407] Zahnräder wurden folglich gegossen, so daß man noch 1847 der Ansicht war, daß hölzerne Zahnräder immer im Gebrauch bleiben würden.[408] Wenn solch kleine Maschinenteile gegossen werden mußten, kann man erkennen, wie wichtig die Anlage einer eigenen Gießerei für den Maschinenbauunternehmer gewesen ist. Neben Zahnrädern und dergleichen kleineren Maschinenteilen wurden auch große Teile, wie Schwungräder von mehr als 5 m Durchmesser, gegossen. Zu letzteren wird von Waldrich berichtet: „Diese Schwungräder konnten mechanisch überhaupt nicht bearbeitet werden, da keine Maschinen zur Verfügung standen. Die gußeisernen Naben wurden mit einem Sechskantloch und den Armen in einem Stück gegossen. Die Arme hatten meist Kreuz- oder Ovalquerschnitt. Der Schwungradkranz bestand aus drei Teilen, die mit Laschen und Bolzen zusammengezogen wurden. Die einzige Bearbeitung des Kranzes geschah an den Stoßstellen, alles andere wurde roh gelassen.“ [409] So ist es also verständlich, daß eine Gießerei zum unentbehrlichen Bestandteil einer Maschinenfabrik zählen mußte.

Trotzdem vermissen wir bei den ersten Maschinenbaubetrieben das Vorhandensein einer eigenen Gießerei. F. Dinnendahl ließ alle seine Maschinenteile in der Gutehoffnungshütte gießen.[410] F. Egells erhielt erst durch die Liierung mit Woderb 1826 eine eigene Gießerei.[411] Beim Fehlen einer eigenen Gießerei mußten die Maschinenbaubetriebe die benötigten Gußeisenteile in einer Eisenhütte gießen lassen. Die Gründe für die seltenen selbständigen Gießereien sind in der geringen technischen Vervollkommnung des Gießprozesses zu suchen. Zu Beginn des 19. Jh. wurde nämlich das Eisen meist gleich aus dem Hochofen gegossen, und deshalb gab es auch nur wenige selbständige Gießereien, die Eisen bezogen und es in besonderen Schmelzöfen schmolzen.[412] Erst mit der Einführung der Kupolöfen wurde es möglich, den Gießprozeß von der Hütte zu trennen.[413] Erst damit wurde es den Maschinenbaubetrieben möglich, eigene Gießereien nur für den eigenen Bedarf einzurichten. Das aber dürfen wir in Deutschland nicht vor den dreißiger Jahren suchen.[414] Der Mangel an eigenen Gießereien und die geringe Möglichkeit, sie einzurichten, bestimmten gleichfalls in gewissem Maße das langsame Emporkommen des Maschinenbaues im ersten Viertel des Jahrhunderts und hatten darüber hinaus Einfluß auf die Wahl des Standortes der frühen Betriebe.

Etwas anders wird es in dieser Hinsicht in den dreißiger und vierziger Jahren, zumindest wenn es sich um industrielle Gründungen handelt. Borsig z. B. baute überhaupt als erstes die Gießerei [415]; er konnte nach den Erfahrungen, die er in anderen Betrieben

[407] Beiträge zur Geschichte der Technik ... A. a. O., Nr. 4, S. 252.
[408] Ebenda, S. 245 ff.
[409] KRUSE, H., u. WALLE, R., a. a. O., S. 47.
[410] Rheinisch-Westfälische Wirtschaftsbiographien, a. a. O., S. 369.
[411] Das Fabrikwesen Berlins in den Jahren 1805—1861. S. 17.
[412] Beiträge zur Geschichte der Technik ... A. a. O., Nr. 2, S. 92 ff.
[413] Ebenda, S. 93.
[414] Vgl. ebenda, S. 102.
[415] NETZ, H., a. a. O., S. 51.

gesammelt hatte, den Wert der Gießerei anscheinend besonders hoch einschätzen. Solche Betriebe mit eigenen Gießereien haben auch fremde Gießaufträge ausgeführt; der Firmenname „Eisengießerei und Maschinenfabrik", oft seit jenen Jahren verwendet, deutet darauf hin.

Wenn auch der eben behandelte Komplex über die Gießereien bereits zur Frage der Betriebsausrüstung gerechnet werden kann, so wenden wir uns jetzt dieser Frage im besonderen zu. Bei der Behandlung des Problems der Entstehung der Maschinenbauindustrie hatten wir darauf hingewiesen, daß erst die Anwendung eines Maschinensystems eine Werkstatt zur Fabrik macht. Wir hatten gesagt, daß auch die Manufaktur bereits mit einer Reihe Maschinen gearbeitet hat und daß allem Anschein nach somit die gesamte Maschinenbauindustrie das Stadium der Manufaktur durchgemacht hat.[416] Wie sieht es nun mit der Besetzung der Maschinenbauindustrie selbst mit Werkzeugmaschinen für den Produktionsprozeß der Maschinenherstellung aus?

Damit wir uns keine falschen Vorstellungen machen, sei zunächst festgehalten, daß die damals bekannte Maschinerie für Metallbearbeitung sich im wesentlichen auf Drehbänke, Hobel- und Bohrmaschinen beschränkte. Bei den Drehbänken wurde zunächst lediglich das Werkstück in rotierende Bewegung versetzt, der Drehstahl jedoch mußte mit der Hand geführt werden. Weiter sei darauf hingewiesen, daß noch 1838 Drehbänke von 18 und mehr preußischen Fuß Länge[417] in Deutschland nicht hergestellt wurden.[418] Vor 1833 gab es überhaupt noch keine Drehbänke mit Support.[419,420] Je nach der Größe des Betriebes besaßen diese einzelne oder zahlreiche derartige Maschinen. Bei der Gründung wurden gewöhnlich wenige Maschinen eingesetzt. Das hatte zweierlei Ursachen.

Erstens: Im Maschinenbau benötigte Werkzeugmaschinen waren in Deutschland in der ersten Hälfte des 19. Jh. käuflich nicht zu erwerben. Bei dieser Behauptung sehen wir von einzelnen Anfängen ab, wie z. B. A. Hamann, der fast ausschließlich Drehbänke herstellte[421], für deren Absatz jedoch durch den preußischen Staat gesorgt war.[422] Als sich J. Zimmermann in Chemnitz Ende der vierziger Jahre dem ausschließlichen Bau von Metallbearbeitungsmaschinen zuwenden wollte, hielt man das für ein nutzloses Unterfangen und prophezeite seinen Untergang.[423] Es blieben nur zwei Möglichkeiten, nämlich entweder die Maschinen aus dem Ausland zu beziehen oder sie selbst zu bauen. In der Regel wurde der zweite Weg, der des eigenen Baues, gewählt. An dieser Praxis „hielten manche Werke noch in der 2. Hälfte des 19. Jahrhunderts fest" [424]. Durch diese Art der Beschaffung der notwendigen maschinellen Ausrüstung

[416] Vgl. S. 51.
[417] Das sind 5,649 m.
[418] DZA. Rep. 120 D XIV 1, Nr. 10.
[419] Beiträge zur Geschichte der Technik ... Bd. 12, a. a. O., S. 43.
[420] Für Interessenten an der Geschichte für Werkzeugmaschinen für Metall- und Holzbearbeitung sei verwiesen auf B. BUXBAUM, Der deutsche Werkzeugmaschinen- und Werkzeugbau im 19. Jh. In: Beiträge zur Geschichte der Technik ... A. a. O., Nr. 9, S. 97 ff.
[421] Das Fabrikwesen Berlins ... S. 29.
[422] In den Akten des DZA finden sich im Rep. 120 D XIV 1, zahlreiche Beispiele.
[423] ZÖLLNER, W., a. a. O., S. 154.
[424] Beiträge zur Geschichte der Technik ... A. a. O., Nr. 4, S. 307.

waren zahlreiche Betriebe in der Anfangszeit ihres Bestehens mit reichlich Arbeit für den eigenen Bedarf versehen. In der Werkstatt von A. Wever wurden 1839 alle eigenen Maschinen selbst konstruiert und gebaut.[425] Als sich bei Petzold die ersten Bestellungen einfanden, bauten sie gerade eine Hobelmaschine und zwei Bohrmaschinen für den eigenen Betrieb.[426] Von J. Uthe, Dresden, wird gesagt, er habe deshalb noch nichts verkaufen können, weil er „zeither lediglich und allein mit Einrichtung der Fabrick, Anfertigung der nöthigen Geräthschaften" usw. beschäftigt gewesen sei.[427] Bei einem solchen Selbstbau der notwendigen Maschinen muß man bedenken, daß das in dem Maße geschah, wie die Maschinen jeweils gebraucht wurden[428], d. h. die Ausrüstung wurde ständig vervollkommnet oder erweitert, soweit die betriebliche Rentabilität das zuließ.

Der erstgenannte Weg, die Maschinen aus dem Ausland zu beschaffen, war seltener. In der Literatur über die Geschichte von Industriebetrieben tritt jedoch dieser Weg oft in den Vordergrund. Auch bei unseren eigenen Feststellungen stehen 10 Fälle des eigenen Baues von Maschinen 11 Fällen der Beschaffung aus England gegenüber. Dennoch stellen wir fest, daß diese Form der Ausrüstung nicht dominiert haben kann. Sie war viel zu teuer für die Mehrheit der Maschinenbauunternehmer. Wenn wir aber darüber mehr Nachrichten finden als über den eigenen Bau, so liegt das daran, daß die Betriebe zwar Notizen darüber hinterließen, wenn Maschinen gekauft wurden, aber den eigenen Bau nicht erwähnten, weil es für die damaligen Verhältnisse selbstverständlich war, daß die Maschinenbauer ihre Ausrüstung selbst bauten. Sogar solche Betriebe, von denen bekannt ist, daß sie Maschinen aus England bezogen haben, führten durchaus nicht ihre gesamte Ausrüstung von dort ein, sondern vervollkommneten sie selbst, nachdem sie einmal Maschinen besaßen. Das wird z. B. deutlich an der im Anhang angeführten Aufstellung der Maschinenbauanstalt der königlich preußischen Seehandlung in Moabit.[429] Auch von F. Harkort[430] und von G. Egestorff[431] wird gesagt, daß die *ersten* Maschinen, von J. Meyer[432], daß die *meisten* Maschinen aus England geholt wurden. Die immer wieder aus England bezogenen Maschinen waren die jeweils neuesten auf dem Gebiete der Metallbearbeitung.

Diese Tatsachen werden noch durch die zweite Ursache für den anfänglich geringen Maschinenbesatz deutlich. Als wir die Frage behandelten, wie die Gründungen im Maschinenbau finanziert wurden, stellten wir fest, daß nur ein geringer Teil von ihnen auf einer von vornherein ausreichenden Kapitalbasis beruhte. Für die meisten Unternehmer war die Aufnahme des Maschinenbaues so kostspielig, daß sie nur wenige Maschinen anschaffen oder bauen konnten. So ist es nicht zufällig, daß der preußische Staat gerade durch die Überlassung von *Maschinen* eine fördernde Rolle gespielt hat.

425 DZA. Rep. 120 D XIV 1, Nr. 21, Vol. II.
426 SLA. Min. d. Innern, Nr. 5894.
427 SLA. Min. d. Innern, Nr. 1403 a, fol. 70.
428 Beiträge zur Geschichte der Technik ... A. a. O., Nr. 4, S. 307.
429 Vgl. Anhang, S. 116 f.
430 Beiträge zur Geschichte der Technik ... A. a. O., Nr. 10, S. 1 ff.
431 DÄBRITZ, W., u. METZELTIN, E., a. a. O., S. 14.
432 „Deutsche Gewerbezeitung", Jg. 1847, Nr. 91, Beilage S. 2.

Der Weg von der handwerklichen Maschinenbauanstalt zur Fabrik war bei der überwiegenden Zahl dieser Unternehmen sehr weit. Diepers in Crefeld begann den Maschinenbau mit der Drechselbank eines Tischlers.[433] H. Queva in Erfurt besaß bei Aufnahme des Maschinenbaues eine Drehbank.[434] Selbst F. A. Egells begann seine Berliner Maschinenbauanstalt mit zwei Drehbänken.[435] Daß solche Anfänge nicht nur mit der geringen Verwendung von Maschinen im Maschinenbau überhaupt zusammenhängen, sondern auch von dem Kapital abhängig waren, das die einzelnen Unternehmer vorschießen konnten, beweisen einige diesbezügliche Bemerkungen. Von Wagner, Dresden, heißt es, daß seine Mittel nicht erlaubten, „die zu großen Arbeiten erforderlichen Hülfsmaschinen anzuschaffen“ [436]. Weitere Beispiele aus den Unterstützungsgesuchen der Maschinenbauer ließen sich hier anreihen.

Man kann nicht sagen, daß eine bestimmte maschinelle Ausrüstung für die Aufnahme des Maschinenbaues notwendig gewesen sei. Sie war notwendig für solche Betriebe, denen wir von vornherein das Prädikat einer industriellen Unternehmung zusprechen. Sie *wurde* notwendig für die anderen in dem Maße, wie ihr Maschinenbau zunahm, und als eine inländische Konkurrenz auftrat. In der Regel wurden Drehbänke, Hobelmaschinen und Räderschneidemaschinen (worunter ein Vorläufer der Fräsmaschine zu verstehen ist) als die notwendigen ersten Maschinen eines Maschinenbauunternehmens angesehen. Beuth bestellte für Voupier 1836 als unbedingt notwendige Maschinen aus England eine Räderschneidemaschine und eine Drehbank.[437] 1840 heißt es, daß eine Hobel- und eine Drehbank Einrichtungen seien, „welche in der Maschinen-Fabrik unentbehrlich sind, falls dieselbe hinter andren Instituten der Art nicht zurückbleiben“ wolle.[438] Als sich der Engländer Thomas in Sachsen selbständig machen wollte, bezeichnete er Ende der zwanziger Jahre folgende Maschinen als seine ersten: zehn Drehbänke, eine Zahnschneidemaschine, eine Reifelmaschine und eine Blechwalze.[439]

Die maschinelle Ausrüstung der Maschinenbauindustrie wuchs mit der Produktionszunahme. Dabei blieb sie jedoch, verglichen mit der späteren Zeit, primitiv. Aus den von uns untersuchten Betrieben liegen uns 91 Angaben über vorhandene Maschinen vor. Darunter werden erwähnt:

1. Drehbänke	in	28	Fällen
2. Bohrmaschinen	„	18	„
3. Hobelmaschinen	„	11	„
4. Radschneidemaschinen	„	5	„
5. Schraubenschneidemaschinen	„	5	„
6. Stoß- oder Lochmaschinen	„	3	„
7. Schleifwerke	„	3	„
8. Blechschneidemaschinen	„	2	„

[433] DZA. Rep. 120 D XIV 1, Nr. 21, Vol. II.
[434] DZA. Rep. 120 D XIV 1, Nr. 10.
[435] Matschoss, C., Die Entwicklung ... Bd. 1, a. a. O., S. 172.
[436] SLA. Min. d. Innern, Nr. 5894, fol. 41 f.
[437] DZA Rep. 120 D XIV 1, Nr. 21, Vol. I.
[438] DZA. Rep. 120 D XIV 1, Nr. 12, Vol. I.
[439] SLA. Loc. 11 173, Nr. 1299, fol. 5.

9.	Riffelmaschinen	in 2	Fällen
10.	Kreissägen	„ 2	„
11.	Nietmaschinen	in 1	Falle
12.	Fräsmaschinen	„ 1	„

In 10 Fällen wurden nur „Hilfsmaschinen" erwähnt.

Wir sehen also, daß Drehbänke, Bohr- und Hobelmaschinen eindeutig vor allen anderen Maschinenarten dominieren. Es versteht sich am Rande, daß Schraubstöcke und andere Einrichtungsgegenstände hinreichend vorhanden waren, ferner, daß fast jeder Betrieb über eine Schmiede verfügte. Die dennoch vorhandene Rückständigkeit in der Maschinenverwendung beim Maschinenbau selbst, auf die Marx schon hinwies[440], zeigt sich einmal darin, daß in den wenigsten Maschinenbaubetrieben ein ganzes System dieser Maschinen Anwendung fand, vielmehr in den meisten nur einige Maschinen zur Unterstützung der Produktion herangezogen wurden. Das bringt auch der damals viel verwendete Ausdruck „Hilfsmaschinen" für die Maschinen der Metallbearbeitung zum Ausdruck; die Maschinen in der Textilproduktion wurden schon längst nicht mehr als „Hilfs"-Maschinen bezeichnet, hier wurde mehr und mehr die gesamte Produktion auf ihnen aufgebaut. Zum anderen drückt sich die Rückständigkeit des deutschen Maschinenbaus bei der Verwendung von Maschinen in der relativen Rückständigkeit gegenüber England aus. Die Fabrik von Egells, die als eine der führenden in Deutschland galt, verfügte z. B. nur über eine Supportdrehbank.[441] Von Borsigs Maschinen hebt ein zeitgenössischer Bericht besonders hervor, daß eine Bohrmaschine mit 5 Spindeln vorhanden sei.[442] Als weiteres Beispiel der maschinellen und sonstigen Ausrüstung sei hier noch auf einen Auszug aus einem Inventar der königlichen Seehandlungs-Maschinenbauanstalt aus dem Jahre 1844 verwiesen.[443]

Zur maschinellen Ausrüstung eines Betriebes gehörte aber auch jene Maschinerie, mit der die Werkzeugmaschinen in Bewegung gesetzt wurden. Hierfür gab es vier Möglichkeiten: Handantrieb, Göpelwerk, Wasserrad und Dampfmaschine. Der Handantrieb spielte bei den kleinen Betrieben eine Rolle. Die Maschinen besaßen zu diesem Zwecke ein Schwungrad, das durch einen oder mehrere Arbeiter in Umdrehung versetzt wurde. Auch Fußantrieb gab es.[444] Diese Antriebsarten spielten anfangs auch in solchen Betrieben eine Rolle, die später zu einer besseren übergegangen sind. Ein derartiger Übergang hängt eng mit der Zunahme der maschinellen Ausrüstung des Betriebes zusammen, die von einem bestimmten Zeitpunkt an eine andere Antriebskraft notwendig machte. Ein später so gewachsenes Unternehmen wie das von J. Zimmermann war mit Handantrieb gegründet worden.[445] Handantrieb war nur in kleinen Betrieben rentabel, da für den Antrieb vieler Maschinen auch eine entsprechende Menge von Arbeitern

440 Vgl. MARX, K., Das Kapital. Bd. I, a. a. O., S. 387.
441 DOOGS, K., a. a. O., S. 15.
442 Ausführlicher Bericht ... A. a. O., S. 63 f.
443 Vgl. Anhang S. 116 f.
444 A. Hamann stellte 1851 noch eine Drehbank mit Fußbewegung aus. Vgl. Amtlicher Bericht über die Industrieausstellung aller Völker zu London 1851. 1. Teil, Berlin 1852, S. 591.
445 ZÖLLNER, W., a. a. O.

benötigt wurde, die trotz niedrigster Lohnkosten diese Antriebsart den anderen gegenüber zu sehr verteuert hätte.
Meist war nämlich bereits ein Göpelwerk, auch Roßwerk genannt, schon billiger. Diese Form des Antriebes setzte jedoch voraus, daß ein Übertragungsmechanismus, damals meist „treibendes Zeug" genannt, daß Transmissionen vorhanden waren, hingegen beim Handantrieb die Antriebskraft in der Regel noch unmittelbar an der betreffenden Maschine wirkte. Mit Pferdegöpel begannen z. B. R. Hartmann [446] und A. Borsig [447], ihre ersten Maschinen in Bewegung zu setzen.
Die dritte bewegende Kraft war das Wasserrad. Zu diesem Zwecke wurde eine Reihe Maschinenbauunternehmen an Flußläufen eingerichtet, bzw. wurden alte Spinnerei- oder Mühlengebäude bevorzugt dazu benutzt. Lippmann richtete wohl deshalb seine Werkstätte in einer Mühle ein.[448] Auch die Unternehmen von Haag [449], Petzold [450] und das des Grafen von Stolberg-Wernigerode in Ilsenburg (an sich Hüttenbetrieb) [451] hatten unter anderem als bewegende Kraft ein Wasserrad.
Alle diese bewegenden Kräfte aber sind im Vergleich zur Dampfkraft unbedeutend für die Maschinenindustrie. Fast alle in der damaligen Zeit bedeutenderen Maschinenbaufabriken besaßen eine oder mehrere Dampfmaschinen als Antriebskraft. Von 32 Fällen, in denen uns die Art der Antriebskraft bekannt ist, sind der Handbetrieb und das Göpelwerk je viermal, ist das Wasserrad fünfmal, aber die Dampfmaschine neunzehnmal vertreten. Von den 131 in der Fabrikentabelle für Preußen aufgeführten Maschinenfabriken waren 80, also mehr als die Hälfte, 1846 mit Dampfmaschinen ausgerüstet.[452] Das beweist ihr Übergewicht in dieser Hinsicht. Die Begründung dafür liegt auf der Hand: von den anderen drei Kraftquellen war nur die Wasserkraft in der Lage, eine ähnlich große Wirkung zu erzielen wie die Dampfmaschine, d. h. wie die meisten der damaligen Zeit, nämlich ein System von Maschinen anzutreiben und in einigermaßen gleichmäßiger Bewegung zu halten. Der Wasserkraft aber hatte die Dampfmaschine voraus, daß sie geographisch und klimatisch unabhängig war und an jeder Stelle aufgestellt werden konnte, wenn nur für den nötigen Brennstoff gesorgt wurde. Die Brennstoffsorgen aber schwanden mit der Verbesserung der Transportmittel. So hatten die meisten Maschinenbaubetriebe eigene Dampfmaschinen, die sie sich in der Regel selbst bauten. Wie wir noch sehen werden, waren Dampfmaschinen Hauptprodukt der meisten Betriebe vor 1850, und dabei wurde selbstverständlich für den eigenen Bedarf auch eine hergestellt, manchmal sogar, um deren Wirkung demonstrieren zu können. Dennoch gab es Fabriken, die schon manche Dampfmaschine verkauft, aber selbst noch keine in Betrieb hatten, wie z. B. Aston in Magdeburg, der seit den zwanziger Jahren Dampfmaschinen baute, aber noch 1839 keine eigene in Betrieb hatte.[453]

[446] Matschoss, C., Männer der Technik. A. a. O., S. 106.
[447] Netz, H., a. a. O., S. 51.
[448] SLA. Min. d. Innern, Nr. 1398 a, fol. 85.
[449] Grassmann, J., a. a. O., S. 112.
[450] SLA. Min. d. Innern, Nr. 5894, fol. 6.
[451] DZA. Rep. 120 HA, R. Nr. 17.
[452] Gewerbetabelle der Fabrikationsanstalten ... A. a. O., S. 17.
[453] DZA. Rep. 120 D I 1, Nr. 11, Vol. II, fol. 172 f.

Es gab genügend Stimmen, und gibt es noch, die der Dampfmaschine für die industrielle Revolution oder die Industrialisierung überhaupt die entscheidende Rolle zusprechen. Sie sind der Meinung, daß die Dampfmaschine allein in der Lage gewesen sei, die moderne Industrie hervorzubringen, daß alles andere darauf zurückzuführen möglich sei. Matschoß schreibt z. B. in seinem Werke über die Entwicklung der Dampfmaschine, daß sie „von Grund aus die Arbeitsbedingungen veränderte" und daß mit ihrem „ersten Auftreten für Industrie und Gewerbe eine neue Zeit beginnt." [454] In dieser Ansicht aber haben wir, wie auch unsere Untersuchungen über die maschinelle Ausrüstung der Maschinenbaubetriebe zeigten, eine Verkehrung der tatsächlichen historischen Wirkungen vor uns. Es war nicht die Dampfmaschine, die, einmal vorhanden, nun auch etwas brauchte, was sie bewegen konnte. Vielmehr waren es die Werkzeugmaschinen, deren Vorhandensein und deren Anwendung letztlich auch eine Verbesserung der bisherigen Antriebsmöglichkeiten verlangten. Diesem Bedürfnis wurde durch die Weiterentwicklung der schon länger bekannten Dampfmaschine abgeholfen. Marx bemerkte dazu bereits, daß die Bewegungsmaschine und der Transmissionsmechanismus nur vorhanden seien, „um der Werkzeugmaschine die Bewegung mitzuteilen, wodurch sie den Arbeitsgegenstand anpackt und zweckgemäß verändert." [455] Die Dampfmaschine ist für die Werkzeugmaschine da, nicht aber umgekehrt. Nicht jene, sondern diese macht folglich das Kernstück der industriellen Umwälzung aus.

Wenn wir die Ergebnisse unserer Betrachtungen über die Maschinenfabriken der ersten Hälfte des 19. Jh. zusammenfassen, so erkennen wir, daß die räumliche Ausdehnung einer Maschinenfabrik gering war. Innerhalb der Gemeinden hatte sie eine beliebige Lage. Während die ersten Betriebe und die kleineren in vorhandenen Räumlichkeiten eingerichtet wurden, entstanden bei späteren industriellen Gründungen auch neue Räumlichkeiten von vornherein. Die Maschinenfabriken waren mit einer gewissen Anzahl zur Metall- und Holzbearbeitung geeigneter Maschinen versehen, von denen vor allem die Drehbänke hervorgehoben werden können. Im Vergleich zur weiter entwickelten Textilindustrie war die Maschinenverwendung in ihnen gering, jedoch dem Stande der industriellen Revolution durchaus entsprechend. Die vorhandenen Werkzeugmaschinen wurden gewöhnlich durch Dampfmaschinen angetrieben. Die Ausrüstung wuchs mit der Zunahme der Produktion. Der Zeitpunkt, von dem an die Maschinen, die bei der Produktion von Maschinen Verwendung fanden, zum herrschenden Maschinensystem wurden, ist für die einzelnen Betriebe nicht mehr feststellbar; der Übergang von der Maschinenbaumanufaktur zur Maschinenfabrik war ständig und fließend. Er ist bis zum Ende unseres Betrachtungszeitraumes noch nicht völlig abgeschlossen.

4. Die Produkte des Maschinenbaues

Nach der Betrachtung der betrieblichen Ausrüstung müssen wir jetzt unseren Blick auf die Produkte des Maschinenbaues richten. Man könnte einfach sagen, es handle sich

[454] MATSCHOSS, C., Die Entwicklung ... Bd. 1, S. 271.
[455] MARX, K., Das Kapital. Bd. I, a. a. O., S. 390.

dabei eben um Maschinen, aber ganz so einfach ist es nicht. Abgesehen davon, daß es uns auch interessieren muß, *welche* Maschinen man produzierte, finden wir darüber hinaus, daß *nicht nur* Maschinen produziert wurden. Ferner wollen wir uns in diesem Kapitel den Fragen der Quantität, der Qualität und des Absatzes der Maschinenbauprodukte sowie der betrieblichen Rentabilität widmen. Deshalb sei zunächst gestattet, bei diesen Untersuchungen alle diejenigen Betriebe auszuscheiden, die an sich nur Maschinenbaureparaturwerkstätten für den eigenen Bedarf des Unternehmens eines anderen Industriezweiges waren, auch wenn sie gelegentlich für den Verkauf produziert haben sollten. Das trifft neben einer Reihe von in Textilbetrieben bestehender Werkstätten z. B. auch zu auf die Eisenbahn-Reparaturwerkstätten, wie die der Leipzig-Dresdner Eisenbahn-Gesellschaft, die seit 1840 auch für fremde Bahnen gebaut hat.[456]
Auf den ersten Blick erkennt man in der Produktion des frühen deutschen Maschinenbaues eine bunte Fülle und Vielfalt der Produkte in ein und demselben Betrieb. Die heute uns allzu bekannte Spezialisierung gab es damals nicht. Maschinenbau war damals Maschinenbau im umfassenden Sinne des Wortes, er war ein Produktionszweig, der in sich noch keine speziellere Teilung kannte. Wenn nicht alle vorhandenen Betriebe alle Arten von Maschinenbauprodukten hergestellt haben, so ist das unseres Erachtens nicht ein Zeichen früher Spezialisierung, was hin und wieder auch vorgekommen sein möge, sondern ein Zeichen für den Mangel an Absatzgelegenheit für die betreffenden Produkte. Eine Reihe kleinerer Betriebe war außerdem auf Grund ihrer Ausrüstung nicht in der Lage, alle und jede Produktion aufzunehmen; denken wir z. B. nur an die Produktion von Lokomotiven. Die Vielfalt der Produktion wird illustriert, wenn man betrachtet, daß z. B. R. Hartmann neben Lokomotiven und Dampfmaschinen weiterhin Baumwollspinnmaschinen und Krempeln herstellte.[457] Die „Sächsische Maschinenbau-Compagnie" produzierte verschiedene Arten von Spinnmaschinen, ferner Papiermaschinen, Dampfmaschinen, Wasserräder, Transmissionen sowie Lokomotiven.[458] F. Harkort baute außer Dampfmaschinen Pumpen, Textilmaschinen und Mühlen.[459] J. Maffei produzierte Lokomotiven, Dampfschiffe und Dreschmaschinen.[460] Maschinenfabriken produzierten ferner Brücken wie Henschel[461], Geländer wie Borsig[462], oder Grabkreuze wie Egestorff.[463]
Überhaupt schien es eine Ehre zu sein, diese Vielfalt der Produktion zu beherrschen. Das kommt darin zum Ausdruck, wie die Unternehmer nach außen hin die Leistungsfähigkeit ihrer Betriebe anzeigten. Von F. Harkort wird berichtet: „Die Firma setzte ihren Ehrgeiz darein, möglichst alles zu können, was man von ihr irgendwie verlangte." [464] Von Deus & Moll, Nachfolger von F. Dinnendahl, heißt es 1838, daß sie

[456] SLA. Min. d. Innern, Nr. 1275 a, fol. 55.
[457] ADB, Bd. 10, S. 701.
[458] Wieck, F. G., a. a. O., S. 260.
[459] Matschoss, C., Ein Jahrhundert ... A. a. O., S. 19 ff.
[460] 1815—1915, Hundert Jahre technische Erfindungen und Schöpfungen in Bayern. A. a. O., S. 128.
[461] Matschoss, C., Männer der Technik. A. a. O., S. 113.
[462] Netz, H., a. a. O., S. 51.
[463] Däbritz, W. u. Metzeltin, E., a. a. O., S. 13.
[464] Beiträge zur Geschichte der Technik ... A. a. O., Nr. 10, S. 1 ff.

„alle möglichen Maschinentheile auch zierlich Gartenbänke" liefern können.[465] Dasselbe wird von Dobbs & Poensgen behauptet.[466] Die Maschinenbauanstalt Uebigau baute „Maschinen für ökonomische und technisch-chemische Zwecke" [467].

Diese Vielfalt der Produkte der ersten Maschinenbaubetriebe kam nicht von ungefähr. Sie hatte vielmehr eine ökonomische Ursache. Diese Ursache liegt darin, und darauf war ja die Entstehung des Maschinenbaues in Deutschland überhaupt zurückzuführen, daß ein großer Bedarf an Maschinen vorlag; dieser war aber nicht so groß, daß die Produktion nur *einer* Maschinenart ausgereicht hätte, eine Maschinenfabrik zu erhalten. Vor allem fehlten in dieser Zeit noch weitgehend Ersatzinvestitionen; die Betriebe, die Abnehmer von Produkten des Maschinenbaues waren, existierten selbst noch nicht eine so lange Zeit bzw. verwendeten noch nicht so lange Maschinen, daß ein solcher Verschleiß eingetreten wäre, der sich als *stark* bedarfssteigernd hätte auswirken können. Nur in sehr wenigen Fällen war die Spezialisierung einer Maschinenfabrik rentabel [468], und in diesen wenigen Fällen handelte es sich meist um eine Spezialisierung auf ein ganzes Produktionsgebiet, z. B. den Bau sämtlicher Textilmaschinen.

Die Vielfalt der Produktion, die im vorstehenden ihre Ursache hatte, wurde konserviert durch die aus dem Handwerk entlehnte und durch die Marktverhältnisse geförderte Methode, nur auf Bestellungen hin zu produzieren. Der Maschinenbau in Deutschland vor 1850 kannte keine kapitalistische Marktproduktion. Die Maschinenbauanstalten bauten ihre Maschinen stets nach erfolgtem Auftrag eines Kunden. Dadurch wurde sowohl die technische Vervollkommnung gehemmt als auch die Spezialisierung zunächst unmöglich gemacht. Da es von vornherein keine Spezialisierung gab, liefern die verschiedenartigsten Bestellungen bei ein und derselben Maschinenfabrik zusammen. Irgendeine Bestellung nicht anzunehmen trug die Gefahr in sich, sofort an Kundschaft überhaupt zu verlieren: Eine Maschinenfabrik war eben eine *Maschinen*fabrik. Schlittgen, in den 30er Jahren Direktor der Moabiter Maschinenbauanstalt der Seehandlung, sagte dazu: Es könne „ein neues Etablissement, wie die Maschinenbau-Anstalt, nicht immer solche Arbeiten von sich weisen, die von vornherein keinen Gewinn erwarten lassen." [469] Das Vorherrschen der Kundenproduktion im Maschinenbau wird durch viele Beispiele bewiesen. Die Marktproduktion der Seehandlungs-Maschinenbauanstalt in Moabit wurde z. B. in der Bilanz gesondert aufgeführt unter der Bezeichnung „auf Speculation gebaut".[470] Andere Beweise liefern die Aussagen der Unternehmer über vorliegende Bestellungen. Nach 1817 bestellt der preußische Staat bei Freund eine Dampfmaschine für Hummel, beide Berlin, die erst nach Eingang der Bestellung in Angriff genommen wurde.[471] F. Petzold teilt 1846 mit, daß sich seit der Eröffnung seines Betriebes „schon zahlreiche Bestellungen eingefunden" haben.[472]

Die Kundenproduktion des Maschinenbaues hatte natürlich auch ihren Grund. Dieser ist in dem mangelnden Kapital des größten Teiles der Maschinenbauunternehmer zu

[465] DZA. Rep. 120 D I 1, Nr. 11, Vol. II, fol. 263. [466] Ebenda, fol. 276.

[467] WIECK, F. G., a. a. O., S. 262.

[468] Z. B. Fr. König und seine Schnellpressenfabrik. Vgl. ADB, Bd. 16, S. 501.

[469] DZA. Rep. 109 A XXIV f., Nr. 5, Vol. I, fol. 26.

[470] DZA. Rep. 109 A XXIV f., Nr. 5, Vol. I.

[471] DZA. Rep. 120 D XIV 1, Nr. 2, Vol. II. [472] SLA. Min. d. Innern, Nr. 5894, fol. 6.

suchen. Wenn sie aber nur über wenig Kapital verfügten, waren sie nicht in der Lage, einen größeren Teil desselben in die Produktion vorzuschießen; denn bis zu dessen Realisierung verging eine verhältnismäßig lange Zeit. Im Dampfmaschinen- und Lokomotivbau gab es Produktionszeiten von einem halben bis zu mehreren Jahren pro Maschine. Aus diesem Grunde finden wir eine ratenweise Bezahlung des Produktes seitens des Auftraggebers, die in der Regel mit einem Vorschuß bei Auftragserteilung in Höhe etwa eines Drittels des Preises beginnt.[473] Denn bei der Produktion für den Markt erhält der Maschinenbauunternehmer nicht nur keinerlei Vorschüsse oder Raten, sondern die Umschlagszeit des Kapitals verlängerte sich noch um die zwischen Fertigstellung und Absatz der Maschine liegende Zeit. Das war aber für die Fabrikanten nicht tragbar; mindestens mußte der größere Teil der Produktion absatzmäßig gesichert und zum Teil bereits bezahlt sein. Aus dem eben Gesagten geht jedoch hervor, daß es natürlich Fälle von Marktproduktion gegeben hat. Es waren dies aber Fälle von untergeordneter Bedeutung; sie bezogen sich auf den kleineren Teil der Produktion und darüber hinaus meist auf kleinere Maschinen, die nur geringes Kapital blockieren konnten. Sie können demnach das von uns erkannte Charakteristikum für die Anfangsentwicklung des Maschinenbaus, nämlich das Fehlen einer kapitalistischen Marktproduktion, nicht berühren. 1848, einem für den Maschinenbau bekanntlich absatzschwierigen Jahr, war z. B. die Union Eisengießerei Königsberg „*genöthigt*, kleinere Maschinen und landwirthschaftliche Geräthe zum späteren Verkauf machen zu lassen".[474]

Der nicht ausreichende Bedarf an Maschinen der gleichen Art, hervorgerufen durch das meist noch lokal begrenzte Absatzgebiet der Maschinenbauunternehmen, und die durchaus begründete Kundenproduktion hemmten die Spezialisierung des Maschinenbaues, die Arbeitsteilung innerhalb der Maschinenindustrie. Das ist ein nicht unwesentliches Faktum für das geringe ökonomische Wachstum dieser Industrie in der ersten Hälfte des 19. Jh. Es gab Anfänge der Spezialisierung, wie wir schon sagten. Es gab sogar vereinzelte Anfänge der Arbeitsteilung zwischen den Maschinenfabriken. R. Hartmann läßt 1846 z. B. „einzelne Maschinenteile, zu deren Darstellung teuere Hilfsmaschinen erfordert wurden, in der sehr vorzüglichen Werkstatt von Constantin Pfaff in Chemnitz arbeiten, welche mit diesen Hilfsmitteln versehen ist" [475]. Diese Anfänge kristallisierten sich auf die Weise heraus, daß bestimmte Maschinen, die einzelne Unternehmen besonders gut herstellen konnten, auf die sie vielleicht sogar in Ausstellungen Preise erworben hatten, mehr und mehr bei ihnen und nicht bei anderen Maschinenfabriken bestellt wurden, bis sie letztlich die übrige Produktion abstoßen oder verselbständigen konnten. Während die erstere Entwicklung sich zwar schon in der ersten Hälfte des Jahrhunderts anbahnt, ist die letztere aber ausschließlich erst in der zweiten Hälfte zu finden. Die Spezialisierung des Maschinenbaues ist eine Angelegenheit der zweiten Hälfte des 19. Jh.

Trotz dieser Tatsachen ist es nun keineswegs so, daß jeder Maschinenbaubetrieb jede Art von Maschinen auch tatsächlich hergestellt hat. Vielmehr waren viele Betriebe auf

[473] Vgl. als Beispiel M. Mayer, a. a. O., S. 29.
[474] DZA. Rep. 120 A VIII 1, Nr. 3, Vol. II. (Hervorhebung von mir. A. S.)
[475] SLA. Min. d. Innern, Nr. 5931.

Grund ihrer geringen Kapazität oder ihrer technischen Ausrüstung zum Bau von Maschinen bestimmter Art nicht geeignet, bzw. erhielten derartige Bestellungen nicht. Selbstverständlich kann ferner die Produktion von Textilmaschinen in Gebieten mit geringer Textilproduktion z. B. nicht so verbreitet gewesen sein wie gerade in Sachsen. Wenn wir jetzt analysieren, welche Produkte der Maschinenbau vor 1850 hergestellt hat und in welchem Ausmaße man mit der Verbreitung dieser Produkte innerhalb des ganzen Industriezweiges rechnen muß, so umfaßt diese Analyse selbstverständlich nur das wirkliche Produktionsprogramm der Betriebe und läßt Gelegenheitsprodukte außer acht. Solche Produkte, die hin und wieder hergestellt worden sein mögen, aber nie für die Produktion eines Betriebes eine Rolle gespielt haben, sind uns ja auch nicht überliefert worden. Gerade über die Produktion der Maschinenbaubetriebe liegen uns mit die zahlreichsten Angaben vor, so daß wir ein gutes Ergebnis erzielen konnten. So konnten wir Angaben über die Produktion von 125 Betrieben heranziehen. Zum festen Produktionsprogramm dieser 125 Betriebe gehörten:

1. Dampfmaschinen	in 73 Fällen
davon: stehende Dampfmaschinen	„ 63 „
selbständige Dampfkessel	„ 8 „
Lokomobilen	„ 2 „
2. Textilmaschinen	„ 58 „
davon: Zylinder, Kalander, Kratzen, Scherrahmen, übrige Appreturmaschinen usw.	„ 26 „
Spinnmaschinen aller Art	„ 18 „
Web- und Wirkstühle	„ 14 „
3. Eisenbahnmaterial	„ 29 „
davon: Lokomotiven	„ 19 „
Eisenbahnwagen	„ 5 „
Drehscheiben, Weichen, usw.	„ 5 „
4. Werkzeugmaschinen für Metall- und Holzbearbeitung (Drehbänke, Bohrmaschinen, Räderschneidemaschinen usw.)	„ 19 „
5. Pressen (Buchdruck-, Textildruck-, hydraulische Pressen usw.)	„ 19 „
6. Einrichtungen für Zuckerfabriken und Raffinerien	„ 9 „
7. Einrichtungen für Brennereien	„ 9 „
8. Bergwerksmaschinen (Förder-, Wasserhebemaschinen usw.)	„ 9 „
9. Wasserräder (auch Turbinen)	„ 8 „
10. Walzen (Walzwerkseinrichtungen, aber auch Papierwalzen, usw.)	„ 8 „
11. Schiffsmaschinen	„ 7 „
12. Mühlen (auch Ölmühlen)	„ 6 „
13. Landmaschinen (Dreschmaschinen und andere)	„ 6 „
14. Eisenkonstruktionen (Brücken, Geländer u. ähnliches)	„ 5 „
15. Pumpen	„ 5 „
16. Papiermaschinen	„ 5 „
17. Transmissionen (auch Göpel)	„ 5 „
18. Heizungen	„ 3 „

19. Instrumente (physikalische, mechanische, mathematische usw.)	in 3 Fällen
20. Gebläse	„ 2 „
21. Uhren (Turmuhren)	„ 2 „
22. Schraubstöcke und andere Werkzeuge	„ 2 „
23. Wasserleitungen	„ 1 Falle

Von 8 Betrieben heißt es, daß sie „alle Maschinen" bauten.

Die Aufstellung vermittelt uns jetzt anschaulich das Bild, das sich bei der Betrachtung des Maschinenbaues in der ersten Hälfte des 19. Jh. ergibt und das in der vorliegenden Abhandlung bereits mehrfach angedeutet wurde. Der Maschinenbau der ersten Hälfte des 19. Jh. ist der Bau von Dampfmaschinen, Textilmaschinen und Eisenbahnmaterial. Erst in weitem Abstand folgen alle anderen Produkte. Dampfmaschinen wurden deshalb so viel gebaut, weil nach ihnen die größte Nachfrage bestand. Diese Maschinenart benötigten *alle* anderen Industriezweige. Textilmaschinen wurden in so großer Anzahl gebaut, weil die Textilindustrie die am meisten entwickelte Industrie jener Jahre war und somit von allen Industrie- und Gewerbezweigen den größten Bedarf an Maschinen hatte. Letztlich wurde Eisenbahnmaterial so viel produziert, weil gerade in den 30er und 40er Jahren das Eisenbahnwesen einen gewaltigen Aufschwung in Deutschland nahm, dessen Bedarf zum überwiegenden Teil durch Maschinenbauunternehmen gedeckt werden mußte. Im ersten Abschnitt dieser Arbeit, in dem über die Notwendigkeit der Entstehung des Maschinenbaues und seine fördernden Momente gesprochen wurde, hatten wir die eben gemachten Äußerungen näher erläutert.[476] Innerhalb der Vielfalt der Produktion gab es jedoch eine durch ökonomische Umstände bedingte Beschränkung. Für die Spezialisierung der späteren Jahre war das ein erleichterndes Moment.

Das Ausmaß der Maschinenproduktion in den einzelnen Betrieben läßt sich kaum noch feststellen. Es ist entsprechend der Ausrüstung, der Beschäftigtenzahl, der Qualifikation der Arbeiter und anderer Umstände nach viel zu variabel. Kleinere Maschinen wurden in größeren Mengen gebaut[477], während die Zahl der größeren natürlich weitaus geringer war. Zu Beginn des Jahrhunderts baute Holtzhausen innerhalb von etwa zwanzig Jahren ca. 50 Dampfmaschinen.[478] Später nahm die Zahl pro Zeiteinheit selbstverständlich zu; Hartmann baute bis 1846 53 Dampfmaschinen (1837 gegründet), Rabenstein 32 (1841 gegründet), Pfaff 40 Dampfmaschinen (1836 gegründet).[479] Bei Lokomotiven sind die Zahlen noch niedriger; schließlich liefen bis 1850 nur einige hundert deutsche Lokomotiven. Die Produktionsmenge richtete sich in allen Fällen nach den eingegangenen Bestellungen, wobei die Kapazität der vielen kleinen Betriebe durchaus ausgelastet gewesen sein mag.

Genau so schwierig ist es, etwas über die Qualität der Produktion auszusagen. Die hier vorliegenden Bemerkungen aus den Quellen sind sehr einseitig. Seitens der Maschinen-

[476] Vgl. entsprechende Kapitel.

[477] Der Schlossermeister Kniesche aus Finsterwalde baute bis 1833 schon 700 Spinnmaschinen. Vgl. DZA. Rep. 120 D I 1, Nr. 11, Vol. I, fol. 156.

[478] MATSCHOSS, C., Die Entwicklung ... Bd. 1, a. a. O., S. 156.

[479] Die Dampfmaschinen ... A. a. O., S. 4. Die Bauzeiten verkürzen sich noch, da nicht alle Betriebe seit ihrer Gründung auch Dampfmaschinen gebaut haben.

bauer selbst wurden ihre Produkte selbstverständlich gelobt und als gut bezeichnet. Klagen über schlechte Produktion sind nur in wenigen Fällen in den staatlichen Akten zu finden. Die in zeitgenössischer wie späterer Literatur angestellten Betrachtungen über diesen Gegenstand sind jedoch durch nationalistische Anschauungen diktiert und nicht objektiv. Man muß unseres Erachtens zwischen einer absoluten und einer relativen Qualität der deutschen Maschinenbauerzeugnisse unterscheiden. Unter der absoluten Qualität wollen wir verstehen, daß die Maschinen dem Zweck, den sie erfüllen sollten, gerecht wurden und dabei eine für die damalige Zeit normale Lebensdauer zeigten. Hier glauben wir sagen zu können, daß nach anfänglichen Schwierigkeiten, die meist auf der mangelnden technischen oder überhaupt praktischen Erfahrung beruhten, diese Qualität für den überwiegenden Teil der deutschen Maschinenbauprodukte durchaus vorhanden war. Als Beweis dienen uns eben die nur seltenen Klagen. Anders aber müssen wir die relative Qualität einschätzen, unter der wir die Qualität der deutschen Erzeugnisse gegenüber der der ausländischen Erzeugnisse verstehen. Hier ist es natürlich nicht so, wie in unzähligen Bemerkungen in der herkömmlichen Literatur zum Ausdruck kommt, daß der deutsche Maschinenbau sich sehr schnell qualitiv über den englischen erhoben habe. Auf der Weltausstellung 1851 in London stellten noch sehr wenige deutsche Maschinenbauer ihre Erzeugnisse aus, und keinem war es vergönnt, für seine Erzeugnisse eine Medaille zu erringen.[480] Auch wird im Bericht über die Ausstellung gesagt, Deutschland sei nun auch „in die zweite Periode der Entwicklung (des Maschinenbaues. A. S.) getreten", wo „der bloße Nachbau fremder Muster aufgegeben wird, und statt dessen eine selbständige Entwickelung eigenthümlicher Maschinen in den Vordergrund tritt" [481]. Die Entwicklung zur qualitativ hochwertigen Produktion war also zu diesem Zeitpunkt im Gange und konnte sich mit den Maschinen gleicher Konstruktion aus England schon messen. Aber man muß bei einer Einschätzung der Qualität auch den technischen Stand berücksichtigen, und hier war der deutsche Maschinenbau noch nicht weit über die Anfänge hinausgekommen. Auch hat diese Entwicklung durchaus nicht angehalten, sonst wäre es 1876 zur Weltausstellung in Philadelphia nicht noch zu der so viel angefeindeten Äußerung „billig und schlecht" von F. Reuleaux gekommen.[482]

Bei dem hohen Bedarf an Maschinen, den die Industrialisierung hervorbrachte, den Schwierigkeiten, die einer Beschaffung von Maschinen aus dem Ausland entgegenstanden, und der durchaus vorhandenen absoluten Qualität der deutschen Maschinen hatten die deutschen Maschinenbaufabrikanten hinreichende Absatzmöglichkeiten. Das Absatzgebiet, oder man muß nahezu besser sagen, das Bestellgebiet, war in der Regel lokal begrenzt. Wenn schon deutsche Maschinen gekauft wurden, so wurden sie in der Nähe des Abnehmers bestellt, sofern eine Möglichkeit dafür bestand. Eine über den lokalen Rahmen hinausgehende Konkurrenz innerhalb Deutschlands war im Maschinenbau vor 1840 deshalb kaum zu bemerken. Innerhalb des lokalen Rahmens jedoch machte sich der Konkurrenzkampf schon bemerkbar. 1827 z. B. hintertrieben Oberrhein & Schönborn (Grüneberg) den Versuch ihres Mechanikers Herold, sich selbständig zu

[480] Vgl. Amtlicher Bericht ... 1. Teil, a. a. O., S. 493 ff.
[481] Ebenda, S. 588.
[482] HARTUNG, F., Deutsche Geschichte von 1871–1914. Bonn 1920, S. 58.

machen, indem sie seine „Arbeitsleute zu verführen suchten“ [483]. 1847 drückte Rabenstein in seinem Vorschußgesuch die Vorteile seiner Bewerbung und die Mängel des Betriebes von Hartmann aus.[484] Plöttner weist darauf hin, daß er bedeutend billiger liefern könne als andere Maschinenbauanstalten.[485]

Seit den vierziger Jahren machte sich in Deutschland der Konkurrenzkampf auch über die lokalen Grenzen hinaus bemerkbar. Vor allem das Eisenbahnwesen wird hier zur Stärkung der Konkurrenzfähigkeit der Betriebe beigetragen haben. Das stärkte insbesondere die im Westen Preußens gelegene Industrie. Ein Beispiel für diese Konkurrenz gibt uns Wieck, der bemerkt, daß die sächsischen Maschinenbauanstalten mit den rheinischen, schlesischen, Magdeburger oder Berliner Betrieben nicht konkurrieren könnten, wobei er als Grund anführte: „Eisen und Kohlen, die Hauptelemente des ganzen Maschinenbaues, sind am Rhein und in Schlesien so billig, daß es fast möglich ist, fertige Waaren von dort so wohlfeil zu kaufen als hier das rohe Material.“ [486] Jedoch kann die Konkurrenz noch nicht allzu groß gewesen sein, wurden doch noch in den vierziger Jahren, und das auch nicht zuletzt in Sachsen, Maschinenbauanstalten gegründet, die von vornherein den handwerklichen Rahmen noch nicht verlassen hatten.[487]

Es erhebt sich nun die Frage, inwieweit die Anlage von Maschinenbaubetrieben rentabel war. Hier stößt der Historiker jedoch auf Grenzen, die er meist nicht zu überschreiten in der Lage ist. Die Quellen geben über diesen Punkt keinen Aufschluß; denn der Gewinn der Betriebe war das Heiligste der Unternehmer, über das sie keine Aussagen machten. Betriebliche Aufzeichnungen jedoch sind sehr selten. Man muß annehmen, daß der Profit im Maschinenbau in der ersten Hälfte des 19. Jh. nicht hoch war. Mit Ausnahme weniger größerer Betriebe wird die Mehrheit nicht nennenswert über die Mittel hinausgekommen sein, die zur erweiterten Reproduktion notwendig waren, ein Teil der kleinsten Betriebe mag auch das nicht gehabt haben. Schöttler, dessen Betrieb später in Magdeburg noch bekannt wurde, war 1847, als sein Unternehmen bereits bestand, bereit, für 1000 Taler Jahresgehalt nebst 10% vom Reingewinn die Leitung der projektierten Maschinenbauanstalt der königlichen Seehandlung in Gleiwitz zu übernehmen.[488] Das läßt darauf schließen, daß ihm ein solches Einkommen durch seinen eigenen Betrieb keineswegs gesichert erschien. Die Moabiter Seehandlungs-Maschinenbauanstalt gehörte nicht zu den glänzendsten; sie arbeitete laut Bilanzen in den Jahren 1838 bis 1844 nur dreimal mit Gewinn, deren höchster sich 1839 auf 1879.16.10 Taler belief.[489] Ein weiteres Zeichen für die geringen Profitaussichten dürfte sein, daß sich das Privatkapital der Industrie überhaupt und des Maschinenbaues besonders enthielt.

[483] DZA. Rep. 120 D XIV 1, Nr. 3.
[484] Vgl. SLA. Min. d. Innern, Nr. 5946, fol. 107.
[485] SLA. Min. d. Innern, Nr. 1403 a, fol. 173.
[486] Wieck, F. G., a. a. O., S. 267.
[487] Vgl. z. B. Zöllner, W., a. a. O.
[488] DZA. Rep. 109 B IV, Nr. 54.
[489] DZA. Rep. 109 A XXIV f., Nr. 5, Vol. I.

Die zahlreichen Gründungen jedoch weisen andererseits darauf hin, daß das Einkommen eines Maschinenbauers, auch nur in kleinen, handwerklichen Betrieben, in der Regel höher sein konnte als bei dessen Verbleib in einem herkömmlichen handwerklichen Gewerbezweig. Und in der Tat muß ja bei den meisten Betrieben, die eben zunächst klein waren, der für ihre Rentabilität notwendige Gewinn nicht sehr hoch gesehen werden. Die uns vorliegenden Angaben über die Rentabilität oder den Gewinn der Betriebe sind wenig aufschlußreich. Sie sind meist eine unbestimmte Umschreibung der wirklichen Gewinne. Wenn wir diese Art Gewinnangaben aber dennoch heranziehen, und wir berücksichtigen die Tatsache, welch geringer Gewinn einen Betrieb schon rentabel machte, dann deshalb, um zu zeigen, daß die Mehrzahl der Betriebe in diesem Sinne selbstverständlich rentabel war und die gern erzählten Märchen vom Opfersinn der Unternehmer des 19. Jh. für die vaterländische Industrie oder dergleichen nur der Verherrlichung des „Wirtschaftsführertums" dienen.

Wir besitzen 21 Bemerkungen zum Gewinn der Betriebe. In zehn Fällen geht aus diesen Bemerkungen hervor, daß der Betrieb rentabel gearbeitet haben muß. So heißt es von Aston, der „ganz ohne Mittel" begonnen hatte, er habe 1829 schon ein „nicht ganz unbedeutendes Vermögen" erworben.[490] Bei Emonds & Herrnkohl scheint es „nicht an Bestellungen zu fehlen" [491]. C. Pfaff fand „zeither hinreichende Beschäftigung" [492]. Der Gewinn von Egestorff belief sich 1836 auf 6964 Taler, ging in den folgenden Jahren etwas zurück, und in den für den Maschinenbau ungünstigen Jahren um 1840 traten auch Verluste auf.[493] Ähnlich sind die Angaben auch der übrigen 6 Betriebe. Bei weiteren 8 Betrieben ist nicht eindeutig zu erkennen, ob sie rentabel waren. Die Bemerkungen drücken Unzufriedenheit aus oder sind zwiespältiger Natur. Bei Charlier gingen die Aufträge anfangs „nur spärlich ein" [494]. Die Tätigkeit der Anstalt von D. Kamp (früher F. Harkort) sei „nicht sehr groß" [495]. Bei solchen Bemerkungen, die meist in offiziellen Schreiben gemacht wurden, erkennt man den Wunsch nach höherem Gewinn, ohne dabei die Rentabilität in Frage zu stellen. Wir können folglich getrost einige dieser 8 Betriebe zur ersten Gruppe rechnen. Nur in drei Fällen sind die Bemerkungen so eindeutig gehalten, daß wir einen Mißerfolg erkennen. Demnach ist die Mehrzahl der Maschinenbaubetriebe durchaus rentabel gewesen und brachte ihren Unternehmern einen entsprechenden Gewinn. Nur daraus ist das weitere Wachsen vieler Betriebe der damaligen Zeit zu erklären; denn das nach der einmal erfolgten Gründung eines Betriebes später investierte Kapital entstammte diesem Betriebe, d. h. die Erweiterung mußte, wenn auch nicht in allen Fällen gleich völlig, aus der Akkumulation entspringen.

5. *Der Standort der Maschinenbaubetriebe*

Abschließend seien zu unseren Ausführungen über die Struktur der Maschinenbauindustrie vor 1850 noch einige Bemerkungen zur Standortfrage gestattet. Wenn wir

[490] DZA. Rep. 120 D XIV 1, Nr. 10.
[491] DZA. Rep. 120 D I 1, Nr. 11, Vol. II, fol. 277.
[492] SLA. Min. d. Innern, Nr. 5894.
[493] DÄBRITZ, W., u. METZELTIN, E., a. a. O., S. 20.
[494] MATSCHOSS, C., Männer der Technik . . . A. a. O. ,S. 41.
[495] DZA. Rep. 120 D I 1, Nr. 11, Vol. II, fol. 237.

die heutige Lage unserer deutschen Maschinenindustrie betrachten, so finden wir sie fast über das ganze Land verteilt, jedoch nur in den größeren Städten. Eine besondere Konzentration kann man lediglich in den Gebieten feststellen, in denen die gesamte Schwerindustrie stark vertreten ist, wie in den rheinischen Gebieten und in Sachsen. Zu Beginn des Maschinenbaues in Deutschland können wir, was die ersten Gründungen anbetrifft, noch keine Festlegung auf bestimmte Gebiete feststellen. Man muß dabei beachten, daß die ersten Maschinenbauer Deutschlands in der Regel ihren Betrieb in ihrem bisherigen Wohnort ins Leben riefen, wobei sie unberücksichtigt ließen, ob das für die Zukunft günstig sein würde oder nicht. Zunächst war das auch belanglos; denn der Bedarf an Maschinen war überall vorhanden. Dennoch finden wir sehr bald den Maschinenbau in einzelnen Gebieten stärker vertreten als in anderen. Die Gründe dafür sind in folgendem zu suchen: Maschinenbaubetriebe wurden entweder dort gegründet, wo eine günstige Rohstoffvoraussetzung für sie bestand, oder sie entstanden besonders da, wo ein günstiges Absatzgebiet vorhanden war. Diese beiden Ursachen werden gewöhnlich auch zu den standortbildenden Faktoren gerechnet. Wir können für den Maschinenbau jener Zeit feststellen, daß von allen solchen Faktoren nur diese beiden für die Standortverteilung in der ersten Hälfte des 19. Jh. eine Rolle gespielt haben.

Für eine günstige Rohstofflage kamen das Vorkommen von Kohle, Eisen, Holz oder das Vorhandensein einer diese Rohstoffe verarbeitenden Industrie, vor allem Gießereien, in Frage. Der Bergbau und die Eisenindustrie lieferten die Rohstoffe für den Maschinenbau.[496] Insbesondere, solange die Maschinenbaubetriebe keine eigenen Gießereien hatten, waren sie oftmals in der Nähe solcher Rohstofflieferanten zu finden. Man denke nur daran, wieviel Betriebe in Berlin zunächst auf die königliche Eisengießerei angewiesen waren.[497] Dorning & Krug begründeten ihre Wahl, die auf Zwickau fiel, mit den guten Kohlevorkommen in der Nähe.[498] Insgesamt muß man jedoch sagen, daß die Rohstofflage für die Standortwahl der ersten Maschinenbaubetriebe nur eine untergeordnete Rolle gespielt hat gegenüber der Bedeutung des Absatzfaktors. Auch das Vorhandensein von Maschinenbaubetrieben in der Nähe einer bereits entstandenen Schwerindustrie ist weniger auf die Rohstofflage als vielmehr auf den damit verbundenen Absatz von Maschinen zurückzuführen. Neben dem Maschinenbedarf der Schwerindustrie ist weiter der für die Textilindustrie, der für die Landwirtschaft und deren industrielle Nebenproduktion und der für das entstehende Eisenbahnwesen von ausschlaggebender Bedeutung gewesen. So kommt es, daß „Rheinland-Westfalen und das Königreich Sachsen ... infolge ihrer frühzeitig entwickelten Bergbau-, Eisen- und Textilindustrien die ersten Pflanzstätten des deutschen Maschinenbaues" waren.[499]

Die Absatzbezogenheit des Maschinenbaues hatten wir bereits im ersten Abschnitt der vorliegenden Arbeit erwähnt. Die oft handwerklichen Betriebe, ihre fast ausschließliche Einstellung auf Kundenproduktion und die schlechte Verkehrslage bis in die vierziger Jahre hinein erschwerten den Maschinenfabriken die Absatzmöglichkeiten über weitere

[496] Frölich, F., a. a. O., S. 9.
[497] Vgl. Doogs, K., a. a. O., S. 11.
[498] SLA. Min. d. Innern, Nr. 5946, fol. 81.
[499] Frölich, F., ebenda.

Entfernungen und machten sie meistenteils zu Lieferanten für ihre nähere Umgebung. War diese nähere Umgebung, auch trotz guter Rohstofflage, arm an Maschinenbedarf, wie die ausschließlich ländlichen Gegenden des Ostens oder auch des Südens von Deutschland, so konnten dort auch nur wenige Maschinenbaubetriebe existieren, und die Anregungen zu neuen Gründungen waren sehr gering. Die geringen Anfänge auf dem Gebiete der Spezialisierung der Fabriken deuten ebenfalls auf diese Absatzbezogenheit hin. Obgleich z. B. die Chemnitzer Maschinenfabriken „alle Arten von Maschinen zu fertigen im Stande sind, so sind sie doch hauptsächlich auf die Baumwoll-Spinnmaschinen gegründet", heißt es in einem Reisebericht des preußischen Handelsministeriums.[500] Und an anderer Stelle weist Schütz darauf hin, daß die Magdeburger Maschinenfabriken solche Anlagen vor allem bauen würden, die dieser Stadt als Zentrum der Rübenzuckerproduktion entsprächen.[501]

Wenn wir wieder die Angaben der Fabrikentabelle von 1846 heranziehen, so finden wir eine stärkere Konzentration von Maschinenbaubetrieben in folgenden Gebieten, wobei die Verwaltungsgebiete der einzelnen deutschen Länder (Regierungsbezirke in Preußen und Bayern, Kreisdirektionsbezirke in Sachsen, Amtsbezirke in Baden, Steuerbezirke in Hessen usw.), die mehr als 5 Maschinenfabriken aufwiesen, als dafür in Frage kommend gezählt wurden: [502]

1. Königreich Sachsen			
Kreisdirektionsbezirk	Zwickau	135	Fabriken
„	Dresden	56	„
„	Bautzen	25	„
„	Leipzig	16	„
2. Rheinland-Westfalen			
Regierungsbezirk	Aachen	18	„
„	Arnsberg	13	„
„	Köln	6	„
„	Düsseldorf	6	„
3. Berlin und Umgebung			
Regierungsbezirk	Berlin	34	„
„	Frankfurt (Oder)	6	„
4. Schlesien			
Regierungsbezirk	Breslau	6	„
„	Oppeln	6	„
5. Mittelfranken		6	„

Diese Aufstellung zeigt uns, daß die voraufgegangenen Behauptungen zu Recht bestehen. An erster Stelle liegen Sachsen und die preußischen Westprovinzen, ferner Berlin als Eisenbahnknotenpunkt und schließlich die industriell entwickelten schlesischen Provinzen. Von allen Gebieten anderer deutscher Länder entspricht lediglich noch Mittel-

[500] DZA. Rep. 120 D I 1, Nr. 11, Vol. II, fol. 112.

[501] Ebenda, fol. 152 ff.

[502] Gewerbetabelle der Fabrikationsanstalten ... A. a. O. Die Originalangaben vgl. im Anhang S. 124.

franken mit Nürnberg als Zentrum, wo die erste deutsche Eisenbahn in Betrieb genommen wurde, der von uns gewählten Vorstellung einer besonderen Konzentration.
Daß die übrigen deutschen Länder so stark abfallen, kann z. T. auf die dort geringere Förderung des Maschinenbaues zurückgeführt werden. Wir wissen ja, daß besonders in Preußen, dann aber auch in Sachsen, der Staat diesen Industriezweig besonders unterstützte, so daß die Gründung von Maschinenbaubetrieben erleichtert war. Wir können zusammenfassend feststellen: Der Maschinenbau war vorwiegend auf den Absatz orientiert; er verteilte sich, begründet durch seine Struktur, über ganz Deutschland, konzentrierte sich aber in den Gebieten mit bereits vorhandener Industrie, vor allem in Sachsen, Rheinland-Westfalen und Berlin.

III. DIE BEDEUTUNG DER MASCHINENBAUINDUSTRIE IN DEUTSCHLAND VOR 1850 (ZUSAMMENFASSUNG)

Abschließend fassen wir die Ergebnisse der Untersuchungen zusammen und machen uns so ein endgültiges Bild von der Bedeutung der deutschen Maschinenbauindustrie vor 1850.

Als in der ersten Hälfte des 19. Jh. die industrielle Revolution, die in England bereits weit fortgeschritten war, auch auf Deutschland übergriff, ging eine rasche Entwicklung des Fabrikwesens in Deutschland, und zwar vor allem in der Textilindustrie, vor sich. Überall entstanden zahlreiche neue Fabriken: Spinnereien, Webereien, Druckereien und andere. Als sich in den zwanziger Jahren Kartoffeln und Rüben in der Landwirtschaft durchgesetzt hatten, begünstigt durch den Fortfall der mittelalterlichen Agrarverfassung seit 1821, da entstanden zahlreiche verarbeitende Fabriken: Zuckerfabriken und Brennereien. Als seit Mitte der dreißiger Jahre schließlich die Eisenbahn in Deutschland aufkam, setzte sie sich rasch völlig durch, und ihr Netz wuchs schnell. Industrielle Revolution in Deutschland, das bedeutete breite Anwendung der neuen technischen Möglichkeiten, besonders in Gestalt der Werkzeugmaschinerie. Industrielle Revolution bedeutete Durchsetzung des Fabriksystems; die Fabrik aber war die Werkstatt, die unter Anwendung eines Maschinensystems produzierte. Industrielle Revolution in Deutschland bedeutete also Notwendigkeit des Vorhandenseins von Maschinen in Deutschland.

Die Industrialisierung ist, ganz gleich, in welchem Lande, ohne den Bau von Maschinen unmöglich. Das gilt auch für das Deutschland der ersten Hälfte des 19. Jh. Die industrielle Revolution, die kapitalistische Industrialisierung, sie verlangte den Maschinenbau. Der durch sie entstandene Bedarf an Maschinen konnte nicht auf die Dauer durch die alten handwerklichen Mechaniker befriedigt werden. Die kapitalistische Industrialisierung verlangte den industriellen Bau von Maschinen.

Nun war England, das klassische Land der industriellen Revolution, allen anderen Ländern, so auch Deutschland, auf dem Wege der Industrialisierung vorangegangen. Mit den Anfängen dieser Industrialisierung, die aus England nach Deutschland kamen — sie entstanden in Deutschland nicht noch einmal unabhängig, sondern in Abhängigkeit von der englischen Industrialisierung —, kamen auch die dazu notwendigen Maschinen mit. Für die Anfänge, aber nur für diese, konnte es auch dabei bleiben; dann aber machte die rasche Entwicklung der deutschen Industrie jener Jahre mit ihrem sprunghaft steigenden Bedarf diese Möglichkeit zunichte. Das ging um so rascher, da England eine Monopolstellung für die bei ihm entwickelten Industriezweige zu erreichen versuchte und aus diesem Grunde die Ausfuhr von Maschinen und die Auswanderung von Facharbeitern verbot. Zwar gelang es nicht, das Verbot völlig durchzusetzen, doch hinderte es zumindest die Ausfuhr von Maschinen nach Deutschland. Die Einfuhr englischer Maschinen konnte den ansteigenden Inlandsbedarf in Deutschland nicht befriedigen.

Die ökonomische Basis für die Entwicklung eines deutschen Maschinenbaues war also vorhanden.

Der deutsche Maschinenbau ist im wesentlichen auch auf deutsche Quellen zurückzuführen. Einige Industrie- oder Gewerbezweige, wie vor allem der Bergbau und das Hüttenwesen, hatten von jeher bereits so etwas wie einen „Maschinenbedarf" gehabt, und folglich hat es auch in Deutschland von jeher Menschen gegeben, die sich selbständig als Handwerker oder als Arbeiter eben des Bergbau- oder Hüttenwesens mit der Anfertigung dieser Maschinen beschäftigten. Dazu kamen die schon recht zahlreichen Geräte komplizierterer Art, und seien es nur Uhren. Die damit beschäftigten Menschen hießen damals Mechaniker. Im Handwerk war eine der stärksten Voraussetzungen für die Entwicklung eines eigenen Maschinenbaues vorhanden, im deutschen Handwerk waren bereits seit dem 18. Jh. die Kader für die deutsche Maschinenbauindustrie gebildet worden. Die Entwicklung des Maschinenbaues ging von dem „Maschinen bedürftigen" Teile der Wirtschaft aus. Die Unternehmer der Textilindustrie oder des Bergbau- und Hüttenwesens waren es, die ihren Bedarf an Maschinen zu decken suchten und in dem Maße, wie er aus dem Ausland nicht zu decken war, nur noch zwei andere Möglichkeiten offen hatten: die Maschinen entweder selbst zu bauen oder von Handwerkern bauen zu lassen. Aus der Zahl der uns bekannten Beispiele geht dabei hervor, daß es wesentlich mehr Betriebe anderer Gewerbezweige mit Maschinenbedarf gegeben haben muß, als solche, die zum Zwecke der Befriedigung des vorhandenen Bedarfes eigene Maschinen bauende Werkstätten unterhielten. Damit wird die Beschäftigung von Handwerkern mit Maschinenbauarbeiten zur stärkeren der beiden Möglichkeiten.

Diese Arbeit untersuchte nicht die Entwicklung des Maschinenbaues schlechthin, und wir hätten sonst die Anfänge weit früher suchen müssen, sondern die der Maschinenbau*industrie*. Es war nicht ihre Aufgabe, die Anfänge des Baues von Maschinen überhaupt zu untersuchen, sondern sie war vielmehr darauf ausgerichtet, zu erkennen, inwieweit die vorhandenen Arten von Anfängen des Baues von Maschinen Bedeutung für die Entwicklung ihres industriellen Baues gehabt haben. In der Reihenfolge ihrer Bedeutung erkennen wir dafür folgende Quellen: 1. Das Handwerk, 2. den Maschinenbau von vornherein, 3. das Bergbau- und Hüttenwesen, 4. die Textilindustrie. Auf die erste Quelle lassen sich die meisten Gründungen der Maschinenbauindustrie zurückführen. Die zweite Quelle umfaßt alle diejenigen Gründungen, die weniger in der beginnenden Entstehungsperiode des Maschinenbaues, als vielmehr gegen deren Ende auftraten. Sie waren von vornherein für die Produktion von Maschinen gegründet worden, ohne zuvor handwerklichen Charakter besessen zu haben. Die dritte und vierte Quelle umfassen nur wenige Betriebe, die für die deutsche Maschinenbauindustrie bedeutsam geworden sind. In den meisten Fällen wurde in solchen Betrieben der eigene Bau von Maschinen als Notlösung angesehen und zu dem Zeitpunkt aufgegeben, als die Bedarfsdeckung auf andere Weise hinreichend möglich war.

Für die Gründung von Maschinenbaubetrieben kamen Angehörige aller Bevölkerungsschichten und Berufe in Frage. Wenn schon bei den Entstehungsquellen des Maschinenbaues die handwerkliche am meisten hervorragte, so stammten auch die meisten Maschinenbaugründer aus dem Handwerk. Die dominierende Rolle des Handwerks tritt bei der beruflichen Gliederung der Gründer weitaus deutlicher als bei den Quellen hervor, da auch ein Teil der Gründungen aus anderen Quellen von Handwerkern ihrer beruflichen Stellung nach durchgeführt worden ist. Von den Handwerkern nehmen die führende Rolle die Berufe Schlosser, Schmiede, Tischler und Zimmerleute ein.

Bemerkenswert unter den Gründern ist als zweite Gruppe noch der sogenannte Mittelstand. Aus dem sogenannten Mittelstand ging die Mehrzahl der Gründer der zweiten Quelle hervor, die wir, da ihr Beruf von vornherein auf den Maschinenbau ausgerichtet war, die Maschinenbauer genannt haben. Während die berufsmäßigen Handwerker auch ihrer Herkunft nach in der Regel dem Handwerk entstammten, hatte die mittelständische Herkunft der Maschinenbauer ihren Grund darin, daß die theoretische und praktische Ausbildung eines Maschinenbauers längere Zeit in Anspruch nahm und mit Kosten verbunden war, die von niederen Schichten nicht aufgebracht werden konnten. Entsprechend der erworbenen Vorbildung, der günstigeren finanziellen Lage und der Ausnutzung der Erfahrungen der Anfangsperiode des Maschinenbaues wurden die Gründungen der Maschinenbauer zu den bedeutendsten für die *spätere* deutsche Maschinenindustrie. Hierher sind zahlreiche spätere Großunternehmen zu zählen. Entsprechend der Herkunft der meisten Maschinenbaugründer aus niederen Volksschichten waren die gegründeten Betriebe klein, da ein genügendes Kapital nicht von vornherein zur Verfügung stand. Deshalb sind Gesellschaften sehr zahlreich. Am meisten finden wir die offene Handelsgesellschaft. Hier kann man zwei Gruppen feststellen: 1. Gesellschaften, die sich nur aus zwei oder mehreren technisch gebildeten Personen zusammensetzen, oder 2. Gesellschaften, wo eine Verbindung von einer technisch gebildeten Person und einer anderen, in der Regel nur als Geldgeber Fungierenden, vorliegt. Aktiengesellschaften sind sehr selten und haben in dieser Zeit für die Gesamtstruktur der Maschinenbauindustrie noch keine nennenswerte Bedeutung.

Die Maschinenbauindustrie entwickelte sich in Deutschland über das ganze Land verteilt. Sie war stark absatzorientiert. Deshalb tritt sie in Gebieten, in denen die Industrialisierung, vor allem in der Leichtindustrie, Textilindustrie, schon gewaltige Fortschritte gemacht hatte, stärker auf als in den rein agrarisch gebliebenen Gebieten. In den Zentren der Textilindustrie, in Sachsen und im Rheinland, in den Bergbau- und Hüttengebieten Schlesiens und Westfalens, an besonderen Eisenbahnknotenpunkten, wie Berlin, oder Zentren der Zuckerfabriken, wie Magdeburg, ist darum bereits eine Konzentration festzustellen. Die Zentren der späteren deutschen Maschinenbaugroßindustrie zeichnen sich bereits deutlich ab.

Was die lokale Wahl des Standortes betrifft, so sind keine bemerkenswerten Kennzeichen vorhanden. Während die meisten Betriebe der ersten Quelle in vorhandenen Grundstücken eingerichtet wurden, wobei Wohnhäuser und Fabrikgebäude anderer Zweige gleichermaßen vertreten sind, wurden die meisten Betriebe der zweiten Quelle in eigens dafür hergerichteten Grundstücken gegründet.

Die maschinelle Ausrüstung der Maschinenbaubetriebe richtete sich nach ihrer Größe und wuchs mit ihr. Die kleineren, handwerklichen Betriebe verfügten nur über einzelne

Maschinen, unter denen die Drehbank eine besondere Rolle spielte. Die Besetzung mit Maschinen nahm ständig zu, so daß schließlich aus der vereinzelten Anwendung von Maschinen ein ganzes Maschinensystem entstand, das die Handarbeit der wichtigsten Produktionsgänge mechanisierte. Von diesem Zeitpunkt an können wir von einer Fabrik sprechen. Wann dieser Zeitpunkt eintrat, ist nicht mehr feststellbar, so daß wir die Maschinenbaumanufaktur und die Maschinenbaufabrik in einem Komplex vor uns haben. Wir sind der Ansicht, daß vor 1850 alle Maschinenbaufabriken den Zustand der Manufaktur durchlebt haben. Die maschinelle Ausrüstung bestand in der Regel aus Drehbänken, Bohr- und Hobelmaschinen. Während einige Maschinen, vor allem jeweils die neuesten Modelle, aus England bezogen worden sind, wurde die Mehrzahl in den jeweiligen Maschinenbauanstalten selbst hergestellt; das war oft eine der ersten Arbeiten, die von einem neu gegründeten Unternehmen ausgeführt werden mußten. Die Maschinen in den Maschinenbaubetrieben wurden meist von Dampfmaschinen angetrieben; neben ihnen fallen andere Antriebsarten kaum ins Gewicht. Lediglich die Wasserräder spielten in kleineren Betrieben noch eine gewisse Rolle. Zu den meisten Maschinenfabriken gehörte ferner als unabdingbarer Ausrüstungsbestandteil eine eigene Gießerei, da sehr viele Maschinenteile gegossen werden mußten.

Für die Beschäftigung in Maschinenfabriken waren Arbeiter im Anfang nicht vorhanden. Die Maschinenbauarbeiter kamen aus den verschiedensten Berufen und waren für die Tätigkeit im Maschinenbau anfänglich ungeeignet. Sie stammten in der Mehrzahl aus den dem Maschinenbau nahestehenden Berufen, das sind dieselben, aus denen schon die Mehrzahl der Gründer der Betriebe hervorgegangen war: Schlosser, Schmiede, Tischler. Daneben waren aber auch alle anderen Berufe in geringerem Maße vertreten. Sie alle bedurften zunächst mehr oder minder einer Ausbildung. Diese Ausbildung wurde von den Maschinenbauunternehmern selbst oder von ausländischen Facharbeitern durchgeführt; seit der Mitte der Entstehungsperiode der Maschinenbauindustrie übernahmen diese Tätigkeit auch deutsche Facharbeiter. Nach der Qualifikation der Arbeiter richtete sich auch ihr Lohn. Bis gegen Ende der Entstehungsperiode des Maschinenbaues in Deutschland waren Maschinenbaufacharbeiter knapp, ihr Lohn war deshalb im Vergleich zu dem in anderen Berufen hoch. Die weniger qualifizierten Arbeiter hatten niedrigen Lohn. Diese Proportionen, insbesondere die zu anderen Berufen, verschieben sich mit der Dauer des Bestehens der Maschinenbauindustrie zuungunsten der Maschinenbauarbeiter. Bei den übrigen, die Lage der Arbeiter jener Zeit bestimmenden Faktoren können keine besonderen Kennzeichen festgestellt werden.

Der deutsche Maschinenbau der Entstehungsperiode kannte keine Spezialisierung. Zwar zeichnen sich die Anfänge einer solchen bereits ab, jedoch finden wir bis um die Jahrhundertmitte die Produktion der verschiedenartigen Maschinen in ein und demselben Betrieb. Die Spezialisierung konnte sich auch noch nicht herausbilden; denn der deutsche Maschinenbau der Entstehungsperiode kannte auch keine Produktion für den unbestimmten Markt. Auch hierfür sind nur Anfänge feststellbar. In der Regel lagen für die gebauten Maschinen vorherige Kundenbestellungen vor. Diese handwerklichen Betrieben innewohnende Gepflogenheit unterstreicht die handwerkliche Herkunft des Maschinenbaues, hat jedoch seine ökonomische Ursache in der geringen Kapitalkraft der Unternehmer, da mit den Bestellungen oft Vorschußzahlungen verbunden waren. Die Produktion des Maschinenbaues umfaßte alle damals bekannten Maschinen. Die Produktion war jedoch vornehmlich gerichtet auf erstens Dampfmaschinen, zweitens Textilmaschinen und drittens Lokomotiven und Eisenbahngegenstände. Der Dampfmaschinenbau war der am weitesten verbreitete Bau einer bestimmten Maschinenart; von den handwerklichen, zum Teil Ein-Mann-Betrieben bis zu den Fabriken widmeten sich die Maschinenbauunternehmer der Produktion von Dampfmaschinen. Das läßt auch die besondere Verbreitung dieser Maschine als Antriebskraft im Maschinenbau selbstverständlich erscheinen.

Die Herausbildung des deutschen Maschinenbaues ging unter Überwindung zahlreicher technischer und ökonomischer Hindernisse vor sich. Das Entwicklungstempo ist bis in die dreißiger Jahre hinein langsam und nimmt erst seit dem Aufkommen der Eisenbahn rasch zu. Von den technischen Hindernissen sind besonders der Mangel an geeigneten Metallbearbeitungsmaschinen, die Notwendigkeit des Gusses vieler kleiner Einzelteile zu nennen. Die ökonomischen Hindernisse waren vor allem die ungenügende Kapitalkraft der Gründer und der Mangel an geeigneten Arbeitskräften.

Daß trotz dieser erheblichen Hindernisse dennoch eine Entwicklung des deutschen Maschinenbaues in dem Ausmaße vor sich ging, daß man seit der Mitte des 19. Jh. von der Existenz einer deutschen Maschinenbauindustrie sprechen kann, ist auf einige diese Entwicklung günstig beeinflussende Faktoren zurückzuführen. Vor allem ist die Rolle der einzelnen deutschen Staaten, die den Maschinenbau in ihrem Interesse zu entwickeln versuchten, hier hervorzuheben. Der Staat war für eine ganze Anzahl von Maschinenbaubetrieben Geldgeber, indem er Kapitaldarlehen gewährte oder Kapitalschenkungen sowohl als Geldkapital wie auch als Maschinen machte. Er unterstützte ferner die Ausbildung der Maschinenbauunternehmer und ermöglichte damit zahlreiche Gründungen.

Einen ebenfalls gewaltig fördernden Einfluß auf die Entwicklung des deutschen Maschinenbaues nahmen das Eisenbahnwesen und die Schaffung der wirtschaftlichen Einheit Deutschlands durch den Zollverein. Während das erstere den Bedarf an Erzeugnissen des Maschinenbaues sprunghaft erhöhte und damit die Entstehung vieler Betriebe erforderlich und möglich machte, hat letzterer in gewissem Maße durch seine Zollpolitik, besonders aber durch die mit ihm hergestellte Einheit des inneren Marktes einen maßgeblich begünstigenden Einfluß auf den deutschen Maschinenbau genommen. Ohne das Vorhandensein dieser fördernden Faktoren wäre die Entwicklung des Maschinenbaues wesentlich langsamer vonstatten gegangen, wie es die beginnende Entstehungsperiode auch zeigt.

Wenn wir den Maschinenbau in der ersten Hälfte des 19. Jh. in seinem untrennbaren Zusammenhang mit der gesamten übrigen Wirtschaft und Struktur Deutschlands betrachten, so müssen wir feststellen, daß er mit Ausnahme der letzten Phase seiner Entstehungsperiode noch nicht als Industriezweig anzusprechen ist. Die Zeit von seinen ersten Anfängen bis zu seiner Existenz als Industriezweig wollen wir versuchsweise folgendermaßen periodisieren:

1. 1790—1820 *Entwicklung von Keimen der Maschinenbauindustrie*
Charakteristisch ist das vereinzelte Auftreten von kleineren Maschinenbaubetrieben an verschiedenen Stellen Deutschlands. Sie sind überwiegend als Handwerk, jedoch auch bereits als Manufaktur organisiert. Es dominieren Maschinenbauwerkstätten anderer Industriezweige sowie solche ausländischer Gründer.

2. 1821—1835 *Beginnende Entstehungsperiode der Maschinenbaubetriebe (1. Etappe)*
Zahlreiche handwerkliche oder andere kleinere selbständige Betriebe geben dem deutschen Maschinenbau dieser Zeit das Gepräge.

3. 1836—1846 *Hauptentstehungsperiode der Maschinenbauindustrie (2. Etappe)*
In dieser Zeit ensteht die Grundlage der deutschen Maschinenbauindustrie. Sie ist durch das Vorhandensein zahlreicher größerer und vieler mittlerer Maschinenbaubetriebe charakterisiert. Die fabrikindustriell und manufakturell organisierten Betriebe beherrschen das Bild. Zwar sind die handwerklichen Betriebe noch in der Mehrzahl, jedoch nehmen ihr Anteil und ihre Bedeutung fortlaufend ab. Vom Ende dieser Etappe an kann man von der Existenz eines deutschen Maschinenbaues als Industriezweig sprechen.

Die Entstehungszeit des deutschen Maschinenbaues als Industriezweig schließt mit der Krise von 1847 und der Revolution von 1848 ab. Mit dem in den fünfziger Jahren des 19. Jh. einsetzenden gewaltigen industriellen Aufschwung beginnt auch für den deutschen Maschinenbau eine neue Periode seiner Entwicklung. Auf der in der ersten Hälfte des Jahrhunderts gelegten Grundlage erlebt er die Periode seines größten Wachstums in der Zeit der kapitalistischen Gesellschaftsordnung in Deutschland.
Dem Vorhandensein von Betrieben oder dem Ausmaß der Produktion nach spielte also der Maschinenbau in der ersten Hälfte des 19. Jh. in der Gesamtwirtschaft Deutschlands nur eine geringe Rolle. Dennoch besaß er in dieser Zeit eine große Bedeutung in zweierlei Hinsicht:

1. Die industrielle Revolution in Deutschland wäre ohne die gleichzeitige Entwicklung des Maschinenbaues wahrscheinlich nicht oder nicht in jenem Ausmaße möglich gewesen. Sie basierte nämlich zu einem nicht unbeträchtlichen Teil auf der Maschinerie, die von den Anfängen der *deutschen* Maschinenbauindustrie hergestellt worden ist.
2. In dieser Zeit wird das Fundament für den Industriezweig gelegt, der einer der wichtigsten Deutschlands werden sollte. Er wurde zu einem wichtigen Grundstein der deutschen Volkswirtschaft, und der Ruhm der Arbeit deutscher Menschen wurde durch ihn in alle Welt getragen.

ANHANG

1. Fabrikordnung einer Maschinenbauanstalt

„Reglement für die Arbeiter der Maschinen-Bau-Anstalt und Eisengießerei der Seehandlung in Moabit.“[503]

„Bei jedem großen Werke und bei der Vereinigung einer größeren Anzahl von Arbeitern sind Ordnung und Uebereinstimmung als die Haupt-Grundlage des guten Gedeihens zu betrachten, deshalb wird auch auf die Befolgung der nachstehenden Bestimmungen strenge gehalten werden.
Jedem in der unterzeichneten Anstalt Beschäftigten wird ein Exemplar dieses Reglements übergeben werden, damit Niemand sich mit Unkenntniß entschuldigen könne. Die Annahme derselben gilt als Verpflichtung sich dessen Vorschriften zu unterwerfen.

§ 1.

Die regelmäßige Arbeitszeit beginnt zu jeder Jahreszeit präcise um 6 Uhr Morgens, dauert mit Ausnahme der üblichen Frühstückszeit von einer halben Stunde, der Mittagszeit von einer ganzen und der Vesperzeit von wiederum einer halben Stunde ununterbrochen bis 7 Uhr Abends und muß strenge eingehalten werden.
Fünf Minuten vor dem Beginn der vorgedachten Arbeitszeiten bis zu der vollen Zeit, wird durch das Läuten der Glocke angedeutet, daß sich jeder in den Werkstätten der Anstalt beschäftigte Arbeiter an seinen Platz zu begeben habe, um gleich nach dem Schlusse des Leutens seine Arbeit beginnen zu können.
Punkt 6 Uhr, $8^1/_2$ Uhr, 1 Uhr & $4^1/_2$ Uhr wird von dem Portier die Thür verschlossen.
Wer 2 Minuten zu spät kommt, verliert den Lohn einer halben Stunde; wer über 2 Minuten zu spät kommt, darf nicht eher als bei dem Beginne der nächsten Arbeitszeit zu arbeiten anfangen, wenigstens wird ihm für diese ganze Zeit der Lohn abgezogen. Um allen Streitigkeiten in Hinsicht auf die Zeit zu steuern wird eine über dem Hause des Portiers angebrachte Uhr den Ausschlag geben.
Diese Anordnungen gelten sowohl für die im Wochenlohn, als für die Accord Arbeitenden und wird in Uebertretungsfällen jeder nach Verhältniß seines Lohnes Abzug erleiden. Der Abzug wird nach den Angaben des dazu verpflichteten Portiers in den Lohnlisten vermerkt werden; ein jeder hat sich darin zu fügen, da man sich auf Gegenvorstellungen nicht weiter einlassen kann.

§ 2.

Nach dem Einläuten des Feierabends verläßt jeder Arbeiter, mag er im Lohn oder Accord arbeiten, seine Werkstatt, so wie den Hof, darf aber vor dem Einläuten keine

[503] DZA. Rep. 109 A XXIV f., Nr. 6, Vol. I, fol. 10—12.

Zurüstungen zu seinem Abgange treffen. Im Uebertretungsfalle zahlt er zur Krankenkasse fünf Silbergroschen. Nur diejenigen Arbeiter, welche von ihren Vorgesetzten specielle Erlaubniß erhalten, dürfen zum Behuf des Arbeitens länger in den Werkstätten verweilen. — Hat ein Arbeiter nach Feierabend gearbeitet, so muß er beim Weggehen dem Portier seinen Namen angeben, oder er verliert den Lohn für seine Ueberstunden.

§ 3.

Keinem Arbeiter, mag er in Lohn oder in Accord arbeiten, ist es gestattet, sich vor Ablauf der Arbeitszeit zu entfernen, ohne die Erlaubniß seines Vorgesetzten eingeholt und dem Portier seinen Namen angegeben zu haben. Wer diese beiden Meldungen unterläßt, hat zehn Silbergroschen zur Krankenkasse zu zahlen.

§ 4.

Oefteres unregelmäßiges Kommen zur Arbeit hat Entlassung zur Folge. Diese trifft auch denjenigen Arbeiter, welcher von einem Beamten oder Werkführer der Anstalt müßig gehend getroffen wird und dessen Anmahnung zur Arbeit nicht Folge leistet.

§ 5.

Wer die Anstalt auf irgend eine andere Art als durch den bestimmten Eingang betritt oder dieselbe auf einem unerlaubten Wege verläßt, z. B. durch Zaun- oder Mauerübersteigung, Uebersetzen über die Spree pp zahlt im ersten Betretungsfalle eine Strafe von funfzehn Silbergroschen zur Krankenkasse und wird bei Wiederholung entlassen.

§ 6.

Kein Arbeiter darf seinen Platz verlassen, ohne dazu einen mit seiner Arbeit zusammenhängenden Grund zu haben.

§ 7.

Jede Unterhaltung mit dem Mitarbeiter ist untersagt; wenn ein Arbeiter Auskunft über seine vorhabende Arbeit bedarf, so hat er sich deshalb an seinen Werkführer oder an den dazu beauftragten Mitarbeiter allein zu wenden.

§ 8.

Das Tabackrauchen in den Werkstätten, wie auf dem Hofe, ist während der Arbeitsstunden nicht gestattet; wer darüber betroffen wird, zahlt jedesmal fünf Silbergroschen zur Krankenkasse.

§ 9.

Auf Reinlichkeit in der Werkstatt hat jeder Arbeiter, so weit ihm der Raum zugehört, selbst zu achten, oder sich nach Befinden deshalb an den Vorgesetzten zu wenden. — Jedes Hülfswerkzeug muß stets in gutem Stande erhalten und nach dem Gebrauch von allem Abfall und Unrath gereinigt werden. Hauptsächlich der Dreher hat dies in Bezug auf seine Bank zu beachten.

§ 10.

Wer seine natürlichen Bedürfnisse an anderen als an den dazu angewiesenen Orten verrichtet und dadurch oder auf andere Weise Wände, Mauern, Zäune, Plätze pp verunreinigt, desgleichen wer das Waschen von Gesicht und Händen in der Werkstatt und nicht an den dazu bestimmten Räumen vornimmt, hat fünf Silbergroschen zur Krankenkasse zu zahlen.

§ 11.

Nach Vollendung einer ihm übertragenen Arbeit, muß jeder Arbeiter dieselbe sogleich seinem Vorgesetzten in der Werkstatt übergeben, damit er neue Arbeit erhalten könne. Den Motelltischlern ist es unbedingt verboten ohne ausdrückliche Anweisung der Vorgesetzten, ihre Modelle den Formern für die Gießerei zu übergeben. Keinem Arbeiter ist es gestattet, Arbeit von einem Mitarbeiter anzunehmen, ohne dazu von seinem Werkführer Anweisung erhalten zu haben.

§ 12.

Es versteht sich von selbst, daß den Vorstehern und den Beamten der Anstalt unbedingter Gehorsam geleistet und die schuldige Achtung bewiesen werden muß. Widersetzlichkeit wird mit Entlassung bestraft.

§ 13.

Augenblickliche Entlassung trifft gleichfalls denjenigen, welcher im trunkenen Zustande in den Werkstätten betroffen wird.

§ 14.

Unrichtige Angaben irgend einer Art gegen Vorsteher oder Beamte der Anstalt werden auf das Strengste gerügt und nach Befinden ebenfalls mit der Entlassung bestraft. Gleiche Strafe trifft auch denjenigen, der bei der ihm übertragenen Beaufsichtigung oder bei Verzeichnung von Gegenständen, wissentlich Fehler durchgehen läßt.

§ 15.

Jeder Arbeiter ist verpflichtet, Unehrlichkeiten oder Betrügereien von Mitarbeitern den Vorstehern anzuzeigen. Unterläßt er dies und es wird bei späterer Entdeckung eines solchen Frevels erwiesen, daß er darum gewußt hat, so wird seine gerichtliche Bestrafung als Hehler beantragt und sein rückständiger Lohn als Strafe zurückbehalten. Dagegen wird demjenigen, welcher eine Dieberei so vollständig anzeigt, daß die Bestrafung des Diebes erfolgen kann, eine Belohnung von zwey Thaler, den Umständen nach, auch mit Verschweigung seines Namens zugesichert. — Uebrigens haben der Portier und der Wächter, so wie jeder Beamte das Recht, die Körbe, Paquete, Schürzen pp der Frauen oder Kinder, welche das Mittagessen bringen, beim Fortgehen zu untersuchen, auch den der Mitnahme von Gegenständen irgend einer Art verdächtigten Arbeiter zu visitieren.

§ 16.

Besuche in den Werkstätten darf kein Arbeiter annehmen, und unter keinem Vorwande fremde Personen in die Anstalt einführen, ohne von einem der Dirigenten dazu Erlaubniß zu haben; während der Arbeitszeit darf dies jedoch niemals geschehen.

§ 17.

Jeder Arbeiter hat für die ihm übergebenen Werkzeuge zu haften und durch gehörigen Verschluß dafür zu sorgen, daß nichts davon entwendet werde. Es ist seine Sache, zu veranlassen, daß bei Annahme oder nach Empfang von Werkzeugen, das ihm übergebene Verzeichniß von dem betreffenden Beamten berichtigt werde, so daß Letzteres mit dem wahren Bestande stets übereinstimmt. — Bei dem Abgange aus einer Werkstatt in die andere, oder aus der Anstalt, so wie bei jeder Revision, muß der Arbeiter das Werkzeug nach dem Verzeichniß vollständig vorzeigen, oder das Fehlende ersetzen, weshalb ihm zunächst der Lohn, bis zum Ersatz des Fehlenden einbehalten wird.

§ 18.

Lohnvorschüsse werden nur den älteren Arbeitern und auch diesen nur unter den dringendsten Umständen gewährt. Während der Dauer von Arbeiten im Accord hat der Arbeiter nur das Recht, sein festgesetztes Wochenlohn als Abschlagszahlung zu fordern; das Mehrverdiente wird erst nach Vollendung der ganzen accordirten Arbeit nachgezahlt.

Wenn ein Arbeiter der ein Stück in Accord fertigt vor Vollendung desselben freiwillig aus der Arbeit scheidet, zur Strafe entlassen oder durch Krankheit gehindert wird, so wird die, bis zum Entlassungstage von ihm gelieferte Arbeit von den Vorstehern der Anstalt unter Zuziehung 2er Werkführer, abgeschätzt und ihm darnach vergütet. Gegen die Entscheidung dieser Sachverständigen steht dem betreffenden Arbeiter kein Recht zu.

§ 19.

Das Reglement wird zwar jedem Arbeiter unentgeltlich übergeben, wer dasselbe aber verliert und ein neues bedarf, oder bei seinem Abgange es nicht abliefern kann, hat dafür $2^1/_2$ Sgr. zur Krankenkasse zu entrichten.

Moabit im August 1844.

Maschinen-Bau-Anstalt & Eisengießerei der Seehandlung
Gez.: Schlittgen Petzholdt
Gesehen und genehmigt.
General-Direktion der Seehandlungs-Societät
Rother Mayet"

2. *Maschinenbestand einer Maschinenbauanstalt*

„Verzeichniß der in der Maschinenbau Anstalt zu Moabit bei deren Auflösung vorgefundenen Apparate und Werkzeuge.[504]

Stück	Bezeichnung	Bemerkungen
1	Engl. Hobelbank	aus England bezogen
1	Planscheiben Drehbank	früher übernommen und instand gesetzt
1	Kreisscheere	aus altem Material zusammengestellt
1	Engl. selbstarb. Drehbank mit Support	von Herrn Voupier mitgebracht
1	Drehbank mit hölzernen Wangen und 2 Support	alt übernommen und in stand gesetzt

504 DZA. Rep. 109 A XXIV f., Nr. 5, Vol. I, fol. 87. (Auszug)

Stück	Bezeichnung	Bemerkungen
1	Drehbank	hier in der Anstalt gefertigt
1	Drehbank mit einem Support	„ „
1	gr. Bohrwerk mit Planscheib. Drehbank	
1	kleines Bohrwerk	neu in d. Anstalt gefertigt
1	kleine Lochbohrmaschine	neu in d. Werkstatt gefertigt
1	dergl.	desgl.
1	Kreissäge	übernommen und in Stand gesetzt
1	gr. Schleifstein mit Vorrichtung	angeschafft desgl.
1	dergl.	„
1	kleiner Schleifstein mit Vorrichtung	neu angekauft
1	kleine Pumpenbohrmaschine	neu in der Anstalt gefertigt
1	Lochbohrmaschine	übernommen
1	dergl.	desgl.
1	eis. Winde	desgl.
1	Schleifstein mit Vorrichtung	neu angeschafft
1	gute Drehbank mit einem Support	in der Anstalt gefertigt
1	Hobelmaschine von Hamann	neu gekauft von Hamann
1	lange Drehbank	übernommen und in Stand gesetzt
1	Räderschneidemaschine	von Herrn Voupier mitgebracht
1	kleine eiserne Drehbank	übernommen und in Stand gesetzt
1	dergl.	desgl.
1	dergl.	desgl.
1	Drehbank	desgl.
1	engl. eis. Drehbank mit Support	von Herrn Voupier mitgebracht
1	Drehbank	übernommen und in Stand gesetzt
1	Schwungrad	übernommen
1	Schraubenschneidemaschine	übernommen
1	Bohrmaschine	desgl.
1	Schraubenschneidemaschine	von Herrn Voupier mitgebracht
1	Lochmaschine	übernommen und in Stand gesetzt
1	dergl.	übernommen und in Stand gesetzt
1	dergl. und Scheere	übernommen
4	große Richtplatten	1 übernommen und 3 angekauft
1	Dampfkessel	neu in der Anstalt gefertigt
1	Feldschmiede	dito
1	Bockwinde	dito
1	gr. Drehbank	übernommen
1	kl. Drehbank	desgl.
1	Schwungrad	desgl.
1	eis. Krahn	neu in der Anstalt gemacht
1	Schraubenschneidestock	übernommen und in Stand gesetzt
1	Blechscheere mit Klotz	übernommen
1	Richtbank	neu in der Anstalt gefertigt
60	Schraubstöcke	theils übernommen theils neu angekauft“

3. Lagerbestand einer Maschinenbauanstalt

„Nachweisung der Materialien Vorräthe am Jahresschlusse 1844."[505] Moabit.

„Ctr.	Pfd.	
714		div. Eisen
646		Bleche
75		altes Eisen
15	55	Gußstahl
1	40	deutsch. Stahl
	50	alt. Stahl
	$2^1/_2$	Stahldraht
2		Eisendraht
	20	Messingdraht
	97	Messingblech
	$1^3/_4$	Kupferdraht
2	11	Kupferblech
5	25	Schmelzkupfer
2	10	Messing
4	66	Messingspähne
3	48	Zink
	106	Zinn
3		Blei
40		Niete
9		Schrauben
	82	Schlageloth
178	24	Gußstücke
7	91	Roststäbe

1 Preßzylinder
1 Saugklappe
2 Lager mit Messing
1 Barometer-Rohr
1 Zeiger zu 1 Dampfmaschine
Theile zu einem Calander
34 Last Schmiedekohlen
152 „ große Kohlen
600 Tonnen Formsand
30 Ruthen Lehm
70 Ctr. Schmiedeeisen in der Gießerei
136 Last Coackskohlen
84 Last Coacks
34 800 Ctr. Roheisen"

505 DZA. Rep. 109 A XXIV f., Nr. 5, Vol. I, fol. 201. (Auszug)

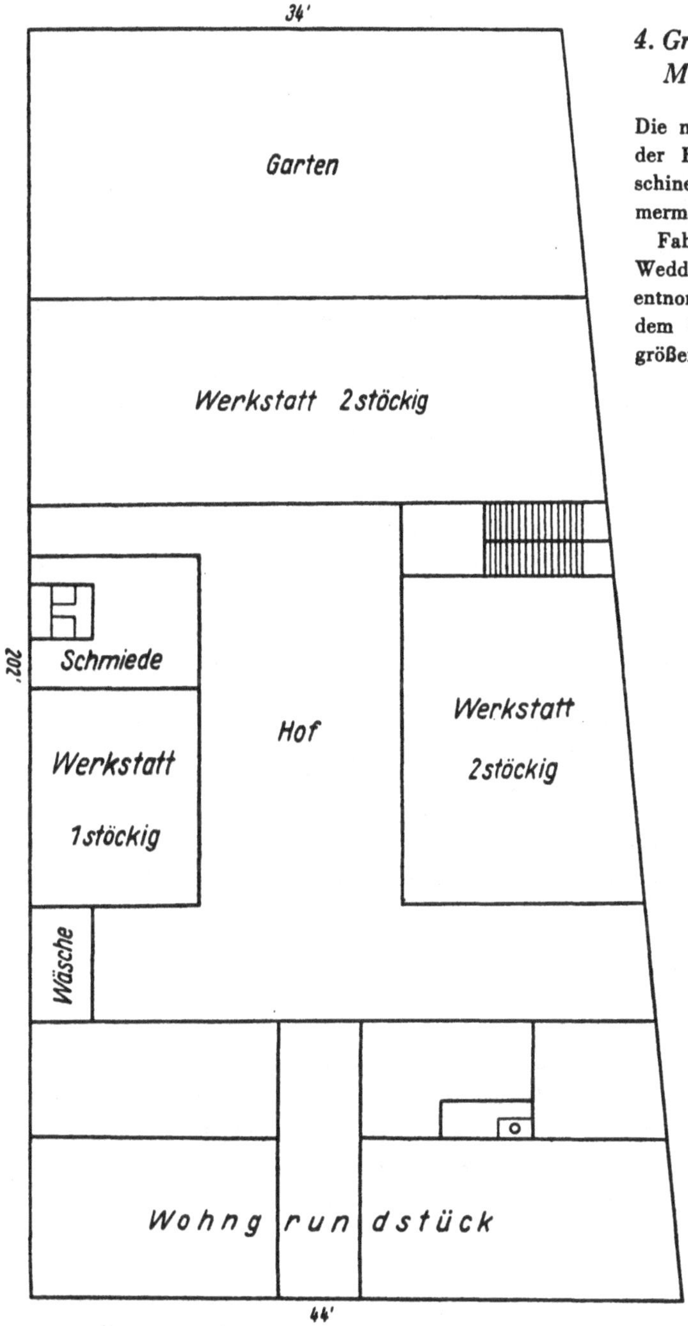

4. Grundriß einer Maschinenbauanstalt

Die nachfolgende Skizze ist der Beschreibung der Maschinenbauanstalt von A. Zimmermann in Burg durch den Fabrikenkommissionsrat Wedding vom 20. Juni 1846 entnommen und gegenüber dem Original dreifach vergrößert.[506]

[506] Vgl. DZA. Rep. 120 D XIV 1, Nr. 10, Vol. I, fol. 198.

5. Schreiben des englischen Maschinenbauers Evan Evans an den Hofrat Sahr[507]

„Chemnitz the 5th of May 1808

Your Excellency

I hope will not take it amiss, as I make so free as to trouble You so often; however, this time I can scarce possibly avoid it.
Since I begun upon my own Risgoe, to build my Tools (Werkzeug) and afterwards English Spinning Machines, I could not possibly imagine, that I should be entirely left destitude of any Support (Understüzung) because if I am not mistaken, the Saxon laws points out Supports for all Undertakings which are really beneficial to the whole Nation.
The first time as I begun in earnest to apply for Support was by You in Michaels Fair in Leipzig 1806, then a Memorial was made and sent to the (then) Elector, soon afterwards a Rescript was sent to the Counselor Dürisch to Chemnitz, but this Rescript owing to the War Trouble remained so long by the Counselor without a Notice or Advice (Bericht) untill Merchant Schnabel from Chemnitz came (oft this own accord) into me, and preffered he would enter Partnership with me, and would take care to supply with Money, that nothing should fail; Schnabel promised also at that time, he would in a few Days make his Propositions (Vorschläge) hew we should stand in Company, but instead in a few Days, a few Months were elapsed, he took first his Brother in Company and I did not know still how I stood with him, and that long after we were in Dresden all three together (something above a twelve month since) seeking an Advance of Money.
At last (because I knew nothing at all how I stood) I resolved to withdraw from Schnabel, and build him the Machines (as I had already begun) for a certain Sum of Money, and remain entirely for myself, in hope at that time, I might perhaps receive some sort of a Support for myself, as well as if I was in Company with Schnabel.
But every attempt of this sort has proved as yet by me quite fruitless, Nothing for Evans, Nothing for Evans.
To be sane, I can not deny it, Your Excellency have told me at that time in Leipzig, that I could not get an Advance of Money without Land Security, and that it would be a deal easier for me to get about 200 Dollars year Pension, than an Advance of Money without neither Land nor Building to give a Security.
Against that I had nothing, only my Bussiness was already so important, that I could scarce feel 200 Dollars, whether I had them or not: no less than some Thousands would carry my Affairs on, and that but slowly.

[507] Originalhandschrift von Evans, in: SLA. Loc. 11 148, Nr. 196, fol. 21–24. (Orthographie gegenüber dem Original unverändert.)

Your Excellency I know, will pardon my freedom, if I lay some plain Truths before You, which I do not doubt but what You will consider and weigh them.
When Mess. Bernhards applyed to Government for a Support or an Advance of Money, likewise a Priviledge, to build fine English Spinning Machines, called Mules, gave themselves also as Men capable of directing the Building of the Same. Every thing (as far as I have heard) was granted, they begun and set to work, for two or three years, or at least, so long untill they were convinced they could never bring any thing to bear.
At last they were forced to enquire about some Englishmen, or else they were entirely lost, as they themselves often acknowledged. They found One in Hamburg, and that was Watson, but this still was not enough, Watson knew that he himself had only a Knowledge in some Parts of the Bussiness, but not half enough, so he gave Bernhards a Direction to write to me; and after I received two or three very flattering Letters, I set off from Manchester the 12 of Feby 1802 and arrived in Harthau the 20th of the following March. In a very short time afterwards as every One (who was anywise interested in the Bussiness) knows, I brought several Machines into a go, and the Product (or Yarn) was very commendable.
Now, Messr. Bernhards made me such Promises as would really shame them at present if I had it only in Writing from them. By this time Charles Frederick was grown into a very Great Mechanic, he could build or direct the Building of the Mules himself, because forsooth, I had furnished him with all kinds of Models, and likewise learnt him Workmen in every Branche of the Bussiness: when they got the Great Engagement in Berlin, they begun to reward me, as they had for the course of three years and an half often promised.
However their Reward was binding me as I dane not give Direction to any body else of their Construction (as they called it for I had no Contract with them for so long a time in the Beginning) this I was so soft as to do, I only requested the Liberty of Building other Machines for myself what I have not given them, though they granted this, but as soon as I begun a little, they begun a begrudging it (beneiden) and demanding, I must build every thing as I had Knowledge of for them, by the Influence of the Contract, though the Contract did not specify any kind of Machine, but what he already had, however, rather than making any kind of a Strife, I chosed rather my Discharge, because Messr. Bernhards did not demand at first, and write unto me to England.
‚Evans, you must leave your native Country and come unto me to Saxony, I demand you Sir, you dare not stay any longer in England.' they did not neither when I first came to Harthau begin to command I must do so and so, for they first waited untill they could learn Something from me, than they thought they could command me. Inhumane!!! Unmenschlich!!! muzzeling the Mouth of the Ox that thrashed the Corn.
I know it possitively (and I can show it by their own hand Writings) that Messr. Bernhards had a Begrudge in their hearts at my Prosperity, how much they have done in Dresden to hinder me, I do not know? it seems as if I must have Enemies, and perhaps I can never get to know properly they are?
As I was setting the Machines together in Harthau and making the Necessary Alternations on them, Watson to be sure, benefited not a Triffle by it, and it is entirely seems,

he gave the most Directions to Whitefield to build Mules, but this still was not sufficient for Whitefield, for he endavoured to catch as many People as he could, who worked in Harthau, and was successful too; on else perhaps he could not make a Beginning to spin upon Mules to this Day; this is universally known, and if this was not the Case, I should imagine it would be a Diseredit to Whitefield to strive so much for People who I had learnt; to prove this, he (Whitefield) before he could make the least Beginning, has advertised in the News Papers for Mule Spinners and there was (at that Time) none existing in Saxony but them who I had learnt.

In short I know no Undertakings of Mule Spinning in Saxony this moment, but what is either Direct, or Indirect from me, that is, all through People who have benefited by me. Thomas in Lengefeld, Irmscher in Chemnitz, and Hanibal, a Fellow who I have had a deal of trouble with, for some years in Harthau, I could mention some others, but it is not worth while; some of these had Supports, and I do not enevy it, but still, it cuts me rather when I think I can not bring it so for, or rather farther as the very first in the Bussiness, and one who has left his native Country to establish it in another.

1st Some few more Considerations or Observations I will make so free as to lay before Your Excellency Suppose I did not at that Time leave England and come to Saxony, it might possibly you had no Mule Spinning to this very Day; though, I will not say that you could yet no other, but I will say that men of thoroughly Knowledge in the Bussiness are very seldom, even in England, for One man has one Branch and Another another.

2ndly Messrs. Bernhards went to Berlin because (perhaps) they thought the King of Prussia was abler to reward them than the Elector of Saxony, and I remained in Saxony so long untill I think the King of Saxony is abler in every respect than the King of Prussia.

3rdly I believe what would help me (let the Case be as it will) would noways be sensible to the King, and if I would properly supported, I have a kind of Hopes, that Thousands of poor Workmen in Saxony especially Weavers, would feel it in a short Time, because now is the highes pinch to the memory of Man for Cotton Yarn.

4thly If Your Excellency would only consider how heavy it was for me to build such immensely difficult and dear Implements, Tools or Engines (which lasted above a Twelve Month, with-out earning a Pfennig) in order afterwards to bring the Spinning to the highest perfection possibly I can. I found out also, several useful Invensions of my own.

5thly Models for every Part of the Machines, in order to get Cast Iron, Brass loc. was not a small Expense.

6thly Instructing me Workmen in every Branch of the Bussiness has not been a triffling Expense and Labour for me from the Beginning.

7thly The above Points are far gained, but still the Bussiness is attended with the utmost Difficulty to carry on afterwards with Advantage, without a Stock of Materials before hand, such as Iron, Steel, Brass and Wood loc.. For I have now three Engagements at once.

8thly If Your Excellency would only consider, that several have been supported with Money to through entirely away, and I could Employ 5 Thousands better than some Gentlemen 20. 30. 40 or 50 Thousands, such as Mr. Woehler, Messrs. Bernhards, or Mr. Thomas in Lengefeld; You yourself would think it almost a Cruelty as I can not obtain it.

The Counselor Dürisch asked me a few Days since how I would or could be supported by some other means, is very difficult at present to be obtained. I can only propose to you the three following Methods, as you could support me without ever having any Occasion to repent.

1st Gratification well considered, and not above my Merit would help me very much.

2ndly If you was to stipulate a small Premium for every Spindle as I could bring into a go every year, for Ten Years, or so many as you please (let them be for whom they will in the Land, for that is indifferent to the Nation). By this I wish to convince you, as I do not desire any, Reward for Idleness, Contrary, in every Respect according to Merit.

3rdly If a Pension is easier to be obtained than any other kind of a Support, According to Your Honour I hope you will fix such as would really help me, if it was only for a few Years. Your Excellency I know, will consider that I have been now a long time in Saxony.

If neither of theese Prepositions will succeed, then I am for ever done, To be sure, I have the greates Occasion for a Building for myself, where I could have my Tools, Implements or Utensils, and Workmen together, in this respect, I labour under the Greatest Disadvantages and Inconveniences.

Please to enquire about this of Counselor Dürisch.

By several means you might help me to this without hazarding a Heller. Such as buying me a Place and lend it me untill I could pay for it. Or if I was to buy it and You lend Money upon it, which is all one. In short, I believe every Thousand you would (at present) help me, would help the Saxon Manufactory in a short Time, Fifty Thousands.

I hope Your Excellency will not take it amiss, because I have tired you Patience with so many Words, I thought I would once demonstrate every possible Circumstance of mine to You.

I hope also if I have made rather too gross (grob) Expressions, that Your Excellency will pardon me, because, I did all in my Power, to explain my Meaning, in the German Language I could not do this, therefore, I hope You will pardon me for writing English, as You Yourself, and some others, especially such as Assessor Bucher, can understand and translate English. S accedingly well. I wish, (if You think proper) that Mr. Bucher should see this Letter.

So I remain with the Greatest
Humility and Respect,
Your Excellencys most
Obedient Servant
Evan Evans."

6. Vorhandensein und Standort von Maschinenfabriken in Deutschland im Jahre 1846

Land	Maschinenfabriken	Arbeiter	Land	Maschinenfabriken	Arbeiter
Preußen [508]	131	7644	Sachsen [510]	232	2250
Regierungsbezirke:			*Kreisdirektionsbezirke:*		
Königsberg	5	7	Dresden	56	129
Danzig	4	110	Leipzig	16	517
Marienwerder	2	32	Zwickau	135	1568
Posen	1	3	Bautzen	25	36
Bromberg	1	56			
Berlin	34	2839	Baden [511]	14	1091
Potsdam	2	18	*Amtsbezirke:*		
Frankfurt	6	137	Engen	1	66
Stettin	1	18	Stockach	1	12
Stralsund	3	53	Freiburg	1	2
Breslau	6	811	Lörrach	1	41
Oppeln	6	138	St. Blasien	1	30
Liegnitz	1	16	Karlsruhe	1	780
Magdeburg	10	1265	Lahr	1	35
Erfurt	2	129	Pforzheim	1	20
Münster	2	24	Heidelberg	2	34
Minden	1	30	Mannheim	2	42
Arnsberg	13	183	Neudenau	1	23
Köln	6	321	Weinheim	1	6
Koblenz	1	18			
Aachen	18	721	Hessen (Ghzt.) [512]	14	246
Düsseldorf	6	713	*Steuerbezirke:*		
			Darmstadt	3	71
Bayern [509]	17	1020	Michelstadt	2	7
Regierungsbezirke:			Offenbach	5	72
Oberbayern	4	437	Battenberg	1	30
Pfalz	3	280	Mainz	3	66
Mittelfranken	6	153			
Unterfranken	2	134	Hessen (Kft.) [513]	4	212
Schwaben	2	116	Stadt Kassel	1	190
			Kreis Hanau	1	6
			Kreis Melsungen	2	16

[508] Gewerbetabelle der Fabrikationsanstalten ... A. a. O., S. 23.
[509] Gewerbetabelle der Fabrikationsanstalten und Fabrikunternehmungen aller Art in den Königreichen Bayern und Sachsen. Nach den Aufnahmen im Monat Dezember 1846. S. 23.
[510] Ebenda.
[511] Gewerbetabelle ... im Großherzogtum Baden für das Jahr 1847. S. 14, 34, 51, 77.
[512] Gewerbetabelle ... im Großherzogtum Hessen für das Jahr 1847. S. 15, 42.
[513] Gewerbetabelle ... im Kurfürstentum Hessen für das Jahr 1847. S. 18.

7. Verzeichnis der in die Untersuchung einbezogenen Betriebe

In dieser Liste fanden nur die Betriebe Aufnahme, die im Betrachtungszeitraum innerhalb der damaligen Grenzen der deutschen Länder gelegen waren.

E. Alban, Plau (Mecklenburg)
Gebr. Alberti, Waldenburg (Schlesien)
J. W. Alfs, Leipzig
Arndt, Züllichau
S. Aston, Magdeburg, später: Maschinenfabrik des Grafen zu Stolberg-Wernigerode
C. G. Auerbach, Chemnitz
J. E. Auerbach, Chemnitz
Chr. Bergmann, Greifswald
K. F. Bernhard, Harthau (Sachsen)
B. Biram, Berlin
R. S. Blochmann & Dietrich, Dresden
H. Bodmer, St. Blasien (Baden)
Gebr. Bonardel, Berlin
J. Borchardt, Chemnitz
A. Borsig, Berlin
Brechert, Stolp (Pommern)
Frh. v. Burgk, Plauen b. Dresden
A. Charlier & F. van der Zypen, Köln
J. Cockerill, Aachen und Berlin
A. Cremer, Recklinghausen
R. Decker, Berlin
Deisler, Koblenz
Diepers, Crefeld
Chr. Dingler, Zweibrücken
F. Dinnendahl, Mühlheim, später: Deus & Moll
J. Dinnendahl, Mühlheim
Dobbs & Nellessen, Aachen, später: Dobbs & Poensgen
W. Dorning & Krug, Zwickau
J. N. Dreyse, Sömmerda
Gebr. Druckenmüller, Coblenz
Eberhau & Schwenzer, Crefeld
J. G. Ebersbach, Glauchau
H. F. Eckert, Berlin
F. A. Egells, Berlin
G. Egestorff, Hannover
Graf v. Einsiedel, Lauchhammer
Eisenreich, Plauen
v. Elterlein, Pfeilhammer (Sachsen)
Emonds & Herrnkohl, Aachen
J. Esche, Chemnitz
E. Evans, Harthau (Sachsen)
Felser & Nolten, Burtscheid
J. G. Forberg, Halle
Foster, Berlin
L. Fink & H. Wiebe, Berlin
G. Chr. Freund, Berlin, später: J. C. Freund
F. Gaestel, Berlin
E. Geßner, Aue
M. H. Göbel, Zaukerode
A. Götze & Co., Chemnitz
J. Haag, Augsburg
P. J. Hagen & E. Baehrens, Köln
A. Hamann, Berlin
Gebr. Harkort, Leipzig
F. Harkort, später: D. Kamp & Co., Wetter (Ruhr)
J. Harkort, Harkorten (Westfalen)
F. Hartmann, Berlin
R. Hartmann, Chemnitz
Hartmann & Lindt, Heidelberg
C. G. Haubold sen., Chemnitz, später: Sächsische Maschinenbau-Compagnie
C. G. Haubold jun., Chemnitz
C. Hauschild, Berlin
Haußner, Pöhla (Sachsen)
C. J. Heckmann, Berlin
Helling, Crimmitzschau
C. Henschel & Sohn, Kassel
J. G. Hetzel, Chemnitz
Heymann, Flöha (Sachsen)
G. Hille, Burg
E. Hoffmann, Breslau
F. E. Hoffmann, Leipzig
Hofmann, Gelenau (Sachsen)
C. Hoppe, Berlin
C. Hummel, Berlin
Gebr. Jacobi, Meißen
G. Jacobi, Gebr. Haniel & Huyssen (Gutehoffnungshütte), Sterkrade
P. Jones, Harthau (Sachsen)

E. Keßler & Martiensen, Karlsruhe, später: Lokomotivfabrik Karlsruhe
Kinne, Halle
F. Klett, Nürnberg
C. A. Clindworth, Hannover
J. Kohler, Berlin
F. König & A. Bauer, Oberzell (Franken)
König, Zwickau
Kraatz, Nowawes (Mark Brandenburg)
Gebr. Kramsta, Märzdorf (Schlesien)
F. Krupp, Essen
L. Kufahl, Berlin
G. Kuhn, Berg (bei Stuttgart)
A. Kühling, Chemnitz
Th. Labahn, Greifswald
H. L. Lattermann & Söhne, Morgenröthe (Sachsen)
Lauckner, Chemnitz
A. F. Lehmann, Berlin
Liedlof, Dittersdorf (Sachsen)
Lindheim, Ulbersdorf (bei Glatz)
C. A. Lindner, Limbach
J. G. Lippmann, Mittweida
H. Ludwig, Plauen (bei Dresden)
C. Lüttig, Berlin
J. Maffei, München
J. M. Mannhart, München
J. G. Martin, Leipzig
Mason, Memel
J. F. Meßmer, Grafenstaden (bei Straßburg)
C. Metz, Heidelberg
J. Meyer & Co., Hildburghausen
Milde, Breslau
F. Mohl, Berlin
Müller, Graudenz
Müller, Markertsdorf (Sachsen)
J. G. Nathusius, Althaldensleben (Provinz Sachsen)
J. G. Naundorf, Werdau
J. F. Negenborn, Königsberg
C. A. Nendel, Chemnitz
J. Nering-Bögel, Ysselburg (Kreis Rees)
Nestler & Breitfeld, Erla (Sachsen)
v. Netrebski, Posen
A. F. Neukrantz, Metzke & Co., Berlin
Neukranz, Salzwedel
Neumann & Esser, Aachen
Nobert, Greifswald
Oberrhein & Schönborn, Grüneberg (Schlesien)
J. Oechelhäuser, Siegen
A. Oertling, Berlin
J. F. Petzold & A. Centner, Bautzen
C. Pfaff, Chemnitz
P. Pfister, Berlin
J. P. Piedbouf, Aachen
H. D. Piepenstock, Hörde
Plagemann, Bromberg
W. Plöttner & Sohn, Crimmitzschau
E. Price & Co., Hamburg
v. Querfurth, Schönheide (Sachsen)
F. Queva, Berlin
H. Queva, Erfurt
C. A. Raabe, Berlin
A. Rabenstein, Chemnitz
Regnier & Poncelet, Aachen
C. Reichenbach & C. Butz, Augsburg; Gründer: L. Sander
Rekoß, Königsberg
Repsold, Hamburg
J. Reuleaux & Co., Eschweiler, vorm. Englerth, Reuleaux & Dobbs
Richter, Dittmannsdorf (Sachsen)
Rudolph & Drewitz, Thorn
Ruffer, Breslau
Schauer, Berlin
C. F. Schellenberg, Chemnitz
F. Schichau, Elbing
Schieferdecker & Lauchner, Aue
A. Schlosser, Crimmitzschau
M. Schmock, Aachen
Schnebely, Chemnitz
Schneider, Lengefeld (Vogtland)
Gebr. Schönherr, Niederschlema (Sachsen)
R. Schöttler, Magdeburg
Schroetter, Düsseldorf
C. A. M. Schulze, Crimmitzschau
F. Schönemann, Demmin
J. S. Schwalbe & Sohn, Chemnitz
F. L. Seifert, Chemnitz
F. W. Seifert, Chemnitz
Seydell & v. Würden, Stettin
Sindheim & Hawthorn, Ullersdorf (Schlesien)
C. Spatzier, Berlin
G. Startz, Aachen
Steimmig, Danzig
Steinfurth, Königsberg

Stephan, Altwasser (Schlesien)
Stephens, Aachen
Stiel & Co., Aachen
v. Stolberg-Wernigerode, Ilsenburg
P. Straube, Chemnitz
F. Stuckenholz, Wetter (Ruhr)
E. Tänzer, Leipzig
L. Tautenberg, Hösten (Bez. Arnsberg)
Uhle, Aachen
D. Uhlhorn, Grevenbroich
Uhlig, Altenhayn (Sachsen)
J. A. Uthe, Dresden
Vitteneufe, Aachen
H. Voss, Kölln (Mecklenburg)
Gebr. Voupier, Aachen
A. M. Wagner, Dresden
Wannovius, Tilsit
C. H. Weissbach, Chemnitz
A. Wever & Co., Elberfeld
F. G. Wieck, Harthau (Sachsen)
L. Winkens & Co., Halle
F. Winter, Berlin
Wöhler, Chemnitz
J. F. Wöhlert, Berlin
Wolter, Finsterwalde
A. Zimmermann, Burg
J. Zimmermann, Chemnitz
Zschocke, Sachsenburg
Königin Marienhütte, Cainsdorf
Königliche Hütte, Gleiwitz
Königliche Hütte, Malapane
Königliche Eisengießerei, Berlin
Königliche Maschinenbauanstalt, Halsbrücke (bei Freiberg)
Königliche Seehandlungs-Maschinenbauanstalt, Moabit
Königliche Seehandlungs-Maschinenbauanstalt, Breslau
Maschinenfabrik der Magdeburg-Hamburger Dampfschiffahrts-AG, Buckau
Maschinenfabrik Esslingen AG
Maschinenbauanstalt Union, Königsberg
Maschinenbauanstalt Übigau
Mathematisch-mechanisches Institut, München
Wagenbau- und Reparaturwerkstatt der Leipzig-Dresdener Eisenbahn-Compagnie
Wagenbau- und Reparaturwerkstatt der Sächsisch-Schlesischen Eisenbahn-Compagnie

8. Verzeichnis der verwendeten Quellen und der Literatur

A. ARCHIVALIEN

a) Deutsches Zentralarchiv, Abt. Merseburg:

Rep. 77 CCCVI, Nr. 31: Acta die über den Zustand der Gewerbsamkeit in den Provinzen eingegangenen Nachrichten betr. 1815—1867.
Rep. 77 CCCVII, Nr. 50: Acta betr. die Verhältnisse der Arbeiter in Fabriken und Manufacturen zu den Besitzern der letztern. 1843—1848. Vol. I.
Rep. 89 B X, Nr. 1—28: Zeitungsberichte der Regierung zu Aachen. 1836, 1837, 1843, 1844, 1845, 1848.
Rep. 109 A XXIV f., Nr. 5: Acta betr. die Jahresabschlüsse der Maschinen-Bau-Anstalt zu Moabit. 1839—1850.
Rep. 109 A XXIV f., Nr. 6: Acta betr. das Reglement für die Arbeiter in der Maschinen-Bau-Anstalt zu Moabit, desgl. die Unterstützung der Arbeiter. 1843—1863.
Rep. 109 B IV, Nr. 54: Acta betr. das Projekt wegen Errichtung einer Maschinen-Bau-Anstalt in Oberschlesien. 1847.
Rep. 120 A IV, Nr. 11: Akten betr. die Titel-, Ordens- pp. Verleihungen an Kaufleute und Gewerbetreibende in der Provinz Sachsen. 1817—1857. Vol. I.

Rep. 120 A V 4, Nr. 2: Akten betr. die Berichte des Policei-Präsidii zu Berlin über die Gewerbsamkeit. 1812—1865.

Rep. 120 A VIII 1, Nr. 3: Akten betr. die Abhülfe des durch die politischen Verhältnisse im Jahre 1848 herbeigeführten Nothstandes unter den Fabrikanten und Fabrik-Arbeitern und unter den Kaufleuten.

Rep. 120 A XII 7, Nr. 55 d: Akten betr. die Bildung von Actien-Gesellschaften behufs Gewinnung und Verarbeitung von Metallen. 1829—1884.

Rep. 120 D I 1, Nr. 11: Akten betr. die technologischen Reisen der Fabriken-Kommissions-Räthe und deren Berichte hierüber. 1815—1851.

Rep. 120 D I 1, Nr. 12: Akten betr. die Bereisung der Provinzen in gewerblicher Beziehung durch den Herrn Geh. Ober- Fin.-Rath pp. Beuth. 1818—1832.

Rep. 120 D I 1, Nr. 27: Akten betr. die von Privatpersonen eingegangenen Vorschläge zur Förderung der Gewerbsamkeit und der Kunstindustrie. 1833—1885.

Rep. 120 D II, Nr. 86 Adh.: Nachweisung von den zur Förderung der Industrie vom Anfange des Jahres 1840 bis Ende Juli 1852 durch Verleihung von Maschinen pp. aus Staatsfonds gewährten Beihülfen.

Rep. 120 D XIV 1, Nr. 2: Akten betr. die Verbesserung und Beförderung des Maschinenbaues in der Stadt Berlin. 1814—1871.

Rep. 120 D XIV 1, Nr. 3: Akten betr. die Unterstützungsgesuche von Mechanikern. 1827-1842.

Rep. 120 D XIV 1, Nr. 10: Akten betr. die Verbesserung und Beförderung des Maschinenbaues in der Provinz Sachsen. 1816—1850. Vol. I.

Rep. 120 D XIV 1, Nr. 12: Akten betr. die Verbesserung und Beförderung des Maschinenbaues in der Provinz Pommern. 1822— 1857. Vol. I.

Rep. 120 D XIV 1, Nr. 13: Akten betr. die Verbesserung und Beförderung des Maschinenbaues in der Provinz Preußen. 1818—1854. Vol. I und II.

Rep. 120 D XIV 1, Nr. 17: Akten betr. die Verbesserung und Beförderung des Maschinenbaues in der Provinz Westfalen. 1819—1870.

Rep. 120 D XIV 1, Nr. 21: Akten betr. die Verbesserung und Beförderung des Maschinenbaues in der Rheinprovinz. 1829—1876. Vol. I und II.

Rep. 120 E XVI 3, Nr. 1 A: Akten betr. die Gewerbe-Ausstellung der deutschen Staaten zu München im Jahre 1854.

Rep. 120 HA, B. Nr. 23: Acta betr. die Handelsverhältnisse der Stadt Breslau. 1844.

Rep. 120 HA, R, Nr. 16: Acta betr. Reisebemerkungen.

Rep. 120 HA, R, Nr. 17: Acta betr. Reiseberichte. 1846.

Rep. 151 neu III, tit. XV, Lit. B Specialia, Nr. 6: Acta betr. die Verzeichnisse der vorzüglichsten Fabriken und Manufakturen in den verschiedenen Provinzen des Preußischen Staats. 1821.

Rep. 151 neu III, tit. XV, Lit. B Specialia, Nr. 21: Acta betr. die von Ausländern beabsichtigten Anlagen von Handlungen und Fabriken in den diesseitigen Staaten. 1819—1860.

Rep. 151 neu III, tit. XV, Lit. B Specialia, Nr. 54: Acta betr. die Handels- und gewerblichen Verhältnisse der Städte Elberfeld, Barmen, Düsseldorf und Coblenz. 1827.

AA II, Rep. 6, Nr. 357: Acta betr. die jährlichen Commercial-Nachweisungen aus dem gesammten Zoll-Verein; die Vergleichung der gemeinschaftlichen Zoll-Einnahmen mit der früheren Periode; die Zusammenstellung des Waaren-Aus- und Durchgangs, Gewerbetabellen. 1842 bis 1850. Vol. I.

AA II, Rep. 6, Nr. 360: Sammlung der Zusammenstellungen der zum Eingang verzollten Waaren, des Waaren-Durch- & Ausgangs in den Zollvereinssstaaten und der Vergleichungen der gemeinschaftlichen Zoll-Einnahmen gegen die früheren Zeitabschnitte. 1834—1847.

AA II, Rep. 6, Nr. 436: Acta betr. die verschiedenen Mittheilungen und Vorschläge des geheimen Commercien Raths Diergard und Anderer über Gegenstände des Handels und der Industrie. 1844—1852.

b) Sächsisches Landeshauptarchiv, Dresden:

Loc. 11 148, Nr. 922: Acta den englischen Mechanicus W. Whitfield betr. 1808—1824.

Loc. 11 151, Nr. 958: Acta das Maschinenwesen überhaupt betr. 1805—1828.

Loc. 11 173, Nr. 1299: Acta. Die Errichtung einiger Maschinenbau-Anstalten in Sachsen betr. 1828.

Loc. 11 181, Nr. 1555: Acta. Des Maschinenbauers Nendel, zu Chemnitz, Unterstützungsgesuch betr. 1831.

Loc. 11 184, Nr. 1636: Acta, den Mechaniker und Maschinenbauer Louis Schwalbe in Chemnitz betr. 1834.

Loc. 11 184, Nr. 1637: Acta. Den Mechaniker Beyer aus Plauen betr. 1834—1836.

Loc. 11 184, Nr. 1663: III. Depart.: Gebirgs-Kreis. Die Ausführung von Maschinen ins Ausland betr. 1828—29. Vol. I.

Min. d. Innern, Nr. 1275 a: Acta. Concessionen zur Errichtung von Maschinenbauanstalten und Fabriken, deren Exemtion vom Zunftzwange im Bezug auf das Fertigen zünftiger Arbeiten und beziehentlich die Annahme zünftiger Gewerbsgehülfen betr. 1836—1859.

Min. d. Innern, Nr. 1381: Acta. Gesuche um Vorschüsse, Zinsenbeihülfen und sonstige Geldunterstützungen betr. 1827—1836.

Min. d. Innern, Nr. 1398 a—e: Beiträge zur Gewerbestatistik von Sachsen betr. 1835—1852. Vol. I—V.

Min. d. Innern, Nr. 1403 a—b: Die Dampfmaschinen betr. 1817—1850. Vol. I—II.

Min. d. Innern, Nr. 1465: Die Industrie-Ausstellungen betr. 1832.

Min. d. Innern, Nr. 5894: Maschinenbau-Anstalten betr.

Min. d. Innern, Nr. 5931: Allg. Reiseberichte.

Min. d. Innern, Nr. 5946: Maschinenbauanstalten für Eisenbahnen, Locomotiven usw. betr.

Min. d. Innern, Nr. 5977: Allgemeine Berichte und Nachrichten über die Nahrungsverhältnisse und die Beschäftigung der Fabriken und Gewerbe in Sachsen betr.

c) Stadtarchiv Karl-Marx-Stadt:

Cap. V, Sect. II, Nr. 24 a: Gesuche der Kaufmannschaft um Errichtung einer Innung und des Manufaktur- und Fabrikstandes um Erleichterungen. 1770–1830.

Cap. V, Sect. II, Nr. 75: Acta. Den Nahrungsstand der Stadt Chemnitz und die deshalb gefertigten Tabellen auf die Jahre 1823 bis mit 1831.

Cap. V, Sect. II, Nr. 86: Acta. Das Gewerbe der Maschinen- und Stuhlbauer und die vorgeschlagenen Maaßregeln zu Verhütung von Mißbräuchen bei denselben s. w. d. a. betr. 1837.

Cap. V, Sect. II, Nr. 113: Akten. Fabrik- und Handelsangelegenheiten s. w. d. a. betr. 1844.

Cap. VII, Sect. II, Nr. 2: Acta, die Gewerbe- und Personalsteuer für das Jahr 1836 betr.

Cap. VII, Sect. II, Nr. 7: Acta, die Gewerbe- und Personalsteuer für das Jahr 1841 betr.

Cap. VII, Sect. II, Nr. 12: Acta, die Gewerbe- und Personalsteuer für das Jahr 1846 betr.

Cap. VIII, Sect. II, Nr. 10: Acta. Die bei dem in den Gebäuden der sächs. Maschinenbau-Compagnie in der Nacht vom 2ten zum 3ten October 1838 ausgebrochenen Feuer entstandenen Immobiliar- und Feuergeräthsschäden.

Cap. IX, Lit. Aa, Nr. 16 a: Listen der hiesigen Gewerbetreibenden enthaltend.

Cap. IX, Lit. Fb, Nr. 3: Acta in Sachen der Feilenhauermeister Christian Friedrich Epstädt und Cons. Impetranten, wider das Directorium der sächs. Maschinenbau-Gesellschaft und den Maschinenfabrikbesitzer Karl August Rabenstein Impetraten.

Cap. IX, Lit. Sd, Nr. 14: Acta. Die Beschwerde der Schlosser- und Flaschner-Innung allhier gegen die Direction der sächs. Maschinenbau-Compagnie wegen verschiedener Eingriffe in die Innungsbefugnisse betr. 1838.

B. FEST- UND JUBILÄUMSSCHRIFTEN

Büchner, F., Hundert Jahre Geschichte der Maschinenfabrik Augsburg-Nürnberg. O. O. 1940.

Däbritz, W. u. Metzeltin, E., Hundert Jahre Hanomag. Geschichte der Hannoverschen Maschinenbau-Aktien-Gesellschaft vormals Georg Egestorff in Hannover 1835 bis 1935. Düsseldorf 1935.

Kruse, H. u. Walle, R., 100 Jahre Waldrich (1840—1940). Ein Beitrag zur Geschichte des Siegerlandes und des deutschen Maschinenbaues. Siegen 1940.

Matschoss, C., Die Maschinenfabrik R. Wolf Magdeburg-Buckau 1862–1912. Aus Anlaß des 50jährigen Bestehens.

Mayer, M., Lokomotiven, Wagen und Bergbahnen. Berlin 1924.

Deutschlands Jubiläumsfirmen. Leipzig 1926 ff. (Verschiedene Handelskammerbezirke).

100 Jahre Dingler (1827—1927). Geschichte und Entwicklung der Werke. Zweibrücken 1927.

Geschichtskalender der Eckertwerke. Umfassend den Zeitraum von 1846—1921. Anläßlich des 75jährigen Bestehens ihren Freunden übergeben von der AG. H. F. Eckert. Berlin-Lichtenberg, o. Jahr.

Sächsische Maschinenfabrik vorm. Rich. Hartmann Aktiengesellschaft Chemnitz. Leipzig 1911.

100 Jahre Hartmann. Textilmaschinenbau. Zur Hundertjahrfeier des Unternehmens hg. von der Sächsischen Textilmaschinenfabrik vorm. Rich. Hartmann Aktiengesellschaft. Chemnitz 1937.

125 Jahre Henschel, hg. von der Henschel & Sohn AG. Kassel 1935.

Die Gutehoffnungshütte Oberhausen, Rheinland. Zur Erinnerung an das 100jährige Bestehen. 1810—1910. O. Ort und Jahr.

Hundert Jahre Schuler. 1839—1939. Göppingen (Württemberg).

75 Jahre Schwartzkopff. Hg. von der berliner Maschinenbau AG vormals L. Schwartzkopff. Berlin 1927.

C. PERIODICA

Beiträge zur Geschichte der Technik und Industrie. Jahrbuch des Vereins Deutscher Ingenieure. Berlin 1909 ff. (Alle Bände).

„Deutsche Gewerbezeitung und Sächsisches Gewerbeblatt". Jg. 1847—49.

„Deutsche Industriezeitung". Organ des Zentralverbandes Deutscher Industrieller. Herausgeber: A. Steinmann — Bucher, Jg. 17.

„The Economic History Review". London, Jg. 1955—56.

„Einheit". Zeitschrift für Theorie und Praxis des wissenschaftlichen Sozialismus. Hg. vom ZK der SED, Jg. 11, H. 5.

Gesetzessammlung des Preußischen Staats. Verschiedene Jahrgänge.

Jahresverzeichnis der deutschen Hochschulschriften.

Schrifttum zur Technikgeschichte. Hg. vom VDI, bearbeitet von A. Biehl und O. Gromodka, Folge 1–11, Berlin 1942 ff.

Verhandlungen des Vereins zur Beförderung des Gewerbefleißes in Preußen. Verschiedene Jahrgänge.
Vierteljahrschrift für Sozial- und Wirtschaftsgeschichte. Jg. 1955—57.
„Zeitschrift für Geschichtswissenschaft".
„Zeitschrift des Vereins Deutscher Ingenieure". Verschiedene Jahrgänge.

D. ÜBRIGE LITERATUR

Allgemeine Deutsche Biographie. Berlin 1875 ff. Verschiedene Bände.
Amtlicher Bericht über die Industrieausstellung aller Völker zu London 1851, von der Berichterstattungskommision der Deutschen Zollvereins-Regierungen. 1. Theil, Berlin 1852.
Ausführlicher Bericht über die große allgemeine deutsche Gewerbe-Ausstellung zu Berlin im Jahre 1844. Hrsg. A. F. Neukrantz, Berlin 1845.
BECHTEL, H., Wirtschaftsgeschichte Deutschlands. Bd. 3. München 1956.
BERGER, L., Der alte Harkort. Leipzig 1890.
BERTHOLD, K., Untersuchungen über den Standort der Maschinenindustrie in Deutschland. „Mitteilungen der Gesellschaft für wirtschaftliche Ausbildung", Neue Folge, H. 7, Jena 1915.
BRANDT, O., Studien zur Wirtschafts- und Verwaltungsgeschichte der Stadt Düsseldorf im 19. Jahrhundert. Düsseldorf 1902.
BRENNER, C., Kölns rechtsrheinische Großindustrie. Diss. Würzburg 1934.
BRINKMANN, C., Wirtschafts- und Sozialgeschichte. München 1927.
BRINKMANN, C., Zur Wirtschaftsgeschichte der deutschen Unternehmungen. „Schriften der Akademie für deutsches Recht, Gruppe Wirtschaftswissenschaft", H. 5, Berlin 1942.
CORSTEN, H., 100 Jahre deutscher Wirtschaft in Fest- und Denkschriften. Köln 1937.
DÄBRITZ, W., Unternehmergestalten aus dem rheinisch-westfälischen Industriebezirk. „Schriften der Volkswirtschaftlichen Vereinigung im rheinisch-westfälischen Industriebezirk". H. 6, Jena 1929.
DIETERICI, C. F. W., Statistische Übersicht der wichtigsten Gegenstände des Verkehrs und Verbrauchs im Preußischen Staate und im deutschen Zollverbande. Berlin 1838 ff.
DIETERICI, C. F. W., Die statistischen Tabellen des preußischen Staats nach der amtlichen Aufnahme des Jahres 1843. Berlin 1845.
DIETERICI, C. F. W., Handbuch der Statistik des Preußischen Staats. Berlin 1861.
DOOGS, K., Die Berliner Maschinen-Industrie und ihre Produktionsbedingungen seit ihrer Entstehung. Berlin 1928.
Die Dampfmaschinen im Königreich Sachsen. Leipzig 1846.
Das Fabrikwesen Berlins in den Jahren 1805—1861. Besonderer Abdruck aus dem Königlich Preuß. Staats-Anzeiger.
FRÖLICH, F., Die Stellung der deutschen Maschinenindustrie im deutschen Wirtschaftsleben und auf dem Weltmarkte. Hg. vom Verein deutscher Maschinenbau-Anstalten Düsseldorf, Berlin 1914.
FORBES, R. J., Vom Steinbeil zum Überschall. München 1954.
FRORIEP, O., Zur Geschichte der Maschinenbauindustrie und der Maschinenzölle im deutschen Zollverein. „Tübinger Staatswiss. Abhandlungen", Neue Folge, H. 16, Stuttgart 1918.
GEHRING, P., Das Wirtschaftsleben in Württemberg unter König Wilhelm I. (1816—1864). „Zeitschrift für württembergische Landesgeschichte", 9. Jg., Stuttgart 1950.
Gewerbetabelle der Fabrikationsanstalten und Fabrikunternehmungen aller Art in sämtlichen Staaten des Zollvereins nach den Aufnahmen im Monat Dezember 1846.
GOLDBECK, G., Technik als geistige Bewegung in den Anfängen des deutschen Industriestaates. „Schriftenreihe der Fachgruppe für Geschichte der Technik beim VDI", Berlin 1934.

Goldschmidt, P., Berlin in Geschichte und Gegenwart. Berlin 1910.

Goldschmidt, P., Das Leben des Staatsrats Kunth. Berlin 1881.

Grassmann, J., Die Entwickelung der Augsburger Industrie im Neunzehnten Jahrhundert. Augsburg 1894.

Groba, K., Der Unternehmer im Beginn der Industrialisierung Schlesiens (Historische Kommission für Schlesien). Breslau 1936.

Handbuch für das Berufs- und Fachschulwesen. Hg. von A. Kühne, Leipzig 1923.

Handbuch wirtschaftlicher Vereine und Verbände des Deutschen Reichs. Hg. vom Hansa-Bund für Gewerbe, Handel und Industrie, Berlin 1913.

Hartung, F., Deutsche Geschichte von 1871—1914. Bonn 1920.

Haussherr, H., Wirtschaftsgeschichte der Neuzeit vom Ende des 14. bis zur Höhe des 19. Jahrhunderts. Weimar 1955.

1815—1915. Hundert Jahre technische Erfindungen und Schöpfungen in Bayern. Jahrhundertschrift des Polytechnischen Vereins in Bayern. München 1922.

Henderson, W. O., Britain and industrial Europe 1750—1870, Liverpool 1954.

Institut für Leser- und Schrifttumskunde. Maschinenbau. Ein Bücherverzeichnis. „Deutsche Volksbibliographie“, H. 24, Leipzig 1931.

Jahn, G., Die Entstehung der Fabrik. „Schmollers Jahrbuch für Gesetzgebung, Verwaltung und Volkswirtschaft“, 69. Jg., H. 1 und 2, Berlin 1949.

Jecht, H., Deutsche Wirtschaftsgeschichte seit dem Ausgange des 18. Jahrhunderts. (Der Leitfaden der Volkswirtschaftslehre, Bd. 13) Salzgitter 1949.

Johannsen, O., Geschichte des Eisens. Düsseldorf 1924.

Junghanns, K., Die Fabrikindustrie des Zollvereins. Leipzig 1848.

Kuczynski, J., Die Geschichte der Lage der Arbeiter in Deutschland von 1789 bis in die Gegenwart. Bd. I, Teil 1, Berlin 1954.

Kuczynski, J., Studien zur Geschichte des Kapitalismus. Berlin 1957.

Kulischer, J., Allgemeine Wirtschaftsgeschichte des Mittelalters und der Neuzeit. Bd. 2, Berlin 1954.

Lang, A., Die Maschine in der Rohproduktion. 1. Teil, Berlin 1904.

Lenin, W. I., Die Entwicklung des Kapitalismus in Rußland. Werke, Bd. 3, Berlin 1956.

Lenin, W. I., Über den Staat. Berlin 1948.

Lessing, J., Das halbe Jahrhundert der Weltausstellungen. Volkswirtschaftliche Zeitfragen, H. 174, Berlin 1900.

Linden, W., Eisenbahn und Konjunktur. Karlsruhe 1926.

Lotz, W., Verkehrsentwicklung in Deutschland. 1800—1900 (Aus Natur und Geisteswelt, Bd. 15). Leipzig 1910.

Lütge, F., Deutsche Sozial- und Wirtschaftsgeschichte. Berlin 1952.

Marx, K., Das Kapital. Berlin 1947.

Marx, K./Engels, F., Briefwechsel. Berlin 1950.

Marx/Engels/Lenin/Stalin, Zur deutschen Geschichte. Bd. 2, Berlin 1954.

Matschoss, C., Die Entwicklung der Dampfmaschine Bd. 1, Berlin 1908.

Matschoss, C., Geschichte der Königlich-Preußischen Technischen Deputation für Gewerbe. Berlin 1911.

Matschoss, C., Ein Jahrhundert deutscher Maschinenbau. Berlin 1919.

Matschoss, C., Männer der Technik. Berlin 1925.

Matschoss, C., Preußens Gewerbeförderung und ihre großen Männer. Berlin 1921.

v. MAYER, A., Geschichte und Geographie der deutschen Eisenbahnen von ihrer Entstehung bis auf die Gegenwart. Berlin 1891.

MISSELWITZ, A., Die Entwicklung des Gewerbes in Halle a. d. Saale während des 19. Jahrhunderts (Sammlung nationalökonomischer und statistischer Abhandlungen des staatswissenschaftlichen Seminars zu Halle a. d. Saale, 68. Bd.). Jena 1913.

Mitteldeutsche Lebensbilder. Hg. von der Historischen Kommission für die Provinz Sachsen und für Anhalt, Magdeburg 1926—1930.

MOHL, M., Ueber die württembergische Gewerbs-Industrie. Stuttgart 1828, Erste Abtheilung.

MOTTEK, H., Die wirtschaftliche Entwicklung Deutschlands von 1789—1848. (Vorlesungen, Maschinenschr., unveröffentlicht)

NETZ, H., Berühmte Männer der Technik (Wissenschaft und Bildung, Bd. 265). Leipzig 1930.

NEUHAUS, G., Deutsche Wirtschaftsgeschichte im 19. Jahrhundert. Kempten 1907.

NEUSS, E., Aktenkunde der Wirtschaft. Teil 1, Berlin 1954.

v. REEDEN, F. W., Erwerbs- und Verkehrsstatistik des Königstaats Preußen. Darmstadt 1853.

REULEAUX, F., Theoretische Kinematik. Braunschweig 1875.

Sächsische Lebensbilder. Bd. 3, Leipzig 1941.

SACHTLER, H., Wandlungen des industriellen Unternehmers in Deutschland seit dem Beginn des 19. Jahrhunderts. Diss. Halle 1937.

SARTORIUS v. WALTERSHAUSEN, A., Deutsche Wirtschaftsgeschichte 1815—1914. Jena 1923.

SCHMOLLER, G., Zur Geschichte des deutschen Kleingewerbes im 19. Jahrhundert. Halle 1870.

SIEVEKING, H., Grundzüge der neueren Wirtschaftsgeschichte vom 17. Jahrhundert bis zur Gegenwart. Grundriß der Geschichtswissenschaft, Reihe 2, Abt. 2, Leipzig 1928.

SOMBART, W., Die deutsche Volkswirtschaft im 19. Jahrhundert und im Anfang des 20. Jahrhunderts. Berlin 1923.

STRAUBE, H. J., Peter Christian Wilhelm Beuth. „Deutsches Museum", Abhandlungen und Berichte, Jg. 2, H. 5.

TODT, E., und RADANDT, H., Zur Frühgeschichte der deutschen Gewerkschaftsbewegung 1800 bis 1849. Berlin 1950.

TREUE, W., Wirtschaftszustände und Wirtschaftspolitik in Preußen 1815—1825. Beiheft 31 zur „Vierteljahrschrift für Sozial- und Wirtschaftsgeschichte". Stuttgart 1937.

UHDE, H., Conrad Matschoß. Ein Leben für die Technik und ihre Geschichte. „Deutsches Museum", Abhandlungen und Berichte, Jg. 14, H. 3, Berlin 1942.

VISCHER, L., Die industrielle Entwicklung im Königreich Württemberg und das Wirken seiner Centralstelle für Gewerbe und Handel in ihren ersten 25 Jahren. Stuttgart 1875.

WAGENFÜHR, H., Schöpferische Wirtschaft. Heidelberg 1954.

Westfälische Lebensbilder. Sonderreihe: Rheinisch-Westfälische Wirtschaftsbiographien. Hg. von der Historischen Kommission des Provinzialinstituts für Westfälische Landes- und Volkskunde. Münster 1932—1941.

WIECK, F. G., Industrielle Zustände Sachsens. Chemnitz 1839—1840.

WIEDFELDT, O., Statistische Studien zur Entwicklungsgeschichte der Berliner Industrie von 1720—1890. „Staats- und Sozialwissenschaftliche Forschungen", Bd. 16, H. 2, Leipzig 1898.

WUESSING, F., Geschichte des deutschen Volkes vom Ausgang des 18. Jahrhunderts bis zum Ende des ersten Weltkrieges. Berlin 1947.

WUTZMER, H., Die Herkunft und Zusammensetzung der industriellen Bourgeoisie Preußens in den vierziger Jahren des 19. Jahrhunderts. (Diplomarbeit an der Hochschule für Ökonomie und Planung 1956, unveröffentlicht)

WYGODZINSKI, W., Wandlungen der deutschen Volkswirtschaft im 19. Jahrhundert. Köln 1912.

ZÖLLNER, W., Chemnitz am Ende des 19. Jahrhunderts. Chemnitz o. J.

DIE ENTWICKLUNG DER DEUTSCHEN MASCHINENBAUINDUSTRIE VON 1850 BIS 1870

Von Walter Becker

VORWORT

Die vorliegende Arbeit wurde als Dissertation unter dem Thema: „Die Entwicklung der deutschen Maschinenbauindustrie von 1850 bis 1870" vom Senat der Hochschule für Ökonomie angenommen und am 19. Oktober 1960 öffentlich verteidigt.
Neben der Erforschung eines wichtigen Abschnittes der ökonomischen Entwicklung der deutschen Maschinenbauindustrie diente die vorliegende Arbeit der weiteren kollektiven Erforschung der Probleme der industriellen Revolution in Deutschland im 19. Jh. Sie gehört zu einer Reihe von Arbeiten, die alle diesem Ziel untergeordnet sind. Das Verdienst, diese große wissenschaftliche Kollektivarbeit angeregt und gefördert zu haben, kommt Herrn Prof. Dr. Mottek zu. Für ihre Anleitung und Betreuung bei der Anfertigung der Dissertation möchte ich besonders den Gutachtern Herrn Prof. Dr. Mottek sowie Herrn Dr. Alfred Schröter danken.

Walter Becker

I. DIE INDUSTRIELLE REVOLUTION IN DEN FÜNFZIGER UND SECHZIGER JAHREN DES 19. JH. UND DIE ENTWICKLUNG DES INNEREN UND ÄUSSEREN MARKTES DER DEUTSCHEN MASCHINENBAUINDUSTRIE

Die Entwicklung des inneren Marktes des Kapitalismus ist abhängig von der „... Expropriation und Verjagung eines Teils des Landvolks ..." [1]. Dieser Prozeß vollzog sich in Deutschland in den Anfängen bereits im 16.—18. Jh.; voll durchgesetzt hat er sich erst im Zusammenhang mit der Aufhebung der Leibeigenschaft und den folgenden Ablöseverordnungen seit Anfang des 19. Jh.[2] Einerseits war die in den dreißiger Jahren des 19. Jh. beginnende industrielle Revolution durch diesen Prozeß bedingt, andererseits aber führte sie infolge der Zurückdrängung der einfachen Warenproduktion durch die kapitalistische auf der Grundlage der Fabrikproduktion zur weiteren Ausdehnung des inneren Marktes. Die sich entwickelnde industrielle Revolution war durch die massenhafte Anlage von konstantem fixen Kapital charakterisiert und führte zur Entstehung des Fabrikproletariats [3], dem wichtigsten sozialökonomischen Ergebnis der industriellen Revolution.

Die massenhafte Anlage von konstantem fixen Kapital führte im Zusammenhang mit der sich rasch entfaltenden gesellschaftlichen Arbeitsteilung zur Ausdehnung des inneren Marktes vor allem „... auf der Linie der Produktionsmittel" [4]. Der Maschinenmarkt selbst ist der entscheidende Teil des Produktionsmittelmarktes. Wir haben die Analyse des Marktes der Maschinenbauindustrie in unserer Untersuchung vorangestellt, weil von dieser Position aus die Impulse für die Entwicklung der Maschinenbauindustrie am klarsten zu analysieren sind. Historisch gesehen entstand die Maschinenbauindustrie erst zu dem Zeitpunkt, als sich auf Grund der fortschreitenden Arbeitsteilung und der Ausdehnung des inneren Marktes ein Maschinenmarkt entwickelt hatte.[5] Die Dialektik des Prozesses bestand darin, daß die Produktion der mechanischen Arbeitsmittel sowie der Apparate auf die weitere industrielle Umwälzung

[1] MARX, K., Das Kapital. Bd. I, Berlin 1955, S. 619.

[2] Vgl. LENIN, W. I., Die Entwicklung des Kapitalismus in Rußland. Werke Bd. 3, Berlin 1956, S. 32.

[3] Vgl. MOTTEK, H., Zum Verlauf und zu einigen Hauptproblemen der industriellen Revolution in Deutschland. In: MOTTEK/BLUMBERG/WUTZMER/BECKER, Studien zur Geschichte der industriellen Revolution in Deutschland. Berlin 1960 (weitergeführt als „Studien zur Geschichte der industriellen Revolution ...").

[4] LENIN, W. I., a. a. O., S. 42.

[5] Vgl. SCHRÖTER, A., Die Entstehung der deutschen Maschinenbauindustrie in der ersten Hälfte des 19. Jh. In: Die deutsche Maschinenbauindustrie in der industriellen Revolution. Berlin 1962, S. 21 ff.

in anderen Zweigen der Wirtschaft zurückwirkte und so die Vertiefung des Maschinenmarktes und damit auch des Produktionsmittelmarktes nach sich zog.
Die schnellere Ausdehnung des Produktionsmittelmarktes ergab sich aus den Gesetzmäßigkeiten der kapitalistischen Entwicklung; Marx hat das in seiner Realisationstheorie ausführlich begründet.[6] Wenngleich sich die vorrangige Entfaltung des Produktionsmittelmarktes in gewissem Umfange zeitweise „unabhängig" vom Wachstum des Konsumtionsmittelmarktes vollzog, so bewiesen die zyklischen Krisen sehr deutlich, daß keineswegs ein „... vollständiges Losgelöstsein der produktiven von der individuellen Konsumtion ..." möglich ist.[7]
Der Maschinenmarkt ist genau wie der innere Markt des Kapitalismus keine ein für allemal gegebene Größe, sondern er ist abhängig vom Grad der gesellschaftlichen Arbeitsteilung und vom Stand der kapitalistischen Entwicklung überhaupt.[8] Deshalb mußten wir in die Analyse des Maschinenmarktes die Grundzüge der kapitalistischen Entwicklung Deutschlands mit einbeziehen.

1. Die Ursachen für die Fortsetzung der industriellen Revolution und die damit im Zusammenhang stehende schnelle Ausdehnung des inneren Marktes der deutschen Maschinenbauindustrie in den fünfziger Jahren des 19. Jh.

Der erste große Aufschwung des deutschen Kapitalismus vollzog sich seit der zweiten Hälfte der dreißiger Jahre auf der Grundlage der massenhaften Anlage von konstantem fixen Kapital.[9] Hauptsächlich erfolgten diese Anlagen in Eisenbahnprojekten, der Baumwoll- und Wollspinnerei sowie in gewissem Umfange auch in der Schwerindustrie. Das schnelle Wachstum der kapitalistischen Warenproduktion auf der Grundlage zentralisierter kapitalistischer Betriebe und Fabriken führte schon 1847 zu Elementen der Überproduktion. Nach den von der marxistischen Politischen Ökonomie entdeckten Gesetzmäßigkeiten stellen die Krisen den Ausgangspunkt einer großen Neuanlage von konstantem fixen Kapital dar, welche „... eine neue materielle Grundlage für den nächsten Umschlagszyklus ..." bildet.[10] Das war hier umsomehr der Fall, weil durch die revolutionären Ereignisse der Jahre 1848/49 sich die Depression besonders lange hinzog und sich so die Tendenz zur Neuanlage von konstantem fixen Kapital verstärkte.
Begünstigend wirkten sich auf den Fortgang der industriellen Revolution in den fünfziger Jahren die Ergebnisse der bürgerlich- demokratischen Revolution aus, die zu einer weitgehenden Übereinstimmung der Produktionsverhältnisse mit dem Charakter der Produktivkräfte führten.

[6] MARX, K., Das Kapital. Bd. II, a. a. O., S. 352—529.
[7] LENIN, W. I., a. a. O., S. 43.
[8] LENIN, W. I., a. a. O., S. 37.
[9] MOTTEK, H., a. a. O., S. 56.
[10] Vgl. MARX, K., Das Kapital. Bd. II, a. a. O., S. 180.

Es fiel eine Reihe von Hemmnissen weg, die noch in den vierziger Jahren die kapitalistischen Produktionsverhältnisse daran hinderten, als ökonomische Haupttriebkraft der Entwicklung der Produktivkräfte wirksam zu werden. Deshalb bezeichnet F. Engels das Stadium von 1848 bis 1871 als jenes, in dem sich die Schaffung der großen Industrie auf dem Kontinent vollzog; denn die „... ökonomische Revolution, die seit 1848 den ganzen Kontinent ergriffen und die große Industrie in Frankreich, Österreich, Ungarn, Polen und neuerdings Rußland erst wirklich eingebürgert, *aus Deutschland aber geradezu ein Industrieland ersten Ranges gemacht hat — alles auf kapitalistischer, im Jahre 1848 also noch sehr ausdehnungsfähiger Grundlage*“ [11]. (Hervorhebung v. W. B.)
Untersuchen wir, welche politischen und ökonomischen Vorteile sich für die deutsche Bourgeoisie aus der mißlungenen bürgerlich-demokratischen Revolution von 1848/49 im einzelnen ergeben haben. Da war zunächst die Bildung des „Ministeriums für Handel, Gewerbe und öffentliche Arbeiten“ in Preußen von Bedeutung. Gelang es doch der Bourgeoisie, dadurch einen gewissen Anteil an der politischen Macht zu erhalten.[12] Durch dieses Ministerium, an dessen Spitze v. d. Heydt stand, erhielt besonders die sich herausbildende Großbourgeoisie Rheinland-Westfalens Einfluß [13], den sie im Interesse ihrer ökonomischen Ziele zu nutzen verstand.
Für die Entwicklung der Schwerindustrie in Preußen war „... das sogenannte Miteigentümergesetz vom 12. Mai 1851 [14]“ von großer Bedeutung. Die Abschaffung des Direktionsprinzips durch dieses Gesetz und die damit verbundene Senkung der Bergwerkssteuer um 50 % verschaffte den schwerindustriellen Unternehmern größere Handlungsfreiheit bei der Ausbeutung der Bergarbeiter und machte die Anlage von konstantem fixen Kapital profitabeler.
Die Zentralisation von einzelnen Geldfonds in Form der Aktiengesellschaften, die für die Entwicklung besonders der Schwerindustrie und des Transportwesens erforderlich waren, wurde durch die Liberalisierung des Konzessionsverfahrens in Preußen und Sachsen erleichtert. Das war umso bedeutsamer, da es im Gegensatz zu England in Deutschland an großen Geldfonds mangelte und insofern die Aktiengesellschaften für die Entwicklung des Kapitalismus in Deutschland eine größere Rolle spielten als in England.
Der Zentralisationsprozeß des Kapitals und das Beschaffen von Krediten wurden ferner durch die seit 1852 einsetzende Gründung von Banken auf Aktienbasis erleichtert. Von Bedeutung für die ökonomische Entwicklung Deutschlands war fernerhin die Erweiterung des Zollvereins 1851 durch den Anschluß von Oldenburg und Hannover. Die 1844 eingeführten Eisenzölle förderten die Herausbildung der deutschen Schwerindustrie, verringerten die englische Konkurrenz auf dem deutschen Markte und begünstigten die Anlage von konstantem fixen Kapital sowohl im Bergbau als auch in der metallurgischen Industrie.

[11] ENGELS, F., Einleitung zu Marx, K., Die Klassenkämpfe in Frankreich 1848—50. In: MARX/ENGELS, Ausgewählte Schriften in 2 Bänden. Bd. I, Moskau 1950, S. 110.

[12] Vgl. ENGELS, F., Die Rolle der Gewalt in der Geschichte. In: MELS, Bd. II, 2. Hälfte, Berlin 1954, S. 1054.

[13] Vgl. ENGELBERG, E., Deutschland 1849–1871. Berlin 1959, S. 41.

[14] Ebenda.

Von recht beachtlicher Bedeutung für den zyklischen Aufschwung des Kapitalismus war ferner, daß in Preußen, Baden und Württemberg die Ablösung der bisher nicht regulierten Bauern durch Gesetze vollendet wurde. Auf Grund des revolutionären Kampfes der Bauern und Landarbeiter waren die Junker zu diesen Ablöseverordnungen gezwungen worden. Sie stellten den Abschluß des ‚preußischen Weges' in der Landwirtschaft dar und zogen ein weiteres Vordringen der kapitalistischen Produktionsverhältnisse auf dem Lande nach sich. Dadurch wurde die Herausbildung des Marktes für die Ware Arbeitskraft wesentlich erleichtert, und gleichzeitig wurden Voraussetzungen für den schnellen zyklischen Aufschwung des Kapitalismus geschaffen. Ausführlicher gehen wir auf die Entwicklung kapitalistischer Produktionsverhältnisse auf dem Lande im Zusammenhang mit der Herausbildung des Landmaschinenmarktes ein.

Insgesamt kommen wir zu der Feststellung, daß durch die bürgerlich-demokratische Revolution das zweite Stadium der bürgerlichen Umwälzung, charakterisiert durch die oben dargestellten Ergebnisse, erreicht wurde.[15] Hemmschuh für die kapitalistische Entwicklung blieb durch Verrat der Bourgeoisie an den Volksmassen die staatliche Zersplitterung Deutschlands. Der Absolutismus konnte nicht beseitigt werden, die Chancen für die demokratische Einigung Deutschlands verringerten sich; so vollzog sich die Einigung Deutschlands auf dem militaristischen preußischen Weg.

Wir haben bisher einige innere Ursachen für die zyklische Bewegung des deutschen Kapitalismus analysiert und müssen uns jetzt den äußeren Ursachen zuwenden, die den zyklischen Aufschwung stark begünstigten.

Die Entdeckung des kalifornischen und australischen Goldes — F. Engels wies darauf hin[16] — bewirkte den internationalen Aufschwung des Kapitalismus durch eine umfangreiche Nachfrage nach industriellen Erzeugnissen, vor allem in den USA infolge der Bahnbauten. In England, Frankreich und den USA setzte der industrielle Aufschwung auf dieser Basis nach 1848 verstärkt ein. Darüber hinaus drang der Kapitalismus auf neue Märkte in Asien und Osteuropa vor, die zur Ausdehnung der Weltmarktbeziehungen führten. Der deutsche Kapitalismus war an dem internationalen Aufschwung zunächst nur in geringem Umfange beteiligt. Von Bedeutung waren jedoch die Verbindungen Hamburgs nach Australien und Amerika, die der Ausdehnung des Absatzes deutscher Textilerzeugnisse dienten. Der zyklische Aufschwung des englischen Kapitalismus als des Hauptkonkurrenten Deutschlands bewirkte durch das Ansteigen der Preise für Erzeugnisse der Schwerindustrie eine Entlastung des deutschen Marktes, die durch die Zollpolitik des Zollvereins weiter unterstützt wurde. Ebenso wirkte die Zunahme des englischen Exports nach den USA konkurrenzabschwächend auf dem kontinentalen Markt.

Große Bedeutung für den schnellen zyklischen Aufschwung während der fünfziger Jahre in Deutschland kam der zunehmenden Verbreitung technischer Kenntnisse sowie bestimmter neuer Produktionsmittel und Produktionsmethoden zu. Durch die 1851 erstmalig in London stattfindende Weltausstellung gingen starke Impulse auf die For-

[15] ENGELS, F., Der deutsche Bauernkrieg. Berlin 1946, S. 14.

[16] ENGELS, F., Die Rolle der Gewalt in der Geschichte. In: MELS, a. a. O., Bd. II, 2. Hälfte, S. 1054.

cierung der technischen Entwicklung Deutschlands aus. Deutsche Unternehmer lernten die fortgeschrittene Technik Englands und Frankreichs kennen, zogen Vergleiche mit ihren eigenen Erzeugnissen und übernahmen technische Erfahrungen.

Alle Bedingungen für einen stürmischen Aufschwung des deutschen Kapitalismus, für eine zweite umfangreiche Welle von Neugründungen, verbunden mit der massenhaften Anlage von konstantem fixen Kapital waren also vorhanden. Der Aufschwung begann infolge der Auswirkungen der bürgerlich-demokratischen Revolution 1851 zögernd, und erst ab 1853 setzte er sich völlig durch. Gegenüber dem vorhergehenden zyklischen Aufschwung unterschied sich dieser Aufschwung sowohl im Tempo als auch in der verstärkten, vorrangigen Entwicklung der Schwerindustrie.[17]

Während in den vierziger Jahren ein großer Teil des für die industrielle Umwälzung benötigten Eisens aus England und Belgien importiert wurde, erfaßte in den fünfziger Jahren die industrielle Revolution die deutsche Eisenmetallurgie, den Bergbau und den Maschinenbau in weitaus stärkerem Maße. Diese Tatsache war von außerordentlicher Bedeutung für die selbständige, unabhängige Entwicklung des deutschen Kapitalismus. Sie stellte einen wesentlichen historischen Fortschritt dar, der allerdings politisch verknüpft war mit dem sich herausbildenden Bündnis zwischen Junkern und Großbourgeoisie. In wenigen Jahren wurden massenhaft neue Produktivkräfte geschaffen, wie nie zuvor. Einige Produktionszahlen mögen dieses Wachstum verdeutlichen:

Die Eisenproduktion und Steinkohlenförderung des Zollvereins stiegen von 1851 bis zum Jahre 1858, dem Höhepunkt des Aufschwunges, um das Zweieinhalbfache an (vgl. Tabelle 1) [18]. Noch rascher entwickelte sich die Stahlproduktion. Sie stieg von 1850 bis 1858 um knapp das Vierfache an.[19]

Die vorrangige Entwicklung der Schwerindustrie fand ihren Ausdruck ferner darin, daß sich z. B. in Preußen von 1850 bis 1857 von 85 gegründeten Aktiengesellschaften 54 im Bergbau und in Hüttenbetrieben etablierten.[20]

Die Textilindustrie, insbesondere die Baumwoll- und Wollspinnerei, machte ebenfalls während des zyklischen Aufschwungs beachtliche Fortschritte, sie blieb aber im Tempo der Entwicklung hinter der Schwerindustrie zurück und verlor innerhalb der gesamten industriellen Entwicklung relativ an Bedeutung. Diese Feststellung trifft allgemein für die gesamte Konsumgüterindustrie zu.

Von großer Bedeutung für den Ausbau der Schwerindustrie war der schnelle Fortgang des Eisenbahnbaues. Von 1850 bis 1857 wurden die deutschen Eisenbahnlinien von

[17] Vgl. Kuczynski, J., Die Geschichte der Lage der Arbeiter in Deutschland von 1789 bis in die Gegenwart. Bd. I, 1. Teil, Berlin 1954, S. 168.

[18] Wehner, H., Die Entwicklung des deutschen Bergbaues von 1850 bis 1870. Forschungsref., Institut für Wirtschaftsgeschichte, Maschinenschr., S. 5 f.

[19] v. Borries, K., Das Puddelverfahren im Rheinland und Westfalen. Diss. Düsseldorf 1929, S. 40.

[20] Blumberg, H., Die Finanzierung der Neugründungen und Erweiterungen von Industriebetrieben in Form von Aktiengesellschaften während der fünfziger Jahre des neunzehnten Jahrhunderts in Deutschland, am Beispiel der preußischen Verhältnisse erläutert. In: Studien zur Geschichte der industriellen Revolution..., a. a. O., S. 176.

6000 km auf 9500 km verlängert.[21] Es entstand dadurch ein Bahnnetz mit Anschluß nach Frankreich, Belgien und Rußland. Der finanzielle Aufwand für den Ausbau des Bahnnetzes war beträchtlich. Allein in Preußen wurden von 1853 bis 1857 140 Mill. Taler in Bahnaktiengesellschaften investiert.
Wir haben uns bei der kurzen Darstellung des zyklischen Aufschwunges auf die Schwerindustrie, die Textilindustrie und das Transportwesen beschränkt, weil von der Entwicklung dieser Zweige im Prozeß der industriellen Revolution hauptsächlich die Ausdehnung und Vertiefung des Maschinenmarktes in den fünfziger Jahren abhing. Bevor wir zur Darstellung des Maschinenmarktes selbst gelangen, müssen wir noch kurz auf die Entwicklung der landwirtschaftlichen Produktion eingehen. Wir haben im ersten Abschnitt dieses Kapitels darauf hingewiesen, welche Bedeutung die Agrarrevolution für die Bildung des Arbeitskräftemarktes hatte. Die im Verlaufe der industriellen Revolution schnell zunehmende Arbeiterklasse konzentrierte sich in den Industriestädten und -zentren. Von diesem Prozeß gingen wiederum Impulse auf die Zunahme der Warenproduktion in der Landwirtschaft aus. Die Nachfrage nach agrarischen Produkten stieg. Die Preise für landwirtschaftliche Erzeugnisse bewegten sich während des Aufschwunges von 1853 bis 1858 ständig nach oben.
Hinzu kam weiter, daß die Junker durch die Ablösung der Bauern über beträchtliche Geldfonds sowie über ausreichende Kredite verfügten[22], die es ihnen gestatteten, zu intensiveren Methoden überzugehen. Dies zeigte sich in den steigenden durchschnittlichen Hektarerträgen.
Der Übergang vor allem junkerlicher Betriebe zur Verarbeitung landwirtschaftlicher Produkte, z. B. von Kartoffeln und Zuckerrüben zu Spiritus und Zucker, bewirkte das Entstehen einer umfangreichen Industrie, die die ökonomischen Positionen der Junker festigte.
Nachdem wir uns in großen Zügen mit den Ursachen und den wichtigsten Wirkungen des zyklischen Aufschwunges in den fünfziger Jahren vertraut gemacht haben, gelangen wir jetzt zur Analyse des sich dadurch entfaltenden Maschinenmarktes, als der entscheidenden ökonomischen Grundlage für die Entwicklung der deutschen Maschinenbauindustrie. Wir haben vor allem auf Grund der Analyse der Handelskammerberichte versucht, ein Bild über die Ausdehnung und Vertiefung des Maschinenmarktes im Verlauf der industriellen Revolution zu bekommen. In der Darstellung beschränken wir uns auf die Herausarbeitung der wesentlichen Veränderungen des Maschinenmarktes gegenüber dem Stand vor 1850.
Schon in der ersten Phase der industriellen Revolution war durch die umfangreichen Anlagen von konstantem fixen Kapital in den Bahnen und der Textilindustrie ein Maschinenbedarf entstanden, der in den vierziger Jahren die Entstehung der deutschen Maschinenbauindustrie verursachte.[23] Auf dieser Basis vollzog sich der qualitative Sprung von der manufakturellen zur fabrikmäßigen Maschinenproduktion. Keinesfalls kann aber vom Vorherrschen der Maschinenfabrik gesprochen werden; denn die hand-

[21] Hundert Jahre deutsche Eisenbahnen. O. O. 1938, S. 211.
[22] ENGELBERG, E., a. a. O., S. 54.
[23] Vgl. SCHRÖTER, A., a. a. O., S. 110 f.

werkliche und die manufakturelle Maschinenproduktion spielten in diesem Zeitraum noch eine beachtliche Rolle, wenngleich „... ihr Anteil und ihre Bedeutung laufend..." abnahmen.[24]

In dem folgenden Jahrzehnt nahm der Maschinenbedarf durch die sich weiter durchsetzende Maschinenspinnerei sowie die Fortführung der Bahnbauten weiter zu. Für die Ausdehnung und Vertiefung des Maschinenmarktes in den fünfziger Jahren war aber nicht dieser, sondern der schwerindustrielle Maschinenbedarf bestimmend.

Deswegen beginnen wir unsere Darstellung mit der Analyse des Maschinenbedarfes der Schwerindustrie und des Bergbaues.

Während die Ausdehnung der Textilproduktion neben dem schnellen Wachstum der Fabriken noch z. T. von der Ausdehnung der Hausindustrie begleitet war, verlangte die schnelle Produktionszunahme der Schwerindustrie in weitaus höherem Maße die Anwendung von Maschinen und Apparaten in zentralisierten Großbetrieben. In den Anfängen war diese Tendenz in den vierziger Jahren schon erkennbar, sie setzte sich aber erst im folgenden Jahrzehnt voll durch. Für die außerordentlich schnelle Entwicklung der deutschen Maschinenbauindustrie in den fünfziger Jahren war diese Tatsache von ausschlaggebender Bedeutung.

Im Zusammenhang mit dem raschen Ansteigen des Kohlenbedarfes sahen sich die deutschen Bergbauunternehmen gezwungen, in größerem Maße als bisher Kapital in Dampfmaschinen[25], Förderanlagen[26] und Pumpen[27] anzulegen. Dieser Bedarf an Maschinen war im entstehenden Ruhrkohlenbergbau am stärksten, weil sich die jetzt abzubauenden Flöze in größeren Tiefen befanden.[28] Hauptsächlich vergaben die Zechen Aufträge für schwere Dampfmaschinen und Pumpen.

Die umfangreiche Zunahme des Maschinen- und Apparatebedarfs der Hütten setzte vor allem ab 1853[29] ein und richtete sich durch den verstärkten Bau von Kokshochöfen[30], die die herkömmlichen Holzkohleöfen ablösten, auf Gebläse[31], Aufzüge[32], Dampfmaschinen[33] und hydraulische Einrichtungen[34]. Kapitalanlagen in diesem Zweig der Schwerindustrie rentierten sich auf Grund der Eisennachfrage. Diese Tendenz wurde durch die ansteigenden Preise für englisches Eisen infolge des zyklischen Aufschwunges

[24] Ebenda.

[25] Vgl. WIEDENFELD, K., Ein Jahrhundert rheinische Montan-Industrie 1815—1915. Bonn 1916, S. 34 ff.
Vgl. „Tabellen und Amtliche Nachrichten über den Preußischen Staat für 1846 und 1861".
Vgl. KUCZYNSKI, J., Die Geschichte der Lage der Arbeiter in Deutschland. A. a. O., S. 172.

[26] Vgl. „Zeitschrift des Statistischen Bureaus des Königlich Sächsischen Ministeriums des Innern" 1859, Nr. 1 u. 2, S. 7 ff.

[27] WIEDENFELD, K., a. a. O., S. 34 ff.

[28] Ebenda.

[29] Vgl. Jahresbericht der Handelskammer Mühlheim für 1853.

[30] WEFELMEIER, H. J., Die geschichtliche Entwicklung der Kölner Maschinenindustrie. Diss. Köln 1932, S. 18 f.

[31] Ebenda; Jahresbericht der Handelskammer des Kreises Hagen für 1850.

[32] WEFELMEIER, H. J., a. a. O., S. 18 f.

[33] Ebenda.

[34] Ebenda.

der englischen Wirtschaft begünstigt.[35] Weiterhin wirkte die Zollpolitik des Zollvereins abschirmend auf die englische Konkurrenz und begünstigte das Ansteigen der Preise für deutsches Eisen [36], was die Rentabilität der Kapitalanlagen in diesem Zweig der sich entwickelnden deutschen Schwerindustrie wesentlich erhöhte.

Die Weiterverarbeitung des Roheisens in den Puddelwerken zu Stahl und in Walzwerken zu Halbzeugen machte in den fünfziger Jahren Fortschritte, die ebenfalls den Bedarf an Puddelöfen [37], schweren Luppenwalzen [38], Werkzeugmaschinen [39] und Walzen [40] rasch steigerten.

Das Wachstum des schwerindustriellen Maschinenbedarfes wurde insgesamt noch durch zwei weitere Faktoren, und zwar durch die chemisch-technische Umwälzung, vor allem der Roheisengewinnung, sowie durch die zunehmende Verwendung von Maschinen in der Maschinenbauindustrie selbst vorangetrieben.

In der technisch-historischen Literatur wird häufig darauf hingewiesen, daß durch die Anwendung des Kokshochofens beim Hochofenprozeß wesentlich höhere Temperaturen, d. h. die Ersetzung der handbetriebenen Blasebälge durch maschinell angetriebene Gebläse erforderlich waren.[41] Die hierzu nötigen Maschinen und Geräte konnten auf Grund der Dimensionen und Leistungen keineswegs mehr manufakturell oder gar handwerklich gefertigt werden. Das gilt für den ganzen schwerindustriellen Maschinenbedarf. Deswegen spielte er auch für die Maschinenbauindustrie, also die fabrikmäßige Produktion von Maschinen, eine so ausschlaggebende Rolle in den fünfziger und sechziger Jahren des 19. Jh.

Obwohl die Entwicklung des Maschinenbedarfes der Maschinenbauindustrie sachlich jetzt in der Darstellung folgen müßte, wollen wir diese Analyse erst vornehmen, wenn wir den gesamten Maschinenmarkt betrachtet und Klarheit über den Anteil der deutschen Maschinenbauindustrie an der Befriedigung der Maschinennachfrage haben. Erst dann ist die Bedeutung der Maschinennachfrage der Maschinenbauindustrie innerhalb des gesamten Maschinenmarktes einzuschätzen.

Wenden wir uns nun dem Maschinenbedarf der Textilindustrie zu. Gegenüber den vierziger Jahren trat eine absolute Zunahme des Spinn- und Dampfmaschinenbedarfes

[35] Jahresbericht der Handelskammer Mühlheim für 1853. Danach entwickelten sich z. B. die Preise für schottisches Eisen wie folgt (gleiche Qualitäten. W. B.):
1851: 39 Schillinge 9 Pfg. } je Tonne.
1853: 62 „ 3 „ }

[36] „Sonderheft des Instituts für Konjunkturforschung“, Nr. 37: Die Großhandelspreise in Deutschland von 1792–1934. Berlin 1935, S. 40 ff. Von 1851 bis 1859 stiegen die Preise an. Besonders schnellten die Preise ab 1854 in die Höhe, nachdem die Einfuhr von zollbegünstigtem belgischen Eisen wegfiel. 1854 lagen die Eisenpreise um 64 % über denen des Jahres 1851.

[37] Vgl. Jahresbericht der Handelskammer Stolberg für 1851.

[38] Ebenda; vgl. Jahresbericht der Handelskammer Elberfeld für 1853.

[39] Jahresbericht der Handelskammer Elberfeld für 1853.

[40] Ebenda.

[41] Vgl. MATSCHOSS, C., Ein Jahrhundert deutscher Maschinenbau 1819–1919. Berlin 1919, S. 70 ff.

in der Baumwoll- und Wollverarbeitung auf [42], aber relativ nahm die Bedeutung der Textilmaschinennachfrage am gesamten Maschinenbedarf auf Grund der vorrangigen Entwicklung der Schwerindustrie ab. Die Ersetzung der Handarbeit durch Maschinen machte vor allem in der Spinnerei, weniger dagegen in der Weberei, Fortschritte. Dieses zögernde Vordringen der Maschinen hing mit der Möglichkeit zusammen, die Tuchproduktion auch auf der Basis der Handweberei weiter auszudehnen auf Grund des niedrigen Lohnniveaus in diesem Zweig. Der Bedarf an mechanischen Webstühlen stieg zwar absolut an, war aber insgesamt relativ gering.[43]

Wir haben die Hauptrichtung im Wachstumsprozeß des Maschinenmarktes der Industrie in den fünfziger Jahren dargelegt. Es sei hier der Vollständigkeit halber erwähnt, daß über die dargestellte Erweiterung des Maschinenmarktes hinaus noch der Dampfmaschinen-, Apparate- und Instrumentenbedarf, der durch das Aufkommen größerer chemischer Betriebe in diesem Jahrzehnt entstand, zwar quantitativ von geringem Umfang, aber qualitativ von größter Bedeutung für die Entwicklung des deutschen Kapitalismus war.[44]

Die Entwicklung des Maschinenmarktes ist aber keineswegs nur auf den industriellen Bedarf an Maschinen und Apparaten zurückzuführen. Wir müssen den Einfluß des Ausbaues des Transportwesens, insbesondere der Bahnen, als wesentlichen Faktor bei der Analyse des Marktes berücksichtigen. Gegenüber den vierziger Jahren des 19. Jh. weitete sich dieser Bedarf wesentlich schneller sowohl durch den Umfang der Bahnbauten als auch durch die raschere Zunahme des rollenden Materials [45], den Ausbau der Reparaturwerkstätten [46] und die Ersetzung alter Lokomotiven durch leistungsfähigere aus.

Die Kapitalinvestition in rollendem Material war höchst profitabel infolge des wachsenden Bedarfes an Transportleistungen im Zusammenhang mit dem Ausbau der Schwerindustrie. Immer größere Gütermassen mußten schneller und sicherer befördert werden. Zahlenmäßig kann man den Bedarf an Lokomotiven und Waggons, aber auch an anderen Eisenbahnmaterialien, nicht vollständig erfassen. Ein annäherndes, wenn auch unvollständiges Bild läßt sich aus der preußischen Eisenbahnstatistik gewinnen. Zwischen 1850 und 1860 nahmen allein in Preußen die Güterwaggons um 17 654 Stück zu.[47]

Innerhalb des gesamten Bedarfes trat eine stärkere Spezialisierung nach dem Bestimmungszweck der Maschinen auf. So bestand z. B. der Lokomotivbedarf aus Schnellzug-,

[42] Vgl. FRORIEP, O., Zur Geschichte der Maschinenbau-Industrie und der Maschinenzölle im deutschen Zollverein. Stuttgart, Berlin, Leipzig 1918, S. 36 f.
Vgl. KUCZYNSKI, J., Die Geschichte der Lage der Arbeiter in Deutschland. A. a. O., S. 172. Die Zahl der Baumwollspindeln nahm zwischen 1846 und 1861 von 750 298 auf 2 235 195 zu.

[43] Deutsches Zentralarchiv Merseburg, Rep. 89 X 1—28, Zeitungsbericht (weiterhin geführt als DZA Merseburg), Jahresbericht der Handelskammer Breslau für 1854.

[44] Vgl. WINKLER, M., Die Metallindustrie Mitteldeutschlands in ihrer geschichtlichen Entwicklung (1840—1933). Diss. Halle/S. 1934, S. 13 ff.

[45] Vgl. Hundert Jahre deutsche Eisenbahnen, a. a. O., S. 211.

[46] WINKLER, M., a. a. O., S. 25 u. S. 176 ff.

[47] Hundert Jahre deutsche Eisenbahnen. A. a. O., S. 211.

Personenzug- und Güterzug- sowie Tenderlokomotiven. Von den Bahngesellschaften wurde vor allem die leistungsstärkere und schnellere B-1-Lokomotive in Auftrag gegeben.[48]
In ähnlicher Weise differenzierte sich auch die Nachfrage nach Waggons. Vor allem wurden Aufträge für offene Güterwaggons vergeben.[49]
Die Nachfrage nach Lokomotiven und Waggons war also bestimmt durch die Erweiterung des Bahnnetzes, aber auch schon in zunehmendem Maße von der einsetzenden Modernisierung des rollenden Materials, die vor allem die Ersetzung der 1-A-Lokomotiven durch 2-B- bzw. vereinzelt auch schon durch C-Lokomotiven nach sich zog. Alle vor 1850 in Dienst gestellten Lokomotiven wurden in den fünfziger Jahren bei den sächsischen Bahnen verschrottet und durch neue, leistungsfähigere ersetzt.[50] Eine ähnliche Entwicklung zeigte sich im Waggonbedarf, der in beträchtlichem Umfange neben der Erweiterung ebenfalls durch die Verdrängung der vorwiegend aus Holz bestehenden Waggons durch eiserne Waggons bedingt war.
Aus der schnellen Entwicklung des Bahnnetzes sowie der umfangreichen Zunahme des rollenden Materials ergab sich für die Bahngesellschaften die Notwendigkeit, maschinelle Ausrüstungen für Reparaturwerkstätten anzuschaffen.[51] Umfangmäßig sind die daraus resultierenden Aufträge für schwere Werkzeug- und Antriebsmaschinen beachtlich gewesen.
Neben der direkten Auswirkung der Eisenbahnaufträge auf die schnelle Erweiterung des Maschinenmarktes muß beachtet werden, daß der hohe Materialbedarf der Bahnen als eine der wesentlichsten Ursachen für das vorrangige Wachstum des Produktionsmittelmarktes anzusehen ist.
Von geringerer Bedeutung für die Entfaltung des Maschinenmarktes war die in den fünfziger Jahren aufkommende Umstellung der Binnen- und Seeschiffahrt auf Dampfbetrieb.[52] Auf die Binnenschiffahrt, insbesondere auf dem Rhein, wirkte sich die Senkung der Durchfahrtszölle begünstigend insofern aus, als sich die Kapitalanlagen jetzt rentierten. Die Rentabilität der Kapitalanlagen in der Seeschiffahrt ist z. T. auf die umfangreiche Auswanderung nach Übersee in den fünfziger Jahren zurückzuführen.[53]
Zum Abschluß unserer Betrachtungen über die Ausweitung des industriellen Maschinenbedarfs sowie über die Erweiterung der Maschinennachfrage durch die Transportindustrie sei es uns noch gestattet, darauf hinzuweisen, daß das Wachstum des Maschinenmarktes auch durch technische Verbesserungen und neue Erfindungen günstig beeinflußt wurde.

[48] MATSCHOSS, C., Die Geschichte der Dampfmaschine. Berlin 1901, S. 345 f.
[49] Vgl. Hundert Jahre deutsche Eisenbahnen. A. a. O., S. 211.
[50] Vgl. „Zeitschrift des Statistischen Bureaus des Königlich Sächsischen Ministeriums des Innern" 1862, Nr. 9, 10, S. 126 f.
[51] WINKLER, M., a. a. O., S. 11 ff.
[52] Vgl. Jahresbericht der Ältesten der Kaufmannschaft zu Elbing über Handel, Gewerbe und Schiffbau für 1856/57.
[53] Vgl. ENGELS, F., Die Rolle der Gewalt in der Geschichte. In: MELS, Bd. II, 2. Hälfte, a. a. O., S. 1054.

Der historisch-moralische Verschleiß der bereits in der Produktion angewendeten Maschinen war hoch, so daß die Maschinennachfrage keinesfalls allein durch Neugründungen von Betrieben verursacht wurde, sondern die durch Modernisierung des Produktionsapparates bedingte Nachfrage eine immer größere Rolle zu spielen begann. In erster Linie galt das für den Maschinenbedarf des Transportwesens. Sehr oft wird diese Seite der Erweiterung des Maschinenmarktes durch den technischen Fortschritt übersehen, weil — wir werden darauf später eingehen — es in den fünfziger Jahren wenige umwälzende Erfindungen gab, aber zahlreiche Verbesserungen an Arbeits- und Dampfmaschinen vorgenommen wurden, die außerordentlich große ökonomische Bedeutung hatten. Es sei hier nur an die Einführung verbesserter Dampfmaschinensteuerungen erinnert, die sowohl für die Industrie wie auch für das Transportwesen bedeutsam waren, weil sie wesentliche Kohleeinsparungen bei gleichmäßiger Leistung ermöglichten. Allerdings läßt sich dieser Teil der Nachfrage nicht aus dem gesamten Maschinenbedarf eliminieren, weswegen wir ihn auch nicht gesondert darstellen konnten.

Die zunehmende Maschinenverwendung in der Industrie und im Transportwesen erfordert, daß ein Teil der Maschinenproduktion für Ersatzinvestitionen verschlissener Maschinen aufgewendet werden mußte. Auch von dieser Seite her ist ersichtlich, daß der Maschinenmarkt sich nicht nur durch das absolute Wachstum der industriellen Produktion erweiterte. Bei der Analyse der Nachfrage nach Maschinen läßt sich aber dieser Bedarf ebenfalls nicht gesondert erfassen, weil die dazu erforderlichen Angaben fehlten.

Fassen wir die Ergebnisse unserer Betrachtung kurz zusammen. Die schnellen Fortschritte der Produktion der Abteilung I führten während des zyklischen Aufschwunges, besonders zwischen 1853 bis 1857, zur gewaltigen Ausdehnung des Maschinenmarktes. Als neue Erscheinung bildete sich die Tatsache heraus, daß gegenüber den vierziger Jahren des 19. Jh. sich jetzt vorrangig die Entwicklung des schwerindustriellen Maschinenbedarfes vollzog und an Gewicht gegenüber dem Bedarf der Bahnen und der Abteilung II gewann. In der Ausweitung und Vertiefung des Maschinenmarktes spiegeln sich sehr deutlich die qualitativen Veränderungen des deutschen Kapitalismus wider.

Die Ausweitung des Maschinenmarktes vollzog sich aber nicht nur durch die ökonomischen und technischen Fortschritte des industriekapitalistischen Sektors, sondern auch durch die weitere Entwicklung der kapitalistischen Produktionsverhältnisse in der Landwirtschaft. In der ökonomischen und historischen Literatur besteht Klarheit darüber, daß sich in den fünfziger Jahren des 19. Jh. der Markt für Landmaschinen und Geräte herauszubilden begann. Die Ursache dafür wird in der bürgerlichen Literatur vor allem in der Verknappung der Arbeitskräfte gesehen.[54] In den fünfziger Jahren war aber die agrarische Überschußbevölkerung noch keineswegs erschöpft, obwohl sich der Abwanderungsprozeß sowie die starke Überseeauswanderung auf die Anzahl der in der Landwirtschaft zur Verfügung stehenden Arbeitskräfte verringernd auswirkten.

[54] Fischer, G., Die Entwicklungsbedingungen des landwirtschaftlichen Maschinenwesens und seine Bedeutung für die Landwirtschaft. In: Arbeiten der Deutschen Landwirtschafts-Gesellschaft, Berlin 1910 (im folgenden: DLG), S. 8 ff.

Gerade aber die Existenz einer noch immer relativ breiten agrarischen Überschußbevölkerung war die Ursache für die erst zögernd aufkommende Maschinennachfrage; denn der Lohn, den diese ländlichen Arbeiter erhielten, war so gering, daß die Junker kaum zur Anschaffung von Maschinen gezwungen waren.[55] Auch die fast ständig steigenden Agrarpreise zwangen die Junker nicht zu größeren Kapitalanlagen.

Die Ursachen für den sich trotzdem herausbildenden Landmaschinenbedarf, der im wesentlichen durch die Nachfrage nach Göpel-Dreschmaschinen und andere einfache Maschinen charakterisiert war, sehen wir vor allem im Wachstum der Produktivkräfte im Zusammenhang mit der Einführung intensiverer Methoden des Anbaues.[56]

Das wichtigste Zentrum des Zuckerrübenanbaues war die Provinz Sachsen. Daraus resultierte auch, daß infolge des größeren Aufwandes an Lohnarbeit für diese Kultur ein stärkerer Geräte- und Maschinenbedarf als in anderen Teilen Deutschlands entstand.[57] Eine gewisse Rolle spielte hierbei ferner die Tatsache, daß das schnelle Wachstum der Industrie und des Gewerbes im gleichen Gebiet zur Verknappung von Arbeitskräften führte, die die Junker und Großbauern zur Anlage von Kapital in Maschinen und Geräten zwang.[58] Man darf jedoch diese Tatsache nicht überschätzen; denn die Zuwanderungen von Arbeitskräften aus den Gebieten, wo noch eine außerordentlich umfangreiche agrarische Überschußbevölkerung vorhanden war — wir denken hier z. B. an das Eichsfeld —, wirkten der lokalen Verknappung von Arbeitskräften entgegen.[59]

Insgesamt gesehen war der landwirtschaftliche Maschinenbedarf Deutschlands noch gering auf Grund der Auswirkungen des preußischen Weges in der Landwirtschaft.

Wesentlich umfangreicher als der Maschinen- und Gerätebedarf war hingegen die Nachfrage nach Maschinen und Apparaten durch die sich schnell entwickelnden Zuckerfabriken und Brennereien.[60] Als Ursache dafür ist einmal die Zunahme der Fabriken und zum anderen der technische Fortschritt, der durch die Steuerpolitik des preußischen Staates gegenüber den Junkern begünstigt wurde, anzusehen.

Aus der Tabelle ist ersichtlich, daß die Ausbeute an Rohzucker sich ständig erhöhte und somit die Junker Extraprofite machen konnten, da die Zuckersteuer sich auf die

[55] Vgl. LENIN, W. I., a. a. O., S. 226.

[56] Vgl. HOFER, M., Der Landmaschinenbau. In: Musterbetriebe der Deutschen Wirtschaft. Bd. 10, Landmaschinenbau, Berlin 1929, S. 16 ff.

[57] NEUSS, E., Lebensbilder zur Geschichte der Industrie- und Handelskammer Halle. Bd. II, Halle/S. 1929, S. 201 ff.

[58] WINKLER, M., a. a. O., S. 26 ff, S. 76 f., S. 176 f.
ZANDER, A., Die wirtschaftliche Entwicklung der Provinz Sachsen im 19. Jh. Diss. Halle/S. 1934, S. 60.

[59] BECKER, W., Die Bedeutung der nichtagrarischen Wanderungen für die Herausbildung des industriellen Proletariats in Deutschland, unter besonderer Berücksichtigung Preußens von 1850 bis 1870. In: Studien der Geschichte der industriellen Revolution ... A. a. O., S. 234.

[60] WINKLER, M., a. a. O., S. 13 ff.
FUHLROTT, J., Die wirtschaftliche Entwicklung der Maschinenindustrie in Magdeburg unter besonderer Berücksichtigung der Herkunft der Arbeiterschaft. Diss. Leipzig o. J., S. 13 f.

Jahre	Zahl d. Fabrik	Rübenverarbtg. i. Dtschld. (in Mill. Doppelzentner)	Rohzucker (in Mill. Doppelzentner)	Ausbeute an Rohzucker	Zahl der Fabr.[61] 1850/51 = 100
1850/51	184	7,4	0,53	7,25	100
1855/56	216	10,9	0,87	8,00	117
1860/61	247	14,7	1,26	8,62	136
1865/66	295	41,7	1,85	8,55	160
1870/71	304	30,5	2,62	8,62	165

Ausbeutezahl 5 [62], d. h. 1 Zentner Rohzucker aus 20 Zentnern Zuckerrüben, bezog. Je schneller durch den technischen Fortschritt die Ausbeutezahl anstieg, um so größer wurden die Extraprofite der Junker.

Mit der Darstellung der Grundlagen des landwirtschaftlichen Maschinenbedarfes sowie der Nachfrage an Dampfmaschinen, Apparaten und Behältern der Zuckerfabriken und Brennereien schließen wir die Analyse der Entwicklung des Marktes der deutschen Maschinenbauindustrie während des zyklischen Aufschwunges in den fünfziger Jahren ab.

2. Der Anteil der deutschen Maschinenbauindustrie an der Befriedigung des Maschinen- und Apparatebedarfes sowie die Konkurrenz- und Absatzverhältnisse während des zyklischen Aufschwunges in den fünfziger Jahren

Die Analyse des Maschinenmarktes ergab, daß sich, vor allem bedingt durch die schwungvolle Entwicklung der Schwerindustrie und des Transportwesens, eine gewaltige Ausweitung und Vertiefung des Marktes vollzog. Untersuchen wir nun, in welchem Maße sich dadurch die Absatzmöglichkeiten für die deutsche Maschinenbauindustrie ausdehnten. Um diese Frage beantworten zu können, müssen wir zunächst auf das Problem der ausländischen Konkurrenz und ihre Rolle auf dem deutschen Maschinenmarkte eingehen. Wir stoßen dabei insofern auf Schwierigkeiten, als es uns nicht gelang, die für die Einschätzung der Konkurrenzverhältnisse wichtigen Preisrelationen zwischen ausländischen und deutschen Maschinen zu klären. Die Ursache dafür ist im Fehlen vergleichbarer Preisangaben für Maschinen zu suchen. Zusätzlich wird dieses Problem noch durch die Tatsache erschwert, daß viele Maschinen Einzelanfertigungen waren und daher selbst die Produkte einer Fabrik nicht preismäßig vergleichbar sind, selbst wenn es sich um einen Maschinentyp handelt. In der Literatur und den Archivalien fanden sich lediglich einige Preisangaben, die aber eine Einschätzung des Preisniveaus insgesamt nicht zuließen. Es war uns deswegen auch nicht möglich, die Preisrelationen zwischen den ansteigenden Material- und Maschinenpreisen während des zyklischen Aufschwunges zu bestimmen.

Die statistischen Angaben des Zollvereins über die Maschineneinfuhr sind bis 1865 für das hier zu lösende Problem des Anteils ausländischer Maschinen auf dem deutschen

[61] Lippmann, E., Die Entwicklung der deutschen Zuckerindustrie von 1850 bis 1900. Leipzig 1900.

[62] Vgl. Fuhlrott, J., a. a. O., S. 30.

Markt ebenfalls nur z. T. verwendbar, weil unter dem in der Statistik verwendeten Begriff „grobe Guß- bzw. Eisenwaren" außer Maschinen auch andere Materialien aufgenommen worden sind. Erst ab 1865 liegen gesonderte Angaben über die Maschinenein-, -aus- und -durchfuhr vor.

Aus der Analyse der Zollvereinsnachweisungen gelangten wir zu dem Ergebnis, daß von 1854 bis 1857 die Maschineneinfuhr, besonders aus England, Belgien und Frankreich, absolut zugenommen hat. Mit dieser Feststellung allein ist aber noch nichts bewiesen. Wir müssen die Maschineneinfuhr in Beziehung setzen zum Gesamtbedarf an Maschinen und Apparaten. Mengenmäßig läßt sich am ehesten durch einen Vergleich der absoluten Einfuhr (in Zentnern) mit den durchschnittlichen Gewichten einzelner typischer Maschinen ein Bild über den Anteil der Einfuhr am Gesamtbedarf gewinnen.

Hier zunächst einige Durchschnittsgewichte für Maschinen:

Lokomotiven etwa	400—600	Zentner [63]
Waggons „	120	„ [64]
Dampfmaschinen	300—600	„
Arbeitsmaschinen	50—400	„ [65]

Von 1854 bis 1857 betrug die Gesamteinfuhr des Zollvereins an groben Guß- und Eisenwaren 184 412 Zentner.[66] Da wir die Maschinen aus dieser Summe nicht eliminieren können, rechnen wir mit der absoluten Zahl, weisen aber darauf hin, daß sie zu hoch ist. Die Maschineneinfuhr erstreckte sich hauptsächlich auf Arbeitsmaschinen aller Art, vor allem Metallbearbeitungs- und Textilmaschinen. Auch die Einfuhr von Dampfmaschinen spielte eine gewisse Rolle. Wenn wir ein durchschnittliches Gewicht von etwa 80 Zentnern je Maschine annehmen, so sind von 1853 bis 1857 jährlich etwa 560 Maschinen eingeführt worden. Zum Vergleich sei angeführt, daß die Gießereien von 11 Berliner Maschinenbaufabriken allein 1856 318 313 Zentner Gußwaren herstellten.[67] Wir ersehen daraus, daß die Maschineneinfuhr gemessen am deutschen Gesamtbedarf keine große Rolle gespielt haben kann, ja, ihre Bedeutung hat weiter abgenommen.

Es ist nunmehr erforderlich, die Ursachen für diese Tatsache zu analysieren. Bereits vor 1850 war es so, daß der deutsche Maschinenbau in überwiegenndem Maße den Maschinenbedarf auf fabrikmäßiger oder handwerklich-manufaktureller Grundlage selbst deckte.[68] Bis 1844 war englisches Eisen in Deutschland sehr billig und gleichzeitig die Ausfuhr englischer Maschinen untersagt, so daß relativ günstige Absatzbedingungen für den deutschen Maschinenbau bestanden.

Die Preise der Roh- und Hilfsstoffe für die Maschinenbauproduktion stiegen in den fünfziger Jahren an, wobei sich im Zollverein die 1844 beschlossenen Eisenzölle, beson-

[63] DZA Merseburg, Rep. 120, D. XIV, 1, Nr. 39.

[64] Hundert Jahre deutsche Eisenbahnen. A. a. O., S. 208 ff.

[65] SERING, M., Geschichte der preußisch-deutschen Eisenzölle von 1818 bis zur Gegenwart. Leipzig 1882.

[66] Vgl. Tabelle 3.

[67] BAAR, L., Die Entwicklung der Berliner Industrie in der Periode der industriellen Revolution. Diss. Hochschule für Ökonomie, Berlin 1961, S. 340.

[68] SCHRÖTER, A., a. a. O., S. 36 ff.

ders seit 1854 nach Wegfall der begünstigten belgischen Roheiseneinfuhr, verteuernd bemerkbar machten. Für die ausländische Konkurrenz, insbesondere für englische Maschinenfabriken, brachten die fünfziger Jahre ebenfalls steigende Materialpreise. Trotz ihrer technischen Überlegenheit hatte die englische Konkurrenz es keineswegs leicht, ihre Maschinen auf dem Zollvereinsmarkt abzusetzen. Ein wesentliches Hemmnis bestand in der Zollpolitik, die die Einfuhr schwerer Maschinen stärkstens behinderte. Bei Lokomotiven und schweren Dampfmaschinen betrug der Zollsatz je Zentner 17,26 Mk.[69] Demgegenüber ließen die Zollsätze für Werkzeug- und Textilmaschinen mit 3,48 Mk bzw. 4,75 Mk schon eher einen Absatz ausländischer Maschinen zu.[70] Auch Zollerleichterungen brachten keine wesentlich größeren Absatzmöglichkeiten für ausländische Maschinenfabriken.[71]

Abgesehen vom Einfluß der Zollpolitik war ferner die Tatsache von Bedeutung, daß die englischen Maschinen, da der englische Kapitalismus sich längst im Stadium der intensiveren Ausbeutung der Arbeiter befand, vor allem auf die Ersetzung der menschlichen Arbeit abzielten. Für einige Zwecke, die technisch genaue Bearbeitungsmethoden verlangten, insbesondere im Dampfmaschinen- und Werkzeugmaschinenbau, waren für die deutschen Unternehmer englische Maschinen von Interesse, aber meistens kam es den Unternehmern nicht in erster Linie auf arbeitsparende Maschinen an.

Auch die Vorurteile, die gegenüber deutschen Maschinen in den vierziger Jahren bestanden hatten, wurden durch die Weltausstellungen 1851 in London und 1855 in Paris in beträchtlichem Umfange durch Erfolge deutscher Aussteller abgebaut.[72]

Ferner müssen wir berücksichtigen, daß für die Auftragserteilung ein unmittelbarer Kontakt zwischen Kunden und Produzenten erforderlich war; denn es gab noch immer überwiegend Kundenproduktion, d. h. erst nach Auftragseingang wurde mit der Maschinenproduktion begonnen. Bei schweren Dampfmaschinen, Hüttenmaschinen, Bahnmaterial u. dgl. verlangten die Auftraggeber persönliche Garantien, „... welche die ausländischen Maschinenfabrikanten in gleichem Maße (wie die deutschen W. B.) nicht gewährten“ [73].

Gegenüber der ausländischen Konkurrenz hatten die deutschen Unternehmer den Vorteil wesentlich geringerer Lohnkosten infolge der härteren Ausbeutung der deutschen Arbeiter. Zwar standen die Maschinenbauarbeiter mit an der Spitze der Lohnpyramide[74], aber international gesehen waren die deutschen Maschinenbauarbeiterlöhne mit die niedrigsten.

Die objektiven Möglichkeiten für eine schnelle Ausdehnung der deutschen Maschinenproduktion waren ferner insofern gegeben, als erstens kadermäßig günstige Voraussetzungen durch das Vorhandensein einer breiten Handwerkerschicht gegeben waren und zweitens durch das Schulwesen, insbesondere die Gewerbeschulen, relativ schnell neue Kader für die Maschinenfabriken herangebildet werden konnten.[75]

[69] SERING, M., a. a. O., S. 128.

[70] Ebenda.

[71] FRORIEP, O., a. a. O., S. 51.

[72] Vgl. S. 185.

[73] Bericht der Ältesten der Kaufmannschaft zu Berlin für das Jahr 1856.

[74] Vgl. S. 232 ff. [75] Vgl. S. 228 f.

Aus dem geringen Anteil der ausländischen Maschinen ist ersichtlich, daß die deutsche Maschinenbauindustrie in fast allen Zweigen den inneren Markt beherrschte. Die ausländische Konkurrenz war — wenn wir von einzelnen Textilmaschinentypen absehen — sehr gering.

Auch die Konkurrenz der deutschen Maschinenfabriken untereinander sowie der Manufakturen war auf Grund des schnell entwickelten Maschinenmarktes unbedeutend, weil zumeist noch die Befriedigung des lokalen Maschinenbedarfes im Vordergrund stand. Aus zahlreichen Fakten ist ersichtlich, daß zeitweise, so 1854 bis 1858, der Maschinenbedarf nicht gedeckt werden konnte.[76] Die Maschinenpreise erhöhten sich dadurch unserer Schätzung nach ganz wesentlich.

Manufakturen und handwerkliche Maschinenbauer konnten unter diesen Bedingungen ebenfalls ihren Anteil an der Deckung des deutschen Maschinenmarktes erhöhen.

Der Entfaltung der Konkurrenz auf dem deutschen Markte wirkten erstens die Aufnahmefähigkeit des Marktes und zweitens die für den Maschinenabsatz besonders hemmenden Auswirkungen der politischen Zersplitterung Deutschlands entgegen.

Aus diesem Fakt resultieren zwei entscheidende Hemmnisse, die das Zusammenwachsen des lokalen zum nationalen Markt stark behinderten. Es sind dies die uneinheitlichen Maße und Gewichte sowie die unterschiedliche, aber in jedem Falle unzureichende Patentgesetzgebung der Zollvereinsländer.

3. Die Veränderungen der Marktverhältnisse unter dem Einfluß der zyklischen Krise und der Depression von 1857 bis 1861

Aus der Analyse des inneren Marktes der deutschen Maschinenbauindustrie während des zyklischen Aufschwunges in den fünfziger Jahren, insbesondere von 1853 bis 1857, ergab sich, daß die „... Tendenz (des Kapitalismus W. B.) zur unbegrenzten Erweiterung der produktiven Konsumtion . . .“ [77] infolge der Reife der kapitalistischen Entwicklung in dieser Periode sich erstmalig voll herausbildete. Auf der anderen Seite nahm aber die individuelle Konsumtion infolge der „. . . Proletarisierung der Volksmassen ...“ [78] nur in sehr geringem Umfange zu. Auf dieser Grundlage entstand überhaupt erst der Hauptwiderspruch der kapitalistischen Produktionsweise, der im Widerspruch zwischen der Vergesellschaftung der Produktion und der privaten Aneignung der Produkte besteht, verschärfte sich der Widerspruch zwischen Produktion und Markt, der schließlich zur Überproduktionskrise im Herbst 1857 führte.

[76] Vgl. Jahresbericht der Handelskammer Breslau für 1854.
Vgl. Jahresbericht der Handelskammer des Kreises Hagen für 1856.
Vgl. Jahresbericht der Handelskammer Essen für 1856.
Vgl. Jahresbericht der Handelskammer Aachen und Burtscheid für 1856.

[77] LENIN, W. I., Bemerkungen zur Frage der Theorie der Märkte. In: MARX, K., Das Kapital. Bd. II, a. a. O., S. 563.

[78] Ebenda.

Für unsere Darstellung kommt es darauf an, den Maschinenmarkt während der Krise und der sich anschließenden Depression zu analysieren. Diese Analyse ist aus zwei Gründen notwendig: Erstens deswegen, weil bisher die Krise von 1857 und noch viel weniger die Depression in genügendem Umfange untersucht worden sind. Die Analyse des Verlaufes der Krise und der Depression unter dem Aspekt der Entwicklung des Maschinenmarktes ergibt die Möglichkeit, zur gründlicheren, umfassenderen Darstellung der Geschichte dieser Krise zu gelangen.

Zweitens ist die Analyse der Marktverhältnisse deshalb erforderlich, weil dadurch die Grundlagen für die ökonomische Lage der Maschinenbauindustrie dargestellt werden können.

So wie in England und Frankreich war auch in Deutschland seit November 1857 vor allem die Textilindustrie von der Überproduktionskrise betroffen.[79] Die von Spinnereien und Webereien erteilten Aufträge für Textil- und Dampfmaschinen gingen auf Grund der Krise schnell zurück, was in den Zentren des Textilmaschinenbaues zum Nachlassen der Produktionstätigkeit Ende 1857 bzw. Anfang 1858 führte.[80] Verbunden war die Verminderung des Textil- und Dampfmaschinenbedarfes mit fallenden Maschinenpreisen, wodurch sich die Konkurrenz der Maschinenfabriken entwickelte. Allerdings dürfen wir nicht übersehen, daß 1858 der Maschinenbedarf der Schwerindustrie nur langsam zurückging [81], so daß teilweise, wie z. B. in Schlesien, Fabriken, die vorwiegend oder auch nur in gewissem Umfange Textilmaschinen produzierten, eine Umstellung ihrer Produktion vornahmen und Maschinen für andere Industriezweige produzierten.[82]

Infolge der Krise ließen die Aufträge der Bahnen ebenfalls im Jahre 1858 langsam nach, ohne allerdings einen wesentlichen Rückgang der Lokomotiv- und Waggonproduktion nach sich zu ziehen.[83]

Wesentlich stärker als die Nachfrage sanken im Jahre 1858 die Preise für Erzeugnisse der Maschinenbauindustrie. Im Rheinland gingen sie für Kessel um 20 %, für feine Maschinenteile um 20 %, für Gußwaren um 25 % und für grobe Gußwaren sogar um 30 % zurück.[84] Sowohl die inländische als auch die ausländische Konkurrenz auf dem Maschinenmarkt nahm in Deutschland 1858/59 stark zu. Der Eisenimport ging 1859 demgegenüber um knapp die Hälfte im Vergleich zu 1858 zurück.[85] Dieser erstaunlich

[79] Vgl. Jahresbericht der Handelskammer des Kreises Lennep für 1857.
Vgl. dazu Jahresberichte der Handelskammern Aachen und Burtscheid für 1857.
SLHA Dresden, Ministerium des Innern, Nr. 5946; Landeshauptarchiv Dresden, Ministerium des Innern, Nr. 5946 (weiterhin geführt als LHA Dresden).
Vgl. Oelssner, F., Die Wirtschaftskrisen. Bd. I, Berlin 1949, S. 237.

[80] Vgl. Jahresbericht der Handelskammer des Kreises Lennep für 1857 und 1858; Jahresbericht der Handelskammer für die Stadt und den Kreis Görlitz für das Jahr 1858.

[81] Jahresbericht der Handelskammer Düsseldorf für 1858; Jahresbericht der Handelskammer des Kreises Hagen für 1857/58. Vgl. Bericht der Ältesten der Kaufmannschaft zu Berlin für 1857/58.

[82] Jahresbericht der Handelskammer für die Stadt und den Kreis Görlitz für 1858.

[83] Vgl. Jahresbericht der Handelskammer des Kreises Hagen für 1858; Bericht der Ältesten der Kaufmannschaft zu Berlin für 1858.

[84] Jahresbericht der Handelskammer Köln für 1858; Jahresbericht der Handelskammer Elberfeld und Barmen für 1858.

[85] Vgl. Tabelle 1.

starke Rückgang der ausländischen, insbesondere der englischen Eisenimporte resultiert aus folgenden Fakten:

1. Aus der Analyse des Maschinenmarktes hatten wir ersehen, daß zumindest seit 1853, umfangreiche Investitionen in der Schwerindustrie vorgenommen worden sind. Die dadurch geschaffene Erweiterung der Produktionskapazitäten wirkte sich aber nicht sofort, sondern erst nach einigen Jahren aus. Das war vor allem 1859/60 der Fall, so daß die Preise für deutsches Eisen infolge der dadurch verursachten Überproduktion stark zurückgingen. Für die ausländischen Eisenimporteure war auch z. T., bedingt durch die Eisenzölle, unter diesen Verhältnissen eine erfolgreiche Konkurrenz auf dem deutschen Eisenmarkte sehr erschwert.
2. Muß beachtet werden, daß sich 1859 in den westeuropäischen Ländern ein neuer zyklischer Aufschwung abzuzeichnen begann, der verbunden war mit einem Ansteigen der Eisenpreise. Die englische Schwerindustrie hatte z. B. seit 1859 beträchtliche Absatzmöglichkeiten durch den stärkeren Aufbau des indischen Eisenbahnnetzes.[86] Auch dieser Faktor hatte für den schnellen Rückgang des englischen Eisenexports nach Deutschland große Bedeutung.

Der Rückgang des Eisenverbrauches 1859 ging auf Kosten des Absinkens der Eisenimporte; denn die Eisenproduktion des Zollvereins stieg auch in diesem Jahre weiter an.[87] Lediglich 1860 war die Eisenproduktion leicht rückläufig. Dieser Faktor sowie die Fortsetzung, zumindest der staatlichen Bahnbauten[88] und in gewissem Umfange auch staatliche Rüstungsaufträge[89], minderten die Wirkungen der Krise auf die Maschinenbauindustrie, so daß im Zusammenhang mit der 1859 wieder beginnenden Belebung der Textilmaschinennachfrage[90] sich insgesamt ein außerordentlich widersprüchliches Bild des deutschen Maschinenmarktes von 1858 bis 1861 ergibt.

Ein weiteres Problem ist in diesem Zusammenhang die Tatsache, daß sich die Konkurrenz der kapitalistischen Betriebe in der Landwirtschaft durch die reiche Ernte von 1857 verschärfte.[91] Darauf führen wir mit zurück, daß 1858/59 die Nachfrage der junkerlichen und großbäuerlichen Wirtschaften sich gegenüber den Vorjahren verstärkte und für den Magdeburger[92], den ostpreußischen[93] und teilweise auch schle-

[86] PINNER, F., Die großen Weltkrisen. Zürich und Leipzig 1937, S. 146.

[87] Vgl. Tabelle 1.

[88] In einem Schreiben des Ministers v. d. Heydt an die Handelskammern heißt es: Die „... öffentlichen Bauten, insbesondere für die Rechnung des Staates unternommenen Eisenbahnbauten, insoweit fortgesetzt werden, als die Verhältnisse dies gestatten.“ (1859), DZA Merseburg, Rep. 120 A, VIII, 1, Nr. 11.

[89] Vgl. Bericht der Ältesten der Kaufmannschaft zu Berlin für 1859; Jahresbericht der Handelskammer Koblenz für 1859.

[90] Vgl. Jahresberichte der Handelskammern Aachen und Burtscheid für 1859, 1860, 1861; Bericht der Ältesten der Kaufmannschaft zu Berlin für 1859. Jahresbericht der Handelskammer Breslau für 1859.

[91] Vgl. die Ausführungen v. ENGELS, F., über die Krise 1857, wo besonders darauf hingewiesen wird, daß im Krisenjahr auch die Landwirtschaft von der Überproduktion erfaßt wurde. MARX/ENGELS, Briefwechsel. Bd. II, Berlin 1950, S. 299.

[92] Bericht der Ältesten der Kaufmannschaft zu Magdeburg für 1859.

sischen[94] Maschinenbau zahlreiche Aufträge für landwirtschaftliche Maschinen, Dampfmaschinen für die Mühlen und Apparate, Behälter, Pressen für die Zuckerfabriken, vergeben wurden. Dieser Faktor wirkte der allgemeinen Verengung des Maschinenmarktes im Verlauf der Krise ebenfalls in gewissem Umfange entgegen.

Fassen wir zusammen: Die durch die Überproduktion in der Textilindustrie ausgelöste Krise bewirkte einen langsamen Rückgang der Maschinennachfrage allgemein. Der Verlauf der Krise in der Schwerindustrie war zögernd und schleppend. Es erfolgte im Gegensatz zur Textilindustrie kein abrupter Rückgang, sondern ein allmähliches Nachlassen der Maschinenaufträge, verbunden allerdings mit einem erheblichen Preisfall. Insofern haben wir hier den typischen Verlauf einer Krise des vormonopolistischen Kapitalismus vor uns. Die absinkende Investitionsfähigkeit führte zum Nachlassen der Maschinenaufträge. Sowohl die innere wie auch die ausländische Konkurrenz verschärfte sich auf dem deutschen Markte und verursachte ein Nachlassen der Maschinenpreise. Die 1859 einsetzende Belebung in der Textilindustrie wirkte auch auf den Maschinenmarkt belebend ein, führte aber keineswegs sofort zu einem neuen Aufschwung, sondern verminderte lediglich die Absatzschwierigkeiten.

Die Grenze zwischen Krise und Depression war durch die 1859 einsetzende Belebung des Textilmaschinenmarktes für die Maschinenbauindustrie eine fließende. Auch 1860 bis 1861 fielen die Preise für Maschinen weiter, so daß sie für schwere Maschinen, Lokomotiven und Waggons etwa um 30—40 % unter denen von 1858 lagen.[95] Die Depression in der Schwerindustrie zog sich bis etwa 1861 hin.[96] Hemmend auf die Ende 1861 einsetzende Belebung wirkte zeitweilig der durch den amerikanischen Bürgerkrieg verursachte Baumwollmangel.

Aus der Analyse der Maschinennachfrage von 1857 bis 1861 ergibt sich, daß die Schwerindustrie erst später — wenn wir von der Stillegung einiger Hochöfen im Ruhrgebiet absehen —, hauptsächlich 1859/60, von den Auswirkungen der Krise und Depression erfaßt wurde. Praktisch zeigten sich die wesentlichen Krisenwirkungen in der Schwerindustrie erst zu dem Zeitpunkt, als die Textilindustrie, dem internationalen zyklischen Aufschwung 1859 folgend, bereits die Wirkungen der Krise und Depression im wesentlichen überwunden hatte.

Die Untersuchung des Krisen- und Depressionsverlaufes im einzelnen würde den Rahmen dieser Arbeit sprengen und bedarf noch eingehender Spezialuntersuchungen, vor allem im Hinblick auf die Lage der englischen Schwerindustrie und der daraus resultierenden Preisverhältnisse auf dem Eisenmarkte des Kontinents. Trotzdem möchten wir noch darauf hinweisen, daß sich Krise und Depression — international gesehen — in Deutschland am längsten hinzogen; denn im wesentlichen waren Ende 1859 in den wichtigsten

[93] Jahresbericht der Ältesten der Kaufmannschaft zu Elbing über Handel, Gewerbe und Schiffbau für 1858.

[94] Jahresbericht der Handelskammer für die Stadt und den Kreis Görlitz für 1859.

[95] Vgl. Jahresbericht der Handelskammer Köln für 1860; Jahresbericht der Handelskammer Mühlheim für 1860.

[96] Vgl. Jahresbericht der Handelskammer Köln für 1861; Jahresbericht der Handelskammer Essen für 1861; Bericht der Ältesten der Kaufmannschaft zu Berlin für 1861; Jahresbericht der Handelskammer Breslau für 1861.

kapitalistischen Ländern ihre Folgen überwunden.[97] In Deutschland dauerte die zeitweilige Lösung des Widerspruchs zwischen Produktion und Markt länger, weil es der deutschen Bourgeoisie nicht gelang, trotz des schnellen ökonomischen Aufschwunges bis 1857/58 die noch vorhandenen Hemmnisse infolge des Fehlens des einheitlichen nationalen Marktes zu überwinden, so daß sich z. T. daraus die zögernde Überwindung der Krisenwirkungen, besonders für die Schwerindustrie, ergab, die ja in jeder Beziehung auf einen gefestigten inneren Markt angewiesen war. Es war daher nicht verwunderlich, daß die deutsche Bourgeoisie Anfang der sechziger Jahre Forderungen aufstellte, die sich auf Verbesserungen des Verkehrswesens, Gewerbefreiheit in allen deutschen Ländern, Abbau der noch bestehenden Freizügigkeitsbeschränkungen und auf die weitere Umwandlung der absolutistischen in die bürgerliche Monarchie richteten.[98]

4. Die Bewegung des Maschinenmarktes in den sechziger Jahren des 19. Jh.

Auf Grund verschiedener außerökonomischer Ereignisse, insbesondere des amerikanischen Sezessionskrieges und des dadurch verursachten Baumwollmangels in der ersten Hälfte des Jahrzehnts sowie der politischen Hochspannung in Deutschland selbst infolge des österreichisch-italienischen Krieges und der sich abzeichnenden österreichisch-preußischen Auseinandersetzungen verlief die zyklische Bewegung der Wirtschaft von 1861 bis 1865 flacher. Folglich waren auch die Auswirkungen der Krise 1866/67 geringer als die der Krise von 1857.[99] Erst 1868/69 folgte ein neuer zyklischer Aufschwung, der bis 1873 anhielt.[100]

Die tiefgehenden Veränderungen des deutschen Kapitalismus in den sechziger Jahren sind vor allem dadurch charakterisiert, daß auf Grund der Reife des Kapitalismus die Anlagen von konstantem fixen Kapital sich jetzt weitaus weniger als vorher auf die Erweiterung, sondern in erster Linie auf die Modernisierung der bestehenden Produktionsanlagen konzentrierten.[101] Diese Feststellung wird auch durch die Berechnungen Kuczynskis über das Entwicklungstempo des deutschen Kapitalismus in den fünfziger und sechziger Jahren unterstrichen.[102]

[97] Vgl. dazu PINNER, F., a. a. O., S. 146.

[98] Vgl. LENIN, W. I., Über die „Linksschwenkung" der deutschen Bourgeoisie in den 60er Jahren. In: MELS, Bd. II, 1. Hälfte, a. a. O., S. 808 f.

[99] Vgl. OELSSNER, F., a. a. O., S. 244.

[100] MOTTEK, H., a. a. O., S. 43.

[101] Ebenda.

[102] KUCZYNSKI, J., Die Geschichte der Lage der Arbeiter in Deutschland. A. a. O., S. 159 ff. K. gibt für beide Zyklen folgende Zahlen an:

	1841/50–1851/60	120 %
	1851/60–1860/70	36 %.

Der gegenwärtige Stand der wirtschaftshistorischen Forschung zu diesem Problem erlaubt es aber noch nicht, eine umfassende Darstellung der Ursachen für die Veränderungen des Kapitalismus in den sechziger Jahren zu geben. Aus der Vielzahl der Faktoren, die als Ursachen für die eben charakterisierte Tendenz eine Rolle spielen, verdienen folgende eine besondere Beachtung:

1. Die Wirkungen der Krise und der Depression von 1857 bis 1861 führten in allen Produktionszweigen zu schlechteren Marktbedingungen infolge des Preisfalles. Betriebe, die in der Mechanisierung zurückblieben, konnten unter diesen Bedingungen nicht weiter existieren. Das gilt besonders für die Baumwollindustrie, wo außer der Krise die überhöhten Rohstoffpreise in der ersten Hälfte der sechziger Jahre in der gleichen Richtung wirksam wurden.[103] Die Unternehmer waren unter solchen Bedingungen zur Anlage von konstantem fixen Kapital, zur Modernisierung ihres Produktionsapparates in stärkerem Maße gezwungen. Diese unmittelbaren Wirkungen der Krise und der Depression sind typisch für den vormonopolistischen Kapitalismus. Durch den Verlauf der zyklischen Entwicklung in der ersten Hälfte des Jahrzehnts und die damit verbundenen Marktbedingungen mußte sich aber diese Tendenz zur Anlage von konstantem fixen Kapital in fast allen Zweigen der Wirtschaft weiter verstärken.
2. In dem Maße, wie sich durch die industrielle Revolution die kapitalistischen Produktionsverhältnisse entwickelten, begann sich das moderne industrielle Proletariat herauszubilden, machte es die ersten Schritte in Richtung auf die Konstituierung als selbständige, den Fortschritt verkörpernde Klasse. Schon während des zyklischen Aufschwunges in den fünfziger Jahren, besonders aber seit 1857, nahm die Aktivität der entstehenden deutschen Arbeiterklasse infolge der mörderischen Ausbeutung schnell zu. Der sich entwickelnde Klassenkampf zwang die Bourgeoisie, ihre Ausbeutungsmethoden zu ändern. Die deutsche Bourgeoisie war durch den Kampf der jungen Arbeiterklasse um den Normalarbeitstag in der zweiten Hälfte der sechziger Jahre gewungen, die Arbeitszeit zu reduzieren.[104]
3. Die freihändlerischen Tendenzen des Zollvereins, insbesondere in der zweiten Hälfte des Jahrzehnts, verstärkten die Außenhandelsbeziehungen fast aller Industriezweige und bedingten gleichzeitig eine Zunahme der Konkurrenz sowohl auf den inneren als auch auf den äußeren Märkten. Auch durch die sich anbahnenden internationalen Handelsbeziehungen war die deutsche Bourgeoisie gezwungen, in größerem Umfange Kapitalinvestitionen zur Modernisierung des Produktionsapparates vorzunehmen, wenn sie erfolgreich auf dem Weltmarkt konkurrieren wollte.
4. Zum Schluß sei noch darauf verwiesen, daß durch die Bildung des Norddeutschen Bundes für große Teile der deutschen Bourgeoisie jener Überbau geschaffen wurde, den sie für ihre ungehinderte ökonomische Entwicklung brauchte.

Wesentliche Hemmnisse, die unterschiedlichen Maße und Gewichte sowie die verschiedenen Währungen, Einschränkungen der Freizügigkeit der Arbeitskräfte, entfielen für den Norddeutschen Bund und trugen zu einer Erweiterung der Absatzmöglichkeiten

[103] Mottek, H., a. a. O., S. 50.
[104] Vgl. S. 247 f.

auf dem inneren Markt bei, belebten schließlich den Konkurrenzkampf und führten auf diese Weise auch zur Verstärkung der Kapitalanlagen, zur Modernisierung des Produktionsapparates.

Nach der Darstellung einiger Grundfragen der industriekapitalistischen Entwicklung Deutschlands in den sechziger Jahren des 19. Jh. drängt sich das Problem auf, welche Auswirkungen diese eben dargelegten Veränderungen auf die Entwicklung des Maschinenmarktes hatten.

Die Struktur der Maschinennachfrage änderte sich dahingehend, daß in zunehmendem Maße solche Maschinen gefragt waren, die den Unternehmen eine intensivere Ausbeutung der Arbeiter gewährleisteten. Diese Tendenz trat besonders deutlich in der Textil- und Schwerindustrie in Erscheinung.

In der Baumwollspinnerei zeigte sich in der ersten Hälfte der sechziger Jahre eine starke Nachfrage nach dampfbetriebenen Selfactorspinnmaschinen.[105] Auf Grund des in der Weberei einsetzenden Mechanisierungsprozesses entfaltete sich sehr schnell der Bedarf an mechanischen Webstühlen.[106] Besonders stark waren die Aufträge für Wechselstühle, die die Produktion modischer Kleiderstoffe sicherte.[107] Darüber hinaus gab es zahlreiche Aufträge für mechanische Webstühle zur Tuchherstellung, für Buckskin, die Strumpfproduktion und Leinenweberei.[108] Die Nachfrage für die soeben charakterisierten Maschinen wandelte sich also ihrer Struktur nach; gleichzeitig wuchs sie absolut, ohne allerdings dadurch einen größeren Anteil am deutschen Maschinenmarkt zu gewinnen.

Auch in der Maschinennachfrage der Schwerindustrie zeigten sich wichtige strukturelle Veränderungen. So machte die zunehmende Verwendung von Flußstahl neue Verformungsmethoden erforderlich, die zur stärkeren Verwendung von Dampfhämmern führten.[109] Die Einführung der Siemens-Regenerativfeuerung und des Martinprozesses in der Stahlproduktion bedingte die Produktion von Konvertern, Antriebsmaschinen, Gebläsen und der entsprechenden Hydraulik.[110] Daneben hielten die Aufträge der Puddelwerke für Maschinen und Apparate unvermindert an.[111]

Das außerordentlich schnelle Wachstum der deutschen Stahlproduktion in den sechziger Jahren findet seinen Ausdruck in der Tatsache, daß Deutschland 1870 hinter England den zweiten Platz einnahm.[112]

105 Vgl. Jahresbericht der Handels- und Gewerbekammer Chemnitz für 1864/65. Vgl. HAUBOLD, S., Entwicklung und Organisation einer Chemnitzer Maschinenfabrik. Diss. Bonn 1939, S. 32 ff.

106 Vgl. für Sachsen: Jahresbericht der Handels- u. Gewerbekammer Chemnitz 1865. Vgl. für Preußen: Jahresberichte der Handelskammer Eupen für 1863, 1864, 1865, 1866; Jahresberichte der Handelskammer Aachen und Burtscheid für 1865; Jahresberichte der Handelskammer Essen für 1865.

107 Vgl. Amtlicher Bericht über die Industrie- und Kunstausstellung zu London im Jahre 1862. Berlin 1865, S. 224 ff.; Jahresbericht der Handels- u. Gewerbekammer Chemnitz für 1864.

108 BLUMBERG, H., Ein Beitrag zur Geschichte der deutschen Leinenindustrie von 1834 bis 1870. In: Studien zur Geschichte der industriellen Revolution ... A. a. O.

109 BECK, L., Die Geschichte des Eisens. Braunschweig 1903, S. 73 ff.

110 Ebenda.

111 v. BORRIES, K., a. a. O., S. 44.

112 BECK, L., a. a. O., S. 253 ff.

Die Veränderungen in der Roheisenproduktion sind durch die weitere Verbreitung und Verbesserung des Kokshochofens charakterisiert. Auch hier haben wir die Tendenz zur Verbesserung der Produktionsanlagen, indem versucht wurde, durch eine größere Gischt und stärkere Gebläse zu einer Steigerung der Roheisenproduktion je Ofen zu gelangen.[113] Der schnelle technische Fortschritt in der Roheisenproduktion ist ferner dadurch gekennzeichnet, daß das Holzkohleroheisen zu Beginn der siebziger Jahre fast völlig durch das Kokseisen verdrängt wurde.[114]

Innerhalb des schwerindustriellen Maschinenbedarfes gewann die Nachfrage nach Werkzeugmaschinen für den Bau von Maschinen an Bedeutung. Schon in den fünfziger Jahren war der Bedarf an Werkzeugmaschinen besonders bei jenen Fabriken enstanden, die schwere Maschinen und Apparate bauten. Aber insgesamt gesehen war die dadurch vorhandene Nachfrage noch relativ gering und fiel kaum ins Gewicht. Hinzu kam noch, daß ein Teil der Maschinenfabriken und Maschinenmanufakturen seine Maschinen, die er zur Produktion brauchte, selbst baute. Die Gründe für das rasche Anwachsen des Werkzeugmaschinenbedarfes sind darin zu erblicken, daß sich die Anforderungen an die produzierten Maschinen infolge der strukturellen Veränderungen der Maschinennachfrage schnell erhöhten. Es sei hier nur an die zunehmende Verwendung von Flußstahl erinnert, wodurch verbesserte, präziser arbeitende Maschinen erforderlich waren.[115]

Während in den fünfziger Jahren noch häufig vor allem Universalmaschinen in den Maschinenfabriken verwendet wurden, kommt jetzt eine stärkere Spezialisierung in der Werkzeugmaschinennachfrage auf. Es wurden in größerem Umfange Aufträge für Spezialmaschinen, so z. B. Karusselldrehbänke, vergeben.[116] Hauptsächlich richtete sich die Werkzeugmaschinennachfrage seitens der Maschinenbauunternehmer infolge der veränderten Marktbedingungen mehr auf spezialisierte und weniger auf universelle Werkzeugmaschinen.[117]

Nicht so deutlich wie in der Textil- und Eisenindustrie sind die strukturellen Veränderungen der Maschinennachfrage seitens der Bergbauunternehmen. Auffällig ist, daß der Bedarf an schweren Dampfmaschinen, Wasserhaltungsanlagen, insbesondere Pumpen, wesentlich rascher wuchs als in den fünfziger Jahren des 19. Jh.[118]

In der zweiten Hälfte der sechziger Jahre war die Nachfrage vor allem nach Dampfmaschinen und Pumpen durch die Aufträge der Ruhrzechen zeitweise größer als die Produktionskapazität der entsprechenden Maschinenfabriken.[119] Auf Grund des umfangreichen Einsatzes von Maschinen im Bergbau wurde die Intensität der Ausbeutung der Bergarbeiter erhöht. Das trifft vor allem auch auf jene Arbeiter zu, die in der Auf-

[113] Ebenda.

[114] HAUSSHERR, H., Wirtschaftsgeschichte der Neuzeit. Weimar 1954, S. 393.

[115] Vgl. 75 Jahre Collet und Engelhard 1862–1937. S. 12.

[116] Vgl. Berichte über die Allgemeine Ausstellung zu Paris im Jahre 1867. Berlin 1868, S. 403.

[117] Vgl. FRORIEP, O., a. a. O., S. 62 f.

[118] Vgl. Jahresberichte der Handelskammer Essen für 1861—1870. DÄBRITZ, W., Entstehung und Aufbau des rheinisch-westfälischen Industriebezirkes. In: Beiträge zur Geschichte der Technik und Industrie (fortan geführt als: BGJ). Bd. 15, Berlin 1925, S. 31 f.

[119] Vgl. Jahresberichte der Handelskammer Essen für 1865—1869.

bereitung der Kohle beschäftigt waren. Hier setzt seit Anfang des Jahrzehnts die Verdrängung der Handarbeit durch den Einsatz mechanischer Aufbereitungsanlagen ein.[120] Auch für den Erzbergbau hat die Einführung von mechanischen Aufbereitungsanlagen große Bedeutung gehabt.[121]

Im Zusammenhang mit der beginnenden Ausbeutung größerer und ergiebigerer Steinkohlenflöze seit den fünfziger Jahren ist es erklärlich, daß auf Grund der zunehmenden Verwendung von Dampfmaschinen, Pumpen und mechanischen Aufbereitungsanlagen eine wesentliche Erhöhung der Intensität der Ausbeutung der Bergarbeiter bei gleichzeitig ansteigender Arbeitsproduktivität erreicht wurde, was sich in einer höheren Pro-Kopf-Leistung je Bergarbeiter widerspiegelt.[122]

Wenn wir abschließend die Bedeutung des schwerindustriellen Maschinen- und Apparatebedarfes einschätzen, so können wir feststellen, daß auf Grund der weiteren Zunahme des Entwicklungstempos der Abt. I dieser Bedarf der entscheidende für die weitere Ausdehnung und Vertiefung des Maschinenmarktes war.

So wesentliche Veränderungen in der Struktur der Nachfrage, wie in der Textil- und Schwerindustrie, lassen sich in bezug auf die Maschinennachfrage der Eisenbahnen nicht feststellen. Schon in den fünfziger Jahren spielten hier Kapitalanlagen, die der Modernisierung des rollenden Materials dienten, eine große Rolle.[123]

Auch in den sechziger Jahren setzte sich diese Tendenz fort, ohne daß sich wesentliche Unterschiede gegenüber den fünfziger Jahren hinsichtlich der Nachfragestruktur zeigten. Die Nachfrage nach Lokomotiven und Waggons stieg weiter an durch die Ausdehnung des Bahnnetzes und die Ersetzung alter leistungsschwacher Lokomotiven und Waggons durch neue. Hier ist an erster Stelle die stärkere Einführung der sogenannten C-Lokomotive, d. h. einer Lokomotive mit drei gekuppelten Achsen, zu nennen.[124] Im Personenzugverkehr machte die Schaffung durchgehender Verbindungszüge wesentliche Fortschritte, so daß der Bedarf an schnellen, leistungsstarken Lokomotiven für diese Zwecke seit Anfang des Jahrzehnts anwuchs.[125]

Ähnliche Tendenzen, wie in der Entwicklung des Lokomotivenbedarfes, zeigten sich auch im Waggonbedarf. Die Verwendung von Eisen und Stahl machte im Waggonbau weitere Fortschritte. Zahlreiche Aufträge lagen in den Waggonfabriken vor und konnten zum Teil nicht realisiert werden.[126] Vor allem stieg der Bedarf an ganzeisernen Waggons für den Kohletransport steil an.[127]

[120] Vgl. Jahresberichte der Handelskammer Essen für 1861, 1862 und 1866.

[121] Vgl. DZA Merseburg, Rep. 120 I, Nr. 60; BECK, L., a. a. O., S. 70 ff.

[122] Vgl. KUCZYNSKI, J., Die Geschichte der Lage der Arbeiter in Deutschland. A. a. O., S. 216 ff.; J. K. führt die Steigerung der Pro-Kopf-Leistung vor allem auf den Übergang von der extensiven zur intensiven Ausbeutung zurück, ohne die technischen Fortschritte im Bergbau sowie die Erschließung günstigerer Lagerstätten zu berücksichtigen.

[123] Vgl. S. 147 f.

[124] MAYER, M., Emil Keßler, ein Begründer des deutschen Lokomotivbaues. In: BGTJ, Bd. 14, Berlin 1924, S. 6 ff.

[125] Hundert Jahre deutsche Eisenbahnen. A. a. O., S. 152.

[126] Vgl. Amtlicher Bericht über die Industrie- u. Kunstausstellung zu London im Jahre 1862. A. a. O., S. 430; Hundert Jahre deutsche Eisenbahnen. A. a. O., S. 208.

[127] Vgl. Jahresbericht der Handelskammer Aachen für 1866; Jahresbericht der Handelskammer Essen für 1866—1868.

Die umfangreichen Aufträge für rollendes Material spiegeln die Tatsache wider, daß immer noch eine weitgehende Disproportion zwischen der Transportkapazität und dem Transportbedarf vorhanden war. In einem Artikel der „Deutschen Industriezeitung“ heißt es dazu: „. . ., daß sich der Verkehr in der Regel auf allen Eisenbahnen in doppeltem, ja, vierfachen Verhältnis zu dem Wachstum der anwohnenden und die Eisenbahn benutzenden Bevölkerung steigert. . .“ [128]

Der Ausbau des Transportsystems erfolgte aber keineswegs nur durch die Vergrößerung des Eisenbahnnetzes; denn sowohl die Binnenschiffahrt als auch die Seeschiffahrt entwickelten sich in den sechziger Jahren sehr rasch. In den hauptsächlichen Zentren des Binnenschiffbaues Duisburg, Mühlheim, Koblenz und Magdeburg gingen besonders in der zweiten Hälfte der sechziger Jahre zahlreiche Aufträge für den Bau von Schleppern und eisernen Lastkähnen ein.[129] Diese Anlagen von konstantem fixen Kapital trugen zur völligen Verdrängung des handwerklichen Transportgewerbes bei.

Hervorzuheben ist auch die schnelle Entwicklung der deutschen Seeschiffahrt, deren Tonnage um 80 % zwischen 1850 und 1870 anwuchs.[130]

Wir haben bisher die strukturellen Veränderungen der Maschinennachfrage, soweit sie durch die Industrie und das Transportwesen verursacht wurden, analysiert. Das Ergebnis unserer Betrachtung wäre unvollständig, wenn wir nicht noch die strukturellen Veränderungen der Landmaschinennachfrage untersuchten. Die qualitativen Veränderungen des deutschen Kapitalismus in den sechziger Jahren führten dazu, daß durch die Herausbildung des modernen Industrieproletariats der innere Markt für die landwirtschaftlichen Großproduzenten sich ebenfalls stark erweiterte. Begünstigt durch die Fortschritte des Verkehrswesens machte sich besonders gegen Ende des Jahrzehnts die ausländische Konkurrenz auf dem deutschen Markt stärker bemerkbar, wodurch sich die Absatzbedingungen vor allem der junkerlichen und großbäuerlichen Wirtschaften änderten.[131]

Schließlich muß noch beachtet werden, daß die Arbeitskräftelage für die kapitalistischen Betriebe in der Landwirtschaft durch die industrielle Revolution sich veränderte, d. h. die Abwanderung führte zu einer Verminderung der agrikolen Überschußbevölkerung.[132] Diese Tendenz wird ferner durch die umfangreichen Rekrutierungen, vor allem in den ostelbischen Provinzen, Mitte der sechziger Jahre verstärkt.[133]

[128] „Deutsche Industriezeitung“ 1862, Nr. 3, S. 29.

[129] Vgl. Jahresberichte der Handelskammer Koblenz von 1860—1870; Jahresberichte der Handelskammer Duisburg 1860—1870; Jahresberichte der Handelskammer Mühlheim 1860 -1870; Berichte der Ältesten der Kaufmannschaft zu Magdeburg 1865-1870.

[130] Vgl. BONDI, G., Deutschlands Außenhandel 1815-1870. Berlin 1958, S. 110.

[131] Vgl. BONDI, G., a. a. O., S. 129, 134.

[132] Vgl. Berichte aus den Kreisen der Provinzen Preußen, Posen, Pommern, Brandenburg, Schlesien, Sachsen für 1862-1866. In: „Jahrbuch für die Amtliche Statistik des Preußischen Staates“, II. Jg., Berlin 1867, S. 282-347.

[133] Vgl. BIELEFELDT, K., Das Eindringen des Kapitalismus in die Landwirtschaft, unter besonderer Berücksichtigung der Provinz Sachsen und der angrenzenden Gebiete. Berlin 1911, S. 57.

Unter der Wirkung dieser Veränderungen erhöhte sich die Landmaschinennachfrage schneller als im vorhergehenden Jahrzehnt; mehr noch, auch die Struktur der Nachfrage änderte sich so, daß jetzt vor allem solche Landmaschinen gefragt waren, die auf die Ersetzung von Landarbeitern abzielten. Die bemerkenswerteste Erscheinung in diesem Zusammenhang war die Ersetzung der Göpeldreschmaschine durch die Dampfdreschmaschine.[134] Etwa zwei Drittel der Arbeitskräfte, die zum Handdrusch erforderlich waren, konnten durch die Anwendung der Dampfdreschmaschine ersetzt werden.[135] Die Verbreitung von Dampfmaschinen in Form der Lokomobile wurde durch die technischen Fortschritte erleichtert, die eine größere PS-Leistung bei geringerem Gewicht und Kohleverbrauch der Maschinen sicherten.[136] Die Nachfrage nach fabrikmäßig hergestellten Geräten, insbesondere Pflügen, Sä- und Drillmaschinen entwickelte sich in diesem Jahrzehnt ebenfalls schneller als im vorhergehenden.[137]

Wenn wir die Nachfrage lokalisieren, so ist festzustellen, daß sie in den ostelbischen Provinzen größer war als etwa in West- und Süddeutschland.[138] Eine Sonderstellung nahm die Landmaschinennachfrage in der Provinz Sachsen ein, die die umfangreichste in Deutschland war.

Trotz der Fortschritte ist die Landmaschinennachfrage im Vergleich zur Gesamtnachfrage an Maschinen als gering anzusehen. Die Ursache dafür liegt in den Auswirkungen des preußischen Weges in der Landwirtschaft begründet, die auch in diesem Jahrzehnt den schnellen Fortschritt der Produktivkräfte in der Landwirtschaft beeinträchtigten. Wesentliche Fortschritte machte dagegen jene Industrie, die z. T. unmittelbar an die landwirtschaftlichen, junkerlichen Betriebe angegliedert war, nämlich die Zucker- und Branntweinproduktion. Sowohl quantitativ als auch qualitativ dehnte sich seitens dieser Industrie die Nachfrage nach Dampfmaschinen, Apparaten, Pressen und Röhrensystemen aus.[139] Die rasche Verbesserung des Produktionsapparates der Zuckerfabriken ist daran zu erkennen, daß die Rohzuckerproduktion wesentlich stärker anstieg als die Zahl der Fabriken.[140]

Zum Abschluß unserer Untersuchung über die strukturellen Veränderungen der Maschinennachfrage ist es erforderlich, noch die Auswirkungen der Verstärkung und Verbreitung des junkerlich-preußischen Militarismus zu analysieren, weil sich auf dem Maschinenmarkt die Staatsaufträge für Rüstungsmaterialien in gewissem Umfange bemerkbar machten und zur Entstehung der modernen Rüstungsindustrie beitrugen.

Bismarck brauchte zur Durchsetzung seiner „Eisen- und Blutpolitik“ ein modernes, schlagkräftiges Heer. Die technische Ausrüstung dieser Armee wurde durch Staatsaufträge gewährleistet, die durch Erhöhung der indirekten Steuern und andere Ausgaben, die von der breiten Masse des Volkes aufgebracht werden mußten, finanziert

[134] Vgl. dazu FISCHER, G., Die Kraftmaschine. In: Arbeiten der DLG, Heft 177, Berlin 1910. S. 356 f.

[135] FAULKNER, H., Geschichte der amerikanischen Wirtschaft. Düsseldorf 1957, S. 222.

[136] FISCHER, G., a. a. O., S. 356 f.

[137] Vgl. dazu DZA Merseburg, Rep. 120 D XIV, Nr. 12.

[138] Vgl. Jahresbericht der Handelskammer Aachen und Burtscheid für 1863.

[139] Berichte der Ältesten der Kaufmannschaft zu Magdeburg 1865—1870.

[140] Vgl. S. 151.

wurden.[141] Besonders umfangreiche Aufträge erteilten die preußischen Behörden nach 1866, als „... die Vereinheitlichung der norddeutschen Truppenkontingente und die Angleichung der süddeutschen Heeresteile an das preußische Heeressystem..." erfolgte.[142]

Die Staatsaufträge führten zur Massenerzeugung von Waffen, besonders Zündnadelgewehren, Gußstahlgeschützen und gepanzerten Dampfschiffen sowie von Munition aller Art.[143] Zu einem beachtlichen Teil ist dieses Kriegsmaterial in Maschinenfabriken produziert worden; Hauptverdiener an den Rüstungsaufträgen waren solche Unternehmen, wie Krupp, Schichau, Borsig und Zimmermann, um hier nur einige zu nennen. Später, besonders in den achtziger und neunziger Jahren des 19. Jh., entwickelten sich aus diesen Anfängen heraus jene Rüstungsindustriellen, die in zwei Weltkriegen enorme Profite aus dem Geschäft mit dem Tode zogen.

Fassen wir nunmehr die Ergebnisse unserer Untersuchung über die strukturellen Veränderungen der Maschinennachfrage zusammen. Das wichtigste Ergebnis besteht darin, daß in diesem Jahrzehnt die Nachfrage sich auf Maschinen konzentrierte, die eine Einsparung menschlicher Arbeitskraft sicherten, deren Anwendung in der Produktion es den Unternehmern erleichterte, die Ausbeutung des Proletariats zu intensivieren. Der Bedarf an diesen Maschinen stieg wesentlich rascher als der Bedarf, der durch die Erweiterung der Produktion hervorgerufen wurde. In dieser Erscheinung spiegelt sich recht deutlich die Reife des deutschen Kapitalismus in jener Periode wider. In der Tendenz gilt diese Feststellung auch für die kapitalistischen Betriebe in der Landwirtschaft.

Nach der Darstellung der Nachfrage und ihrer strukturellen Veränderungen drängt sich ein weiteres Problem im Zusammenhang mit der Entwicklung des Maschinenmarktes auf, und zwar, welchen Anteil die deutsche Maschinenindustrie an der Befriedigung der Maschinen- und Apparatenachfrage in den sechziger Jahren hatte, bzw. wie sich die Absatz- und Konkurrenzverhältnisse entwickelten.

In den fünfziger Jahren, darauf haben wir schon hingewiesen [144], war der Anteil ausländischer Maschinen auf dem deutschen Markt gering.

Für die sechziger Jahre, vor allem ab 1866, wo uns genaue statistische Angaben des Zollvereins vorliegen, ist eine absolute Zunahme der Maschineneinfuhr erkennbar.[145] Von 1866 bis 1871 nahm die Maschineneinfuhr um 64 % zu, während ihr relativer Anteil an der Einfuhr von groben Guß- und Eisenwaren von 51 % auf 39,5 % absank.[146] Die ausländische Konkurrenz auf dem Maschinenmarkt war also insgesamt gering, und auch die freihändlerischen Tendenzen in der Wirtschaftspolitik des Zollvereins änderten, abgesehen von einzelnen Maschinenbauprodukten, daran nichts. Nach Angaben Bondis betrug der Anteil von Stahl und Eisen sowie von Maschinen an der Gesamteinfuhr des Zollvereins lediglich 4 %.[147] Diese Feststellung ist insofern von großer Bedeutung,

[141] Vgl. ENGELBERG, E., a. a. O., S. 204.
[142] Ebenda.
[143] Vgl. dazu BECK, L., a. a. O., S. 1 ff.
[144] Vgl. S. 151 ff.
[145] Vgl. Tabelle 4.
[146] Vgl. Tabelle 3.

weil sich zeigt, „... daß der deutsche Kapitalismus einen Stand erreicht hatte, der ihn beim Ausbau der Produktionsanlagen weitgehend unabhängig von Einfuhren machte".[148] Gegenüber den fünfziger Jahren nahm aber die Konkurrenz innerhalb der deutschen Maschinenbauindustrie ganz wesentlich zu. Vor allem hatte das seine Ursache in der Tatsache, daß durch die Veränderung der Nachfragestruktur nur solche Fabriken Aufträge erhielten, deren Maschinen den technischen Höchststand verkörperten. Das führte z. B. dazu, daß die großen Maschinenfabriken mit Aufträgen versehen wurden, während zahlreiche kleinere, zumeist noch mit handwerklichen Methoden produzierende Betriebe, bankrott machten, weil sie keine Aufträge erhielten.[149] Ein weiterer Ausdruck für die Verschärfung der Konkurrenz war das aufkommende Submissionswesen. Bahngesellschaften, staatliche Auftraggeber, aber auch Aktiengesellschaften schrieben ihre Aufträge öffentlich aus und ließen sich entsprechende Angebote machen.[150] Solche umfangreichen Aufträge, wie sie auf den Submissionen vergeben wurden, gelangten zumeist in die Hände großer Maschinenbauunternehmen, weil diese trotz niedriger Preise die gestellten Forderungen hinsichtlich der Qualität der Maschinen erfüllen konnten auf Grund ihrer besseren Produktionsanlagen.[151] Eine wesentliche Rolle spielte dabei weiter die Tatsache, daß große Maschinenfabriken die Aufträge schneller realisieren konnten als solche Betriebe, deren Kapazität und mechanische Einrichtung unzureichend waren.

Konkurrenzverschärfend wirkte die Verbesserung des Transportwesens insofern, als der interlokale Absatz erleichtert wurde. In den Handelskammerberichten finden sich Anhaltspunkte dafür, daß z. B. die rheinischen und Berliner Maschinenfabriken in zunehmendem Maße auf dem schlesischen Markt konkurrierten.[152] In der gleichen Richtung wirkte sich auch der Wegfall der unterschiedlichen Maße und Gewichte, zumindest seit 1867 für den Norddeutschen Bund, aus.

Zur Ergänzung der Ausführungen über die Konkurrenzverhältnisse wäre es nunmehr erforderlich, eingehender die Preisentwicklung für Maschinen zu analysieren. Auf Grund des vorliegenden Materials ist aber eine solche Analyse auch für die sechziger Jahre des 19. Jh. nicht möglich. Aus der Analyse der Handelskammerberichte ergibt sich lediglich, daß gegenüber den fünfziger Jahren die Preise für Maschinen in den sechziger Jahren wesentlich zurückgingen, was vor allem in der Zunahme der Konkurrenz zwischen den Maschinenfabriken begründet ist.[153] Allerdings muß hierbei beachtet werden, daß die Rohstoffpreise in den sechziger Jahren ebenfalls sinkende Tendenz aufwiesen und daher trotz der relativ niedrigeren Maschinenpreise hohe Profite in der Maschinenbauindustrie realisiert werden konnten.[154]

[147] BONDI, G., a. a. O., S. 138.
[148] Ebenda.
[149] Vgl. Jahresbericht der Handelskammer Aachen für 1866.
[150] Vgl. „Deutsche Industriezeitung", Jg. 1862, Nr. 5, S. 54.
[151] Vgl. Berichte der Ältesten der Kaufmannschaft zu Berlin für 1868.
[152] Jahresbericht der Handelskammer Breslau für 1868.
[153] Vgl. dazu die Angaben folgender Handelskammern: Essen, Aachen, Duisburg, Düsseldorf, Breslau für die Jahre 1863—1870.
[154] Vgl. S. 193 f.

5. Die Entwicklung des äußeren Marktes der deutschen Maschinenbauindustrie

Die Entfaltung eines weitgehend gesicherten inneren Marktes des deutschen Kapitalismus im Verlauf der industriellen Revolution und die Herausbildung eines sich stufenweise erweiternden Maschinenmarktes mußte gesetzmäßig zur Schaffung und Ausdehnung von Außenhandelsbeziehungen, zur Eroberung ausländischer Märkte, führen.[155] Der erste Aufschwung des deutschen Außenhandels fällt zusammen mit dem allgemeinen Aufschwung des Kapitalismus von 1854 bis 1857. Allerdings besteht hier kein mechanischer Zusammenhang; denn die Ausdehnung des deutschen Außenhandels in den fünfziger Jahren entsprach keineswegs der schnellen industriellen Entwicklung. Die fehlende staatliche Einheit Deutschlands behinderte zumindest bis in die Mitte der sechziger Jahre die deutsche Bourgeoisie recht erheblich beim Ausbau ihrer Außenhandelsbeziehungen.

In welcher Weise war nun der deutsche Maschinenbau in jener ersten Etappe an der Eroberung fremder Märkte beteiligt? Bis 1870 waren ohne Zweifel die westeuropäischen Länder England, Frankreich, Belgien, in gewissem Umfange kamen noch die USA hinzu, die Länder, die Maschinen in den Zollverein importierten und deren Maschinenindustrie nur auf Spezialgebieten, so z. B. bei Lokomotiven, Waggons, einzelnen Metallbearbeitungsmaschinen usw., einen Export deutscher Maschinen zuließen.[156] Insgesamt kamen diese Länder vor 1870 für einen stärkeren Maschinenexport Deutschlands nicht in Frage, weil die Konkurrenz dort zu groß war.[157] Daher richtete sich das Interesse der deutschen Bourgeoisie, besonders der Maschinenbaubourgeoisie, auf Länder, die in den Anfängen der industriellen Entwicklung steckten. In erster Linie orientierten sich die am Export interessierten Unternehmen auf Rußland und Österreich und in zweiter Linie auf die skandinavischen Länder.[158] Umfangmäßig war der Maschinenexport sehr gering, und lediglich größere spezialisierte Fabriken sind unter den exportierenden Firmen der fünfziger Jahre zu finden. „Borsig", Berlin, die größte Lokomotivfabrik, exportierte 6% ihrer Produktion, das sind 32 Lokomotiven, ins Ausland.[159] Auch andere Maschinenfabriken, so „Hartmann", Chemnitz, „Keßler", Eßlingen, exportierten von 1854 bis 1858 Lokomotiven nach Rußland, Österreich, der Schweiz und Frankreich.[160] Von den Waggonbauunternehmen waren ebenfalls einige am Auslandgeschäft beteiligt,

155 Vgl. Lenin, W. I., Die Entwicklung des Kapitalismus ... A. a. O., S. 615 f.

156 Vgl. Froriep, O., a. a. O., S. 78 f.

157 Wefelmeier, H. J., a. a. O., S. 122.

158 Heismann, H., Die geschichtliche Entwicklung des deutschen Maschinen-Außenhandels. Diss. Berlin 1926, S. 14 ff.

159 Berechnet nach A. Borsig, Berlin 1837—1902. Festschrift zur Produktion der 5000. Lokomotive. Berlin 1902.

160 LHA Dresden, Ministerium des Innern, Nr. 5946, Maschinenanstalten für Eisenbahnen, Lokomotiven etc. betr.; Mayer, M., a. a. O., S. 13.

so z. B. ein Münchener Unternehmen mit Absatz nach Österreich und der Schweiz.[161] Die „Nürnberger Maschinenfabrik“ setzte allein 1855 850 Güterwaggons nach Österreich ab und hatte auch in den folgenden Jahren zahlreiche Aufträge erhalten.[162] Von den preußischen Waggonfabriken lieferten u. a. eine Görlitzer Fabrik sowie Berliner Waggonfabriken ins Ausland, besonders nach Rußland.[163] Der Absatz von Maschinen für schwerindustrielle Zwecke war in den fünfziger Jahren unbedeutend.

Größeren Umfang erreichte der Auslandsabsatz bei Maschinen für die Leichtindustrie, z. B. für die Textilindustrie. Württemberger Maschinenfabriken lieferten hier ihre ausgezeichneten Streichgarnspinnmaschinen und Bandwebstühle nach Österreich.[164] Aber auch sächsische Maschinenfabriken hatten durch die ihren hohen Spezialisierungsgrad im Bau von Maschinen für die Wollindustrie ausgezeichnete Absatzmöglichkeiten in Österreich, Rußland, Skandinavien und z. T. auch in Frankreich und England.[165] Beträchtliches Ausmaß nahm der Absatz von Apparaten, Instrumenten und Maschinen für Zuckerfabriken, Brennereien und Mühlen nach Rußland an. Dieses Exportgeschäft war eine Domäne der Magdeburger[166], Berliner[167] und schlesischen[168] Maschinenfabriken. Während der Krise von 1857 und der folgenden Depressionsjahre trat ein Rückgang des deutschen Außenhandels ein, der eigentlich erst seit der Mitte des Jahrzehnts von einem neuen elementaren Aufschwung abgelöst wurde.[169]

Die deutsche Maschinenausfuhr ging ebenfalls zurück, jedoch darf nicht übersehen werden, daß die Hauptimporteure von deutschen Maschinen Länder waren, die erst in geringem Maße von der zyklischen Entwicklung des Kapitalismus beeinflußt waren und deswegen kein plötzliches Nachlassen, sondern ein allmählicher Rückgang der Aufträge eintrat; noch dazu, wo es sich z. B. bei den Aufträgen für Bahnmaterial oft um Staatsaufträge handelte. Einengend wirkte auf den Absatz der sächsischen und schlesischen Maschinenfabriken neben der zyklischen Krise der österreichisch-italienische Krieg 1859.[170]

161 HERMANN, H., Die Entwicklung der Waggonfabrik J. Ratgeber in München. In: BGTJ, Bd. 8, Berlin 1918, S. 64 ff.

162 BÜCHNER, F., Hundert Jahre Geschichte der Maschinenfabrik Augsburg-Nürnberg, 1840 bis 1940. O. J., S. 80.

163 Jahresbericht der Handelskammer für die Stadt und den Kreis Görlitz für 1856.

164 Beschreibender Katalog der Württemberger Erzeugnisse in der Allgemeinen Deutschen Industrieausstellung zu München. Stuttgart 1854, S. 31 ff.

165 Vgl. Amtlicher Bericht über die Allgemeine Pariser Ausstellung 1855. Berlin 1856, S. 214 ff.

166 Bericht der Ältesten der Kaufmannschaft zu Magdeburg für 1853.

167 Bericht der Ältesten der Kaufmannschaft zu Berlin für 1854.

168 Jahresberichte der Handelskammern Breslau für 1853, 1854 und 1855.

169 BONDI, G., a. a. O., S. 125.

170 Vgl. dazu für den *Berliner Maschinenbau:* Bericht der Ältesten der Kaufmannschaft zu Berlin für die Jahre 1858, 1859, 1860 und 1861; für den *Breslauer Maschinenbau:* Jahresberichte der Handelskammer Breslau für 1859/60; für den *Görlitzer Maschinenbau:* Jahresberichte der Handelskammer Görlitz für 1859—1862. Hier wird besonders auf den Export von Waggons nach Ägypten 1859—1862 verwiesen; für den *Magdeburger Maschinenbau:* Berichte der Ältesten der Kaufmannschaft zu Magdeburg für 1859/60.

Wir neigen aber zu der Ansicht, daß die am Export beteiligten Maschinenfabriken in ihrer Mehrzahl während der Krisensituation eher Vorteile als Nachteile durch den Auslandsabsatz hatten, obgleich natürlich ein erheblicher Preisfall eintrat, der die Profite verminderte.

Ein Ansteigen der Maschinenexporte trat seit etwa 1862/63, besonders aber von 1865 bis 1870 ein. In immer größerem Maße wurden jetzt auf der Grundlage der stärkeren Industrialisierung der östlichen Nachbarländer Deutschlands und der sich herausbildenden internationalen Arbeitsteilung die Maschinenfabriken des rheinisch-westfälischen Industriegebietes in das Exportgeschäft einbezogen, und auf dieser Basis stellte sich ein Überwiegen des Maschinenexports über den Maschinenimport ein und führte zu einer aktiven Maschinenhandelsbilanz.[171]

Die „Lokomotivfabrik Borsig", Berlin, konnte ihren Lokomotivexport von 6 % 1854/57 auf 39 % 1866—1871 erhöhen.[172] Die persönlichen Verbindungen des königlich sächsischen Gesandten zu Paris wurden von der „Maschinenfabrik Hartmann" 1859/60 zur Ausdehnung des Rußlandgeschäftes benutzt und führten zu einer Steigerung des Exportes.[173] An diesem Beispiel zeigt sich wiederum, wie sehr die jeweiligen deutschen Staaten mittelbare Hilfe für die Unternehmer leisteten.

Von der „Lokomotivfabrik Keßler", Eßlingen, erfahren wir, daß seit 1862 eine Vervielfachung des Exportes einsetzte, vor allem nach Dänemark und Italien, ab 1865 nach Rußland und 1866 nach Indien.[174]

Süddeutsche Waggonfabriken, besonders die „Maschinenfabrik Nürnberg", konnten in der zweiten Hälfte der sechziger Jahre beträchtliche Steigerungen im Export nach Österreich und Italien verzeichnen.[175]

Preußische Waggonfabriken erreichten größere Beteiligungen am Export, wobei die Fabriken des Rheinlandes bereits stärker ihren Übersee-Export ausbauen konnten.[176]

Das Exportgeschäft Berliner Waggonfabriken war zeitweilig rückläufig, weil die Rohmaterialzufuhr für den Waggonbau sich auf Grund der Standortbedingungen verteuerte. Daher ist es zu solchen Erscheinungen gekommen, daß die „Aktiengesellschaft für Bahnbedarf" 1868 von Aufträgen für 2813 Waggons nur 48 zur Ausführung erhielt.[177]

Den schlesischen Waggonfabriken gelang es, den Export nach Rußland, Österreich und Ägypten auszubauen.[178]

Die Verbilligung des deutschen Roheisens erleichterte den Export von Erzeugnissen des Schwermaschinenbaues, der vor allem von Maschinenfabriken des rheinisch-westfälischen Industriegebietes betrieben wurde. Hauptsächlich exportierten diese Unternehmen nach Rußland, Österreich, Italien, der Schweiz und nach Übersee.[179] Der

[171] Vgl. Wefelmeier, H. J., a. a. O., S. 122 ff.

[172] A. Borsig, a. a. O., S. 11 (Berechnung v. W. B.).

[173] LHA Dresden, Ministerium des Innern, Nr. 5946.

[174] Mayer, M., a. a. O., S. 14 f.

[175] Büchner, F., a. a. O., S. 81.

[176] Jahresberichte der Handelskammer Aachen und Burtscheid für 1866.

[177] Berichte der Ältesten der Kaufmannschaft zu Berlin für 1868.

[178] Vgl. Jahresberichte der Handelskammer Görlitz für 1862, 1863, 1868, 1871.

[179] Vgl. Jahresbericht der Handelskammer Hagen für 1868; Jahresbericht der Handelskammer Dortmund für 1868, 1869; Wefelmeier, H. J., a. a. O., S. 122.

Struktur nach überwogen solche materialintensiven Erzeugnisse, wie Dampfkessel, Kräne, Brücken, Drehscheiben, Schiebebühnen und Gaswerksausrüstungen.[180] Der Export von Aufbereitungsmaschinen nach Mexiko begann an Bedeutung zu gewinnen.[181] Neben den materialintensiven Produkten entwickelte sich die Ausfuhr von Dampfmaschinen, Pumpen und Papiermaschinen aus dem rheinisch-westfälischen Industriegebiet nach Holland und der Schweiz.[182]

Schlesiens Schwermaschinenexport nach Polen, Rußland und Österreich wurde in den sechziger Jahren ebenfalls umfangreicher.[183]

In anderen Maschinenbauzweigen war vor allem der Export von Textilmaschinen für die Wollindustrie[184] bemerkenswert, der nach Österreich, Skandinavien und Rußland ging, sowie der Export landwirtschaftlicher Geräte und Maschinen nach Rußland und Österreich-Ungarn.[185]

Die zahlreichen Einzelbeispiele der Zunahme des Maschinenexports finden ihre Bestätigung in der Zollvereinsstatistik von 1866 bis 1871.[186] Danach trat erstmalig 1868 eine Mehrausfuhr von 50 209 Ztr. Maschinen auf. Wenn auch umfangmäßig gering, so zeigt das schnelle Tempo der Ausfuhrsteigerung, wie intensiv sich die Struktur des Außenhandels Deutschlands in wenigen Jahren veränderte, die Struktur eines kapitalistischen Industrielandes anzunehmen begann, wozu der Maschinenexport eine wesentliche Grundlage darstellte. Dieser Aufschwung in der Eroberung neuer Absatzgebiete für die deutsche Bourgeoisie beruhte zum Teil auch auf Veränderungen der Wirtschaftspolitik, wie sie sich z. B. in dem preußisch-französischen Handelsvertrag 1865 zeigten, der insgesamt eine Begünstigung des Maschinenexportes nach Frankreich mit sich brachte, so daß neben der Ausdehnung des Absatzes auf den russischen, österreichischen und skandinavischen Märkten auch langsam der Export nach solchen Ländern in Gang kam, die bisher nach Deutschland exportierten und deren Markt für deutsche Maschinen noch in den fünfziger Jahren, von den Maschinen einzelner Fabriken abgesehen, durch die größere Konkurrenzfähigkeit der einheimischen Maschinenfabriken verschlossen war.

Welche Bedeutung der Maschinenaußenhandel des Zollvereins bereits 1871 hatte, zeigt sich recht deutlich an dem Ergebnis einer von uns durchgeführten Repräsentativuntersuchung von 204 Maschinenfabriken. Etwa 36 % dieser Fabriken beteiligten sich am Maschinenexport. Rund 6 % der Fabriken waren reine Exportbetriebe. Als Export-

180 Ebenda; Jahresbericht der Handelskammer Hagen für 1868; Jahresbericht der Handelskammer Stolberg für 1869; Jahresbericht der Handelskammer Essen für 1860, 1863, 1868.

181 WEFELMEIER, H. J., a. a. O., S. 122.

182 Ebenda.

183 Jahresbericht der Handelskammer Breslau für 1862 und 1869.

184 Vgl. Jahresbericht der Handels- und Gewerbekammer Chemnitz für 1867; Jahresbericht der Handelskammer Aachen und Burtscheid für 1860 und 1865; Jahresbericht der Handelskammer Eupen für 1860, 1863, 1864, 1865, 1869, 1870.

185 Bericht der Ältesten der Kaufmannschaft zu Elbing für 1864, 1869; Bericht der Ältesten der Kaufmannschaft zu Tilsit für 1860, 1861, 1863, 1866.

186 Vgl. Tabelle 4.

länder wurden genannt: Österreich, Rußland, Skandinavien und Übersee. In weitem Abstand folgen dann die westeuropäischen Länder.

Einen interessanten Einblick in die Struktur des Exportes gewährten folgende Angaben aus 51 Fabriken:

1. Schwermaschinenbau

schwere Dampfmaschinen	exportierten	7	Fabriken
Lokomotiven und Waggons	„	7	„
Dampfhämmer	„	4	„
Werkzeugmaschinen	„	4	„
Walzwerkmaschinen	„	3	„
Bergwerksmaschinen, Dampfpumpen etc.	„	3	„
Kräne	„	3	„
eiserne Schiffe	„	3	„
		34	Fabriken

2. Textilmaschinenbau

Nähmaschinen	exportierten	7	Fabriken
mechanische Webstühle	„	3	„
Rundstickmaschinen	„	2	„
Spinnmaschinen	„	1	„
Färbereiapparate	„	1	„
Zwirnmaschinen	„	3	„
		17	Fabriken

Aus der Aufstellung ergibt sich, daß der Export von Lokomotiven, Waggons sowie von Dampfmaschinen sicher im Export die größte Rolle gespielt hat. Wenn man auch aus den Angaben nicht das quantitative Verhältnis der einzelnen Positionen bestimmen kann, so liegt aber wohl doch der Schluß nahe, daß der Schwermaschinenexport 1871 den größten Umfang hatte.

II. ZUM QUANTITATIVEN WACHSTUM DER MASCHINENBAUINDUSTRIE ZWISCHEN 1850 UND 1870

Aus der Analyse des Maschinenmarktes ergibt sich, daß sowohl in quantitativer als auch in qualitativer Hinsicht eine umfangreiche Ausdehnung und Vertiefung der Maschinennachfrage sich von 1850 bis 1870 vollzogen hat. Da der Maschinenimport — wie wir festgestellt haben — keine wesentliche Rolle bei der Deckung des Maschinenbedarfes spielte, muß die Maschinenproduktion sehr rasch gewachsen sein. Bei der Darstellung des quantitativen Wachstums der Maschinenbauindustrie sah sich der Verfasser jedoch kaum zu lösenden Schwierigkeiten insofern gegenüber, als es infolge des

Fehlens einer Maschinenproduktionsstatistik unmöglich ist, die Veränderungen des Umfanges der Produktion exakt zu analysieren.

Die Untersuchung der quantitativen Veränderungen mit Hilfe anderer Angaben, z. B. des durchschnittlichen Eisenverbrauchs pro Kopf der Bevölkerung, und die Verallgemeinerung der Umsatzentwicklung einzelner Maschinenfabriken, wie sie vom Verfasser versucht wird, stellt ein Unterfangen dar, welches zwangsläufig nicht voll befriedigen kann.

Es geht bei der Darstellung des quantitativen Wachstums der Maschinenindustrie um zwei Fragenkomplexe, die wir gesondert behandeln müssen, und zwar einmal um das Wachstum der Anzahl der Fabriken und zum anderen um die Veränderung der Produktion selbst.

Im Zollverein wurden 1846 und 1861 Zählungen der Fabriken vorgenommen. Die nächste allgemeine Zählung fand erst im Deutschen Reich 1875 statt, so daß die zahlenmäßige Entwicklung der Fabriken in den sechziger Jahren schwer einzuschätzen ist. Hinzu kommt, daß es keine eindeutige Bestimmung des Fabrikbegriffes in der Statistik gab und teilweise Handwerksbetriebe bei der statistischen Aufnahme 1846 mitgezählt worden sind. Das ist u. a. die Ursache dafür, daß die Anzahl der sächsischen Maschinenfabriken sich von 232 (1846) auf 164 (1861) „vermindert“ [187].

Die Zollvereinsstatistik weist für 1846 417 und für 1861 665 Maschinenfabriken aus.[188] Diese Angaben spiegeln aber nur annähernd das tatsächliche zahlenmäßige Wachstum der Fabriken wider, weil 1846 die Ausgangsbasis infolge des Mitzählens zahlreicher Handwerksbetriebe zu hoch war. Auf Grund des Wachstums des Marktes sowie der Arbeiterzahl [189] scheint uns die Annahme begründet, daß zumindest eine Verdopplung der Zahl der Maschinenfabriken des Zollvereins bis 1861 stattfand. In Preußen und Württemberg stieg die Zahl der Fabriken etwa um das Zweieinhalb- bis Dreifache gegenüber 1846 an.

Die preußischen Statistiken erlauben uns die Feststellung, daß von 1852 bis 1858 die Gründungstätigkeit im Maschinenbau besonders rege war. Allein in diesem Zeitraum nahm die preußische Maschinenbauindustrie um 142 Fabriken zu, das entspricht fast 79 %.[190] Wir können mit großer Wahrscheinlichkeit auch für die anderen Zollvereinsländer ein rasches Wachstum der Maschinenbauindustrie von 1852 bis 1858 annehmen, wenngleich wir es nicht sicher belegen können.

Unter dem Einfluß der Krise und der Depression (1857/61) sank die Zahl der preußischen Maschinenfabriken von 322 (1858) auf 314 (1861).[191]

Das zahlenmäßige Wachstum der Maschinenfabriken in den sechziger Jahren ist wesentlich schwieriger einzuschätzen, weil zwischen 1861 und 1875 keine Zählungen stattfanden. Die Angaben der Reichsstatistik von 1875 wiederum lassen nicht ohne weiteres Rückschlüsse auf die sechziger Jahre zu; denn von 1871 bis 1873, in den sogenannten Gründerjahren, dürften eine Vielzahl von Fabriken gegründet worden sein, die selbstverständlich in den Angaben von 1875 enthalten sind.

[188] Vgl. Tabelle 14. [187] Vgl. Tabelle 14. [189] Vgl. S. 221 f.
[190] Vgl. Tabelle 13. [191] Vgl. Tabelle 13.

Zwischen 1861 und 1875 wurden in Preußen 882 Maschinenfabriken gegründet.[192] Das entspricht einer Zunahme gegenüber 1861 von rund 281 %. Wir haben, um die Entwicklung der Maschinenindustrie in den sechziger Jahren charakterisieren zu können, lediglich die Möglichkeit, auf Grund einer Repräsentativuntersuchung das statistische Ergebnis zu ergänzen. Von 296 im Jahre 1871 existierenden Fabriken haben wir die Gründungsjahre analysiert und sind zu dem Ergebnis gelangt, daß von 1850 bis 1858 26,4 % und von 1862 bis 1870 61,5 % der untersuchten Fabriken gegründet wurden. Im Vergleich zum vorhergehenden Jahrzehnt hat sich die Zahl der gegründeten Maschinenfabriken verdoppelt; was die sächsischen Maschinenfabrikgründungen anbetrifft, so hat S. Haubold herausgearbeitet, daß von 1851 bis 1860 87 Maschinenfabriken und von 1861 bis 1870 166 Maschinenfabriken gegründet wurden.[193] Auch hier war also die Zahl der Gründungen in der Maschinenbauindustrie in den sechziger Jahren etwa doppelt so groß wie im vorhergehenden Jahrzehnt.

Wir können auf Grund unserer Repräsentativuntersuchung und der Ergebnisse von S. Haubold mit großer Wahrscheinlichkeit annehmen, daß das Tempo in der Zunahme der Fabriken in den sechziger Jahren etwa so groß war wie in den fünfziger Jahren. Im Jahre 1871 dürften nach unserer groben Schätzung im Deutschen Reich etwa 1400 Maschinenfabriken existiert haben. Zwischen 1846 und 1871 dehnte sich dieser Schätzung nach die Maschinenbauindustrie etwa um das Vierfache aus.

Die Maschinenbauindustrie — als der Kern der Schwerindustrie — hat, wenn wir beide Zyklen zusammennehmen, das größte Wachstumstempo innerhalb der gesamten Industrie aufzuweisen. Vor allem ist das anhaltend hohe Entwicklungstempo in den sechziger Jahren bemerkenswert, das bei weitem über dem Tempo der allgemeinen kapitalistischen Entwicklung lag.[194] Die Ursache dafür ist u. a. darin zu sehen, daß in den fünfziger Jahren noch eine Disproportion zwischen der Entwicklung des Maschinenmarktes und der Maschinenproduktion bestand. Die Beseitigung dieser Disproportion konnte nur durch Kapitalanlagen in der Maschinenbauindustrie behoben werden. Infolge der hohen Profite in der Maschinenbauindustrie verstärkten sich daher, nachdem eine Reihe von Hemmnissen entfielen, worüber später noch zu sprechen sein wird[195], die Kapitalanlagen in dem folgenden Jahrzehnt, so daß die Maschinenbauindustrie eine rasche quantitative Ausdehnung erfuhr.

Wir haben festgestellt, daß die Zahl der Fabriken sich von 1846 bis 1871 etwa vervierfachte. Es ist zur weiteren Charakterisierung der quantitativen Entwicklung der Maschinenbauindustrie erforderlich, die Bewegung der Produktion zu analysieren.

[192] Vgl. Tabelle 2.

[193] Unserem Repräsentativverfahren haftet insofern ein Fehler an, weil von den 1871 vorhandenen Fabriken jene nicht berücksichtigt werden konnten, die infolge der Krise und Depression bankrott gingen. Der Prozentsatz dieser Unternehmen hat, wenn wir von den Ergebnissen der preußischen Statistik ausgehen, 5 % nicht überschritten, so daß die Aussagefähigkeit unseres Verfahrens nicht wesentlich beeinträchtigt wird. (W. B.) Vgl. Haubold, S., a. a. O., S. 17.

[194] Vgl. S. 158 ff.

[195] Vgl. S. 197 f.

Die Produktionskapazität der Maschinenfabriken erweiterte sich sowohl durch die Zunahme der Beschäftigten als auch durch die technischen Fortschritte. Auf die Einzelheiten der anwachsenden Beschäftigtenzahl gehen wir im Abschnitt über das Maschinenbauproletariat ein [196], die technischen Fortschritte behandeln wir im nächsten Kapitel.[197]

Aus der Analyse des Eisenverbrauchs je Kopf der Bevölkerung ergibt sich, daß die Produktion von Produktionsmitteln, darunter auch die von Maschinen, sich sehr rasch gesteigert haben muß. Zwischen 1851 und 1858 stieg der Eisenverbrauch um das Zweieinhalbfache.[198] Am stärksten nahm der Eisenverbrauch von 1854 bis 1858 zu. Von 1859 bis 1860 zeigt der Eisenverbrauch eine sinkende Tendenz; er fällt um 68 % gegenüber 1858. Dieser Rückgang im Eisenverbrauch spiegelt die Auswirkungen der Überproduktionskrise und der Depression wider. Wesentlich schwächer ist dagegen jener Rückgang, der durch die Krise 1866 verursacht wurde und der etwa 11 % betrug.

Insgesamt stieg von 1862 bis 1871 der Eisenverbrauch im Zollverein von 250 % (1851 = 100) auf 543 % an. Das Tempo des Zuwachses verringerte sich also gegenüber den fünfziger Jahren etwas.[199]

Keineswegs können wir aber nun die Entwicklung des Eisenverbrauchs mit der Entwicklung der Maschinenproduktion völlig identifizieren, denn es zeigt sich z. B. anhand der Produktion einzelner Fabriken, daß in den sechziger Jahren die Produktion der Maschinenbaubetriebe offensichtlich schneller anwuchs, als das aus der Zunahme des Eisenverbrauchs hervorgeht. Auf Grund folgender Angaben, die wir als repräsentativ ansehen, glauben wir das beweisen zu können.

Zunächst analysieren wir die Umsatzentwicklung einer sächsischen Maschinenfabrik. Von der „Maschinenfabrik R. Hartmann", Chemnitz, haben wir folgende Angaben aus verschiedenen Quellen zusammengestellt:

Jahr	Gesamtumsatz[200] (in Talern)	Veränderung 1850 = 100	Zahl der Arbeiter
1849	188.728	44	.
1850	427.182	100	
1851	526.138	123	
1852	504.655	118	
1853	433.581	101	
1854	555.641	130	
1855	516.329	121	824[201]
1856	646.779	151	
1857	852.508	199	2.000[202]
1871	2.670.000[204]	625	3.250[203]

196 Vgl. S. 221 ff. 197 Vgl. S. 177 ff. 198 Vgl. Tabelle 1. 199 Ebenda.

200 LHA Dresden, Ministerium des Innern, Nr. 5946, S. 196 ff.

201 THEUERKORN, A., Die industrielle Entwicklung der Stadt Chemnitz. Diss. Würzburg 1923, S. 56 ff. 202 Sächsische Maschinenfabrik R. Hartmann AG. O. J. (Festschrift).

203 Amtlicher Katalog der Ausstellung des Deutschen Reiches. Berlin 1873. (Wiener Weltausstellung). 204 Ebenda.

Die Umsatzentwicklung weist von 1853 bis 1857 schon fast eine Verdoppelung auf. Von 1857 bis 1871 verdreifacht sich der Umsatz wiederum, so daß insgesamt von 1850 bis 1871 ein Ansteigen um reichlich das Sechsfache zu verzeichnen ist. Ein Vergleich mit der Zahl der ausgebeuteten Arbeiter beweist eindeutig, daß allein von 1855 bis 1857 das Wachstum der Arbeiterzahl schon etwa so groß war wie von 1857 bis 1871. Während 1857 auf jeden Arbeiter ein Umsatz von 426 Talern kam, wurden 1871 schon 821 Taler aus den Arbeitern herausgepreßt. Neben der verstärkten Ausbeutung spielte die Verbesserung der Technik und der Produktionsmethoden eine wichtige Rolle bei der Erhöhung des Umsatzes; darauf wird aber später einzugehen sein.
Ein weiteres Beispiel aus Sachsen zeigt das Wachstum der Produktion des Chemnitzer Maschinenbaues von 1868 bis 1871.[205]

Jahr	Maschinenbauproduktion (in Zentnern)	1868 = 100
1868	229.184	100
1869	284.793	120
1870	315.740	138
1871	319.077	139

Insgesamt hat sich die Produktion danach um 39 % erhöht. Hinzu kommt aber, daß die erzeugten Maschinen, seien es nun Lokomotiven, Dampfmaschinen oder Spinnmaschinen, je Gewichtseinheit eine zunehmende Leistung aufwiesen, so daß man auf einen hohen Umsatz, bedingt durch den gewaltigen inneren Markt für Maschinen, schließen kann.
Die 1856 gegründete „Maschinenfabrik AG.," Köln-Beyenthal, eines der größten Maschinenbauunternehmen des rheinisch-westfälischen Industriegebietes, weist folgende Umsatzentwicklung auf[206]:

Jahr	Umsatz in Talern	1856 = 100	Arbeiter
1856	245.437	100	150
1858	645.446	263	700
1868	1.212.470	494	
1869	1.368.769	558	
1870	1.105.916	450	
1871	1.309.214	534	

Das Tempo der Umsatzsteigerung ist hier noch größer als bei der „Maschinenfabrik R. Hartmann". Vergleichbar sind die Angaben von 1856 bis 1871. Es ergibt sich für die „Maschinenfabrik Hartmann" bis 1871 eine Steigerung des Umsatzes von 100 auf

[205] Barth, H., Die sozialen Zustände der unteren Bevölkerungsschichten in Chemnitz während der Umgestaltung unseres Wirtschaftslebens im vorigen Jahrhundert. Diss. Frankfurt a. M. o. J. S. 95.

[206] Zusammengestellt und berechnet nach den Angaben der Jahresberichte der Handelskammer Köln für die Jahre 1856, 1858, 1868, 1869, 1870 und 1871; Wefelmeier, H. J., a. a. O., S. 19.

413 (1856 = 100) und für die „Kölner Maschinenbau-AG." eine Steigerung von 100 auf 534.[207]

Für den Magdeburger Maschinenbau dürfen wir nach Fuhlrott von 1850/51 bis 1869 eine Steigerung des Umsatzes von 1,8 Mill. Taler auf 3,5 Mill. Taler annehmen.[208] Fuhlrott weist darauf hin, allerdings ohne Zahlen anzugeben, daß der Umsatz 1866 höher als 1869 gewesen sei.[209] Immerhin zeigt aber auch dieser Vergleich, daß der Umsatz sich fast verdoppelte.

Über die Entwicklung des schlesischen Maschinenbaues, besonders seines Zentrums Breslau, liegen uns keine direkt vergleichbaren Angaben über den Umsatz vor. Die wenigen Zahlen, die erreichbar waren, gestatten aber die Feststellung, daß der schlesische Maschinenbau kaum eine Ausnahme von der insgesamt festgestellten Tendenz macht. Allein von 1854 bis 1855 erhöhte sich der Umsatz der Breslauer Maschinenfabriken von 750000 Taler auf 900000 Taler, was einer Zunahme von 100 auf 120 entspricht (1854 = 100).[210]

Vergleichszahlen für 1871 sind von zwei Maschinenfabriken vorhanden. Danach haben diese zwei Fabriken 1871 einen Umsatz von rund 800 000 Taler gehabt.[211] Wenn auch nicht im einzelnen belegbar, so ist die Annahme berechtigt, daß hier ebenfalls insgesamt eine Vervielfachung des Umsatzes von 1850 bis 1870 erfolgte.

Für den Aufschwung des Waggonbaues und gleichzeitig als Beispiel für den Berliner Maschinenbau können wir die 1856 gegründete Aktiengesellschaft für die Fabrikation von Eisenbahnbedarf" ansehen:

Jahr	Umsatz (in Taler)	1858 = 100	Waggonproduktion (Stück)	Arbeiterzahl	1858 = 100
1858	1.290.000	100		1.000	100
1862			1.283		
1863	1.645.000	127	1.263	1.515	151
1864			1.112		
1865			952		
1866			1.481	1.250	125
1867	2.081.037	161	1.716	1.416	142
1868			1.917		
1869	2.904.193	225	2.462	1.854	185
1870	3.578.835	277	2.522	1.900	190
1871			2.345		

Nach unserer Zusammenstellung[212] hat sich der Umsatz dieser Fabrik knapp verdreifacht, wogegen sich die Zahl der ausgebeuteten Arbeiter etwa verdoppelte. Je Ar-

[207] Vgl. DZA Merseburg, Rep. 120 A, XII, 7, Nr. 165.

[208] FUHLROTT, J., a. a. O., S. 16, S. 32 f.

[209] Ebenda.

[210] Amtlicher Katalog der Ausstellung des Deutschen Reiches. A. a. O., S. 417.

[211] Ebenda.

[212] Zusammengestellt und berechnet nach Angaben der Berichte der Ältesten der Kaufmannschaft zu Berlin für 1858, 1862 bis 1871; Vgl. DZA Merseburg 120 A V, 5, Nr. 22, vol. 2.

beiter steigerte sich der Umsatz von 1290 (1858) auf 1877 Taler (1870). Das ist wesentlich mehr als bei der „Maschinenfabrik Hartmann“ in Chemnitz.[213]

Wenn wir nun auf die Entwicklung der Maschinenproduktion insgesamt schließen, so ist wahrscheinlich, daß in den fünfziger Jahren, also bis 1858, die Produktion sich etwa verdoppelte und in den sechziger Jahren ab 1862 etwa eine Verdreifachung der Produktion eintrat.

Diese Schätzung dürfte insgesamt eher zu niedrig als zu hoch sein; denn einige wichtige Erzeugnisse der Maschinenbauindustrie, z. B. Dampfmaschinen und Lokomotiven, lagen noch weit über dem Durchschnitt der allgemeinen Zunahme. Dieser Schluß liegt zumindest auf Grund der absoluten Zunahme der Maschinen in Preußen sehr nahe. Von 1849 bis 1858 wurden z. B. allein in Preußen 3742 Dampfmaschinen neu in Betrieb genommen[214], was fast einer Vervierfachung gegenüber dem Stand von 1849 entspricht. Demgegenüber stieg die Anzahl der mechanischen Webstühle von 1849 bis 1858 um das Eineinhalbfache, nämlich von 5018 auf 7882.[215]

Auch die Waggonproduktion lag über der von uns angegebenen durchschnittlichen Produktionszunahme. Von 1850 bis 1860 stieg die Zahl der Güterwaggons auf preußischen Bahnen von 6825 auf 24 479 an, was einer Zunahme um das Dreieinhalbfache entspricht.[216] Bis 1870 verdreifachte sich die Zahl der Güterwaggons wiederum, so daß 76 824 Güterwaggons vorhanden waren.[217]

Noch schneller als die Waggonproduktion stieg die Lokomotivproduktion; denn zwischen 1850 und 1870 wurden 2987 Lokomotiven auf preußischen Bahnen in den Dienst gestellt.[218] Gegenüber dem Bestand von 1850 stellt das eine Versiebenfachung dar.

III. DIE PRODUKTIONSTECHNISCHEN FORTSCHRITTE IM ZUSAMMENHANG MIT DER ENTSTEHUNG UND ENTWICKLUNG DES SELBSTÄNDIGEN WERKZEUGMASCHINENBAUES

Die stärkere Einbeziehung der Schwerindustrie in die industrielle Umwälzung, das vorrangige Wachstum der Produktion von Produktionsmitteln sowie der Einfluß technisch fortgeschrittener Länder, insbesondere Englands, bedingten eine Forcierung des technischen Fortschritts auch innerhalb der Maschinenbauindustrie. Diese Fortschritte bezogen sich vor allem auf die bereits in der Maschinenproduktion angewendeten Maschinen und auf die Erfindung neuer Maschinen.

Zunächst untersuchen wir die Verbesserungen der Werkzeugmaschinen im engeren Sinne.

[213] Vgl. S. 174.

[214] Tabellen und Amtliche Nachrichten über den Preußischen Staat für 1849 und 1858. Vgl. Kuczynski, J., Die Geschichte der Lage der Arbeiter in Deutschland. A. a. O., S. 172.

[215] Ebenda.

[216] Hundert Jahre deutsche Eisenbahnen. A. a. O., S. 211.

[217] Kuczynski, J., Die Geschichte der Lage der Arbeiter in Deutschland. A. a. O., S. 177.

[218] Ebenda.

1. Technische Verbesserungen der Maschinenproduktion

Aus der Universaldrehbank der vierziger Jahre des 19. Jh. entwickelte sich die verfeinerte Form für Spezialzwecke, z. B. für das Abdrehen von Lokomotiv- und Waggonradsätzen. Vereinzelt wurde in den fünfziger Jahren bereits die Drehbank mit selbsttätigem Planzug eingeführt [219]; sie ermöglichte eine genaue Bearbeitung von Wellen für den Dampfmaschinenbau. Von England beeinflußt, trat seit 1853 die sogenannte Universal-Shaping-Maschine, mit der man horizontal, vertikal und hohl hobeln konnte, in den Maschinenfabriken stärker auf.[220] Die Fräsmaschine setzte sich im Zollverein erst gegen Ende der fünfziger Jahre durch. Besonders stark traten durch den umfangreichen Dampfmaschinenbau verschiedene Typen von Bohrmaschinen in den Vordergrund.[221] Sie werden in den fünfziger Jahren als Vertikal-, Radial-, Zylinder- und Langlochbohrmaschinen bezeichnet.[222] In diesem Zusammenhang muß noch die Einführung von Spezialbohrmaschinen für die Rüstungsproduktion — besonders Preußens — Erwähnung finden.

Weitere Verbesserungen mit beachtlicher Auswirkung auf die Qualität der verwendeten Werkzeugmaschinen wurden durch die Einführung des Hohlkörperprinzips bei den Gestellen der Werkzeugmaschinen erzielt. Außerdem waren Einsparungen an Eisen, dessen Preise während des zyklischen Aufschwungs stiegen, damit verbunden.[223]

Die technischen Fortschritte des Werkzeugmaschinenbaues in den sechziger Jahren sind durch die Fortsetzung der bereits vorher erkennbaren Tendenzen charakterisiert. Allerdings wurde das Tempo der Durchsetzung technischer Verbesserungen und damit im Zusammenhang die Verdrängung der Hand- durch die Maschinenarbeit größer.

Die Anfänge der Serienproduktion von Werkzeugmaschinen erforderten eine zunehmende Verwendung genormter Teile. In England sind normale Loch- und Bohrlehren bereits seit der Mitte des 19. Jh. eingeführt worden [224], und seit dem gleichen Zeitpunkt finden wir Ansätze zur Normung der Gewinde.[225] Durch den Bau von Lokomotiven und Waggons angeregt, gab es bereits Versuche, auch bei der Herstellung von Dampfmaschinen zu Standards zu gelangen.[226]

Für den Schiffsmaschinen- und den Lokomotivbau waren wegen der Steigerung der Drehzahl der bewegten Teile geschabte Gleitflächen erforderlich. Die dazu nötigen Bearbeitungsmethoden beherrschte man in England ebenfalls schon in den fünfziger Jahren.

[219] BUXBAUM, B., Der deutsche Werkzeugmaschinen- u. Werkzeugbau im 19. Jahrhundert. In: BGTJ, Bd. 9, Berlin 1919, S. 114 f.

[220] Vgl. DZA Merseburg, Rep. 120 D I, 1, Nr. 44.

[221] DZA Merseburg, Rep. 120 D I, 1, Nr. 44.

[222] Ebenda.

[223] Vgl. FRORIEP, O., a. a. O., S. 63.

[224] BUXBAUM, B., a. a. O., S. 133.

[225] Ebenda. — BERNDT, C., Die Entwicklung der Schraubengewinde. In: BGTJ, Bd. 14, Berlin 1924, S. 101 ff.

[226] BUXBAUM, B., a. a. O., S. 133.

In Deutschland begannen sich durch den notwendig werdenden Bau von verfeinerten Maschinen Kaliberdorn und Kaliberringe in den sechziger Jahren durchzusetzen, „... so daß die Reibahle nicht mehr wie bis dahin als Schneid- und Meßwerkzeug, sondern nur als Schneidwerkzeug diente“ [227].

Eine weitere technische Veränderung bestand darin, daß die maschinelle Herstellung von Schrauben, Muttern und Bolzen in den sechziger Jahren größere Fortschritte machte.[228]

Als sehr hemmend bei der Festlegung einzelner Gewindetypen wirkten sich die unterschiedlichen Maße in den deutschen Ländern aus. In Preußen wurde z. B. das englische Whitworth-Gewinde eingeführt, während in Süddeutschland vor allem, aber gelegentlich auch in anderen Ländern, seit 1861 das metrische Bodmer-Gewinde angewendet wurde.[229]

Außerdem existierten noch zahllose andere Gewindetypen, die obendrein in sich noch uneinheitlich waren, so daß sich das als Tendenz gegen die Austauschbarkeit auswirkte.

Die technischen Möglichkeiten, genaue Gewinde zu erzeugen, waren keineswegs in den sechziger Jahren in vollem Umfange gegeben; obwohl geeignete Gewindeschneider bekannt waren, scheiterte man zunächst noch an der genauen Winkelherstellung.[230] Trotz der Mängel, die sich in der großen Vielfalt von Schraubentypen zeigten, sind Fortschritte in diesem Jahrzehnt bemerkbar.

Hervorgerufen durch die präziser arbeitenden Maschinen mußte ebenfalls in zunehmendem Maße das Bedürfnis nach genauen Berechnungen des verwendeten Materials und seiner Belastbarkeit aufkommen.[231] Die Einführung des Bessemer-Stahls seit der zweiten Hälfte der sechziger Jahre gab einen wichtigen Impuls für die stärkere wissenschaftliche Durchdringung einer Reihe von Produktionsprozessen. Der homogene Bessemer-Stahl gestattete die Verwendung geringerer Materialdimensionen für bestimmte Wellen, Maschinenteile und Brückenträger, da dieser Stahl größere Belastungen als der Puddelstahl aushielt.[232] Daher wurden zur Feststellung der Belastbarkeit des Materials Methoden der Werkstoffprüfung, etwa seit 1865, in Maschinenfabriken angewendet.

Die vorhandenen Universal-Werkzeugmaschinen wurden in den sechziger Jahren durch Nutstoß-, Stemm- und vor allem Fräsmaschinen zur Anfertigung von Bolzen und den dazu gehörigen Muttern ergänzt. Für den Lokomotiv- und Waggonbau kamen verstärkt spezialisierte Hobelmaschinen sowie Raddrehbänke zur Anwendung.[233] Darüber hinaus wurden durch den Lokomotiv- und Textilmaschinenbau weitere Spezialwerkzeug-

[227] Ebenda, S. 115.

[228] Jahresbericht der Handels- und Gewerbekammer Chemnitz für 1864; „Deutsche Industriezeitung“, Jg. 1864, Nr. 17, S. 161 f.

[229] Berndt, C., a. a. O., S. 101.

[230] Ebenda.

[231] Schulze, E. H., Hundert Jahre Werkstoffprüfung. In: „Zeitschrift des VDJ“, Bd. 9, Nr. 7, Düsseldorf 1949, S. 141 ff.

[232] Ebenda.

[233] Vgl. Berichte über die Allgemeine Ausstellung zu Paris im Jahre 1867. Berlin 1868, S. 403.

maschinen entwickelt[234], die wesentlich zur Zurückdrängung der Handarbeit in den Maschinenfabriken beitrugen, indem für bestimmte, ursprünglich manuell erfolgte Operationen Werkzeugmaschinen angewendet wurden.[235]
In der mechanischen Bearbeitung großer Schmiedestücke für den Schwermaschinenbau zeigten sich Fortschritte durch den stärkeren Einsatz von Schmiedehämmern, die in Spezialfabriken gebaut wurden, und durch Karusselldrehbänke zum Plandrehen.[236]
Ein schneller Aufschwung im Bau von Werkzeugmaschinen für die Geschützproduktion trat ein durch die umfangreichen Staatsaufträge an deutsche Maschinenfabriken Ende der sechziger Jahre.[237] Auf diesem Gebiet, der Rüstung also, wurden Frankreich und England bereits überflügelt. Insgesamt gesehen kann aber in den sechziger Jahren noch kaum von einer technischen Emanzipation des deutschen Maschinenbaues gesprochen werden, wenngleich in einzelnen Erzeugnissen, z. B. bei den oben angeführten Werkzeugmaschinen, Textilmaschinen und Lokomotiven, eine Befreiung vom englischen Einfluß sich bemerkbar machte.
In welchem Umfange die Verwendung von Werkzeugmaschinen zunahm, wurde statistisch nicht erfaßt. Lediglich die Zahl der in der Maschinenbauindustrie verwendeten Dampfmaschinen und die der sonstigen Antriebskräfte wurden statistisch aufgenommen. Die preußische Statistik weist von 1849 bis 1858 in der Maschinenbauindustrie eine Zunahme der Dampfmaschinen von 91 Stück auf 279 Stück aus[238], das entspricht einer Verdreifachung. Wenn wir diese Angaben mit der Zahl der Maschinenfabriken vergleichen, so stellen wir ein Verhältnis von 322 Fabriken[239] zu 279 Dampfmaschinen fest. In diesem Verhältnis spiegelt sich in gewissem Umfange das Niveau der Werkzeugmaschinenverwendung in den fünfziger Jahren des 19. Jh. wider. Noch nicht alle Betriebe verfügten über zentrale Antriebsmaschinen.
Da uns für die sechziger Jahre keine Angaben vorliegen, müssen wir wieder zu dem Ergebnis einer Repräsentativuntersuchung greifen. Im Jahre 1871 besaßen 220 Maschinenfabriken 446 Dampfmaschinen. Dieser gewaltige Fortschritt in der Verwendung der Dampfmaschinen im Produktionsprozeß ist der sichtbare Ausdruck dafür, daß in den sechziger Jahren die technischen Fortschritte wesentlich größer waren als im vorhergehenden Zyklus der kapitalistischen Entwicklung. Von den 220 Maschinenfabriken gab es keine, die nicht über eine Dampfmaschine zum Antrieb der Werkzeugmaschinen verfügt hätte. Der Verbreitung der von uns charakterisierten technischen Fortschritte stand besonders bis in die Mitte der sechziger Jahre eine Reihe von Hindernissen entgegen, die vor allem aus der politischen Zersplitterung Deutschlands und aus der noch nicht beendeten bürgerlichen Umwälzung resultierten.
Besonders hemmend wirkte die uneinheitliche Patentgesetzgebung der deutschen Länder. Obwohl seit 1842 eine Übereinkunft der Zollvereinsländer existierte, kam es schließlich

[234] Ebenda.
[235] Vgl. FRORIEP, O., a. a. O., S. 62 f.
[236] Ebenda.
[237] Vgl. S. 164 f.
[238] KUCZYNSKI, J., Die Geschichte der Lage der Arbeiter in Deutschland. A. a. O., S. 172.
[239] Vgl. Tabelle 13.

erst 1877 im Deutschen Reich zu einem einheitlichen Patentrecht. Während des Untersuchungszeitraumes galt in Preußen noch das Publicandum vom 14. 10. 1815, das in keiner Weise den technischen Erfordernissen und dem Stand der kapitalistischen Entwicklung entsprach, weil langfristige, umständliche Prüfungsverfahren stattfanden, keine Patentbeschreibungen veröffentlicht wurden und außerdem eine Klausel die Ausführung des Patents innerhalb von sechs Monaten bestimmte.[240] Das sächsische Patentrecht wirkte nicht in gleichem Maße hemmend wie das preußische. Hier bestand der Hauptmangel in einem nicht ausreichenden Schutz der Erfindung. So konnten z. B. Produkte, die auf Grund sächsischer Patente in anderen Ländern hergestellt wurden, ohne weiteres nach Sachsen eingeführt werden.[241] Das Patentrecht der anderen deutschen Länder wies ähnliche Unzulänglichkeiten auf. Demgegenüber war das englische Patentrecht sehr liberal und stellte kein Hemmnis, sondern eine Begünstigung des technischen Fortschritts dar. Es sah keinerlei amtliche Vorprüfungen der Patentgesuche vor, Patentbeschreibungen wurden sofort veröffentlicht und konnten daher schnell ausgenutzt werden.[242] In dem „Act for amanding law for granting Patents for inventions" (1852) wurden weitere Erleichterungen geschaffen, die die sofortige Ausnutzung von Patenten zusätzlich begünstigten. Das englische Patentrecht räumte ausländischen und englischen Erfindern die gleichen Rechte ein. Unter dem Einfluß des englischen Patentrechtes und bedingt durch die in den Zollvereinsländern bestehenden Hemmnisse verlangte die deutsche Bourgeoisie wesentliche Änderungen des Patentrechtes. Solche Forderungen richteten sich auf den Wegfall der umständlichen Vorprüfung und der Geheimhaltungsvorschriften [243], die „... zu großen Unzuträglichkeiten ..." führten; „... denn bei jeder Verbesserung des eigenen Betriebes lief man Gefahr, irgendein Patent, das man gar nicht kennen konnte, zu verletzen" [244]. Bedingt durch die Unterschiedlichkeit der Patentgesetze in England und im Zollverein versuchten viele deutsche Erfinder, ihre Patente in England schützen zu lassen. Die Anzahl der Patente, die im Zollverein 1850 bis 1870 angemeldet und erteilt wurden, ist wesentlich geringer als in England und den USA während der gleichen Zeit.

Neben den außerökonomischen Hemmnissen des technischen Fortschritts zeigten sich, besonders in den fünfziger Jahren, auch ökonomische Hemmnisse, die allerdings durch die Eigenarten der Maschinenproduktion nicht in dem Maße wie in anderen Industriezweigen wirksam werden konnten. Das niedrige Lohnniveau in Deutschland stellte z. B. ein Hemmnis dar für die schnelle Entwicklung und Einführung technischer Neuerungen. Im Maschinenbau spielte dieser Faktor auch eine Rolle, allerdings nicht in dem Maße wie z. B. in der Textilindustrie oder in der Landwirtschaft.

[240] Vgl. Denkschrift über die Gewerbeverhältnisse Hannovers beim Eintritt in den preußischen Staat. Hannover 1867, S. 38 f.

[241] Vgl. DZA Merseburg 120 D XIV 1, Nr. 54, vol. 3; „Sächsische Industriezeitung" Jg. 1861, Nr. 29.

[242] „Sächsische Industriezeitung", Jg. 1861, Nr. 30.

[243] Vgl. Amtlicher Bericht über die Industrieausstellung aller Völker in London im Jahre 1851. III. Teil, Berlin 1853, S. 691.

[244] Vgl. Denkschrift über die Gewerbeverhältnisse in Hannover. A. a. O., S. 41.

Schließlich war auch die zeitweilige Kapitalknappheit in der Maschinenbauindustrie — das galt besonders für kleine Betriebe — ein Hemmnis für die Modernisierung des Produktionsapparates.
Der beste Maßstab dafür, in welchem Umfange sich der technische Fortschritt durchsetzte, ist die Entstehung und Entwicklung des Werkzeugmaschinenbaues.

2. *Die Entstehung und Entwicklung des Werkzeugmaschinenbaues*

Vor 1850 ist das zur Produktion von Maschinen verwendete Maschinensystem allgemein durch die vereinzelte Anwendung von Dampfmaschinen zum Antrieb und durch universelle Arbeitsmaschinen, Drehbänke, Bohr- und Hobelmaschinen, charakterisiert.[245] Dieses relativ unkomplizierte Maschinensystem wies gegenüber der handwerklichen Fertigung bereits wesentliche Vorteile auf, die vor allem in der höheren Arbeitsproduktivität bestanden, indem hier zumindest die Vorbearbeitung der Arbeitsgegenstände maschinell und die Endbearbeitung unter Verwendung von Hammer, Meißel und Feile erfolgte. Vereinzelt setzte aber bereits in der zweiten Hälfte der vierziger Jahre eine weitergehende Verfeinerung des Maschinensystems ein, bedingt durch die Erfordernisse des Textilmaschinenbaues, die die Produktion austauschbarer Einzelteile für Spinnmaschinen notwendig machten. Solche Einzelteile waren z. B. Spindeln, Kratzen, Krempel und dergleichen. Hier gab es also bereits die Tendenz zur Arbeitsteilung, und die Bedingung der Austauschbarkeit ermöglichte und machte den Einsatz von verbesserten Arbeitsmaschinen erforderlich.
Auch die Bedürfnisse des Lokomotivbaues sowie der immer stärker angewendeten Dampfmaschinen, deren Leistung ja ständig gesteigert wurde, mußten die Tendenz zur Verbesserung der Arbeitsmaschinen, der eigentlichen Werkzeugmaschinen im Maschinenbau, verstärkten. Schon jetzt zeigte sich vereinzelt, daß der bis dahin übliche Eigenbau von Werkzeugmaschinen für diese Anforderungen nicht mehr genügte. Immer häufiger findet sich z. B. in den Unterstützungsgesuchen von Maschinenbauern der Wunsch, Werkzeugmaschinen von deutschen oder englischen Fabrikanten zu beziehen.[246] Trotzdem ist es vor 1850 noch nicht zur Entstehung eines selbständigen Werkzeugmaschinenbaues auf fabrikmäßiger Grundlage gekommen, weil dazu die Bedürfnisse noch nicht groß genug waren.
In der ersten Phase der industriellen Revolution während der vierziger Jahre des 19. Jh. reichte für die Bedürfnisse der entstehenden großen Industrie noch z. T. der handwerkliche bzw. manufakturelle Bau von Maschinen aus. Der Widerspruch zwischen den Bedürfnissen der großen Industrie und der auf handwerklicher bzw. manufaktureller Grundlage gefertigten Maschinen war aber vorhanden und führte, wie Schröter nachgewiesen hat, bereits zur Entstehung der Maschinenfabrik.[247]

[245] SCHRÖTER, A., a. a. O., S. 85 ff.
[246] Vgl. MENGEL, W., Strukturwandlungen und Konjunkturbewegung in der Werkzeugmaschinen-Industrie. Diss. Berlin 1931, S. 7 f.
[247] SCHRÖTER, A., a. a. O., S. 92 f.

In dem folgenden Jahrzehnt, als die industrielle Umwälzung—wie wir gesehen haben— gewaltige Fortschritte machte, wurde es notwendig, immer größere Eisen- und Stahlmassen zu verformen. Es waren Maschinen erforderlich — es sei hier nur an die schweren Dampfmaschinen für das Berg- und Hüttenwesen erinnert —, deren Fertigung bei weitem über die technischen Möglichkeiten des manufakturellen Maschinenbaues hinausging. Infolge des Widerspruches entstand der Werkzeugmaschinenbau, wodurch die große Industrie sich ihre „... adäquate technische Unterlage ... schuf ... und ... sich auf ihre eigenen Füße ... stellt“ [248].

Der qualitative Sprung trat in Deutschland in den fünfziger Jahren ein, aber erst in den sechziger Jahren kann man davon sprechen, daß die deutsche Industrie in Gestalt des Werkzeugmaschinenbaues eine ihr entsprechende technische Grundlage besaß.

In England ergab sich die Herausbildung des Werkzeugmaschinenbaues ebenfalls aus den Bedürfnissen des Textil- und Dampfmaschinenbaues, und zwar schon in den dreißiger Jahren des 19. Jh. Zum Zeitpunkt der Herausbildung des deutschen Werkzeugmaschinenbaues stand der englische bereits in Blüte und beeinflußte den kontinentalen und den amerikanischen Werkzeugmaschinenbau.

Untersuchen wir nun die Bedingungen, die in den fünfziger Jahren zur Herausbildung der fabrikmäßigen Produktion von Werkzeugmaschinen in Deutschland führten.

Schon in dem vorhergehenden Jahrzehnt kam es auf der Grundlage der eben analysierten Fakten zur Aufnahme der Werkzeugmaschinenfabrikation in einigen Maschinenfabriken des allgemeinen Maschinenbaues. So wird uns von „Zimmermann“, Chemnitz, berichtet, daß er seit der zweiten Hälfte der vierziger Jahre, ausgehend von der Zylinderfertigung für Spinnmaschinen, zur Produktion von Spezial-Drehbänken für diesen Zweck überging.[249] Aber noch früher als in Sachsen hatte sich in Berlin ein Werkzeugmaschinenbau entwickelt, der aber zunächst eine andere Richtung hatte: Die von der Hamannschen Fabrik erzeugten Drehbänke waren hauptsächlich Universalmaschinen.[250]

Im rheinisch-westfälischen Industriegebiet bildete sich, hervorgerufen durch den Bedarf des Schwermaschinenbaues, schon vor 1850 die Werkzeugmaschinenproduktion heraus. Die schweren Bearbeitungsmaschinen wurden von den Hütten zunächst selbst produziert. In Süddeutschland, einem Standort des Textilmaschinenbaues und des Dampfmaschinenbaues, kam es 1848 zur Gründung der „Maschinenfabrik Mannhard“, München, die ebenfalls Werkzeugmaschinen produzierte.[251]

Eine wesentlich schnellere Entwicklung des Werkzeugmaschinenbaues setzte in der Zeit von 1854 bis 1858 ein. Die Impulse gingen von der raschen Entwicklung besonders der Schwerindustrie aus. Während dieser Periode begann die Spezialisierung der schon vor 1850 gegründeten Maschinenfabriken mit überwiegender oder vereinzelter Werkzeugmaschinenproduktion auf die fast ausschließliche Produktion von Werkzeug-

[248] MARX, K., Das Kapital. Bd. I, a. a. O., S. 402.
[249] Vgl. BUXBAUM, B., a. a. O., S. 107 f.
[250] Vgl. FRORIEP, O., a. a. O., S. 40.
[251] Vgl. BUXBAUM, B., a. a. O., S. 114;
FRORIEP, O., a. a. O., S. 40.

maschinen.[252] Besonders weitgehend war die Spezialisierung einiger Chemnitzer Maschinenfabriken seit 1854.[253] Auf der Grundlage des rasch wachsenden schwerindustriellen Bedarfes in den fünfziger Jahren mußte sich die Tendenz zur Produktion von großen Werkzeugmaschinen verstärken.[254] Außer in Chemnitz und Berlin entstanden Fabriken für den schweren Werkzeugmaschinenbau in Rheinland-Westfalen.

Die Verbesserung der Werkzeugmaschinenfabrikation durch spezialisierte Fabriken führte zu einer wachsenden Präzision der Formgebung und drängte die Handarbeit im Maschinenbau zurück. Gefördert wurde dieser Prozeß durch den Einfluß Englands, der in vielerlei Hinsicht von Bedeutung war. Zunächst spielte der Nachbau englischer Werkzeugmaschinen eine beachtliche Rolle. Von wenigen Ausnahmen abgesehen, war der deutsche Werkzeugmaschinenbau stark auf den englischen Werkzeugmaschinenbau orientiert, und man sprach mit Recht von einer „englischen Periode" im deutschen Werkzeugmaschinenbau.[255] Verstärkt wurde der englische Einfluß auf den Maschinenbau, insbesondere auf den Werkzeugmaschinenbau, noch durch die Weltausstellungen 1851[256] in London und 1855 in Paris. Der technische Vorsprung Englands drückte sich in dieser Zeit in einer größeren Präzision, Zweckmäßigkeit sowie einer größeren Spezialisierung der Werkzeugmaschinen aus.[257] Die Popularisierung der technischen Fortschritte durch Modelle auf den Ausstellungen wirkte mobilisierend auf die deutschen Maschinenbauunternehmer.

Besondere Fortschritte machte der deutsche Werkzeugmaschinenbau in den sechziger Jahren des 19. Jh. Dadurch wurde die materiell-technische Grundlage für den endgültigen Sieg der Maschinenfabrik gelegt.

Die kapitalistischen Unternehmer waren während des Aufschwunges in den sechziger Jahren gezwungen, intensivere Methoden zur Steigerung der Mehrwertproduktion anzuwenden. Auf dieser Basis ist eine starke Zunahme des Absatzes an Werkzeugmaschinen feststellbar. Bedingt dadurch wurden umfangreiche Erweiterungen bestehender Werkzeugmaschinenfabriken vorgenommen und zahlreiche neue gegründet. Während in den fünfziger Jahren sich die Werkzeugfabriken zumeist erst eine gewisse Zeit nach der Gründung spezialisierten, trat jetzt bei einigen Maschinenfabrikgründungen die Tendenz auf, sofort mit der Werkzeugmaschinenfabrikation zu beginnen. Voraussetzung dafür war, daß der Bedarf an Maschinen von anderen Werkzeugmaschinenfabriken gedeckt werden konnte. Während in den fünfziger Jahren die Werkzeugmaschinenfabriken ein umfassendes Produktionsprogramm aufwiesen, sind seit etwa 1862 Anfänge der Serienproduktion von Werkzeugmaschinen erkennbar. So bauten z. B. „Zimmermann", Chemnitz, „Collet & Engelhard", „Offenbach und Banning", Hamm, bereits bestimmte Maschinentypen in Serien von 40—70 Maschinen.[258] Diese Tendenz zur Serienfertigung und damit zur Einschränkung der Typenzahl wurde verstärkt durch den Einfluß des amerikanischen Werkzeugmaschinenbaues.

[252] BUXBAUM, B., a. a. O., S. 110 ff. Vgl. Jahrbuch für die Amtliche Statistik des Preußischen Staates. A. a. O., IV Jg., S. 262.

[253] Ebenda.

[254] BUXBAUM, B., a. a. O., S. 107 f.

[255] BUXBAUM, B., a. a. O., S. 97 ff.

[256] Vgl. Amtlicher Bericht über die Industrieausstellung aller Völker in London. A. a. O., S. 677 ff.

[257] Vgl. Amtlicher Bericht über die Allgemeine Pariser Ausstellung 1855. Berlin 1856, S. 199 ff.

3. Auswirkungen des technischen Fortschritts auf die Qualität der Maschinenbauerzeugnisse

In sehr engem Zusammenhang mit der Entwicklung der technischen Grundlage der Maschinenbauindustrie und dem produktionstechnischen Fortschritt muß die Tatsache gesehen werden, daß sich die Qualität der deutschen Maschinenbauerzeugnisse ebenfalls wesentlich verbesserte und auf die Erweiterung des inneren und des äußeren Marktes zurückwirkte.

Diese Tendenz mußte sich um so stärker zeigen, weil die deutsche Bourgeoisie in der Verbesserung der Qualität der Produkte ein wesentliches Mittel zum Ausbau ihrer ökonomischen Positionen gegenüber der Bourgeoisie anderer Länder während dieser Periode des Kapitalismus der freien Konkurrenz erblickte.

Für die Zeit vor 1850 stellte Schröter fest, daß die Qualität der deutschen Maschinen „... dem Zweck, den sie erfüllen sollten, gerecht wurden und dabei eine für die damalige Zeit normale Lebensdauer zeigten“ [259]. Im Vergleich zu englischen Erzeugnissen — das machte die Weltausstellung 1851 in London sichtbar — war jedoch die Qualität allgemein noch hinter der der englischen Maschinen zurück.[260] Erkennbar war das vor allem in der oft noch unzureichenden Bearbeitungstechnik infolge des Fehlens von geeigneten Werkzeugmaschinen, wodurch die Funktionstüchtigkeit und damit auch die Leistungsfähigkeit herabgesetzt wurden. Das zeigte sich vor allem im Dampfmaschinenbau.

Eine gewisse Vorstellung von der internationalen Stellung des deutschen Maschinenbaues kann man gewinnen, wenn man von den Auszeichnungen für Maschinen auf den internationalen Ausstellungen ausgeht. Allerdings muß beachtet werden, daß die Urteile auch mitunter von Konkurrenzabsichten bestimmt waren.

Ferner ist es durch Transportschwierigkeiten auch nicht allen Unternehmern möglich gewesen, vor allem, soweit sie sich mit dem Bau schwerer Maschinen — z. B. für das Berg- und Hüttenwesen — beschäftigten, ihre Maschinen 1851 in London auszustellen. In der Ausstellungsgruppe VI — Maschinen und Werkzeuge — erhielten Fabriken des Zollvereins 1851 zwei große Verdienstmedaillen und vier Preismedaillen.[261] Demgegenüber sind französische Fabriken mit neunzehn Medaillen und englische Maschinenfabriken gar mit 53 Medaillen ausgezeichnet worden.[262]

[258] 75 Jahre Collet & Engelhard 1862–1937. A. a. O., S. 12. Vgl. Amtlicher Katalog der Ausstellung des Deutschen Reiches. A. a. O., S. 451 f.

[259] Schröter, A., a. a. O., S. 100.

[260] Vgl. Amtlicher Bericht über die Industrieausstellung aller Völker in London 1851. A. a. O., S. 493 ff.

[261] Amtlicher Bericht über die Industrieausstellung aller Völker in London 1851. III. Teil, a. a. O., S. 689.

[262] Ebenda.

Auf der Ausstellung beeindruckten durch ihre Qualität vor allem die Prägemaschinen von Uhlhorn, Grevenbroich sowie Instrumente und Armaturen anderer Fabriken.[263]
Ein wesentlich anderes Bild ergab sich vier Jahre später auf der Ausstellung in Paris, die von 38 deutschen Maschinenfabriken beschickt wurde. Gegenüber den Exponaten auf der Londoner Ausstellung machten sich hier Verbesserungen auf dem Gebiet des Lokomotiv- und des Textilmaschinenbaues (Wollverarbeitungsmaschinen) bemerkbar, die international durch eine Reihe von Auszeichnungen anerkannt wurden. Dagegen ist beim Bau von Metallbearbeitungsmaschinen festzustellen, daß die deutschen Fabriken noch nichts Wesentliches auf dem Gebiet geleistet hatten, was sie der internationalen Öffentlichkeit hätten präsentieren können.[264] Auch im Dampfmaschinenbau waren auf Grund von fehlenden Metallbearbeitungsmaschinen immer noch große Rückstände gegenüber England und Frankreich zu verzeichnen. Die ausgestellten Dampfmaschinen von „Naumann & Esser", Aachen, „Martine", Elberfeld, „Schwartzkopff", Berlin, und „Hofmann", Breslau, waren billig und die Formgebung der Teile mangelhaft.[265]
Wenn wir auch nur bis 1855 Angaben über die Qualität deutscher Maschinen vorliegen haben, so glauben wir uns doch — unter Berücksichtigung der Fakten, die wir über den technischen Fortschritt in den fünfziger Jahren dargelegt haben — zu dem Schluß berechtigt, daß insgesamt eine Verbesserung der Qualität deutscher Maschinen durch die Fortschritte in der Bearbeitungstechnik eingetreten war.

Das internationale Niveau, vor allem bestimmt durch den englischen Maschinenbau, wurde in den fünfziger Jahren erst vereinzelt erreicht, und zwar im Bau von Lokomotiven, Wollverarbeitungsmaschinen sowie einigen anderen Maschinen und Geräten. Darüber hinaus sind wir jedoch der Meinung, daß allgemein die Qualität der Maschinen oft zu wünschen übrig ließ, auch wenn uns darüber keine Fakten vorliegen. Aus dem Niveau der Verformungstechnik — wir haben uns bei den technischen Fortschritten ausführlich damit beschäftigt — lassen sich allgemeine Schlüsse auf die Qualität der Maschinen ziehen, und daher glauben wir begründen zu können, daß im Durchschnitt die Qualität der Maschinen — im Vergleich zu englischen Maschinen — oft unzureichend war.
In den sechziger Jahren des 19. Jh. setzte demgegenüber eine rasche Verbesserung der Qualität der deutschen Maschinen ein. Die Analyse der Weltausstellungsberichte von 1862 und 1867 ergab, daß der deutsche Maschinenbau auch im Bau von Werkzeugmaschinen das internationale Niveau erreicht hatte und bei einzelnen Maschinen schon mitbestimmte. Reuleaux behauptet 1861, „. . . daß der deutsche Maschinenbau an Güte den englischen vollständig erreicht habe, wozu besonders die deutsche technische Fachbildung beigetragen habe." [266]
Auf der Weltausstellung 1862 zu London wird dieses Urteil über die Qualität der deutschen Maschinen in gewissem Umfange bestätigt. Bemerkenswert ist, daß auf dem Gebiet des Werkzeugmaschinenbaues sächsische Fabriken den Anschluß an das eng-

[263] Ebenda.
[264] Amtlicher Bericht über die Allgemeine Pariser Ausstellung 1855. Berlin 1856, S. 199, 144.
[265] Ebenda.
[266] BUXBAUM, B., a. a. O., S. 114.

lische Qualitätsniveau erreichten, in konstruktiver Beziehung sogar englische Maschinen teilweise übertrafen.[267]
Auf Grund der technischen Verbesserungen der Werkzeugmaschinen wurden ebenfalls Fortschritte in der Qualität der deutschen Dampfmaschinen erzielt.[268] Außerdem wirkte sich der Vorsprung Deutschlands auf dem Gebiet der Gußstahlverarbeitung, der seit den fünfziger Jahren bestand, aus. So wurden z. B. „Egells", Berlin, die „Hamburg-Magdeburger Dampfschiffahrtsgesellschaft", Magdeburg, „Liebermann", Sprottau, und „Hartmann", Chemnitz, mit Medaillen ausgezeichnet.[269]
Die schon in den fünfziger Jahren qualitativ hochwertigen Lokomotiven und Waggons wurden auch in diesem Jahrzehnt, besonders 1862, ausgezeichnet wegen ihrer „... vorzüglichen Ausführung..." [270].
Die Qualität der deutschen Textilmaschinen für die Verarbeitung von Wolle war auch in den sechziger Jahren international anerkannt, insbesondere die der Streichgarnspinnmaschinensysteme Chemnitzer Maschinenfabriken.[271]
Auch aus anderen Quellen geht die Qualitätsverbesserung deutscher Maschinen hervor. So schrieb z. B. „The Practical Mechanic's Journal" 1867, daß die deutschen Werkzeugmaschinen den Whitworthschen ebenbürtig seien.[272] Aus einer Stellungnahme des „Engineering" 1867 wird diese Feststellung auf die Chemnitzer Werkzeugmaschinenfabriken eingeschränkt.[273] Der Bericht Reuleaux' über die Weltausstellung in Paris 1867 besagt u. a., daß vor allem die deutschen Lokomotivfabriken auf dem Weltmarkt absolut konkurrenzfähig seien auf Grund der ausgezeichneten Qualität ihrer Produkte.[274]
Wenn wir die Qualität der deutschen Maschinen insgesamt in den sechziger Jahren einschätzen, so müssen wir zunächst feststellen, daß die Zahl der Fabriken, die Qualitätsmaschinen mit Hilfe spezialisierter Werkzeugmaschinensysteme produzierten, zugenommen hatte. Das bedeutete einen wesentlichen Fortschritt gegenüber den fünfziger Jahren des 19. Jh., wo die Fabriken mit einzelnen Qualitätsprodukten, die auch internationale Anerkennung fanden, noch relativ selten waren.

[267] Ebenda. Vgl. Amtlicher Bericht über die Industrie- und Kunstausstellung zu London 1862, IX. Heft, Berlin 1865, S. 254 ff.; „Deutsche Industriezeitung", Jg. 1862, Nr. 24, S. 272. Hier heißt es in einem Zitat aus dem „Mechanical Magazin": „Wir möchten fragen, welcher Englische Werkzeugfabrikant es nicht schwierig finden sollte, mit den Chemnitzer Arbeiten zu concurieren."

[268] Amtlicher Bericht über die Industrie- und Kunstausstellung zu London im Jahre 1862. 17. Heft, a. a. O., S. 500 ff. Vgl. „Deutsche Industriezeitung", Jg. 1862, Nr. 47, S. 536 f. Vgl. ZÖLLNER, G., Johann von Zimmermann. In: BGTJ, Bd. 29, Berlin 1940, S. 67 ff.

[269] Ebenda, Heft 17, S. 546.

[270] CHEVALIER, M., Die heutige Industrie, ihre Fortschritte und die Voraussetzungen ihrer Stärke. Berlin 1863, S. 27 f.; „Deutsche Industriezeitung", Jg. 1862, Nr. 24, S. 272.

[271] Amtlicher Bericht über die Industrie- und Kunstausstellung zu London 1862. Heft IX, a. a. O., S. 223 ff.

[272] „The Practical Mechanic's Journal", Jg. 1867, zitiert in: BUXBAUM, B., a. a. O., S. 115.

[273] Ebenda.

[274] Berichte über die Allgemeine Ausstellung zu Paris im Jahre 1867. Berlin 1868, S. 405 ff.

Insgesamt glauben wir, nicht zuletzt auch auf Grund der technischen Fortschritte, von einer allgemeinen Verbesserung der Qualität der deutschen Maschinen sprechen zu können. Es darf jedoch andererseits nicht übersehen werden, daß es noch kleinere Maschinenfabriken gab, die „... unansehnliche Maschinen mit profilierten und verrippten Körpern..." [275] bauten, deren Qualität schlecht war, und zwar nicht nur im Vergleich zu ausländischen Maschinen, sondern auch im Vergleich zu den Maschinen der fortgeschrittenen deutschen Maschinenfabriken.

IV. DIE STRUKTURELLEN VERÄNDERUNGEN DER DEUTSCHEN MASCHINENBAUINDUSTRIE

In diesem Abschnitt untersuchen wir zunächst Veränderungen, die sich unter dem Einfluß der industriellen Umwälzung in der Maschinenfabrik selbst vollzogen.
Marx hat auf Grund der Analyse des englischen Maschinenbaues im „Kapital" darauf hingewiesen, daß zunächst die „... Manufaktur die unmittelbare technische Grundlage der großen Industrie ..." war. „Der Maschinenbetrieb erhob sich also naturwüchsig auf einer ihm unangemessenen materiellen Grundlage." [276]
Wir haben bereits im Zusammenhang mit der Entwicklung des Werkzeugmaschinenbaues festgestellt, daß in Deutschland der eben dargestellte Widerspruch schon vor 1850 zur Herausbildung der Maschinenfabrik führte.[277] Aber erst in den fünfziger Jahren, nachdem sich ein selbständiger Werkzeugmaschinenbau zu entwickeln begann, machte die Maschinenfabrik größere Fortschritte, und in den sechziger Jahren des 19. Jh. konnte schließlich festgestellt werden, daß sie sich voll durchgesetzt hatte.

1. Die Entwicklung der konstanten fixen Kapitalanlagen in den Maschinenfabriken und die Kapitalverhältnisse der Maschinenbauindustrie von 1850 bis 1870

Die Maschinenfabrik vor 1850 war auf die Produktion aller in Auftrag gegebenen Maschinen und Apparate eingerichtet. Dadurch war die Struktur der Fabrik in ökonomischer und technologischer Beziehung bestimmt.[278] Die hauptsächliche Gliederung des Produktionsprozesses bestand in den vierziger Jahren des 19. Jh. gewöhnlich in dem Vorhandensein einer Gießerei, einer Schmiede, einer mechanischen Werkstatt und von

[275] BUXBAUM, B., a. a. O., S. 115.
[276] MARX, K., Das Kapital. Bd. I, a. a. O., S. 400.
[277] Vgl. S. 182 f.
[278] SCHRÖTER, A. a. O., S. 97 f.

Magazinen für die Bevorratung.[279] Die angewendeten Maschinen setzten sich aus wenigen Universalmaschinen, d. h. Drehbänken, Bohr- und Hobelmaschinen, zusammen.[280]
Die Drehbänke überwogen bei weitem im Maschinenbestand der damaligen Maschinenfabriken. Als Antriebsmaschinen wurden zumeist Dampfmaschinen, Turbinen und Wasserräder verwendet.[281]
Die durchschnittliche Betriebsgröße im Maschinenbau wird für das Jahr 1846 mit etwa 50 Arbeitern angegeben.[282] Worin bestanden nun die wesentlichen Veränderungen in den Maschinenfabriken von 1850 bis 1870?
Zunächst müssen wir unsere Analyse mit der Entwicklung der Anlagen von konstantem fixen Kapital beginnen. Eine solche Untersuchung stößt auf eine Reihe von Schwierigkeiten, die vor allem dadurch charakterisiert sind, daß die einzelnen Unternehmer nur in seltenen Fällen Aufzeichnungen über Kapitalanlagen gemacht haben und dadurch kaum Materialien für die historische Forschung vorhanden sind. Lediglich auf Archivalien und einzelne Angaben aus Fest- und Denkschriften konnten wir uns bei der Analyse dieser Probleme stützen.
Es entsteht die Frage, welche ökonomischen Gründe die Maschinenbauunternehmer in den fünfziger Jahren zur Anlage von konstantem fixen Kapital gezwungen haben. Aus der Analyse der Marktverhältnisse wissen wir, daß die Maschinenbedürfnisse der mitten in der industriellen Revolution befindlichen großen Industrie kaum befriedigt werden konnten und daher die Konkurrenz unter den Maschinenfabriken gering entwickelt war. Unserer Ansicht nach gab es während des zyklischen Aufschwunges zwei Gründe, die vor allem die Anlage von konstantem fixen Kapital förderten. Einmal, darauf haben wir schon hingewiesen, war es technisch nicht möglich, die angewendeten, immer komplizierter werdenden Maschinen mit handwerklichen und manufakturellen Methoden zu produzieren, und zum anderen zwang die Unternehmer der Mangel an geeigneten Arbeitern dazu, Kapitalinvestitionen vorzunehmen.[283]
Im Vergleich zu den vierziger Jahren des 19. Jh., wo erst vereinzelt zentral angetriebene Maschinensysteme, z. B. für die Produktion von Lokomotiven, angewendet wurden, ist in den fünfziger Jahren — besonders seit 1853 — festzustellen, daß die Anlage von großen Werkzeugmaschinensystemen schneller unter dem Einfluß der industriellen Revolution voranschritt. Auf dieser Basis konnte der technologische Prozeß in den Maschinenfabriken verfeinert werden, indem jetzt die stufenweise Bearbeitung der Arbeitsgegenstände möglich wurde.[284] Das Auftreten eines „eigentlichen Maschinensystems", wie es Marx nannte, ist vor allem dadurch charakterisiert, daß der Arbeitsgegenstand „... eine Reihe verschiedener Stufenprozesse durchläuft, die von einer Kette verschiedenartiger, aber einander ergänzender Werkzeugmaschinen ausgeführt werden" [285].
In Deutschland gewann die Maschinenfabrik erst in den fünfziger Jahren des 19. Jh. einen größeren Anteil an der Maschinenproduktion. Dieser Prozeß war dadurch gekenn-

[279] Ebenda. [280] Ebenda.
[281] Ebenda. [282] Ebenda.
[283] Vgl. MARX, K., Das Kapital. Bd. I, a. a. O., S. 400.
[284] Vgl. MARX, K., Das Kapital. Bd. I, a. a. O., S. 396.
[285] Ebenda.

zeichnet, daß seit 1853/54 Erweiterungen des Maschinenparkes in den bestehenden und Neuanlagen in gegründeten Maschinenfabriken vorgenommen wurden, die bis 1857/58 einen Umfang erreichten, der durch das Vorhandensein eines arbeitsteiligen Maschinensystems von über hundert verschiedenen Werkzeugmaschinen in einer Reihe von Maschinenfabriken charakterisiert war.[286]

Außer den für die Maschinenproduktion entscheidenden Kapitalanlagen in Werkzeugmaschinen waren ferner umfangreiche Mittel für die Anlage von Dampfmaschinen erforderlich. Die verbesserten Werkzeugmaschinen forderten in den fünfziger Jahren stärkere, gleichmäßig laufende Antriebsmaschinen, deren Energie durch Transmissionsmechanismen in geeigneter Weise übertragen werden mußte.

Die sich entwickelnde Arbeitsteilung in den größeren Maschinenfabriken führte schon Ende der fünfziger Jahre zur Verwendung von mehreren Antriebsmaschinen, weil das umfangreiche Maschinensystem nicht mehr mit Hilfe einer Dampfmaschine oder Turbine wegen der großen Reibungsverluste des Transmissionsmechanismus allein betrieben werden konnte.

Das Maschinensystem in den Fabriken erforderte in den fünfziger Jahren weiterhin größere Kapitalanlagen in den zur Maschinenproduktion verwendeten Gebäuden. Während in den vierziger Jahren vor allem einfache Werkstätten, zumeist aus Handwerksstätten hervorgegangen, auch für die Maschinenfabrik benutzt werden konnten [287], kam es in den fünfziger Jahren oft zu umfangreichen Erweiterungen der Fabrikgebäude. Die Aufgliederung des Produktionsprozesses erforderte die räumliche Trennung und somit wiederum die Anlage von konstantem fixen Kapital. Darüber hinaus machten die schweren Werkzeug- und Antriebsmaschinen eine bessere Fundamentierung der Gebäude notwendig. Aus Berichten preußischer Beamter über ihre technologischen Reisen wissen wir, daß auch die Fabrikanlagen schon teilweise nach englischem Vorbild errichtet bzw. erweitert wurden.

Die Fabrikgebäude waren in der Regel zweistöckig und mit Galerien versehen für die Aufstellung von kleinen Maschinen und Schraubstöcken. Die großen Werkzeugmaschinen befanden sich in mehreren Abteilungen zu ebener Erde. Für den Transport schwerer Maschinenteile wurden bereits Aufzüge bzw. Kräne verwendet.[288]

Bisher haben wir die Anlage von konstantem fixen Kapital in den Maschinenfabriken charakterisiert, soweit sie unmittelbar zur Maschinenproduktion diente. Mit Ausnahme solcher Standorte der Maschinenfabriken, die eine ausreichende Gußversorgung der Fabriken gewährleisteten, also z. B. Rheinland-Westfalen und Schlesien, haben sich fast alle Maschinenfabriken eine eigene Gießerei angegliedert. Diese Gießereien spielten im Produktionsprozeß der fünfziger Jahre eine große Rolle, weil trotz der Fortschritte in der spanabhebenden Verformung immer noch in beachtlichem Umfange z. B. Zahnräder

[286] Vgl. die Angaben der Sächsischen Maschinenfabrik R. Hartmann, in: Sächsische Maschinenfabrik R. Hartmann AG — Chemnitz. A. a. O., S. 6 ff.;
DZA Merseburg, Rep. 120, A XII, 7, Nr. 165;
DZA Merseburg, Rep. 120, 1, Nr. 11, vol. 5.

[287] Vgl. SCHRÖTER, A., a. a. O., S. 85 ff.

[288] Vgl. DZA Merseburg, Rep. 120 I, Nr. 11, vol. 5.

gegossen wurden und lediglich eine maschinelle Nachbearbeitung erfolgte. Zu diesem Zweck waren in zahlreichen Maschinenfabriken Kupol-, Tiegel- und Glühöfen vorhanden, und in den fünfziger Jahren stieg ihre Zahl weiter an.[289]
In Preußen z. B. hatten von 82 Maschinenfabriken mit über 50 Arbeitern 47 eine eigene Gießerei, die genauso zur Betriebseinheit gehörte wie die Modellschreinerei oder die mechanischen Werkstätten.[290]
Für die Einrichtung einer Gießerei waren je nach der Größe der Maschinenfabrik unterschiedliche Mittel erforderlich. In den fünfziger Jahren rechnete man damit, daß etwa 10—15 % des zur fabrikmäßigen Aufnahme der Maschinenproduktion erforderlichen Kapitals in der Gießerei angelegt werden mußte.[291]
Einen gewissen Aufschluß über den Umfang und die Verteilung des Anlagekapitals einer Maschinenfabrik in den Jahren 1856/57 können wir aus der Analyse der Akten über die Gründung der „Kölner Maschinenbau-AG" gewinnen. Diese Daten stützen sich, wie aus einer Reihe von Bemerkungen hervorgeht, auf Angaben aus der „Friedrich-Wilhelmhütte" sowie der Maschinenfabriken in Eßlingen und Karlsruhe. Vom konstanten fixen Kapital wurden etwa 30 % für die Gebäude, 43 % für die maschinelle Ausrüstung (Werkzeugmaschinen, Dampfmaschinen, Transmissionen, Werkzeuge), 7 % für die Ausrüstung der Schmiede und etwa 6 % für die Ausrüstung der Gießerei verwendet.[292]
In den sechziger Jahren des 19. Jh., etwa seit 1862, zeigte sich die Tendenz, verstärkt Kapital in den Maschinenfabriken zu investieren. Die Ursache dafür ist sowohl in der Fortwirkung jener Faktoren zu sehen, die in den fünfziger Jahren wirksam waren, als auch in der Zunahme der Konkurrenz der Maschinenfabriken infolge der qualitativen Veränderungen des Kapitalismus.[293]
Aus den Angaben einzelner Maschinenfabriken können wir uns ein repräsentatives Bild über den Umfang der Anlage von konstantem fixen Kapital machen. Die Anzahl der Werkzeug- und Antriebsmaschinen nahm in beträchtlichem Umfange besonders seit 1862 zu. Das Maschinensystem wurde komplizierter vor allem durch die Anwendung spezialisierter Werkzeugmaschinen, die durch die Aufnahme der Serienproduktion einzelner Typen, z. B. bei Lokomotiven, Waggons, Werkzeug- und Textilmaschinen, notwendig wurden.[294]
In den größten Maschinenfabriken ist festzustellen, daß sie durchschnittlich über 300 bis 600 Werkzeugmaschinen sowie 5—15 Dampfmaschinen mit etwa 150—600 PS verfügten.[295] Diese Fabriken, von denen es nach unseren Berechnungen etwa 13 gegeben

[289] Vgl. DZA Merseburg 120 I, 1, Nr. 11, vol. 5.; Hundert Jahre Bochumer Eisenhütte. Bochum 1851—1951. O. J., S. 13; DZA Merseburg, Rep. 120 D XIV, Nr. 34, vol. 2; DZA Merseburg, Rep. 120 D XIV, 1, Nr. 34; FRORIEP, O., a. a. O., S. 57 ff.

[290] Ebenda.

[291] Vgl. DZA Merseburg Rep. 120, A XII, Nr. 165.

[292] Ebenda.

[293] Vgl. S. 164 f.

[294] Vgl. die Angaben der Handelskammer Essen für die Jahre 1860—1870.

[295] Vgl. für die *„Maschinenfabrik Henschel", Kassel:* Berichte der Handelskammer Frankfurt a. M. für 1871. Es werden angegeben: 1050 Arbeiter, 8 Dampfmaschinen (160 PS), 380 Werkzeugmaschinen; für die *Maschinenfabrik Strousbergs, vorm. Egestorff, Hannover:* Be-

hat, zählen bereits zu Großbetrieben, die zur Finanzierung der Form der Aktiengesellschaft bedurften.

Die mittleren Maschinenfabriken, auch dafür wollen wir einige repräsentative Beispiele auswählen, haben sich ebenfalls durch die Verwendung von Werkzeug- und Antriebsmaschinen weiterentwickelt. Auch hier ist das konstante fixe Kapital schneller angewachsen als in den fünfziger Jahren des 19. Jh. Die Anzahl der Werkzeugmaschinen betrug nach unseren Untersuchungen durchschnittlich 80—150 je Fabrik bei etwa 250—300 Arbeitern und 2—3 Dampfmaschinen zum Antrieb des Maschinensystems. Dieser Maschinenfabriktyp war Ende der sechziger Jahre typisch.

Wenn wir auch noch kein vollständiges Bild über die zunehmende Maschinenverwendung sowie die Anzahl der Antriebsmaschinen und sonstigen Ausrüstungen geben können, so sind wir doch in der Lage, auf Grund des Faktenmaterials die wichtigsten Tendenzen zu erkennen.

Grundsätzlich unterscheidet sich die Entwicklung der Maschinenfabrik in den fünfziger und sechziger Jahren des 19. Jh. nicht von der allgemeinen Entwicklung der Fabriken in anderen Industriezweigen. Hier wie dort setzt sich das Fabriksystem stärker durch, werden das Handwerk und die Manufaktur zurückgedrängt. Die Anlage von konstantem fixen Kapital vollzog sich in den sechziger Jahren, besonders seit 1867, sehr rasch.

Außer der Anlage von Kapital in den Werkzeug- und Antriebsmaschinen wurden in wachsendem Maße auch Investitionen für die Gebäude, die Gießerei und die Schmiede erforderlich. Dadurch entstanden Großfabriken in den wichtigsten deutschen Maschinenbauzentren.

Wir können annehmen, daß der Umfang der konstanten fixen Kapitalanlagen in den Maschinenfabriken besonders in den sechziger Jahren groß war.

Von großer Bedeutung für diese Fortschritte war das Vorhandensein von Geldfonds, die innerhalb der Maschinenbauindustrie als Kapital fungieren konnten.

In der Entstehungszeit der deutschen Maschinenindustrie vor 1850 spielten Einzelkapitale eine Rolle bei der Finanzierung der ersten Fabriken[296]. Selbst für den relativ geringen Kapitalbedarf dieser Unternehmen reichten zumeist die Einzelkapitale, die sich in der Hand von Handwerkern oder Manufakturiers befanden, nicht aus, so daß überwiegend die Form der „Offenen Handelsgesellschaft" (OHG) angewendet wurde. Diese Betriebsform überwog in den vierziger Jahren des 19. Jh.[297] Hierbei traten oft Schwierigkeiten in der Beschaffung von Kapital auf, weil in der damaligen Zeit und — wie wir sehen werden — auch noch in den fünfziger Jahren die Anlage von Kapital in

richte der Handelskammer Hannover für 1871: 2500 Arbeiter, 10 Dampfmaschinen (200 PS), 500 Werkzeugmaschinen; für *Maschinenbau AG „Vulkan"*, *Stettin:* Berichte des Vorstehers der Kaufmannschaft in Stettin für 1870: 1486 Arbeiter, 14 Dampfmaschinen (166 PS), 7 Dampfhämmer. Werkzeugmaschinenzahl nicht bekannt. In diese Kategorie von Maschinenfabriken gehören ferner (1871): „Maschinenfabrik L. Schwartzkopff", Berlin: 7000 Arbeiter; „Maschinenfabrik Hartmann", Chemnitz: 3250 Arbeiter; „Maschinenfabrik Zimmermann", Chemnitz: 1300 Arbeiter; „Maschinenfabrik Linke", später: „Breslauer AG für Eisenbahnbedarf".

296 SCHRÖTER, A., a. a. O., S. 57 ff.

297 Ebenda.

Maschinenfabriken als ein Risiko betrachtet wurde, noch dazu, wo andere sichere Anlagemöglichkeiten, z. B. im Eisenbahnbau, vorhanden waren. Maschinenbauunternehmer richteten dabei oft in den vierziger Jahren Unterstützungsgesuche an den Staat, um Kredite zu erhalten.[298] Eine weitere Quelle für die Finanzierung, allerdings von geringerer Bedeutung, war der Hypothekenkredit, den die Unternehmer ebenfalls ausnutzten.[299]

Die Finanzierung von Maschinenfabriken in Form von Aktiengesellschaften war vor 1850 unbedeutend. Der Hauptgrund dafür ist in dem damaligen Niveau der Maschinenproduktion zu suchen, das keineswegs die profitable Funktion dieses zentralisierten Kapitals gewährleistete. Hinzu kam, daß es vor allem auch an technischen Kadern für die Leitung solcher Großfabriken mangelte.[300]

Während des zyklischen Aufschwunges in den fünfziger Jahren des 19. Jh. stieg der Kapitalbedarf der Maschinenfabriken beträchtlich an. Diese Erscheinung ist typisch für die gesamte Industrie, und sie führte zu neuen Finanzierungsformen. Auch in den fünfziger Jahren — darauf wird oft verwiesen — war keine Kapitalknappheit vorhanden.[301] Soweit die Kapitalbeschaffung Schwierigkeiten bereitete, war das durch Hemmnisse in der Umwandlung von Einzel- oder Handelskapital in industrielles Kapital begründet. Als außerordentlich begünstigend für die Umwandlung der vorhandenen Geldfonds in industrielles Kapital wirkte sich auch auf die Maschinenfabriken die Schaffung von Kreditbanken auf Aktienbasis aus.[302] Wir verzeichnen seit den fünfziger Jahren einen Einfluß der Banken auf die Industrie, was sich in der Maschinenbauindustrie darin zeigt, daß Banken bereits an der Gründung von Maschinenfabriken beteiligt waren. Die „Darmstädter Bank" finanzierte 1856 die Gründung von zwei Maschinenfabriken in Darmstadt und Heilbronn und wirkte außerdem an der Gründung der „Kölner Maschinenbau AG." mit.[303]

Von wesentlich größerer Bedeutung für die Finanzierung der Maschinenfabriken, insbesondere beim Bau von Bergwerks-, Hütten- und Walzwerksmaschinen, war die Erweiterung und Gründung in Form von Aktiengesellschaften. Hierbei müssen vor allem auch die Hütten Berücksichtigung finden, die sich teilweise, bzw. überwiegend mit dem Bau schwerer Maschinen beschäftigten. Bei der Gründung von kombinierten Hütten und Maschinenfabriken sind die dazu erforderlichen Kapitalanlagen so umfangreich gewesen, daß sie schon die Form der Aktiengesellschaft erforderten. Das war z. B. beim „Bochumer Verein für Bergbau und Gußstahlfabrikation", Bochum (1854 konzessioniert), bei der „Hütten AG. Leopold", (1858 konzessioniert), bei dem „Hörder Bergwerks- und Hüttenverein" (1852 konzessioniert) und der „Friedrich-Wilhelm-Hütte AG.", Mühlheim, der Fall.[304]

[298] Ebenda. [299] Ebenda. [300] Ebenda.

[301] Leiskow, H., Spekulation und öffentliche Meinung in der 1. Hälfte des 19. Jh. Jena 1930, S. 43.

[302] Solche auch für die Maschinenindustrie bedeutsamen Banken waren die 1853 gegründete Darmstädter Bank, die Diskontogesellschaft und die Allgemeine Deutsche Kreditanstalt. Vgl. Leiskow, H., a. a. O., S. 55. Vgl. Oelssner, F., a. a. O., Berlin 1949, S. 82 f.

[303] Leiskow, H., a. a. O., S. 43. Vgl. Wefelmeier, H. J., a. a. O., S. 19.

[304] Vgl. DZA Merseburg, Rep. 120 A, V, Nr. 22, vol. 2.

Die Gründung von Aktiengesellschaften als reine Maschinenfabriken, war in den fünfziger Jahren vereinzelt in Gang gekommen. Hier sind die „Kölner Maschinenbau AG" (1856 konzessioniert), die „Maschinenbau AG. Vulcan", Stettin (1857 konzessioniert), und die „AG zur Fabrikation von Eisenbahnbedarf", Berlin (1856 konzessioniert) zu nennen.

Wenn wir die Bedeutung der Aktiengesellschaften in den fünfziger Jahren für die Maschinenbauindustrie einschätzen, so kommen wir zu dem Schluß, daß sie vor allem für den entstehenden Schwermaschinenbau von Bedeutung waren, weil das hier zur Gründung erforderliche Anlagekapital einen Umfang erreichte, der die AG notwendig machte, und wir werden noch sehen, daß diese Anlagen auch sehr profitabel für die Aktionäre waren.

Daher traten bei der Zeichnung der Aktien für die kombinierten und reinen Maschinenfabriken keine Schwierigkeiten auf. Das deutet darauf hin, daß sich gegenüber den vierziger Jahren jetzt in stärkerem Maße Kapital dem Maschinenbau zuwendete, wenngleich für die Anlage von Kapital in kleinen und mittleren Maschinenfabriken, wie wir noch darstellen werden, eine Zurückhaltung wegen des Risikos bestand.[305]

Bei der Gründung solcher Maschinenfabriken herrschte in den fünfziger und sechziger Jahren immer noch die OHG vor.[306] Der Übergang von dieser Form zur Aktiengesellschaft, insbesondere als Form der Erweiterung, war seit der zweiten Hälfte der sechziger Jahre erkennbar. Schließlich wurde auch die Mehrzahl der 1871 existierenden Aktiengesellschaften im Maschinenbau in dieser Zeit gegründet.

Bei der Zeichnung der Aktien von Maschinenbau-Aktiengesellschaften traten in den sechziger Jahren verschiedene Banken in den Vordergrund, die sich oft den Hauptanteil der Aktien sicherten. Ein typisches Beispiel dafür ist die Gründung der „Norddeutschen Fabrik für Eisenbahn-Betriebs-Material-AG.", Berlin (1869). Von dem Grundkapital dieser AG sind durch die Bankiers Mendelsohn u. Co., Delbrück u. Co. und Bleichroeder 870 000 Taler von 1 500 000 Talern gezeichnet worden.[307] Hierin zeigte sich deutlich die zunehmende Bedeutung der Banken bei der Umwandlung von Geldfonds in industrielles Kapital.

Durch das schnelle Wachstum des inneren Marktes, die wirtschaftspolitischen Maßnahmen des Zollvereins, insbesondere die Wirkung der Maschinenzölle in den fünfziger Jahren und die niedrigen Löhne im Vergleich zu England und anderen Ländern, strömte englisches, belgisches und Schweizer Kapital nach Deutschland. Sichtbar wird dieser Kapitalimport im Maschinenbau u. a. in der Gründung der Maschinenfabriken „Garret", „Smith u. Co.", Magdeburg, und der „Norddeutschen Schiffsbaugesellschaft", Hamburg, durch englisches Kapital.[308] Belgisches Kapital beteiligte sich bei der Gründung westdeutscher Maschinenfabriken, besonders im Aachener Gebiet.[309] In einigen süddeutschen Maschinenfabriken hatten Schweizer Unternehmer Kapital investiert.[310]

[305] FRORIEP, O., a. a. O., S. 40.

[306] WINKLER, M., a. a. O., S. 176 f.

[307] DZA Merseburg, Rep. 120, A XII, 7, Nr. 166, vol. 1.

[308] LEGGE, J., Kapital- und Verwaltungsüberfremdung bei der Industrie und den Verkehrsanstalten Deutschlands von 1800 bis 1923/24. Halberstadt 1924, S. 51 ff.

[309] Ebenda. [310] Ebenda.

Wenn wir die Ergebnisse unserer Untersuchung über die Kapitalverhältnisse der in den fünfziger und sechziger Jahren des 19. Jh. gegründeten Maschinenfabriken zusammenfassen, so können wir feststellen, daß die Mehrzahl der Fabriken durch die Zusammenlegung von Einzelkapitalien finanziert wurde, zumeist als OHG. Die Aktiengesellschaft als Form der Gründung von Maschinenfabriken ist typisch in den fünfziger Jahren für den Schwermaschinenbau, der kombiniert mit Hütten betrieben wurde. Von den Banken ging ein stärkerer Einfluß auf die Gründung von Maschinenfabriken aus.

Die Gründungen von reinen Maschinenfabriken in Form von Aktiengesellschaften waren während des zyklischen Aufschwunges in den fünfziger Jahren selten. Es ist dafür als Ursache anzusehen, daß sich das Kapital zögernd dieser Anlagesphäre zuwandte, weil die Produktion von Maschinen, solange sie als allgemeiner Maschinenbau betrieben wurde, mit einem größeren Risiko verbunden war als die Produktion in anderen Industriezweigen, z. B. dem Bergbau und der Textilindustrie. Zentralisiertes Kapital in Form der Aktiengesellschaft war außerdem nur dann profitabel, wenn die Fabriken eine bestimmte Größe erreicht hatten, die eine Rentabilität der Kapitalanlagen gewährleistete. Das war in den sechziger Jahren der Fall, wo die Tendenz zur Aktiengesellschaft in der Maschinenbauindustrie stärker wurde.

Das in Neugründungen von Maschinenfabriken angelegte Kapital wurde durch die OHG — wie wir festgestellt haben — überwiegend aus Geldfonds einzelner Handwerker oder Manufakturiers und aus Handelskapital in industrielles Kapital umgewandelt. Dieser Prozeß war typisch für die Maschinenfabrikgründungen in den fünfziger Jahren. Auch im folgenden Jahrzehnt herrschte diese Form noch vor; sie wurde aber in zunehmenden Maße durch die Aktiengesellschaft ersetzt. Aus den Zeichnungslisten der Aktiengesellschaften ergibt sich, daß zu den Aktionären verschiedene Bankiers, Fabrikanten und Handelskapitalisten gehörten.

Die Finanzierung der Erweiterung von Maschinenfabriken, die wir zur Ergänzung unserer bisherigen Ausführungen noch analysieren müssen, weist gegenüber den in den vierziger Jahren des 19. Jh. üblichen Methoden ebenfalls einige wichtige Veränderungen auf. Die Hauptquelle für die erweiterte Reproduktion der Maschinenfabrik war der akkumulierte Profit der Unternehmer. Es sei uns hier gestattet, eine kurze Betrachtung über die Profite in der Maschinenbauindustrie von 1850 bis 1870/71 einzuschieben. Wir können auf Grund der spärlichen Angaben, die uns zur Verfügung stehen, nur annähernd den Trend der Profitentwicklung charakterisieren. Die schnelle Ausdehnung der Maschinenbauindustrie allgemein, aber auch die Angaben einzelner Unternehmer über das Wachstum ihres Kapitals, die wir ebenfalls für die Einschätzung der Profithöhe herangezogen haben, zeigen, daß die Profite in den fünfziger Jahren wahrscheinlich sehr hoch waren. Während des zyklischen Aufschwunges werden Reingewinne und Dividenden zwischen 5 und 28 % angegeben.[311] Wir haben, wenn wir vom Umfang der erweiterten Reproduktion ausgehen, allen Grund, noch höhere Profite im Maschinenbau

[311] Vgl. für die Stettiner Maschinenbau AG „Vulkan“: DZA Merseburg, Rep. 120. V. 5, Nr. 22; Mayer, M., a. a. O., S. 13 f. Vgl. für die „Maschinenfabrik Linden“, Görlitz: DZA Merseburg, Rep. 120, A XII, 7, Nr. 166. Vgl. Hocker, N., Die Großindustrie Rheinlands und Westfalens. Leipzig 1867, S. 383.

anzunehmen, wenngleich wir das nicht exakt berechnen können. Aus einem Artikel der „Deutschen Industriezeitung" aus den sechziger Jahren entnehmen wir, „... daß viele (Maschinenfabriken – W. B.) noch mit 50 und mehr Prozent Gewinn zu arbeiten gewöhnt sind" [312]. Diese Feststellung bezieht sich auf sächsische und preußische Maschinenfabriken.

Aus anderen Quellen wissen wir, daß diese hauptsächliche Finanzierungsquelle nicht genügte und die Unternehmer noch andere Methoden der Finanzierung anwendeten.

Ein Teil der Unternehmer suchte z. B., genau wie in den vierziger Jahren, durch Staatskredite Kapitalien zu erhalten.[313] Entsprechende Anträge einzelner Unternehmer an die preußischen und sächsischen Behörden sind in den fünfziger Jahren zumeist abschlägig beantwortet worden, soweit es sich nicht um Anträge handelte, an denen der Staat interessiert war.[314] Das war z. B. der Fall bei „Schichau", Elbing [315], und „Hartmann", Chemnitz.[316] Beide Unternehmer erfreuten sich der staatlichen Unterstützung durch entsprechende Kredite, weil ihre Fabrikation den staatlichen Interessen, vor allem der Rüstungsfabrikation, diente.[317] Insgesamt spielt jedoch in den fünfziger Jahren diese Form der Finanzierung von Maschinenfabriken gegenüber der Zeit vor 1850 eine geringere Rolle.[318]

Völlig unbedeutend war sie dann in den sechziger Jahren. Das hängt u. a. damit zusammen, daß mit der Durchsetzung des ökonomischen Liberalismus der Umfang der für diesen Zweck bereitgestellten Mittel sich verringerte und damit für die Befriedigung des Kapitalbedarfes der Maschinenbauunternehmer unbedeutend wurde.

Gegenüber den vierziger Jahren nahm die Bedeutung des Staatskredites für die Finanzierung der Erweiterung von Maschinenfabriken ab.

312 „Deutsche Industriezeitung", Jg. 1862, Nr. 5, S. 54. Vgl. ZÖLLNER, H., a. a. O., S. 67 ff.

313 Ebenda. Hier heißt es in einem Gutachten: „Brunk (ein sächsischer Maschinenfabrikant W. B.) scheint mir in derselben Lage zu sein, wie eine überaus große Anzahl kleiner Fabrikanten und Gewerbetreibenden in Sachsen, es fehlt ihm an dem Betriebskapital in erforderlicher Höhe, und er muß einen nicht unbedeutenden Teil seines Arbeitsgewinnes zur Beschaffung desselben aufwenden, ohne deshalb aus einer gewissen eingeengten Lage herauszukommen..."

314 Vgl. LHA Dresden, Ministerium des Innern, Nr. 5946.

315 Vgl. DZA Merseburg, Rep. 120, D XIV, Nr. 13, vol. 2. Schichau erhielt 1853 4000 Taler für die Anschaffung von Werkzeugmaschinen zur Produktion von Schiffsdampfmaschinen für Kriegsschiffe. Während sonst der Staatskredit an die Bedingung, ihn in 6 oder 10 Jahren bei 2—3 % Zinsen zurückzuzahlen, gebunden war, erhielt Schichau den Kredit ohne Bedingung.

316 Vgl. LHA Dresden, Ministerium des Innern, Nr. 5946.

317 DZA Merseburg, Rep. 120, XIV, 1, Nr. 13, vol. 2.

318 Vgl. dazu DZA Merseburg, Rep. 120 D, XIV, 1, Nr. 21, vol. 2. Hier wird angeführt, daß in den fünfziger und sechziger Jahren nur für die Beschaffung weniger Werkzeugmaschinen staatliche Kredite in Rheinland-Westfalen ausgereicht wurden. Aus anderen Aufzeichnungen ergibt sich, daß in ganz Preußen von 1852 bis 1866 u. a. 17 Drehbänke, 2 Nutenstoßmaschinen, 2 Dampfmaschinen auf Kredit beschafft wurden. Vgl. DZA Merseburg, Rep. 120 D, II, Nr. 86. Auch aus den Archivalien des LHA Dresden ergibt sich, daß die staatlichen Kredite in den fünfziger Jahren unbedeutend waren. Vgl. LHA Dresden, Ministerium des Innern, Nr. 5946.

Eine andere Möglichkeit der Finanzierung bestand für die Unternehmer darin, auf die vorhandenen Grundstücke und Gebäude Hypotheken eintragen zu lassen, um dadurch die Anlage von konstantem fixen Kapital zu gewährleisten.[319] Die Hypothekengesetzgebung behinderte aber diese Form der Kreditierung, so daß sie nur in beschränktem Umfange ausgenutzt werden konnte.[320]

Kurzfristige Kredite wurden von den Unternehmern vor allem durch Wechsel beschafft. Die zunehmende Entwicklung des Bankensystems während des zyklischen Aufschwunges in den fünfziger Jahren, besonders aber in den sechziger Jahren, schuf die Voraussetzungen dafür.[321] Diese Form der Kreditierung hatte seit 1850 Bedeutung für den industriellen Kapitalismus. Für die Maschinenbauunternehmer wurde dadurch vor allem die Finanzierung des konstanten zirkulierenden Kapitals erleichtert, und zum anderen wurde konstantes fixes Kapital frei. Insofern kann man davon sprechen, daß die kurzfristigen Kredite über den Wechselkredit auch die Anlage von konstantem fixen Kapital erleichtern. So wirkten die kurzfristigen Kredite ökonomisch langfristig. Es ist daher nicht verwunderlich, daß die Bourgeoisie eine Erweiterung des Wechselrechts besonders in den sechziger Jahren anstrebte.[322]

Von geringerer Bedeutung als kurzfristige Kredite waren ferner die von den Maschinenbestellern gewährten Vorauszahlungen an die Maschinenfabrikanten.

Die Finanzierung der Erweiterung bestehender Maschinenfabriken in Form der Aktiengesellschaft war vor 1850 ohne Bedeutung. Problematisch ist, in welchem Umfange die fortgeschrittensten Maschinenfabriken in den fünfziger Jahren bereits der Aktiengesellschaft zur Erweiterung bedurften. Die anderen eben dargestellten Finanzierungsmethoden waren immer an Einzelkapitalien gebunden, und erst in geringem Umfange konnten bereits die Banken dafür ausgenutzt werden.

Die Standortbedingungen Süddeutschlands z. B. führten zu hohen Kohlen- und Materialpreisen auf Grund der Transportkosten. Unter diesen Bedingungen entstanden schon relativ früh größere Fabriken, die nur durch umfangreiche Anlagen von konstantem fixen Kapital profitabel arbeiten konnten. In erster Linie führen wir darauf die frühe Tendenz zur Aktiengesellschaft zurück.

In Preußen wurden Ende der fünfziger Jahre vier reine Maschinenfabriken in Form der Aktiengesellschaft erweitert.[323] Drei dieser Aktiengesellschaften gehörten ihrer hauptsächlichen Produktion nach zum Schwermaschinenbau, und es erklärt sich daraus, daß einzelne Unternehmer die entsprechenden Kapitalien nicht mehr aufbringen konnten. Während des zyklischen Aufschwunges in der zweiten Hälfte der sechziger Jahre setzte sich schließlich durch den Übergang zum spezialisierteren Maschinenbau und die dazu erforderlichen Kapitalinvestitionen die Tendenz zur Aktiengesellschaft wesentlich

[319] Vgl. v. Borries, K., a. a. O., S. 51.

[320] Vgl. dazu Jahresbericht der Handels- und Gewerbekammer Chemnitz für 1866. Vgl. Büchner, F., a. a. O., S. 28.

[321] Vgl. Froriep, O., a. a. O., S. 40. Vgl. Jahresbericht der Handels- u. Gewerbekammer Chemnitz für 1866. Vgl. v. Borries, K., a. a. O., S. 51.

[322] Vgl. dazu ebenda.

[323] Vgl. S. 194.

stärker durch.[324] Die Mehrzahl der führenden Maschinenfabriken wandelte sich in Aktiengesellschaften um. Das führte zu einer schnellen Vergrößerung des konstanten fixen Kapitals. Die Unternehmer der Maschinenfabriken sicherten sich in den meisten Fällen den entscheidenden Einfluß in der Aktiengesellschaft durch Übernahme entsprechender Aktienpakete. Hemmnisse, wie sie in den fünfziger Jahren und vorher vorhanden waren, z. B. der Mangel an technischen Kadern für Maschinenbau-AG, haben Ende der sechziger Jahre kaum noch Bedeutung. Das Kapital drängte außerdem auf Grund der hohen Profite jetzt stärker zur Anlage in dieser Sphäre. Infolgedessen wurde besonders der Schwermaschinenbau, der Transport- und Werkzeugmaschinenbau 1870 vor allem auf der Basis von Aktiengesellschaften betrieben.
Kapital für die bestehenden Maschinenbau-Aktiengesellschaften zu beschaffen, machte in den sechziger Jahren keine Schwierigkeiten. Während bei den auf Einzelkapital beruhenden Fabriken — wie wir bereits dargestellt haben — die Akkumulation der in der Fabrik erzeugten Profite die Hauptquelle und gleichzeitig auch die Grenze der Erweiterungsmöglichkeit darstellte, war in den durch Aktiengesellschaften finanzierten Fabriken diese Grenze gefallen; denn die Aktiengesellschaft war keineswegs nur auf die Akkumulation der Profite angewiesen; sie konnte durch Aktienemission jederzeit eine Erweiterung des Grundkapitals vornehmen. Außerdem führte die Tatsache, daß zahlreiche Bankiers zu den Aktienzeichnern gehörten, zur Erleichterung der Kreditbeschaffung für diese Maschinenbau-AG.
Trotz der zunehmenden Bedeutung der Aktiengesellschaften Ende der sechziger Jahre kann man lediglich davon sprechen, daß durch sie der Bau von schweren Maschinen aller Art beherrscht wurde. Demgegenüber war in anderen Zweigen des Maschinenbaues, z. B. dem Textilmaschinenbau, die organische Zusammensetzung des Kapitals und damit auch die Konzentration der Produktion geringer.

2. Die Arbeitsteilung innerhalb der Maschinenfabriken und zwischen ihnen sowie die Herausbildung der Zweigstruktur der deutschen Maschinenbauindustrie

Das Anwachsen des Maschinensystems auf hundert und mehr Werkzeugmaschinen. die außerdem ständig technisch verbessert wurden, mußte zu Veränderungen in der Struktur der Maschinenfabrik führen. Während in den vierziger Jahren der Unternehmer noch in der Lage war, die Produktion zu überblicken und zumeist selbst das Kommando über die Arbeiter auszuüben, wurden in den fünfziger Jahren, verursacht durch die Arbeitsteilung innerhalb der Maschinenfabrik sowie durch die Herausbildung der Abteilungsstruktur, neue Organisationsformen ökonomisch notwendig. Während im Manufakturstadium „... die Gliederung des gesellschaftlichen Arbeitsprozesses rein subjektiv *Kombination* von Teilarbeitern; im Maschinensystem besitzt die große Industrie einen ganz objektiven Produktionsorganismus... Der kooperative Charakter des

[324] Vgl. BÖSSELMANN, K., Die Entwicklung des deutschen Aktienwesens im 19. Jh. Berlin 1939, S. 73 ff.

Arbeitsprozesses wird jetzt also durch die Natur des Arbeitsmittels selbst diktierte technische Notwendigkeit." [325]

Aus Schilderungen über die Struktur der Maschinenfabrik vor 1850 ergibt sich, daß die Arbeitsteilung innerhalb der Fabrik gering entwickelt war. Dieser Zustand war charakterisiert durch die Verwendung von einfachen, universellen Werkzeugmaschinen sowie hauptsächlich durch die Verwendung handwerklich gebildeter Arbeiter, die über eine fast künstlerische Geschicklichkeit verfügten.[326]

Seit dem zyklischen Aufschwung der fünfziger Jahre trat nunmehr immer stärker die verbesserte Werkzeugmaschine auf und führte zur Auflösung des universellen Maschinensystems. Der handwerkliche Maschinenbauer wurde allmählich durch den angelernten Arbeiter, der mit den verbesserten Werkzeugmaschinen produzierte, verdrängt.

Die Gliederung des Arbeitsprozesses in den meisten Maschinenfabriken erreichte Ende der fünfziger Jahre folgende Formen:

Als erste Stufe der Bearbeitung des Arbeitsgegenstandes ist die spanlose Verformung des Roheisens in der Gießerei anzusehen. Wir haben schon darauf hingewiesen, daß die Mehrzahl der Maschinenfabriken sich Gießereiabteilungen schufen. Im Zusammenhang mit der Angliederung der Gießerei, die gewöhnlich aus einem oder mehreren Kupolöfen, aus Puddelöfen sowie aus der Formerei bestand, bildete sich seit den fünfziger Jahren die Modelltischlerei als selbständige Abteilung heraus. Die Anfertigung von Modellen und besonders auch von Formen erhielt für die Maschinenfabriken durch die beginnende Absatzspezialisierung eine zunehmende Bedeutung, weil dadurch schon in gewissem Umfange Voraussetzungen für die Austauschbarkeit von Teilen geschaffen werden konnten. Das Vorhandensein von Modelltischlereien wird von vielen Maschinenfabriken angegeben.

Neben dem in den Fabriken erzeugten Guß wurden Halbzeuge, also vor allem Faconeisen, Stabeisen, Rundeisen usw., von Hüttenwerken bezogen.[327]

Als zweite Hauptstufe im Produktionsprozeß der Maschinen sehen wir die mechanische, spanabhebende Bearbeitung mit Hilfe des Werkzeugmaschinensystems an. Diese Hauptstufe hat sich in den fünfziger Jahren und noch mehr in den sechziger Jahren immer mehr verfeinert, weil für bestimmte Zwecke, z. B. die Herstellung von Muttern, Bolzen oder das Abdrehen von Radsätzen und dergleichen, spezielle Werkzeugmaschinen angewendet wurden, die die Arbeitsteilung in der Fabrik vergrößerten und den Arbeiter in die auf der Maschine beruhende Arbeitsteilung preßten.

In den mittleren und größeren Fabriken waren bereits vor 1858 die mechanischen Werkstätten räumlich getrennt in Dreherei, Bohrerei, Hobelei und die Schmiede, wo vor allem noch Handarbeit vorherrschte, die erst in den sechziger Jahren durch die Anwendung von Dampfhämmern etwas zurückgedrängt wurde.[328] Gegenüber den vierziger

[325] Marx, K., Das Kapital. Bd. I, a. a. O., S. 404.

[326] Vgl. S. 75 f. Vgl. Marx, K., Das Kapital. Bd. I, a. a. O., S. 400.

[327] Vgl. Wefelmeier, H. J., a. a. O., S. 20.

[328] Vgl. Schulte, F., Die Entlohnungsmethoden in der Berliner Maschinenindustrie. In: Untersuchungen über die Entlohnungsmethoden in der deutschen Eisen- und Maschinenindustrie. Heft 2, Berlin 1906, S. 16 ff.

Jahren ist eine beachtliche Zunahme der Arbeitsteilung in den Fabriken zu verzeichnen, die sich in den sechziger Jahren weiter vertiefte. Der erreichte Stand der Arbeitsteilung in der Fabrik während der fünfziger Jahre erlaubte sowohl ein Hintereinander der stufenweisen Bearbeitung als auch schon ein Nebeneinander der verschiedenen Produktionsstufen, die das Ziel hatten, soweit als irgend möglich fertige, maschinell bearbeitete Einzelteile für die Endmontage zu liefern. In diesem Zusammenhang war es von Bedeutung, daß die Unternehmer, besonders seit den sechziger Jahren, u. a. zur besseren Kontrolle und wegen des einheitlichen Kommandos über den in eine Reihe von Teilprozessen zerlegten Produktionsprozeß neue, wesentlich schärfere Fabrikordnungen einführten, die die letzten Reste der „patriarchalischen Verhältnisse" beseitigten.[329]
Die dritte Hauptstufe der Produktion war die Montage der Einzelteile, die überwiegend manuell erfolgte. In den fünfziger Jahren, aber auch noch in den sechziger Jahren, wurden hier gleichzeitig die notwendigen Nachbearbeitungen durchgeführt. Der Aufwand an lebendiger Arbeit war in den Montageabteilungen daher besonders hoch, was sich z. T. in den Löhnen der Monteure ausdrückte.[330] In der Montageabteilung liefen die zahlreichen, durch eine vielgliederige Technologie bearbeiteten Teile zusammen. Als hinderlich erwies sich oft die Überschreitung der Maße. Der Ausschuß muß, wie sich aus einzelnen Bemerkungen in der technischen Literatur ergibt, groß gewesen sein. Häufig stellte sich erst im Montageprozeß heraus, daß neue Teile gefertigt werden mußten. Die Tendenz zur Arbeitsteilunng in der Fabrik führte ferner zur Entstehung von weiteren neuen Abteilungen in den Maschinenfabriken seit den fünfziger Jahren des 19. Jh. Es begann nämlich der Übergang vom empirischen Maschinenbau zur wissenschaftlichen Durchdringung des Produktionsprozesses. In der Maschinenfabrik bildeten sich Konstruktionsabteilungen heraus, die mit Ingenieuren besetzt waren.[331] Diese Abteilungen arbeiteten die Technologie des Produktionsprozesses sowie die erforderlichen Konstruktionsunterlagen aus.[332] Alle Arbeitsgegenstände durchliefen, mit der entsprechenden Zeichnung versehen, eine Abteilung nach der anderen. In dieser Beziehung übertrafen die besten deutschen Maschinenfabriken bereits Ende der fünfziger Jahre den englischen Lehrmeister; denn in England herrschte sowohl in den fünfziger als auch in den sechziger Jahren der empirische Maschinenbau vor; es bildeten sich keine speziellen Abteilungen für die stärkere wissenschaftliche Durchdringung des Produktionsprozesses heraus.[333]

[329] Vgl. MARX, K., Das Kapital. Bd. I, a. a. O., S. 446. Hier heißt es: „Der Fabrikkodex, worin das Kapital seine Autokratie über seine Arbeiter, ohne die sonst vom Bürgertum so beliebte Teilung der Gewalten und das noch beliebtere Repräsentativsystem privatgesetzlich und eigenherrlich formuliert, ist nur die *kapitalistische Karrikatur* der gesellschaftlichen Regelung des Arbeitsprozesses, welche nötig wird mit der Kooperation auf großer Stufenleiter und der Anwendung gemeinsamer Arbeitsmittel, namentlich der Maschinerie."

[330] Vgl. S. 232 ff.

[331] Vgl. dazu Jahresbericht der Maschinenfabrik und Eisengießerei H. F. Eckert, Berlin. Berlin 1866, S. 6 ff.

[332] Ebenda.

[333] Vgl. dazu BUXBAUM, B., Der englische Werkzeugmaschinen- und Werkzeugbau im 18. und 19. Jh. In: BGTJ, Bd. 11, Berlin 1921, S. 133 f.

Außer der Konstruktion und der Technologie befaßten sich die technischen Abteilungen mit der Kalkulation, der technischen Korrespondenz und dem Vertrieb von Maschinen.[334]
Die deutsche Bourgeoisie bemühte sich besonders seit den vierziger Jahren um eine Verbesserung des Schulsystems, insbesondere des technischen und Gewerbeschulwesens [335], weil sie darin einen Faktor zur Überwindung ihrer ökonomisch-technischen Rückständigkeit erblickte.
Auf dieser Basis ist es verständlich, daß Kader für die technisch-naturwissenschaftliche Durchdringung des Produktionsprozesses in den fünfziger Jahren z. T. schon vorhanden waren, was auch in der Entstehung der technischen und Konstruktionsabteilungen in den Maschinenfabriken sich ausdrückte. Das Vorhandensein technischer Kader allein garantierte noch nicht ihre Verwendung im Produktionsprozeß; denn das war wiederum von der Entwicklung der Arbeitsteilung in der Fabrik abhängig. Selbst in den sechziger Jahren war der widersprüchliche Prozeß der zunehmenden Verwendung von technischen Kadern im Produktionsprozeß noch durch andere Erscheinungen teilweise verdeckt. So befaßten sich die von den Unternehmern angestellten Ingenieure oft nur mit dem Vertrieb von Maschinen, aber nicht mit der technischen Durchdringung des Produktionsprozesses. Die „Deutsche Industriezeitung" äußerte dazu 1866: „Dieses Kommissionswesen hat den Deutschen Civilingenieuren viel geschadet und mancher Fabrikbesitzer, dem durch einen solchen technischen Kommissionär eine schlechte Maschine aufgedrängt wird, hat in Folge dessen den ganzen Stand in Verruf erklärt."[336]
Die ökonomischen Gründe für den ‚Mißbrauch' der Techniker durch viele Fabrikanten bestanden darin, daß sie eben die schlechte Qualität der Maschinen durch die gute „technische Beredsamkeit" ihrer Ingenieure zu kompensieren suchten. Schließlich war die Bezahlung von „technischen Kommissionären", die lediglich 5 % Provision erhielten, billiger als die Anlage von konstantem fixen Kapital zur Verbesserung des Maschinensystems. Aber selbst dann, wenn die Maschinen qualitativ gut waren, hing der Preis oft von der Geschäftstüchtigkeit der Ingenieure ab, die die Maschinen vertrieben.
Durch die beginnende Serienproduktion einzelner Maschinentypen sowie die Erweiterung des Absatzes nahm die Bedeutung der Absatzorganisation zu. Vor allem seit den sechziger Jahren bildeten sich Absatzabteilungen heraus, die den Vertrieb der teilweise schon auf Lager produzierten Maschinen vornahmen oder aber die Fabriken auf den Submissionen vertraten. Verschiedentlich wurde durch die Maschinenfabrikanten eine Vereinigung verlangt, die den Absatz der Produkte organisieren sollte, „... weil der Absatz an eine große und stets wachsende Anzahl von Abnehmern geschieht" [337].
Die Zunahme des Ausstellungswesens und die Ausnutzung der Presse für Reklamezwecke drängte die Kundenproduktion in gewissem Umfang zurück und führte schon zur Produktion auf Lager.
Die schnelle Realisierung des Produktes war in den sechziger Jahren für die Unternehmer besonders notwendig infolge der zunehmenden Konkurrenz, weil sie durch die

[334] Jahresbericht der Maschinenfabrik und Eisengießerei H. F. Eckert. A. a. O., S. 6 ff.
[335] Vgl. S. 230 ff.
[336] „Deutsche Industriezeitung", Jg. 1866, Nr. 43, S. 421.
[337] „Deutsche Industriezeitung", Jg. 1868, Nr. 21, S. 209.

Beschleunigung des Kapitalumschlages wesentlich höhere Profite und damit auch eine umfangreichere Akkumulation durchführen konnten.

Das wichtigste Ergebnis unserer Betrachtung über die Arbeitsteilung innerhalb der Maschinenfabrik besteht darin, daß wir eine Aufgliederung des Produktionsprozesses in drei Hauptstufen sowie eine Reihe von Unterstufen feststellen konnten.[338] Ferner ergab sich aus der Bildung von technischen Abteilungen, daß der Unternehmer längst nicht mehr unmittelbar, wie vor 1850, den Produktionsprozeß leitete. Diese Funktion ging an die technischen Kader sowie an die Meister der einzelnen Abteilungen über, so daß die Unternehmer selbst gewöhnlich nur die Gesamtleitung hatten.

Wir müssen nun die Veränderungen darstellen, die sich hinsichtlich der Arbeitsteilung zwischen den Fabriken herausbildeten.

In seiner Entstehungsperiode war der deutsche Maschinenbau im wesentlichen universell, d. h. die Maschinenfabrik war auf die Produktion aller möglichen Maschinen und Apparate eingerichtet.[339] Diese Tendenz zur Universalität und damit im Zusammenhang auch zur Zersplitterung der Produktion ist in den Entwicklungsbedingungen des deutschen Maschinenbaues im besonderen und den Entwicklungsbedingungen des deutschen Kapitalismus im allgemeinen begründet.

Zwischen 1850 und 1870 gab es eine Reihe von Faktoren, die der Universalität der Maschinenfabriken entgegenwirkten und sie für die Unternehmer nicht mehr in dem Maße wie vor 1850 erstrebenswert erscheinen ließ.

Die Ausdehnung und Vertiefung sowohl des inneren als auch des äußeren Marktes und die Verbesserung des Transportwesens, schließlich die technischen Fortschritte selbst bedingten, daß sich eine Einschränkung des Sortiments der Maschinenfabriken abzuzeichnen begann. Das mußte um so mehr der Fall sein, als sich in den fünfziger Jahren, besonders aber seit der zweiten Hälfte der sechziger Jahre, immer stärker die Verwendung von spezialisierten Werkzeugmaschinen durchsetzte. Die Produktion von wenigen Maschinentypen war profitabler, weil sowohl der Aufwand an konstantem fixen als auch konstantem zirkulierenden Kapital geringer war.

Über die sich herausbildende Spezialisierung im deutschen Maschinenbau und damit im Zusammenhang die Entstehung der verschiedenen Zweige innerhalb der Maschinenindustrie sind bisher keine Untersuchungen gemacht worden. Es gibt zur Beurteilung dieses Prozesses zahlreiche Fakten, die aber keine genaue zeitliche Einschätzung der Spezialisierung zulassen. Wir haben versucht, durch die Zusammenstellung von Angaben aus 221 Maschinenfabriken und Hütten des Zollvereins ein Bild über den Spezialisierungsgrad im deutschen Maschinenbau jener Zeit zu gewinnen. Ferner haben wir zur Ergänzung Berichte und Angaben sächsischer Maschinenfabriken bis 1861 verwendet.

Aus der Analyse des inneren und äußeren Marktes haben wir eine ständige Erweiterung und Verfeinerung der Bedürfnisse festgestellt. Die erste Form der Spezialisierung in den Fabriken des allgemeinen Maschinenbaues erfolgte unter den Bedingungen des steigenden Absatzes und der eingetretenen technischen Verbesserungen zunächst auf einen

[338] Vgl. WINKLER, M., a. a. O., S. 178. M. Winkler weist darauf hin, daß im mitteldeutschen Maschinenbau sich die gleiche Entwicklung hinsichtlich der Arbeitsteilung abzeichnete.

[339] Vgl. SCHRÖTER, a. a. O., S. 95.

Hauptkundenkreis, der oft identisch war mit einem Industriezweig, z. B. der Textilindustrie oder dem Berg- und Hüttenwesen. Die wechselseitige Beeinflussung zwischen Maschinenbau und den Abnehmern der Produkte führte zu ersten spontanen Arbeitsteilungen und schließlich zu den Anfängen der Spezialisierung.

Die umfangreichen Anlagen von Aktienkapital in der Schwerindustrie in Rheinland-Westfalen und Schlesien erzeugten eine beträchtliche Steigerung der Nachfrage für Schwermaschinen.[340] Bei dem außerordentlich material-intensiven Charakter dieser Produkte war die Tendenz zur Angliederung der Produktion von Berg- und Hüttenmaschinen an die Hütten für die Unternehmer am profitabelsten. Daher liegt in diesem wichtigen Zweig des Schwermaschinenbaues zunächst keine Spezialisierung aus dem allgemeinen Maschinenbau der „reinen Maschinenfabriken" vor. Aus Angaben von 221 Maschinenfabriken und Hütten haben wir errechnet, daß 1871 erst 3 spezialisierte reine Maschinenfabriken für Berg- und Hüttenmaschinen existierten. Von den Hütten beschäftigten sich demgegenüber 24 u. a. mit der Produktion dieser Maschinen. Zu Beginn der fünfziger Jahre stand der Eigenbedarf der Hütten, die sich oftmals auch Walzwerke angegliedert hatten, an der ersten Stelle der Produktion dieser Unternehmen. Seit der zweiten Hälfte dieses Jahrzehnts wurde in stärkerem Maße die Marktproduktion aufgenommen. Die Bedingungen dafür waren außerordentlich günstig, weil in den schwerindustriellen Zentren Rheinland-Westfalens und Schlesiens große Absatzmöglichkeiten bei hohen Preisen vorhanden waren.

Hinzu kam, daß von den reinen Maschinenfabriken aus Finanzierungsgründen und wegen der nicht ausreichenden technischen Voraussetzungen Schwermaschinen nur vereinzelt produziert werden konnten.

Große, in den fünfziger Jahren entstandene gemischte schwerindustrielle Unternehmen mit umfangreicher Maschinenproduktion waren z. B. in Rheinland-Westfalen u. a. das „Hüttenwerk Sayn" [341], die „Hermannshütte" in Hörde [342], das „Hüttenwerk Lehrkind u. Co." in Haspe [343], die „Eisenhütte Phönix", Eschweiler [344], die „Friedrich-Wilhelm-Hütte", Mühlheim [345], der „Bochumer Verein für Bergbau und Gußstahlfabrikation", Bochum [346], und die „Hütten AG. Leopold" [347]. In Schlesien befaßten sich folgende Unternehmen u. a. mit dem Bau von Maschinen für das Berg- und Hüttenwesen:

„Wilhelm Hütte", Sprottau [348]
„Johann Hütte", Thorn [349]
„Hüttenwerk Gleiwitz" [350]
„Hüttenwerk Malapane" [351].

[340] Vgl. S. 147 ff., 158 ff.
[341] DZA Merseburg, Rep. 120 D I, 1, Nr. 11, vol. 5.
[342] DZA Merseburg, Rep 120 D I, 1, Nr. 11, vol. 4.
[343] DZA Merseburg, Rep. 120 D I, 1, Nr. 11, vol. 5.
[344] Ebenda. [345] DZA Merseburg, Rep. 120 D I, 1, Nr. 60.
[346] DZA Merseburg, Rep. 120 A, V, 5, Nr. 22, vol. 2.
[347] Ebenda. [348] DZA Merseburg, Rep. 120 D I, 1, Nr. 11, vol. 4.
[349] DZA Merseburg, Rep. 120 D XIV, 1, Nr. 13, vol. 2.
[350] DZA Merseburg, Rep. 120 D I, 1, Nr. 11, vol. 4.
[351] Ebenda.

Die hohen Profite dieser Unternehmen während der fünfziger Jahre führten dazu, daß sich vereinzelt auch schon große reine Maschinenfabriken mit der Produktion von Maschinen für die Schwerindustrie beschäftigten. Hier sind zu nennen: die „Kölner Maschinenbau AG“[352], in gewissem Maße auch „Hartmann“, Chemnitz, der seit 1857 die Schwermaschinenproduktion aufnahm, und schließlich noch einige Berliner Maschinenfabriken, die sich vor allem durch die Produktion schwerer Dampfmaschinen auszeichneten. Profitabel konnte die Schwermaschinenbauproduktion aber nur in den großen Maschinenfabriken sein.

Von einem selbständigen Schwermaschinenbau kann in den fünfziger und sechziger Jahren kaum gesprochen werden. Die Herausbildung reiner Maschinenfabriken für Schwermaschinen hat sich von 1850 bis 1870 erst in den Anfängen vollzogen. Nach 1870 löste sich die Produktion von Schwermaschinen mehr und mehr von den Hütten und Walzwerken und wurde ein selbständiger Zweig. Zur Erklärung dieser Erscheinung muß beachtet werden, daß erst das stärker aufkommende zweite Gießen für den Maschinenbau die Möglichkeit bot, sich von den Hütten zu lösen. Der Transport von Roheisen in Barren sowie der Zuschlagstoffe war bei der Verbesserung des Transportwesens möglich und ökonomisch tragbar. Eine solche Tendenz trat zumindest seit der zweiten Hälfte der sechziger Jahre in Deutschland auf. Es resultierte daraus, daß auch die Spezialisierung reiner Maschinenfabriken auf den Schwermaschinenbau stärker wurde. Dieser Prozeß wurde durch die Spezialisierung innerhalb der Hütten unterstützt, die die Schwermaschinenproduktion für die Großunternehmer in gewissem Umfange uninteressant machte.

Weit über dem Spezialisierungsgrad des Schwermaschinenbaues im engeren Sinne, also dem Bau von Maschinen für das Berg- und Hüttenwesen sowie für die Walzwerke, lag der Spezialisierungsgrad im Transportmaschinenbau. Wir haben zu verzeichnen, daß die Transportmaschinenproduktion, also der Lokomotiv-, Schiff- sowie der Waggonbau den höchsten Spezialisierungsgrad bis 1870 erreichte. Der Bau von Lokomotiven und Tendern erfolgte 1870/71 in zwei größtenteils spezialisierten und elf Spezialfabriken. Die Spezialisierungstendenz mußte in diesem Zweig besonders groß sein, weil die Aufträge zum Teil die Serienproduktion von bestimmten Lokomotivtypen zuließen. Die Spezialisierung der Produktion von rollendem Material wurde durch die „einheitlichen Bestimmungen über die Gestaltung des Laufwerkes etc.“ des Vereins Deutscher Eisenbahnverwaltungen erleichtert.[353] Hinzu kam, daß in Preußen vor 1853 vor allem Aufträge für B-1-Lokomotiven vergeben wurden, was die Spezialisierung auf diesen Typ wesentlich begünstigte.[354]

Diese Spezialisierung ermöglichte die Anwendung von spezialisierten Werkzeugmaschinen und förderte die Arbeitsteilung innerhalb der Fabriken. Es war daher kein Zufall, daß in der Lokomotivproduktion am frühesten das englische Niveau erreicht wurde.

In den sechziger Jahren setzten sich die Spezialisierungstendenzen im Lokomotivbau stärker fort. Wir können hier bereits eine Spezialisierung auf einzelne Lokomotivtypen

[352] Vgl. WEFELMEIER, H. J., a. a. O., S. 19.

[353] Vgl. S. 147 f. [354] Vgl. S. 212.

erkennen. So baute z. B. die Lokomotivfabrik Keßler etwa seit 1857 vor allem 2-B-Lokomotiven, teilweise mit Drehgestell.[355] Die Spezialisierung der Lokomotivproduktion nach dem Verwendungszweck machte in den sechziger Jahren wesentliche Fortschritte.[356] Die Produktionskapazität der deutschen Lokomotivfabriken wird 1873 mit jährlich 1000 Lokomotiven angegeben.[357]

Wir können die Lokomotivproduktion, die ja ihrem Charakter nach ebenfalls zum Schwermaschinenbau gehört, als außerordentlich spezialisierte und konzentrierte Produktion ansehen. Die technischen Fortschritte in der Lokomotivproduktion waren in den fünfziger Jahren nicht durch umwälzende Erfindungen, sondern durch Detailverbesserungen, die ökonomisch sehr wirksam waren, gekennzeichnet.[358] Die strengen Qualitäts- und Abnahmebestimmungen der Bahnverwaltungen zwangen die Lokomotivfabriken zur Verwendung besten Materials. Daher war der Lokomotivbau bahnbrechend auf dem Gebiet der Verwendung des Gußstahls. Die einwandfreie Bearbeitung solches für damalige Begriffe harten Materials zwang früh zur Verwendung von Spezialwerkzeugmaschinen. Die revolutionierende Rolle des Lokomotivbaues auf technischem Gebiet, seine Auswirkungen auf die gesamte Industrie, ist bisher kaum in genügendem Umfange gewürdigt worden.

An den Lokomotiven wurden in den fünfziger Jahren die Feuerungen, die Rahmen sowie die Steuerung verbessert.[359] Seit 1850 war ferner die Verwendung von Sicherheitsventilen behördliche Vorschrift. Der Einsatz von Gußstahl für den Dampfkesselbau erlaubte einen höheren Dampfdruck und wirkte sich mit der Einführung der Speisewasservorwärmung in den sechziger Jahren kohlesparend aus.[360]

Auch aus Sachsen wird 1861 berichtigt, daß die gekuppelten Lokomotiven (2 Treibräder, 1 Spurachse) zumeist in der Bauart 2 B mit einem durchschnittlichen Dienstgewicht zwischen 370 und 750 Zentnern überwogen. Die Gewichte der in den fünfziger Jahren angeschafften Lokomotiven lagen nicht mehr unter 500 Zentnern. Damit im Zusammenhang stand eine außerordentliche Leistungssteigerung bei geringerem Kohleverbrauch.[361]

Wir schlußfolgern, daß es im Transportwesen durch die für die damalige Zeit hoch entwickelte Spezialisierung der Transportmaschinen und die damit sehr eng zusammenhängenden technischen Fortschritte seit den fünfziger Jahren zu einer Erhöhung der Arbeitsproduktivität kam. Dieser Prozeß war verbunden mit der zunehmenden Verdrängung der Lokomotiven aus den vierziger Jahren, die ursprünglich zumeist als 1-A-1-Lokomotiven für gemischte Züge, also Güter- und Personentransport, gebaut worden

[355] MAYER, M., a. a. O., S. 232 ff.

[356] Amtlicher Bericht über die Industrie- und Kunstausstellung zu London im Jahre 1862. Berlin 1865, S. 450.

[357] Amtlicher Katalog der Ausstellung des Deutschen Reiches. Berlin 1873, S. 454.

[358] MATSCHOSS, C., Die Geschichte der Dampfmaschine. Berlin 1901, S. 345.

[359] Hundert Jahre deutsche Eisenbahnen. A. a. O., S. 155 ff.

[360] Ebenda; FRORIEP, O., a. a. O., S. 62.

[361] „Zeitschrift des Statistischen Bureaus des Königlich Sächsischen Ministeriums des Innern", Jg. 1862, Nr. 1 u. 10, S. 126 f.

waren.[362] Die massenhafte Anwendung von gekoppelten Lokomotiven seit den fünfziger Jahren, spezialisiert nach Güter- und Personentransport, wirkte sich auf die Zugleistungen und die Geschwindigkeiten aus. Wir glauben zu dem Schluß berechtigt zu sein, daß im Eisenbahnwesen ein kontinuierlicher Prozeß der Steigerung der Arbeitsproduktivität seit den fünfziger Jahren einsetzte und sich in den sechziger Jahren verstärkt fortsetzte.

Als mit zum Bau von Transportmaschinen gehörig betrachten wir den Waggonbau. Hier verlief die Spezialisierung so ähnlich wie beim Lokomotivbau; auch die Absatzbedingungen waren die gleichen. Von 221 untersuchten Maschinenfabriken beschäftigten sich 11 mit dem Waggonbau. Als spezialisierte Fabriken mit ausschließlicher Waggonproduktion werden 4 angegeben. Innerhalb großer Maschinenfabriken erfolgte wie bei der „Nürnberger Maschinenfabrik" die Waggonproduktion in einer Spezialabteilung.[363]

Die Spezialisierungstendenz auf Waggons war seit den vierziger Jahren vorhanden, sie kam erst durch die große Waggonnachfrage während des zyklischen Aufschwunges in den fünfziger Jahren voll zur Durchsetzung.

Alle Tendenzen, die zur Förderung der Spezialisierung im Lokomotivbau beitrugen, wirkten gleichermaßen auch auf den Waggonbau. Auch die Entwicklung der meisten Waggonfabriken aus ehemaligen Wagenmanufakturen wirkte auf diesen Prozeß fördernd ein.[364] Es handelte sich in diesen Fällen um die Überwindung der manufakturellen Produktion durch die Fabrik. Der Übergang zur Waggonfabrik wurde durch die oben dargestellten Marktbedingungen erleichtert und erfolgte zeitlich zumeist in den fünfziger Jahren. Später war ein solcher Übergang wegen der technischen Voraussetzungen und der Spezialisierung kaum noch möglich.

Eine Spezialisierung der Waggonfabriken auf bestimmte Waggontypen konnten wir vor 1870 nicht feststellen. Die Fabriken bauten zumeist alle von den Bahnverwaltungen gewünschten Waggons.[365] Trotzdem kann davon gesprochen werden, daß es bereits eine Serienproduktion bestimmter Typen seit der Mitte der fünfziger Jahre gab. Aus Angaben einzelner Waggonfabriken ergibt sich, daß in einer Serie etwa mehrere hundert Waggons gebaut wurden.[366]

Entscheidende technische Fortschritte in den fünfziger Jahren bestanden in der beginnenden Verdrängung des Holzes im Waggonbau.[367] Immer häufiger wurde für Rahmen, Querverbindungen u. dgl. Eisen verwendet.[368] Vereinzelt wurden ferner, begünstigt durch die stärkere Eisenverarbeitung seit Anfang der fünfziger Jahre, Normalgüterwaggons gebaut.[369] Das Ladegewicht der Waggons nahm rasch zu. Während vor 1850

[362] Ebenda.
[363] BÜCHNER, F., a. a. O., S. 79 ff.
[364] Vgl. HERMANN, H., a. a. O., S. 64 ff.
[365] Ebenda.
[366] Vgl. dazu DZA Merseburg, Rep. 120 XII, 7, Nr. 66.
[367] Hundert Jahre deutsche Eisenbahnen. A. a. O., S. 207 ff.
[368] Vgl. Amtlicher Bericht über die Industrie- und Kunstausstellung zu London im Jahre 1862. Berlin 1865, S. 430.
[369] Hundert Jahre deutsche Eisenbahnen. A. a. O., S. 207 ff.

zumeist 3—4 t üblich waren, haben wir seit 1850 zumeist schon 10 t Ladegewicht zu verzeichnen. Neben der weitergehenden Spezialisierung der Waggons nach ihrem Verwendungszweck war für die sechziger Jahre typisch, daß der Gußstahl nunmehr das Eisen verdrängte.[370]

Die Normungstendenzen im Waggonbau führten bereits zu einer fast einheitlichen Konstruktion der Untergestelle aus Längs- und Querträgern im T-Profil.

Die Verwendung derart verbesserter Waggons hat während des Untersuchungszeitraumes ebenfalls kontinuierlich zugenommen und zur umfangreichen Steigerung der Transportleistungen geführt. Die Laufzeit der Waggons erhöhte sich wesentlich. Außerdem fielen die langen Reparaturzeiten weg, die bei den überwiegend hölzernen Waggons üblich waren.[371] Schließlich muß noch auf die zunehmende Sicherheit des Transportes durch die Verwendung gußstählerner Räder und Achsen, Blattfedern sowie verbesserter Bremsen hingewiesen werden, die sowohl die Personen- als auch die Gütertransporte betrafen. Die Verbilligung und Erleichterung des Transportes begünstigte die Entwicklung des inneren Marktes, beschleunigte den Umschlag des Kapitals und erhöhte dadurch die Profite der Unternehmer allgemein. Die Produktionskapazität der deutschen Waggonfabriken wurde 1871 mit 30000 Waggons angegeben.[372]

Wir können also mit Recht seit den vierziger Jahren in Deutschland von einer Transportmittelindustrie sprechen, die von 1850 bis 1871 durch die weitergehende Spezialisierung der Produktion die Arbeitsproduktivität des Transportwesens erhöhte, die beträchtliche Auswirkungen auf die gesamte Entwicklung des Industriekapitalismus hatte.

Aber nicht nur im Bau von rollendem Material für die Bahnen zeigten sich 1850 bis 1870 wesentliche Fortschritte, sondern innerhalb des allgemeinen Maschinenbaues erfolgte auch eine Spezialisierung auf Schiffsdampfmaschinen sowie Schiffszubehör. Zunächst setzte der Bau von Flußdampfern in Berlin, Magdeburg und Ruhrort ein.[373] Zollerleichterungen sowie andere finanzielle Zuwendungen, vor allem Staatskredite, führten in den fünfziger Jahren in Stettin und Elbing zum Bau von kleinen Seeschiffen.[374] Die außerordentlich starke Konkurrenz Englands auf diesem Gebiet verhinderte trotz der Zollerleichterungen für Schiffsbaumaterialien von 1850 bis 1870 das Entstehen größerer Werften.[375] Stärker war dagegen die Bedeutung des Binnenschiffsbaues in Deutschland.

Die Veränderungen in der Außenhandelsstruktur Deutschlands, besonders seit der zweiten Hälfte der sechziger Jahre, führten zwar zur Tendenz der Ausweitung des Außenhandels, vermochten aber nicht durch die englische Konkurrenz in gleichem Maße zur schnellen Entwicklung der deutschen Handelsflotte beizutragen. Dadurch blieb die Entwicklung der Werften bis 1870 wesentlich hinter der allgemeinen industriellen Entwicklung zurück. Von 221 Maschinenfabriken befaßten sich 1871 lediglich 3 mit dem Bau von

[370] Vgl. ebenda; vgl. Hundert Jahre deutsche Eisenbahnen. A. a. O., S. 207 ff.

[371] Sering, M., a. a. O., S. 127.

[372] Jahrbuch für die Amtliche Statistik des Preußischen Staates. IV. Jg., a. a. O., S. 264.

[373] Froriep, O., a. a. O., S. 36.

[374] DZA Merseburg, Rep. 120 C XIV, 1, Nr. 39.

[375] Vgl. DZA Merseburg, Rep. 120 A XII, 7, Nr. 169; vgl. Bondi, H., a. a. O., S. 65. Bondi gibt die Zunahme der deutschen Handelsflotte tonnagemäßig mit 80 % (1850—1870) an.

Schiffen, vor allem von Dampfern für die Flußschiffahrt. Diese Unternehmen waren aber noch keineswegs spezialisiert; denn „Schichau", Elbing, z. B. produzierte zwischen 1850 und 1870 Dampfmaschinen aller Art, Dampfmühlen, Pumpen, Kriegsmaterial, besonders seit 1859, u. a. m.[376] Im Jahre 1854 wurden von diesem Betrieb der erste preußische Schraubendampfer sowie Baggerschiffe und Kähne gebaut.[377]
Die Herausbildung von Werften befand sich erst in den Anfängen, und daher wurde der Schiffsbau der damaligen Zeit zumeist noch von Maschinenfabriken ausgeführt.
Verfolgen wir nun die Spezialisierung der Maschinenfabriken bei der Herstellung von Dampfmaschinen. Die Dampfmaschine hatte außerordentliche Bedeutung für die industrielle Revolution. Erst die Dampfmaschine ermöglichte es den Unternehmern, die kapitalistische Warenproduktion an den für sie günstigsten Standort zu verlegen. Die Herstellung von Dampfmaschinen aller Typen fand sich bei dem umfangreichen Bedarf sehr oft in den Produktionslisten der Maschinenfabriken. Mit der Dampfmaschinenherstellung beschäftigten sich nach unserer Analyse von 221 Maschinenfabriken insgesamt 46, wovon lediglich 2 Fabriken auf die Dampfmaschinenproduktion spezialisiert waren, während die anderen Dampfmaschinen u. a. herstellten.
Wie differenziert und zersplittert die kapitalistische Warenproduktion und die dazu benötigten Maschinensysteme und Antriebsmaschinen waren, zeigte sich in der Vielzahl von Dampfmaschinentypen. Daher konnte sich eine Typisierung im Dampfmaschinenbau auch nicht durchsetzen. Einer Typisierung stand zunächst weiterhin die Tatsache entgegen, daß ein Teil der Maschinenfabriken, z. B. beim Absatz von Werkzeugmaschinen, gleichzeitig darauf abgestimmte Dampfmaschinen verkaufte.
Auch im Textilmaschinenbau war diese Tendenz weit verbreitet, weil es hier noch mehr darauf ankam, die entsprechende Antriebskraft für das Spinnmaschinensystem anzuwenden. Oft hing von einer zuverlässig arbeitenden Dampfmaschine die Wirksamkeit der Textilmaschinen ab. Andererseits machten die Fortschritte des Dampfmaschinenbaues auch hier eine Spezialisierung notwendig, weil einzelne Fabriken die Dampfmaschinenproduktion nebenbei nicht mehr aufrecht erhalten konnten, weil ihnen die zur Produktion benötigten modernen Maschinen fehlten. Innerhalb der für Dampfmaschinenproduktion arbeitenden Fabriken ergibt sich, daß von 1850 bis 1870 eine Spezialisierung zwar nicht absolut für Dampfmaschinen vorhanden war, demgegenüber aber eine Spezialisierung nach jenen Zweigen sich entfaltete, für die die Maschinen bestimmt waren. Dieser Prozeß war langwierig, weil sich die negativen Folgen der kapitalistischen anarchischen Entwicklung im Dampfmaschinenbau besonders stark widerspiegelten. Die Berücksichtigung aller möglichen Wünsche der Auftraggeber, je nach Verwendungszweck der Maschine, verursachte hauptsächlich die Zersplitterung der Produktion von kleinen und mittleren Dampfmaschinen, vor allem durch die Textilfabriken. Der Bau schwerer Dampfmaschinen für die Schwerindustrie war verbunden mit den Hütten, wenn wir von wenigen Ausnahmen Berliner und Chemnitzer Maschinenfabriken absehen wollen. Von der Serienproduktion im Dampfmaschinenbau kann vor 1870 kaum die Rede sein.

[376] Festschrift — Die Schichau-Werke in Elbing, Danzig und Pillau. 1837—1912. O. J., S. 21 ff.
[377] Ebenda.

Die technisch-ökonomischen Fortschritte im Dampfmaschinenbau waren in den fünfziger Jahren durch die einsetzende Verwendung der Expansionssteuerung [378], die stärkere Verwendung von Gußstahl [379], höhere Dampfdrücke und größere Kolbengeschwindigkeiten charakterisiert. Ähnlich wie im Lokomotivbau haben wir auch im Dampfmaschinenbau eine Steigerung der Leistung der Dampfmaschine bei zurückgehendem Kohlenverbrauch [380] zu verzeichnen. Die entscheidenden Impulse für die Einführung der Expansionssteuerung gingen von den Bedürfnissen der Lokomotivproduktion, der Walzwerke und der Textilindustrie aus. Die Reduzierung des Kohlenverbrauches je Ps/h sowie die selbständige Regulierung der Leistung sind als die entscheidenden Verbesserungen des Dampfmaschinenbaues zwischen 1850 und 1870 anzusehen.[381] In den sechziger Jahren setzten sich die für die fünfziger Jahre angegebenen Tendenzen verstärkt fort. Der ansteigende Leistungsbedarf der Schwerindustrie, besonders des Bergbaues, aber auch der Textilfabriken, führte zur Anwendung von Zwillingsdampfmaschinen [382], und auf dieser Grundlage setzte schließlich die Verdrängung der althergebrachten Balancierdampfmaschine ein.

Eine Spezialisierung auf schnellaufende Dampfmaschinen zeigte sich ebenfalls während des zyklischen Aufschwunges der sechziger Jahre. Diese Dampfmaschine erhielt später große Bedeutung für den Antrieb von Generatoren.[383]

In Süddeutschland kam in den sechziger Jahren stärker die Woolfsche Dampfmaschine mit Corliss-Steuerung auf, die wesentliche Einsparungen an Kohle ermöglichte. Die Einführung solcher Maschinen in Süddeutschland wurde durch die in diesen Gebieten relativ hohen Kohlenpreise begünstigt.

Auch in den sechziger Jahren war es noch nicht möglich, die Serienproduktion von Dampfmaschinen aufzunehmen. In den USA hatte sich die Serienproduktion bereits zu diesem Zeitpunkt durchgesetzt.[384] Ursache dafür waren nach unserer Ansicht in erster Linie die günstigeren Marktbedingungen, die den Absatz einfacher, durchkonstruierter Dampfmaschinen einiger Typen zuließen.

Schon aus der Bezeichnung vieler Maschinen ist ersichtlich, daß der englisch-amerikanische Einfluß während der fünfziger und sechziger Jahre in Deutschland beachtlich war. Abgesehen von großen Maschinenfabriken konnte die Mehrzahl der kleinen und mittleren Fabriken durch ihre relativ zurückgebliebene Bearbeitungstechnik kaum zur Herstellung komplizierter Steuerungssysteme übergehen.

Trotz umfangreichen Absatzes kam es im Bau von Dampfmaschinen zwischen 1850 und 1870 zu keinen wesentlichen Fortschritten in der Spezialisierung.

[378] Matschoss, C., a. a. O., S. 214 f.

[379] Ebenda.

[380] Matschoss, C., a. a. O., S. 247 u. 316.

[381] Vgl. dazu „Deutsche Industriezeitung", Jg. 1862, Nr. 16, S. 183.

[382] Matschoss, C., a. a. O.; vgl. Matschoss, C., Die Entwicklung der Dampfmaschine. Bd. II, a. a. O., S. 146 ff. Vgl. Berichte über die Allgemeine Ausstellung zu Paris 1867, a. a. O., S. 406 ff.

[483] Matschoss, C., Geschichte der Dampfmaschine. A. a. O., S. 267.

[384] Matschoss, C., a. a. O., S. 223.

Der Bau von Textilmaschinen hatte bereits, genau wie der Lokomotiv- und Dampfmaschinenbau, schon vor 1850 ein beachtliches Niveau erreicht. Anfänge zur Spezialisierung auf die Produktion bestimmter Teile hat es ebenfalls schon vor 1850 gegeben.[385] Die Ursache dafür haben wir schon dargestellt.

Wir haben festgestellt, daß von 221 Maschinenfabriken sich 1871 52 mit der Produktion von Textilmaschinen befaßten, davon 25 Fabriken ausschließlich. Wodurch wurde die relativ weitgehende Spezialisierung ermöglicht?

Bei der Spinnmaschinenproduktion traten einzelne Bauelemente, z. B. Spindeln, Kratzen usw. in großen Stückzahlen auf und bedingten schon früh die Austauschbarkeit.[386] Im Zusammmenhang mit dem massenhaften Bedarf an Spinnmaschinen seit den vierziger Jahren bei entwickelten Konkurrenzverhältnissen traten schon früh Spezialisierungstendenzen auf, begann sich zunächst der Spinnmaschinenbau aus dem allgemeinen Maschinenbau herauszulösen.[387] Die Spezialisierung des Textilmaschinenbaues sehen wir neben den technischen Verbesserungen der Maschinen als entscheidende Grundlage für die Zurückdrängung der hemmenden Faktoren, z. B. der Heimarbeit durch die kapitalistische Warenproduktion der Spinnfabriken an.

Eine Vorstellung von dem Grad der Spezialisierung im Textilmaschinenbau vermitteln uns einige Zahlen aus verschiedenen, hauptsächlich Spinnmaschinen produzierenden Fabriken. Eine Chemnitzer Maschinenfabrik lieferte von 1842 bis 1872 3231 Streichgarnkrempel, 1776 Streichgarnfeinspinnmaschinen (mit 410 242 Spindeln), 560 Streichgarnselfactors (mit 200 646 Spindeln). Die Produktion von Kammgarnmaschinen und Zubehör war dagegen wesentlich geringer. Es wurden für den gleichen Zeitraum produziert:

	512 Kammgarnspinnmaschinen	(147 230 Spindeln)
	167 Kammgarnselfactors	(80 790 „),
und	315 Baumwollselfactors	(188 652 „) sowie
	2645 mechanische Webstühle.[388]	

An diesem Beispiel läßt sich erkennen, daß nicht nur eine Spezialisierung auf Textilmaschinen allgemein vorlag, sondern — es lassen sich dafür eine Reihe von Beispielen bringen – daß es sich hier schon um eine Spezialisierung auf bestimmte Typen von Textilmaschinen handelt.

Zeitlich betrachtet, verläuft die Herausbildung des Textilmaschinenbaues als Zweig innerhalb der Maschinenbauindustrie besonders intensiv seit den sechziger Jahren, vor allem in der ersten Hälfte, auf Maschinen für die Woll-, später auch für Baumwoll- und Flachs-Verarbeitung. Die Spezialisierung auf Wollverarbeitungsmaschinen, besonders Streichgarnmaschinen, in der ersten Hälfte der sechziger Jahre hing mit den Auswirkungen der Baumwollkrise zusammen, die die Textilunternehmer zur Anlage von

[385] Vgl. S. 94 ff.

[386] Vgl. S. 178 ff.

[387] Auch im englischen Maschinenbau gab es eine ähnliche Entwicklung; denn auch hier war der Bau von Textilmaschinen zuerst spezialisiert. Vgl. British Economic History Since 1760 v. S. G. E. Lythe, M. A. London 1950, S. 33.

[388] Jahrbuch für die Amtliche Statistik des Preußischen Staates, IV. Jg., a. a. O., S. 260.

Kapital in Wollverarbeitungsmaschinen anreizte.[389] Die technisch-ökonomischen Fortschritte des Textilmaschinenbaues waren durch die zunehmende Zahl von Verbesserungen durch Erfindungen bei den Wollverarbeitungsmaschinen charakterisiert.[390]

In den anderen Textilmaschinenzweigen, besonders bei der Baumwollverarbeitung, war demgegenüber ein starker ausländischer Einfluß vorhanden.[391] Die verbesserten Spinnmaschinen erlaubten die Herstellung feiner Garne unter Zurückdrängung der Handarbeit.[392]

Fassen wir zusammen: Der Textilmaschinenbau war 1870 innerhalb der Maschinenbauindustrie ein selbständiger Zweig geworden. Auf diesem Gebiet wurde der bis 1850 vorherrschende allgemeine Maschinenbau immer mehr zurückgedrängt. Die Spezialisierung der Fabriken erstreckte sich schon auf die serienmäßige Herstellung bestimmter Typen von Spinnmaschinen. Innerhalb der Maschinenbauindustrie stand der Textilmaschinenbau an zweiter Stelle, wenn wir von dem allgemeinen Niveau der Spezialisierung ausgehen.

Wir müssen nun eine weitere Richtung der Spezialisierung im deutschen Maschinenbau, den Landmaschinenbau, analysieren. Seine Entstehung war zurückzuführen auf die Entwicklung kapitalistischer Produktionsverhältnisse in der Landwirtschaft in der ersten Hälfte des 19. Jh.

Zunächst wurde der entstehende Bedarf an Geräten, vor allem an Pflügen, Sämaschinen u. dgl. von Maschinenfabriken des allgemeinen Maschinenbaues durch Nebenproduktion oder durch handwerkliche Erzeugung gedeckt.[393]

Während in den fünfziger Jahren noch vor allem die Geräteproduktion betrieben wurde[394], setzte Mitte des Jahrzehnts die Produktion von Maschinen ein. Die Spezialisierung der sich mit dem landwirtschaftlichen Bedarf beschäftigenden Maschinenfabriken verlief seit den sechziger Jahren so, daß die Geräteproduktion nach und nach aus den Produktionsprogramm der Fabriken verschwand und an ihre Stelle Göpel-Dreschmaschinen, Dampfdreschmaschinen und Lokomobile sowie vereinzelt größere Geräte traten.[395] Der äußere Markt insbesondere in Rußland und Österreich-Ungarn war von großer Bedeutung für den deutschen Landmaschinenbau, weil in dieser Zeit auch hier kapitalistische Produktionsverhältnisse sich auf dem „preußischen Wege“ herausbildeten.

Insgesamt produzierten von 221 Maschinenfabriken 1871 47 landwirtschaftliche Geräte und Maschinen. Lediglich 4 Fabriken arbeiteten ausschließlich für den Landwirtschaftsbedarf. Die Bedeutung des Landmaschinenbaues darf jedoch nicht nach der Anzahl der sich damit beschäftigenden Maschinenfabriken beurteilt werden; denn es handelte

[389] Vgl. Jahresbericht der Handels- und Gewerbekammer für Chemnitz von 1864–1869.

[390] Jahrbuch für die Amtliche Statistik des Preußischen Staates, IV. Jg., a. a. O., S. 260.

[391] Vgl. Amtlicher Bericht über die Kunstausstellung zu London ... A. a. O., S. 225.

[392] Vgl. Froriep, O., a. a. O., S. 63.

[393] Vgl. Stoll, H., Die deutsche Landmaschinen-Industrie und ihre Lebensbedingungen. Diss. Frankfurt a. M. 1936, S. 1 ff.

[394] Vgl. Wiedfeld, O., a. a. O., S. 259.

[395] Vgl. Jahresbericht der Maschinenfabrik und Eisengießerei H. F. Eckert. A. a. O., S. 2 ff.

sich, von wenigen Ausnahmen abgesehen, um ländliche Maschinenfabriken mit zurückgebliebener Produktionstechnik. Bei 4 spezialisierten Maschinenfabriken, den Anfängen des selbständigen Landmaschinenbaues, kann man davon sprechen, daß sie eine Serienproduktion zumindest verschiedener Typen von Dreschmaschinen seit den sechziger Jahren aufgenommen hatten. Die Fabriken „Hotrop und Stöckel" sowie „Vollbaum" in Elbing bauten z. B. jährlich durchschnittlich bis zu 100 Dreschmaschinen, zumeist mit Göpel.[396] Daneben gab es aber selbst bei diesen größeren Maschinenfabriken ein umfangreiches Einzelfertigungsprogramm, resultierend aus der Vielzahl kleinerer Aufträge. Das war auch bei anderen Landmaschinenfabriken der Fall. Die Maschinenfabrik für landwirtschaftliche Geräte und Maschinen, „Eckert", Berlin, gibt für 1865 an, daß sie 3000 Bestellungen über 15 000 verschiedene Geräte und Maschinen vorliegen hatte.[397]

Die Entwicklung des Landmaschinenbaues steckte vor 1870 also noch in den Anfängen.

Wegen der besseren Übersicht haben wir die Ergebnisse über die Entwicklung der Spezialisierung in der Maschinenbauindustrie von 1850 bis 1870 noch einmal kurz zusammengefaßt.

Aus der Analyse ergibt sich, daß die Spezialisierung in der Maschinenbauindustrie bis 1871 Fortschritte gemacht hat. Deutlich ist das im Lokomotiv- und Waggonbau und im Bau von Textilmaschinen ersichtlich. Die Mehrzahl der Fabriken aber war auch zu Beginn der siebziger Jahre noch keineswegs auf bestimmte Maschinen spezialisiert.

Zahl der untersuchten Maschinenfabriken: 221

			davon ausschließlich	
Es beschäftigten sich (1871) mit dem Bau von	Zahl der Fabriken	in %	Zahl der Fabriken	in %
Werkzeugmaschinen	28	13,1	7	25,0
Bergwerks- und Hüttenmaschinen	24	10,9	3	12,5
Dampfmaschinen (aller Art)	46	20,8	2	4,3
Lokomotiven und Tender	13	5,8	11	84,6
Waggons (aller Art)	11	4,9	4	36,3
Textilmaschinen (aller Art)	52	23,5	25	48,0
Landmaschinen und Geräte	47	21,3	4	8,5

[396] Vgl. Jahresbericht der Ältesten der Kaufmannschaft zu Elbing für die Jahre 1859—1869.

[397] Vgl. Jahresbericht der Maschinenfabrik und Eisengießerei H. F. Eckert. A. a. O., für 1865, S. 6.

Diese These steht in scheinbarem Widerspruch zu der Tatsache, daß der deutsche Maschinenmarkt ein gewaltiges Wachstum aufzuweisen hatte und man daher größere Fortschritte in der Arbeitsteilung innerhalb der Maschinenbauindustrie vermuten könnte.
Es darf in diesem Zusammenhang nicht übersehen werden, daß der deutsche Markt zersplittert war und erst seit der Gründung des Norddeutschen Bundes Hemmnisse wegfielen, die sich besonders negativ auf den interlokalen Absatz von Maschinen ausgewirkt hatten. Die historisch entstandene Tendenz der Universalität im Maschinenbau war vor allem für den deutschen Maschinenbau typisch. Im Gegensatz dazu war der amerikanische Maschinenbau schon zu dieser Zeit auf Grund der Entwicklungsbedingungen des amerikanischen Kapitalismus spezialisiert und auf die massenhafte Produktion von Maschinen eingerichtet.

3. Zum Problem der beginnenden Konzentration der Produktion in der Maschinenbauindustrie

Die Anfänge des Konzentrationsprozesses in der deutschen Maschinenbauindustrie fallen vor allem in die zweite Hälfte der sechziger Jahre des 19. Jh. Innerhalb der gesamten Schwerindustrie zeigte sich diese Tendenz; sie war allerdings in der Eisenmetallurgie und im Bergbau am stärksten. Schon im Jahre 1864 wurde die „Deutsche Schienengemeinschaft", eines der ersten deutschen Monopole, gegründet.[398] Sie findet ferner auch eine Bestätigung darin, daß schon 1877 „... auf Initiative des „Bergbauvereins Dortmund" ... der „Westfälische Kohlenausfuhrverein ... gebildet ..." wurde.[399]
In der Maschinenbauindustrie zeigte sich der beginnende Konzentrationsprozeß in der Zunahme der Betriebsgröße und dem wachsenden Anteil der Großbetriebe an der Maschinenproduktion.
Statistische Materialien standen uns für die Analyse des Konzentrationsprozesses, mit Ausnahme einiger Angaben aus der preußischen Statistik, nicht zur Verfügung. Wir müssen daher auch hier auf die von uns gesammelten Angaben aus 234 Maschinenfabriken des Zollvereins zurückgreifen.
Untersuchen wir zunächst die Zunahme der Betriebsgröße. Nach den Zählungen von 1846 und 1861 ergibt sich, daß die durchschnittliche Beschäftigtenzahl von 31 auf 52 Arbeiter je Betrieb anstieg.[400] Diese Zunahme ist zu gering, weil 1846 vor allem in Sachsen zahlreiche Handwerker mitgezählt wurden, und weil 1861 die Beschäftigtenzahl in der Maschinenbauindustrie niedriger war als im Durchschnitt der fünfziger Jahre infolge der herrschenden Depression.
Nach den etwas zuverlässigeren preußischen Statistiken dürfen wir von 1849 bis 1858 etwa eine Verdoppelung der durchschnittlichen Arbeiterzahl je Fabrik von 32 auf 68 an-

[398] Kuczynski, J., Studien zur Geschichte des Kapitalismus. Berlin 1957, S. 17.
[399] Faingar, J. M., Die Entwicklung des deutschen Monopolkapitals. Berlin 1959, S. 18.
[400] Vgl. S. 279.

nehmen.[401] Nun sagt die Angabe der durchschnittlich in einer Fabrik tätigen Arbeiter noch nicht allzuviel über die Entwicklung der Konzentration der Produktion aus. Ebenfalls aus der preußischen Statistik wissen wir aber, daß von den 1858 bestehenden Fabriken 26 % mehr als 50 Arbeiter beschäftigten und somit hier 65 % aller Maschinenbauarbeiter konzentriert waren.[402] Von den sächsischen Maschinenfabriken hatten 10,6 % der Fabriken mehr als 50 Arbeiter. In diesen Fabriken arbeiteten rund 29 % aller Maschinenbauarbeiter.[403]

Die beachtlichen Fortschritte im Konzentrationsprozeß der deutschen Maschinenbauindustrie, die übrigens bisher nicht untersucht wurden, kamen u. a. darin zum Ausdruck, daß nach dem Ergebnis unserer Repräsentativanalyse zu urteilen von 234 Fabriken (1871) 74,4 % über 50 Arbeiter beschäftigten. In 34 Fabriken, das sind 14,5 % der in die Untersuchung einbezogenen Betriebe, arbeiten 63,56 % aller Maschinenbauarbeiter.[404] Gegenüber dem Stand der Entwicklung in den fünfziger Jahren ist dieses Resultat beachtlich und zeigt die enormen Fortschritte des Konzentrationsprozesses in der Maschinenbauindustrie, die bereits zu solchen kapitalistischen Großunternehmungen führten, die Tausende von Arbeiter ausbeuteten. Im Jahre 1871 waren nach unserer Analyse je Fabrik durchschnittlich 266 Arbeiter beschäftigt.

Solche Maschinenbaugroßbetriebe, wie die „Maschinenfabrik Eßlingen AG.", „Sievers u. Co." später „Maschinenbau AG. Humboldt", „R. Hartmann", „J. Zimmermann", „L. Schwartzkopff", „Egestorff" später „Hannover'sche Maschinenbau-AG.", „Kraus u. Co." und die „Schlesische AG für Eisengießerei und Maschinenbau", erzielten jährlich Millionenumsätze. Allein die soeben angeführten Maschinenfabriken hatten nach ihren eigenen Angaben 1871 einen Umsatz von 13 508 570 Talern.

Auf Grund des unzureichenden Materials sind wir nicht in der Lage, den Anteil der Großbetriebe an der Produktion der Maschinenbauindustrie näher zu bestimmen. Einen Einblick vermittelt uns aber auch hier die Analyse der Umsätze von 67 Fabriken. Diese Angaben umfaßten Umsätze, die von 3900 Taler jährlich bis 2 600 000 Taler reichten. Wir haben den einfachen Durchschnitt errechnet und dabei festgestellt, daß je Maschinenfabrik jährlich etwa 255 000 Taler Umsatz erzielt wurden. An dem Gesamtumsatz der 67 Maschinenfabriken von 17 065 928 Talern hatten allein — wie bereits angeführt — die Fabriken mit über tausend Arbeitern, das sind 8 Großbetriebe, also etwa 1/8 der untersuchten Betriebe, einen Anteil von 13 508 570 Talern, das sind fast 80 %. Wenngleich dieses Resultat sicherlich dadurch etwas zu groß geraten ist, weil die von uns verwendeten Angaben aus Handelskammerberichten und Ausstellungsberichten zufällig und insofern unter Umständen darin nicht ausreichend die Umsätze kleiner Fabriken berücksichtigt sind, so werden doch zumindest annähernd die Relationen klar, die eben zeigen, daß ein relativ kleiner Teil von Maschinenbaugroßunternehmungen

[401] Vgl. S. 277.

[402] Tabellen und Amtliche Nachrichten über den Preußischen Staat für die Jahre 1849, 1852, 1858, Bd. VI B.

[403] Diese Zahlen wurden von mir berechnet auf Grund von Angaben, die sich in der „Zeitschrift des Statistischen Bureaus des Königlich Sächsischen Ministeriums des Innern", Jg. 1863, Nr. 3 und 4, fanden.

[404] Vgl. S. 279.

sehr großen Anteil an der Maschinenproduktion hatte. Der wachsende Anteil der Großbetriebe an der Maschinenproduktion ergab sich u. a. auch daraus, daß in den sechziger Jahren, infolge der strukturellen Veränderungen der Maschinennachfrage — wir haben darauf schon hingewiesen — der Absatz der Großbetriebe sich rascher entwickelte, weil sie die Aufträge durch ihren spezialisierten Produktionsapparat schneller ausführen konnten. Seit der Mitte der sechziger Jahre fand sich in zahlreichen Handelskammerberichten immer wieder der Hinweis, daß die Großmaschinenfabriken kleinere und mittlere Betriebe, also Betriebe unter 50 Arbeitern bzw. unter 100 Arbeitern, in ihren Absatzmöglichkeiten auf Grund ihrer ökonomischen und technischen Überlegenheit einschränkten.[405]

In Chemnitz mußten auf Grund der Konkurrenz der Großfabriken sowohl 1868 als auch 1869/70 zahlreiche kleine Fabriken schließen.[406] Wir haben auf der Grundlage der Adreßbücher der Stadt Chemnitz und anderer Angaben berechnet, daß in den fünfziger Jahren einschließlich der Krisenzeit 9 Fabriken bankrott machten, bzw. umgegründet wurden. In den sechziger Jahren aber waren es schon 44 Betriebe, die ihre Produktion einstellten.

Innerhalb der Maschinenbaubourgeoisie gab es, bedingt durch die rasche Entwicklung der Konzentration der Produktion, gegen Ende der sechziger Jahre Versuche, zu Vereinbarungen über den Absatz und die Preise der Maschinenbauerzeugnisse zu gelangen. Diese Bestrebungen sind vor allem von den führenden sächsischen Maschinenfabrikanten ausgegangen. In dem Unternehmerorgan „Deutsche Industriezeitung" wurden die Vorteile eines Maschinenvereins hinsichtlich der Verbesserung des Absatzes, der weiteren Arbeitsteilung, der Preise und der gemeinsamen Reklame, dargelegt.[407]

Zwar kam es in den sechziger Jahren noch nicht zur Bildung eines Monopols in der Maschinenbauindustrie; trotzdem war es für die Entwicklung des Konzentrationsprozesses in der Produktion wichtig, daß ein solcher Grad erreicht wurde, der direkt an das Monopol heranführte.

4. Die Veränderungen in der Standortentwicklung der deutschen Maschinenbauindustrie

In dem Maße, wie sich die kapitalistischen Produktionsverhältnisse durchsetzten, wie die Fabrik vorherrschte und die industrielle Umwälzung weitere Fortschritte machte, änderten sich auch jene ökonomischen Bedingungen, die für die Wahl des Standortes der Maschinenfabriken ausschlaggebend waren. Im folgenden Abschnitt wollen wir versuchen, einen Überblick über die Veränderungen der Standortverteilung der deutschen Maschinenbauindustrie zu gewinnen.

[405] Vgl. Jahresbericht der Handelskammer Aachen für 1866. Vgl. Jahresbericht der Handels- und Gewerbekammer, Chemnitz für 1866—1870.

[406] Jahresbericht der Handels- und Gewerbekammer Chemnitz für 1868—1870.

[407] „Deutsche Industriezeitung", Jg. 1868, Nr. 21, S. 209 f; Nr. 23, S. 221 f.

Vor 1850, der Entstehungszeit der deutschen Maschinenbauindustrie im engeren Sinne, war für die Maschinenbaubourgeoisie der Standort mit dem größten Lokalabsatz am profitabelsten.[408] Solche günstigen Standorte konnten nur die industriellen Zentren Preußens und vor allem Sachsens sein, weil hier eine umfangreiche Nachfrage an Maschinen aller Art bestand.[409] In nur geringem Maße wirkte die Rohstofflage als orientierender Faktor auf die Maschinenfabriken.[410]

Wenn auch in Anfängen, so doch unübersehbar, vollzog sich in den vierziger Jahren des 19. Jh. die Konzentration der Maschinenfabriken in den industriellen Standorten.

An Hand von Angaben aus 169 Maschinenfabriken, die 1850 bis 1870 gegründet wurden, versuchen wir eine Analyse der Standortprobleme zu geben. Wir können hier nur wiederum repräsentativ vorgehen, weil uns exaktes Zahlenmaterial auch über diese Fragen fehlt.

Wir gliedern unsere Ausführungen über das Standortproblem in zwei Abschnitte. Im ersten geben wir einen Überblick über die Tendenzen der allgemeinen Standortentwicklung der deutschen Maschinenbauindustrie zwischen 1850 und 1870. Im zweiten Abschnitt werden wir auf die Standortentwicklung spezialisierter Maschinenfabriken eingehen.

Als hauptsächliche Standorte der deutschen Industrie jener Zeit sind vor allem die preußischen Westprovinzen sowie die Provinz Brandenburg und Sachsen anzusehen. Daneben gab es kleinere Industriezentren, wie z. B. die Provinzen Sachsen, Schlesien, die bayerischen Provinzen Pfalz, Franken und Hessen. An der Spitze unserer repräsentativen Übersicht stehen die Städte Berlin, Chemnitz, Hannover, Breslau, Nürnberg, Stuttgart, Elberfeld, Barmen, Köln, Aachen etc.[411] Für die sich weiterhin nach dem Absatz orientierende Maschinenindustrie war dadurch ein großer Teil der Standorte gegeben.

Zeitraum 1850—1870:

1. Anzahl der in preußischen Städten gegründeten Maschinenfabriken:

Berlin	13	Buckau	1
Halle	7	Bitterfeld	1
Magdeburg	6	Cottbus	1
Aachen	4	Königsberg	1
Breslau	3	Trier	1
Düsseldorf	3	Duisburg	1
Burtscheid	2	Dortmund	1
Köln	2	Danzig	1
Bielefeld	1	Stettin	1
			50

[408] SCHRÖTER, A., a. a. O., S. 102 ff. Vgl. HAUBOLD, S., a. a. O., S. 13 ff. Vgl. BERTHOLD, K., Untersuchungen über den Standort der Maschinen-Industrie in Deutschland. Jena 1915, S. 130; vgl. FUHLROTT, J., a. a. O., S. 13 ff.

[409] SCHRÖTER, A., a. a. O., S. 102 f.

[410] Ebenda.

[411] Amtlicher Katalog der Ausstellung des Deutschen Reiches. A. a. O., S. XXI.

2. Anzahl der in sächsischen Städten gegründeten Maschinenfabriken:

Chemnitz	18
Leipzig	10
Dresden	7
Weißenfels	1
	36

3. Anzahl der in bayrischen Städten gegründeten Maschinenfabriken:

Kaiserslautern	2
Augsburg	2
München	2
Nürnberg	1
Würzburg	1
	8

4. Anzahl der in württembergischen Städten gegründeten Maschinenfabriken:

Stuttgart	4

5. Anzahl der in hessischen Städten gegründeten Maschinenfabriken:

Darmstadt	3
Offenbach	4
	7

6. Anzahl der in badischen Städten gegründeten Maschinenfabriken:

Mannheim	3
Karlsruhe	2
	5

Aus der Tabelle über die Anzahl der in den Städten (über 2000 Einwohner) gegründeten Maschinenfabriken ergibt sich, daß Sachsen seine führende Stellung als der wichtigste Standort des Maschinenbaues auch von 1850 bis 1870 behielt und eine hohe Konzentration von Maschinenfabriken in wenigen Städten zu verzeichnen hatte. Neu ist dabei, daß seit dem Ende der fünfziger Jahre, besonders aber in den sechziger Jahren, Leipzig in zunehmendem Maße als Standort von Maschinenfabriken bevorzugt wurde.[412] Leipzig war ein günstiger Standort für Papierverarbeitungs- und -bearbeitungsmaschinen, Landmaschinen und polygraphische Maschinen.[413]

Bei der Betrachtung der preußischen Tabelle ist ersichtlich, daß Berlin als ein weiteres wichtiges Maschinenbauzentrum nach Chemnitz die meisten Neugründungen zu verzeichnen hatte, d. h. also weiterhin ein bevorzugter Standort des deutschen Maschinenbaues auch von 1850 bis 1870 war.

Bemerkenswert ist in diesem Zusammenhang die Tatsache, daß Berlin als Standort nur für einige Zweige eine Absatzorientierung zuließ. Dafür aber überwogen als orientierende Faktoren die günstige Verkehrslage durch zahlreiche Eisenbahnlinien und Wasserstraßen sowie die Arbeitskräfte.

[412] SIODLACZEK, E., Die Entwicklung der Leipziger Maschinenindustrie. Diss. Halle 1930, S. 32.

[413] Ebenda.

Von besonderer Bedeutung scheint uns an der Übersicht weiter zu sein, daß vor allem die mittleren preußischen Provinzen — also Brandenburg mit Berlin und die Provinz Sachsen —, hier besonders die Städte Magdeburg und Halle, als Standorte von Maschinenbauunternehmen bevorzugt wurden. Teilweise zeigte sich, zumindestens was Halle betrifft, diese Tendenz besonders in den sechziger Jahren. Im Zusammenhang mit der Bedeutung Leipzigs als Standort des Maschinenbaues können wir feststellen, daß besonders in den sechziger Jahren die Herausbildung der mitteldeutschen Städte als Maschinenfabrikstandorte einsetzte. Als orientierender Faktor bei diesen Gründungen ist fast ohne Ausnahme zunächst der Absatz anzusehen. Der Bergbau, die Zuckerfabriken, die Städte als Abnehmer und die entstehende Chemie mit ihrem großen Pumpenbedarf sowie die guten Transportmöglichkeiten nach dem rheinisch-westfälischen Industriegebiet ließen zahlreiche Maschinenfabriken entstehen.[414]

Geht man von der Anzahl der Gründungen in den süddeutschen Städten aus, so zeigt sich gegenüber Preußen und Sachsen sehr deutlich, daß diese Städte noch nicht eine solch große Anziehungskraft auf den Maschinenbau ausübten wie etwa Berlin, Chemnitz, Breslau, Aachen, um nur einige zu nennen. Die Standorte der süddeutschen Maschinenfabriken waren nur zum Teil absatzorientiert und stärker nach den Arbeitskräften ausgerichtet, die in ähnlich starkem Maße wie in Sachsen vorhanden waren.[415] Aus unserer Übersicht ergibt sich der Schluß, daß Süddeutschland längst nicht in dem Maße wie Preußen und Sachsen eine Gründerwelle von Maschinenfabriken aufzuweisen hatte.

Neben der überwiegenden Absatzorientierung der Maschinenbauunternehmen konnten wir besonders im Zusammenhang mit der Verbesserung des Eisenbahnnetzes feststellen, daß auch in zunehmendem Maße eine Orientierung auf bestimmte Arbeitskräfte, vor allem auf Arbeiter der Städte, also Industriearbeiter, einsetzte.[416]

Ferner wurde die Absatzorientierung noch dadurch in gewissem Maße durchbrochen, daß nämlich im Zusammenhang mit der Spezialisierung und des zunehmenden arbeitsintensiven Charakters der Produkte des Maschinenbaues ein längerer Transport sich durchaus rentierte.[417]

Aus dem bisher Gesagten kann man entnehmen, daß die Großstadt (über 20 000 Einwohner) vom Maschinenbau als Standort in starkem Maße sowohl wegen des Absatzes, als auch wegen der Verkehrslage und der Arbeitskräftereserven ausgenutzt wurde. Die Analyse der Standorte von 169 Maschinenfabriken zeigt, daß die Mehrzahl der Maschinenfabriken zwischen 1850 und 1870 in den großen Städten gegründet wurde.

In Preußen war das Verhältnis zwischen städtischen und ländlichen Maschinenfabriken 50:23, in Sachsen 36:7, in Hessen 7:2, in Bayern 8:5, in Württemberg 4:9 und in Baden 5:3. Leider haben wir keine Angaben über die Größe der betreffenden Ma-

[414] WINKLER, M., a. a. O., S. 33 f.

[415] FUHLROTT, J., a. a. O., S. 22; vgl. BERTHOLD, K., a. a. O., S. 22.

[416] HAUBOLD, S., a. a. O., S. 23.
H. weist mit Recht auf die Tatsache hin, daß in Sachsen sehr billige Arbeiter vorhanden waren, die standortorientierend wirkten.

[417] Vgl. BERTHOLD, K., a. a. O., S. 130.

schinenfabriken, so daß wir zahlenmäßig das Verhältnis zwischen städtischen und ländlichen Fabriken nicht weiter bewerten können.

Mit Ausnahme von Württemberg, wurden zwischen 1850 bis 1870 die meisten Maschinenfabriken in Städten gegründet. In Sachsen ist die Konzentration der Maschinenfabriken in den Städten am größten, an zweiter Stelle folgt Preußen und sodann die süddeutschen Länder Bayern und Baden.

Diese repräsentative Aussage über die Konzentration der Maschinenfabriken in den Städten von 1850 bis 1870 zeigt, daß allgemein eine Tendenz aus den dargestellten Gründen zur Stadt als Standort zu erkennen ist. Von den 169 Maschinenfabriken des Zollvereins, die für die Analyse herangezogen wurden, bevorzugten 118 die Städte, 51 suchten ihren Standort in ländlichen Gebieten, sie verteilten sich über das gesamte Gebiet des Zollvereins.

Interessant ist in diesem Zusammenhang noch eine Analyse von 471 im Jahre 1871 existierenden Maschinenfabriken des Zollvereins, die wir ebenfalls mit für die Darlegung des Standortproblems ausgewertet haben. Hiernach ergibt sich für die Standortfrage — nach Stadt und Land betrachtet —, daß 287 Maschinenfabriken in Städten ihren Standort hatten und 194 auf dem Lande ansässig waren. Also auch hier ist ersichtlich, daß die Städte als Standort in größerem Maße als ländliche Gebiete bevorzugt wurden.

Analysieren wir die Standorte der Maschinenfabriken nach den damaligen Ländern, so ergibt sich, daß in Sachsen 129, in Preußen 111, in Hessen (beide Hessen) 13, in Bayern 11, in Hannover 8, in Baden 6, in Württemberg 5 und in Hamburg 4 Maschinenfabriken ihren Standort hatten.

Nach einzelnen Städten ausgewertet ist ersichtlich, daß eindeutig 1871 Chemnitz das wichtigste Zentrum des deutschen Maschinenbaues mit 108 Maschinenfabriken war. Wenngleich anzunehmen ist, daß bei diesen Fabriken etwa die Hälfte unter 50 Arbeiter beschäftigten, so kann doch der generellen Einschätzung dadurch kaum Abbruch getan werden. An zweiter Stelle befindet sich Berlin mit 33 Maschinenfabrlken. Es folgen mit Abstand Dortmund, Halle und Leipzig mit 11, Magdeburg mit 10, Dresden mit 8, Duisburg mit 7, Köln und Hannover mit je 6 Maschinenfabriken. In den Städten der süddeutschen Länder war die Anzahl der Maschinenfabriken geringer und bewegte sich bei durchschnittlich 5 Fabriken.

Wenn wir eine Gesamteinschätzung nach den von uns untersuchten Maschinenfabriken vornehmen, kommen wir zu folgenden Feststellungen:

1. Die vor 1850 erkennbare Tendenz der Standortentwicklung setzte sich im Untersuchungszeitraum verstärkt fort und führte zur Konzentration, zur Entstehung von Maschinenbauzentren, vor allem in Sachsen (mit den Städten Chemnitz, Leipzig, Dresden) und Preußen (mit den Städten Berlin, Magdeburg, Halle und den Städten des rheinisch-westfälischen Industriegebietes Dortmund, Aachen etc.).

   In Süd- und Südwestdeutschland waren in geringerem Maße Absatzmöglichkeiten für den Maschinenbau vorhanden. Hinzu kommt, daß zumindest noch in den fünfziger Jahren Transportschwierigkeiten für Rohstoffe bestanden.
2. Die Maschinenfabriken folgen überwiegend noch dem Absatz. Die Verbesserung der Transportverhältnisse führte aber teilweise schon zu einer Orientierung auf die Arbeitskräfte in den Städten.

3. Es entstanden neue Zentren in Halle, Leipzig, Mannheim, Hamburg und Offenbach.
4. Die überwiegende Zahl der Maschinenfabriken zog die Stadt als Standort vor, weil hier sowohl die Absatz- und Transportverhältnisse, als auch die Arbeitskräftelage günstig waren.
5. Die Ausdehnung des Maschinenbaues in den südlichen und nördlichen Gebieten des Zollvereins setzte sich ebenfalls fort, allerdings mit der Einschränkung, daß in Norddeutschland eine abnehmende Tendenz zur Küste hin auftrat.[418]

Mit einigen Bemerkungen über die Standorte spezialisierter, bzw. größtenteils spezialisierter Maschinenfabriken schließen wir unsere Betrachtungen über das Standortproblem ab.

Die beginnende Herausbildung der Zweigstruktur innerhalb der deutschen Maschinenbauindustrie mußte in zunehmendem Maße zu Veränderungen der Standortorientierung führen.

Im Dampfmaschinenbau einer weitverbreiteten Fertigung innerhalb der Maschinenindustrie zeigte sich auf der Grundlage vor allem des schwerindustriellen Bedarfes die Tendenz, sich in wachsendem Maße in Rheinland-Westfalen, Sachsen und Berlin zu konzentrieren.[419]

Für diese Standortentwicklung war einmal der Absatz und zum anderen der Arbeitskräfteanteil maßgebend. Gerade der letztere war bedeutsam, weil etwa 80 % handwerklich und fabrikmäßig ausgebildete Arbeitskräfte im Dampfmaschinen- und Lokomotivbau Verwendung fanden.[420]

Der Waggonbau, von vornherein im wesentlichen spezialisiert, hatte von 1850 bis 1870 keine zusammenhängenden Gebiete als Standort. Waggonfabriken wurden naturgemäß gern an großen Eisennbahnknotenpunkten gegründet, weil hier die Verbindung zu den Eisenbahnverwaltungen besonders eng gehalten werden konnte. Andere orientierende Faktoren waren bedingt durch eine gewisse Rohstoffabhängigkeit des Waggonbaues. In erster Linie war vor 1850 und auch noch in den fünfziger Jahren der Holzreichtum des Standortes von nicht zu unterschätzender Bedeutung. Mit zunehmender Ersetzung des Holzes durch Eisen und Stahl in den sechziger Jahren ergab sich eine stärkere Orientierung auf Gebiete mit entwickelter Eisenindustrie. Die hauptsächlichen Standorte des deutschen Waggonbaues waren 1870 in Berlin, Aachen, Görlitz, Nürnberg und Augsburg.[421]

Der Textilmaschinenbau — als ältester Zweig der deutschen Maschinenbauindustrie — hatte schon vor 1850 hauptsächlich in Sachsen und dem Rheinland seine Hauptstandorte herausgebildet. Hier war eine eindeutige Absatzorientierung gegeben; denn beide Gebiete waren Zentren der deutschen Baumwoll- und Wollindustrie. Mit der weiteren

[418] Vgl. Amtlicher Katalog der Ausstellung des Deutschen Reiches. A. a. O., S. 446; vgl. SERING, M., a. a. O., S. 126 f.

[419] Vgl. Amtlicher Katalog der Ausstellung des Deutschen Reiches. A. a. O., S. 446 f.; SERING, M., a. a. O., S. 126; vgl. HUDDE, H., Die Wirtschafts- und Bevölkerungsentwicklung der Stadt Essen in den Jahren 1800—1914. Diss. Freiberg o. J., S. 23.

[420] FINKE, L., Die Mannheimer Maschinenindustrie als Standortproblem betrachtet. Diss. Heidelberg 1924, S. 18 ff.

[421] Jahrbuch für die Amtliche Statistik des Preußischen Staates, III. Jg., a. a. O., S. 264.

Ausdehnung der Textilindustrie in den folgenden Jahrzehnten führte die Nachfrage nach Textilmaschinen u. a. in Brandenburg, Süddeutschland und Schlesien zu weiteren Gründungen von Maschinenfabriken.
Die häufige Verwendung ähnlicher bzw. gleicher Bauteile bei den Textilmaschinen führte früh zu einer Spezialisierung des Textilmaschinenbaues, z. B. in Fabriken für Kämme, Kratzen, Nadeln und Spindeln. Diese Spezialfabriken lieferten die Einzelteile an Montagebetriebe. Standortmäßig wirkte die Montagefabrik orientierend auf die Spezialfabriken.
Mit der Herausbildung der fabrikmäßigen Produktion von landwirtschaftlichen Geräten und Maschinen nach 1850 begann die Erschließung der bisher kaum als Maschinenfabrikstandorte gewählten Gebiete im Nordosten Deutschlands. Darüber hinaus boten alle übrigen mehr oder weniger landwirtschaftlichen Gebiete mit Junker- bzw. Großbauernwirtschaften, wie z. B. Schlesien, Südbayern, Württemberg und die Provinz Sachsen die Möglichkeit für landwirtschaftliche Maschinenfabriken, sich niederzulassen. Allerdings handelte es sich bei diesen Maschinenfabriken, die die Agrarbezirke zum Standort wählten, zumeist um kleinere und mittlere Fabriken.

V. DAS MASCHINENBAUPROLETARIAT

Wir haben in den bisherigen Kapiteln die industrielle Revolution und ihre Auswirkungen auf die Maschinenbauindustrie und die sich daraus ergebenden technisch-ökonomischen Veränderungen untersucht. Es macht sich nunmehr erforderlich, die Entwicklung des Maschinenbau-Proletariats darzustellen als ein Teilproblem im Gesamtprozeß der Herausbildung des deutschen Proletariats während der industriellen Umwälzung. Dieser Prozeß wurde bisher nicht genügend analysiert und bedarf einer Reihe von Einzeluntersuchungen, vor allem im Hinblick auf die sozialökonomische Herkunft und Struktur des Proletariats.

1. Die zahlenmäßige Entwicklung des Maschinenbauproletariats

Zunächst ist es notwendig, die zahlenmäßige Entwicklung des deutschen Maschinenbauproletariats darzustellen, um das Entwicklungstempo sowie den Anteil des Maschinenbauproletariats am gesamten Industrieproletariat einschätzen zu können.
Dem Bevölkerungswachstum Deutschlands zwischen 1850 und 1870 stand ein schnelleres Wachstum des Fabrikproletariats gegenüber.[422] Aus der vorrangigen Entwicklung der Schwerindustrie, besonders seit 1850, ergab sich die Tatsache, daß das Maschinenbauproletariat innerhalb des gesamten Fabrikproletariats am raschesten anwuchs.

[422] Kuczynski, J., Die Geschichte der Lage der Arbeiter in Deutschland. A. a. O., S. 165.

Der statistische Beweis unserer These macht insofern Schwierigkeiten, weil die Statistiken aus dieser Zeit unvollständig und mit Fehlern, aus Doppelzählungen resultierend, behaftet sind. Hinzu kommt, daß die Zählungen der „Erwerbstätigen" des Zollvereins zu ungünstigen Zeitpunkten durchgeführt wurden: z. B. 1846, 1861 und schließlich 1875. Sowohl das Jahr 1861 als auch 1875 fallen jeweils in Depressionsperioden. Daher sind diese Ergebnisse vom Stand der zyklischen Entwicklung des Kapitalismus aus kritisch zu überprüfen; denn sie können das tatsächliche Wachstum des Maschinenbauproletariats nicht richtig widerspiegeln.

Wir untersuchen zunächst die Angaben der Zollvereinsstatistik von 1846 und 1861. Danach nahm die Zahl der Maschinenbauarbeiter von 12 046 (1846) auf 35 562 (1861) zu, was fast einer Verdreifachung entspricht.[423] Wenn man bei dieser Zahl berücksichtigt, daß 1861 etwa 12 bis 25 % der Maschinenbauarbeiter infolge Krise und Depression arbeitslos waren, so dürfte das Wachstumstempo des Maschinenbauproletariats in den fünfziger Jahren des 19. Jh. mit Sicherheit noch größer gewesen sein, als aus der obigen Angabe ersichtlich ist.

Das Entwicklungstempo des Maschinenbauproletariats war in den fünfziger Jahren des 19. Jh. keineswegs gleich in den Ländern des Zollvereins.

Preußische Statistiken lassen erkennen, daß die Zahl der Maschinenbauarbeiter in den Jahren 1849 bis 1861 von 6198 auf 19869 anstieg.[424] Das entspricht ebenfalls etwa einer Verdreifachung und kommt den durchschnittlichen Angaben des Zollvereins nahe. Es muß hierbei beachtet werden, daß die Bezugsbasis unterschiedlich war.

Der sächsische Maschinenbau hingegen hatte eine raschere Zunahme der Arbeiterzahl zu verzeichnen, und zwar wuchs von 1846 bis 1861 die Zahl der Maschinenbauarbeiter von 2231 auf 7488 an; das entspricht etwa einer Zunahme um das Dreieinhalbfache.[425] Dabei muß beachtet werden, daß unserer Ansicht nach selbst diese Zahl noch zu gering ist, weil zum ersten bei der Aufnahme von 1846 zahlreiche Handwerker mitgezählt wurden[426], 1861 jedoch auf Grund der genaueren Klassifizierung der Betriebe nicht mehr, und zum zweiten durch die Depression ein Teil der Arbeiter arbeitslos war.

Das vorliegende Zahlenmaterial aus den wichtigsten Maschinenbauzentren Preußens und Sachsens läßt den Schluß zu, daß sich in den fünfziger Jahren zumindest die Zahl der Maschinenbauarbeiter verdreifachte.

Die preußische Statistik erlaubt darüber hinaus eine Analyse der Entwicklung der Maschinenbauarbeiterzahl in den fünfziger Jahren im Detail, weil hier statistische Aufnahmen 1846, 1849, 1852, 1855, 1858 und 1861 gemacht wurden.

Die Analyse des Zahlenmaterials zeigt, daß von 1849 bis 1855 die Zahl der Arbeiter sich verdoppelte, in den Jahren 1849 bis 1858 sogar um das Dreieinhalbfache anwuchs.[427]

423 Vgl. Tabelle 14. 424 FRORIEP, O., a. a. O., S. 110, Tab. 2.

425 „Zeitschrift des Statistischen Bureaus des Königlich Sächsischen Ministerium des Innern". A. a. O., 1863, Nr. 3, 4, S. 21 ff. 426 Ebenda.

427 Gewerbetabelle der Fabrikationsanstalten und Fabrikunternehmungen aller Art in sämtlichen Staaten des Zollvereins für 1846; Tabellen und Amtliche Nachrichten über den Preußischen Staat für die Jahre 1849. Bd. VI A, S. 986; 1852, Bd. VI B; 1855, S. 226. Tabellen der Handwerker, der Fabriken sowie der Handels- und Transportgewerbe im Zollverein nach der Aufnahme im Jahre 1861; Vgl. FRORIEP, O., a. a. O., S. 110.

1861 wurde gegenüber 1858 ein Rückgang der Arbeiterzahl um etwa 12 % sichtbar.[428] Wahrscheinlich war der Rückgang aber noch größer, weil die Kurzarbeiter 1861 sicher als Vollbeschäftigte gezählt wurden. Diese Angabe ist die einzige, die die Einwirkung der Krise von 1857 auf die Entwicklung des Maschinenbauproletariats statistisch ausweist, allerdings nur für Preußen. Der Rückgang der Arbeiterzahl infolge der Krise von 1857 und der ihr folgenden Depression war in den verschiedenen preußischen Provinzen unterschiedlich.

In den Provinzen Preußen und Posen zeigte sich auf Grund des vorherrschenden Landmaschinenbaues und der damit verbundenen Konjunktur überhaupt kein Rückgang. Am intensivsten war das Absinken der Arbeiterzahl in Schlesien. Gegenüber 1858 trat 1861 ein Rückgang der Maschinenbauarbeiter um über 25 % ein. Wahrscheinlich war aber auch dieser Rückgang noch größer, weil die Hüttenindustrie, das betrifft auch den angegliederten Schwermaschinenbau, ebenfalls beträchtliche Entlassungen vornahm. In der angegebenen Statistik jedoch fand das keinen Niederschlag. Gleichermaßen treffen diese Feststellungen auch für Rheinland und Westfalen zu.[429]

Abschließend müssen wir die zahlenmäßige Entwicklung des Maschinenbauproletariats mit der gesamten Zunahme der Beschäftigten in Preußen vergleichen. Die Bevölkerung nahm insgesamt um 13 % zu, während die in der Industrie und dem Handwerk Beschäftigten um 21 % sich erhöhten.[430] Diesem Wachstum stand rund eine Verdreifachung der Anzahl der Maschinenbauarbeiter gegenüber, die sehr drastisch das sprunghafte Wachstum der Maschinenbauindustrie in den fünfziger Jahren des 19. Jh. verdeutlicht.

In dem folgenden Jahrzehnt ist die zahlenmäßige Entwicklung des deutschen Maschinenbauproletariats schwer einzuschätzen, weil erst 1875 im Deutschen Reich wieder eine Gewerbezählung stattfand. Die Bevölkerungszunahme betrug von 1861 bis 1875 13 %[431], und die Zahl der außerhalb der Landwirtschaft beschäftigten Arbeiter erhöhte sich um 26 %. Ein starkes Wachstum der in der Maschinenbauindustrie Beschäftigten trat von 1861 bis 1875 ein, denn auf 100 Beschäftigte im Jahre 1861 kamen 172 im Jahre 1875. Zum Vergleich sei angeführt, daß nach dem Maschinenbau die chemische Industrie mit 60 % Zunahme der Beschäftigten 1875 an zweiter Stelle stand.[432] Soweit wir durchgehende Zahlenreihen zur Verfügung hatten, das war z. B. für Chemnitz der Fall, zeigte sich, daß auch hier etwa eine Verdoppelung der Maschinenbauarbeiter in den sechziger Jahren des 19. Jh. anzunehmen ist.[433] Die amtliche preußische Statistik bestätigt im wesentlichen die von Kuczynski angeführten Zahlen. Allerdings lagen auch sie etwas über dem von uns angegebenen Durchschnitt von 72 %. Nach Engel[434] beträgt die Zunahme der Maschinenbauarbeiterzahl Preußens von 1861 bis 1875 rund 99 %.

Wenn wir die Ergebnisse unserer zahlenmäßigen Analyse zusammenfassen, so können wir feststellen, daß sich im gesamten Untersuchungszeitraum, also von 1850 bis 1871,

[428] Ebenda.
[429] Vgl. die Angaben auf S. 277 f.
[430] KUCZYNSKI, J., Die Geschichte der Lage der Arbeiter in Deutschland. A. a. O., S. 189.
[431] Ebenda. [432] Ebenda.
[433] Vgl. BARTH, H., a. a. O., S. 72.
[434] ENGEL, E., Die deutsche Industrie 1875 und 1861. Berlin 1881, S. 214.

die Anzahl der Maschinenbauarbeiter grob geschätzt reichlich vervierfachte. Das schnellste Wachstum machte sich in den fünfziger Jahren des 19. Jh. bemerkbar, besonders in den Jahren 1849 bis 1855. Während der sechziger Jahre läßt das Wachstumstempo der Arbeiterzahl nach, stand aber insgesamt noch immer an der Spitze der allgemeinen Zunahme der Beschäftigten.

2. *Die sozialökonomische Herkunft des deutschen Maschinenbauproletariats*

Aus der Analyse der zahlenmäßigen Entwicklung des deutschen Maschinenbauproletariats ergibt sich die Frage, aus welchen sozialen Schichten sich in dieser Zeit das entstehende Fabrikproletariat gebildet hat.

J. Kuczynski kommt das Verdienst zu, in seinem Werk „Die Geschichte der Lage der Arbeiter in Deutschland“ [435] Voraussetzungen für die Lösung des Problems der sozialökonomischen Herkunft der Arbeiter in Deutschland geschaffen zu haben. In seiner Dissertation „Die Anfänge der deutschen Maschinenbauindustrie in der ersten Hälfte des 19. Jahrhunderts“ hat A. Schröter [436] für die Entstehungsperiode des deutschen Maschinenbauproletariats ebenfalls einen wichtigen Beitrag geliefert, an dessen Ergebnissen wir bei der Analyse der Zeit von 1850 bis 1870 anknüpfen wollen.

In den vierziger Jahren des 19. Jh., der Entstehungsperiode der deutschen Maschinenbauindustrie, zeigte sich ein enger Zusammenhang zwischen dem in Deutschland stark entwickelten Handwerk und dem Maschinenbau. Aus der Schröterschen Arbeit geht hervor, daß gerade das Handwerk eine wichtige Voraussetzung für die Entwicklung des Maschinenbaues bildete, indem die Herausbildung spezieller Maschinenbaufacharbeiter erleichtert wurde. Die Mehrzahl der Maschinenbauarbeiter vor 1850 stammen aus Handwerksberufen der Metallbearbeitung, und die meisten dieser Handwerker waren Gesellen ihres Handwerks.[437] Ferner gab es aber auch Maschinenbauarbeiter, die aus Handwerkszweigen kamen, die keine unmittelbare Verbindung zum Maschinenbau hatten.[438] Vereinzelt wurden auch ungelernte Arbeiter für bestimmte Beschäftigungen eingesetzt. Schließlich stellten ausländische Arbeiter vor 1850 noch eine wichtige Kategorie dar, ging doch besonders von ihnen die Qualifizierung deutscher Arbeiter aus.[439]

Die sprunghafte Entwicklung der Maschinenbauindustrie von 1850 bis 1870, die zunehmende Verbesserung der Technik [440] stellten an die Arbeitskräfte neue Anforderungen. Die Anzahl der Maschinenbauarbeiter stieg stark an [441], und gleichzeitig erforderte die Anwendung verbesserter Maschinen ein höheres technisches Niveau der Arbeiter. Das bedeutete in bezug auf die sozial-ökonomische Herkunft dieser Maschinenbauproletarier, daß neue Handwerkergruppen in den Proletarisierungsprozeß

[435] KUCZYNSKI, J., Die Geschichte der Lage der Arbeiter in Deutschland. Bd. I und II, a. a. O.
[436] SCHRÖTER, A., a. a. O., S. 75 ff.
[437] Ebenda, S. 77 f.
[438] Ebenda, S. 79 f.
[439] Ebenda, S. 76.
[440] Vgl. S. 182 ff.
[441] Vgl. S. 221 f.

einbezogen wurden. Auf der anderen Seite wirkte sich bereits die Tatsache aus, daß schon 1850 einige Maschinenbauzentren mit bereits ausgebildeten Maschinenbauarbeitern existierten — z. B. Berlin, Magdeburg, Chemnitz, das rheinisch-westfälische Industriegebiet und Schlesien.

Gewissermaßen primär kann man die Herkunftsfrage lösen bei den zwischen 1850 und 1870 gegründeten Maschinenfabriken. Zunächst einmal gilt vor allem für die fünfziger Jahre des 19. Jh., genau wie für die Zeit vor 1850, daß das Handwerk in seiner Vielgestaltigkeit in erster Linie wichtige Kader für die Maschinenfabriken stellte. Indirekt kommt das darin zum Ausdruck, daß sich der Kampf der Schlossergesellen z. B. um die Loslösung von den Gesellenkassen nach 1850 fortsetzte.[442] So forderten 200 Fabrikschlossergesellen in Chemnitz 1850 in einem Schreiben an den Rat der Stadt Chemnitz die Loslösung von der handwerklichen Gesellenkasse und die Einrichtung einer eigenen Unterstützungskasse.[443] Auch aus anderen Quellen ergibt sich, daß das Aufsaugen von Handwerksgesellen, besonders der metallbearbeitenden Handwerke, einen großen Umfang angenommen haben muß. So lassen sich z. B. aus fast allen Teilen Deutschlands Klagen über einen chronischen Mangel an Handwerksgesellen finden.[444] Bis in die sechziger Jahre des 19. Jh. hinein setzte sich dieser Mangel an Handwerksgesellen fort. Besonders gesucht waren Schmiede und Former.[445] Wenngleich es auch keine Statistik der Herkunft der Maschinenbauarbeiter gibt, so ist doch anzunehmen, daß die Handwerksgesellen der verschiedenen Zweige quantitativ gesehen in den Maschinenfabriken in der Mehrzahl waren. Schröter hat in der Analyse der sozialökonomischen Herkunft der Maschinenbauarbeiter vor 1850 darauf hingewiesen, daß sich die Unternehmer vor allem auf Handwerksgesellen orientierten. Nach 1850 setzte sich diese Tendenz in verstärktem Umfange fort.

In einigen Gebieten Sachsens, wo es erst in den fünfziger Jahren zu einer Reihe von Maschinenfabrikgründungen kam, so z. B. in Leipzig und Umgebung, zeigt sich, daß die Aufhebung der Zunftverfassung 1861 zu einer neuen Proletarisierungswelle im metallverarbeitenden Handwerk führte. Solange sich die Herstellung von Maschinen auf handwerksgemäßer Grundlage entwickelte, fügte sich der Maschinenbau in den gegebenen Rahmen ein. Mit der Entstehung von Maschinenfabriken veränderte sich die Lage sofort, indem in starkem Maße auch selbständige Handwerker, also Meister, in den Maschinenfabriken arbeiten mußten, weil sie der Fabrikenkonkurrenz nicht standhalten konnten. Oft war auch für die Meister der Mangel an Gesellen dafür maßgebend. Auf sich allein gestellt, konnten sie natürlich erst recht nicht der Fabrikkonkurrenz widerstehen.[446] Daraus ergab sich, daß in den Leipziger Maschinenfabriken, vor allem nach 1861, ein überaus hoher Prozentsatz an Handwerkern, also Schlossern, Schmieden

[442] Vgl. SCHRÖTER, A., a. a. O., S. 78. A. S. weist auf diesen Kampf und seine Bedeutung vor 1850 hin.

[443] Stadtarchiv Karl-Marx-Stadt, Cap. IX, Aa, No. 14.

[444] Vgl. für Chemnitz, Darmstadt und Württemberg die Jahresberichte der Handels- und Gewerbekammer; DZA Merseburg, Rep. 128 BB VII, 1, 3, S. 100; Preußisches Handelsarchiv, Jg. 1866, 2. H., Berlin 1860, S. 380.

[445] Jahresbericht der Handels- und Gewerbekammer für Chemnitz 1865.

[446] Vgl. SIODLACZEK, F., a. a. O., S. 19 ff., S. 22 u. 33 f.

etc., zu finden war.[447] Ferner soll in diesem Zusammenhang noch darauf hingewiesen werden, daß man die Wirkung der Maschinenfabrik auf das einschlägige Handwerk nicht nur in der eben angegebenen Richtung sehen darf; denn die Maschinenfabrik rief auch neue Handwerkszweige hervor, so z. B. das weitverzweigte Gewerbe der Reparaturschlosser.[448]

Ein größer werdender Teil der Maschinenbauarbeiter jedoch — hier machte sich die Ausbildung von speziellen Maschinenbauarbeitern in den Zentren des Maschinenbaues vor 1850 bemerkbar — war seiner sozial-ökonomischen Herkunft nach Maschinenbauarbeiter. Besonders jene Maschinenfabriken, die von 1850 bis 1870 entstanden, holten sich aus den Maschinenbauzentren, d. h. aus den dort seit langem existierenden Maschinenfabriken, erfahrene Arbeiter. Aus Berlin und Chemnitz wurden z. B. in den fünfziger Jahren Maschinenbauarbeiter nach Württemberg verpflichtet.[449] In Sprottau allein arbeiteten 1863 „... in den größeren Eisenhütten ... viele Schlosser, Maschinenbauer u. a. Arbeiter aus Oberschlesien, der Mark und vom Rheine ...“ [450]. Auch bei der Gründung von Maschinenfabriken in Hannover wurden Maschinenfacharbeiter aus den fortgeschritteneren Maschinenbauzentren angeworben.[451] In diesem Zusammenhang verdient noch eine Erscheinung unsere Beachtung, nämlich die Tatsache, daß auch im Maschinenbau bereits in der ersten Hälfte der sechziger Jahre Wanderarbeiter in gewissem Umfange existierten. Diese Arbeiter wurden meist für weniger qualifizierte Arbeiten eingesetzt. Die Wanderarbeiter im Maschinenbau gab es, weil die Löhne in den Maschinenfabriken unterschiedlich waren, obwohl die Maschinenfabriken, z. B. in den Gebieten Köln, Eschweiler, Ruhrort, Dortmund, nicht gerade sehr weit auseinander lagen.[452] Der Mangel an Facharbeitern zwang die Unternehmer, z. T. höhere Löhne zu zahlen, und gab andererseits den Maschinenbauarbeitern die Möglichkeit, diese Konkurrenz auszunutzen.

Neben den Maschinenbauarbeitern gab es aber noch andere Fabrikarbeiter, die in den von 1850 bis 1870 gegründeten Maschinenfabriken eine Rolle spielten. Es sind dies Arbeiter anderer Industriezweige, die nur in mittelbarer Verbindung zum Maschinenbau standen.

Dieser Faktor modifiziert natürlich — was die Zeit von 1850 bis 1870 angeht — nur in geringem Maße die sozial-ökonomische Herkunft des Maschinenbauproletariats. In den Aachener Maschinenfabriken befanden sich z. B. 1857 zahlreiche Bergarbeiter, die ursprünglich im Wurmrevier beschäftigt waren.[453] Das Abwandern von Bergarbeitern in Maschinenfabriken wird in jener Zeit dadurch erleichtert, daß zahlreiche Handwerksgesellen verschiedener Berufe sich unter diesen Arbeitern befanden, weil die Beschäfti-

[447] Ebenda.

[448] Vgl. ebenda.

[449] MATSCHOSS, C., R. Wolf, der Begründer der Maschinenfabrik in Magdeburg-Buckau. In: BGTJ, Bd. 4, Berlin 1912, S. 10.

[450] Jahrbuch für die Amtliche Statistik des Preußischen Staates. A. a. O., S. 300.

[451] ASCHENBRENNER, K., Die Hannoversche Maschinenindustrie seit ihrer Entstehung im Anfang der 30er Jahre bis zum Jahre 1884. Diss. Göttingen 1921.

[452] Vgl. ebenda.

[453] DZA Merseburg, Rep. 120 BB VII, 1, 3, Vol. 1.

gung im Bergbau auch technische Kenntnisse erforderte. In Sachsen wurden z. B., besonders in den sechziger Jahren während der Baumwollkrise, zahlreiche Baumwollspinner in den Chemnitzer Maschinenfabriken beschäftigt.[454]

In gewissem Umfange mußten bei den von 1850 bis 1870 gegründeten Maschinenfabriken — genau wie vor 1850 — angelernte Arbeiter beschäftigt werden. Diese Arbeiter waren beruflich oft Tagelöhner oder auch Heimarbeiter gewesen. Tagelöhner wurden vor allem als Transportarbeiter, Hofarbeiter usw. eingesetzt. In den ländlichen Maschinenfabriken, wie z. B. der „Blechbearbeitung-Maschinenfabrik Kircheis" in Aue, waren viele Arbeiter ihrer sozial-ökonomischen Herkunft nach Heimarbeiter, die Kenntnisse über den Bau von Blechbearbeitungsmaschinen mitbrachten. Aue im Erzgebirge war bekanntlich ein Zentrum der Metallbearbeitung auf handwerklicher Grundlage bzw. der Heimarbeit.[455]

Die zunehmende starke Ausdehnung des Maschinenbaues machte die Einbeziehung auch solcher Gruppen wie die ungelernter Arbeiter und der Heimarbeiter notwendig, eine Erscheinung, die vor 1850 kaum eine Rolle spielte. Überhaupt ist für viele kleine und mittlere sächsische Maschinenfabriken die Tatsache typisch, daß sie sich zunächst auf die reichlich vorhandenen geschickten Heimarbeiter stützten, die billig waren und dadurch dem Unternehmer große Profitmöglichkeiten boten. Auch in der Arbeit von S. Haubold [456] wird darauf hingewiesen, daß ein reichliches Angebot an Heimarbeitern bestand, die in der „Maschinenfabrik Haubold" ausgebeutet wurden. Lediglich die Vorarbeiter wurden zumeist aus anderen Maschinenfabriken angeworben.

Eine weitere Gruppe — der sozialökonomischen Herkunft nach — sind die ausländischen Facharbeiter, deren Anzahl jedoch in den Maschinenfabriken eine abnehmende Tendenz aufwies. Bei den neugegründeten Maschinenfabriken wurden von 1850 bis 1870 nur in verschwindendem Umfange ausländische Facharbeiter beschäftigt. Die Einstellung von ausländischen Arbeitern basierte auf einer absoluten Sonderstellung gegenüber den deutschen Arbeitern. Der Klassenkampf der deutschen Maschinenarbeiter richtete sich in den fünfziger Jahren vor allem auf Lohnerhöhungen, und nicht selten wurde der Kampf gegen die Unternehmer durch die hohen Löhne ausländischer Facharbeiter erleichtert, indem sich die Arbeiter auf diese Löhne beriefen. Daher versuchten die Unternehmer, Ausländer nur eine kurze Zeit zu beschäftigen.[457] Für die Produktion von bisher nicht gefertigten Erzeugnissen verpflichteten sie Vorarbeiter aus England, Belgien oder Frankreich. Für die Entwicklung des Kölner Waggonbaues wurden 1852 belgische Facharbeiter eingestellt, die die Ausbildung der deutschen Arbeiter übernahmen.[458]

Nur Maschinenfabriken, die von vornherein eine Maschinengroßproduktion aufnahmen, verfügten in der Regel über die finanziellen Möglichkeiten, Ausländer einzustellen. Überhaupt war die Verwendung ausländischer Facharbeiter zumeist auf Maschinenfabriken des rheinisch-westfälischen Industriegebietes beschränkt.

[454] Barth, H., a. a. O., S. 72 ff.

[455] Festschrift — Fünfzig Jahre Kircheiswerk, 1861 — 1911. O. J. u. O., S. 9 f.

[456] Haubold, S., a. a. O., S. 23.

[457] Vgl. Festschrift. 100 Jahre Hanomag. Düsseldorf 1935, S. 23.

[458] Jahresbericht der Handelskammer Köln für 1852.

3. *Die Ausbildung von Maschinenbauarbeitern*

Wenden wir uns nunmehr den Problemen zu, die mit der Ausbildung der Maschinenbauarbeiter zusammenhängen. Die größtenteils handwerkliche Vorbildung der in Maschinenfabriken beschäftigten Arbeiter entsprach keineswegs den Anforderungen, die die technische Entwicklung im Maschinenbau stellte. Während des Zeitraumes vor 1850 ging die Ausbildung der Maschinenbauarbeiter bei den relativ kleinen Fabriken vom Unternehmer bzw. von den ausländischen Facharbeitern aus.[459] Dadurch waren die ersten Maschinenfabriken Zentren auch der fachlichen Ausbildung. Allerdings beschränkte sich jene Ausbildung vor 1850 in der Regel auf das Erlernen bestimmter Fertigkeiten auf Erfahrungsbasis. Theoretisch-wissenschaftlicher Unterricht spielte bei der Ausbildung der Maschinenbauarbeiter kaum eine Rolle. Das konnte auch nicht der Fall sein, weil die Mehrzahl der Unternehmer ebenfalls nur über empirische Kenntnisse verfügte. Wie wir gesehen haben, stellte die technische Entwicklung — besonders in den sechziger Jahren — neue Anforderungen, die mit reiner Anwendung der auf Erfahrung beruhenden Fertigkeiten nicht mehr gelöst werden konnten. Das ist eine allgemeine Erscheinung in dieser Periode des Kapitalismus, daß die Bourgeoisie in zunehmendem Maße gezwungen war, zur Verbesserung des Produktionsprozesses zwecks stärkerer Ausbeutung der Arbeiter ihnen gewisse Kenntnisse vermitteln zu lassen. Besonders galt das natürlich für die Unternehmer in der Maschinenbauindustrie. Die theoretische Durchdringung der technischen Prozesse, die Analyse der technischen Möglichkeiten wurde ökonomisch immer dringender im Maschinenbau. Das führte zur Entstehung von Versuchs- und Konstruktionsabteilungen in den großen und mittleren Maschinenfabriken. Damit entstand gleichzeitig der technische Angestellte, der Techniker mit wissenschaftlicher Ausbildung, der Ingenieur.[460]

Für die Ausbildung der Maschinenbauarbeiter bedeutete das, daß die Ausbildungsfunktion innerhalb der Fabrik in zunehmendem Maße von den technischen Angestellten, deren Zahl zunahm, ausgeübt wurde und der Unternehmer meist nichts mehr mit der Ausbildung der Arbeiter zu tun hatte. Aus einer von uns errechneten Zusammenstellung aus 13 wichtigen Maschinenfabriken ist ersichtlich, daß z. B. 1871 im Lokomotivbau der „Maschinenfabrik Krauss u. Co.“, München, etwa 8 Arbeiter auf einen Techniker bzw. Ingenieur kamen. Etwas ungünstiger war das Verhältnis bei den Waggonfabriken, wo im Durchschnitt etwa 30 Arbeiter auf einen technischen Angestellten entfielen.[461] Aus diesen Fakten ergibt sich, daß bereits 1871 ein relativ hoher Prozentsatz technischer Angestellter in den Maschinenfabriken beschäftigt wurde.

In welcher Weise ging die Ausbildung der Arbeiter in den Maschinenfabriken vor sich? In größeren Maschinenfabriken wurden bereits in der ersten Hälfte der fünfziger Jahre Lehrlingswerkstätten eingerichtet[462] mit dem Ziel, die Ausbildung von spezialisierten

[459] Vgl. SCHRÖTER, A., a. a. O., S. 76 f.
[460] Vgl. WIEDENFELD, K., a. a. O., S. 42 ff.
[461] Vgl. dazu Tabelle 11.
[462] Jahresbericht der Handelskammer Bielefeld für 1869.

Maschinenbauarbeitern zu gewährleisten. Dadurch wurde für diese Gruppe der Maschinenbauarbeiter eine Fabrikausbildung möglich. Neben der praktischen Arbeit in der Fabrik erfolgte theoretischer Unterricht im Lesen, Schreiben, Rechnen, Geographie, Geschichte, Maschinenzeichnen und Freihandzeichnen. Dieser Unterricht wurde in der Regel in sogenannten Fortbildungsschulen durchgeführt.[463] Die Unternehmer unterzogen die Lehrlinge vor der Einstellung einem Testverfahren über Elementarkenntnisse. Außerdem verpflichteten sie die Lehrlinge bzw. deren Eltern, daß nach Abschluß der Lehre eine bestimmte Zeit in der betreffenden Fabrik gearbeitet werden mußte. Durch diese Beschränkung der ohnehin im damaligen Deutschland behinderten Freizügigkeit wollten die Maschinenbauunternehmer erreichen, daß ihnen ein Arbeiterstamm zur Verfügung stand. Hierin sind die Anfänge für jene soziale Schicht zu sehen, die besonders im letzten Viertel des 19. Jh. sich zur Arbeiteraristokratie entwickelte und die zur ideologischen Unterwanderung der Arbeiterklasse diente.

Aus den Lehrlingen entstanden die gelernten Arbeiter, die Facharbeiter. Zu dieser Gruppe gehörten aber z. T. auch jene Arbeiter, die eine komplette handwerksmäßige Ausbildung hatten, also die Schmiede, Schlosser und Modelltischler.[464]

Neben den in der Maschinenfabrik qualifizierten Arbeitern und denen mit handwerksmäßiger Ausbildung gab es noch eine weitere Gruppe, die angelernten Arbeiter, z. B. die Dreher, Fräser, Stoßer und Hobler. Diese Gruppe wurde in den betreffenden Maschinenfabriken selbst für bestimmte Arbeiten angelernt. Mit der Verbesserung der Maschinen, besonders der Werkzeugmaschinen, gewann diese Gruppe an Bedeutung.[465] Die zunehmende Ersetzung der Handarbeit im Maschinenbau selbst führte dazu, daß die Gruppe der angelernten Arbeiter immer breiter und universeller von den Unternehmern angewendet werden konnte, weil die Werkzeugmaschinen genauer arbeiteten und größere Nachbearbeitung der gefertigten Teile überflüssig machten.[466]

Wir haben es hier mit den Auswirkungen der industriellen Umwälzung auf die Maschinenfabrik selbst zu tun. Für das Maschinenbauproletariat bedeutete dieser Prozeß der Anwendung verbesserter Maschinerie, daß die handwerksmäßigen Fertigkeiten, die Geschicklichkeit der Hand und die Erfahrung des Arbeiters durch die Maschine zurückgedrängt wurden durch bewußte Anwendung der Naturkräfte sowie die Ausnutzung der Naturwissenschaft für den unmittelbaren Produktionsprozeß.

So haben wir zu verzeichnen, daß auf der einen Seite die theoretischen Kenntnisse der Arbeiter sich erhöhten, aber auf der anderen Seite sich der Arbeiter in zunehmendem Maße in ein Anhängsel der Maschine verwandelte und seine handwerklichen Fertigkeiten immer mehr verkümmerten.[467]

Trotz der beginnenden Lehrlingsausbildung in den Maschinenfabriken nach 1850 und der Anlernung von Maschinenbauarbeitern konnte der Bedarf an qualifizierten Arbeitern während des gesamten Untersuchungszeitraumes kaum befriedigt werden.[468] Die Ursache dafür ist in der vorrangigen Entwicklung der Schwerindustrie zu sehen, für die

[463] Ebenda.
[464] Vgl. Berthold, K., a. a. O., S. 68 f.
[465] Ebenda.
[466] Vgl. Marx, K., Das Kapital. Bd. I, a. a. O., S. 455, insbes. Anm. 202.
[467] Vgl. ebenda. [468] Vgl. S. 224.

vor allem entweder handwerklich oder fabrikmäßig ausgebildete Arbeiter benötigt wurden. Obwohl in Deutschland eine umfangreiche Handwerkerschicht vorhanden war, reichten diese Arbeitskräfte kaum aus. Neben dem Mangel an qualifizierten Arbeitern für die zentralisierte kapitalistische Warenproduktion bestand gleichzeitig eine riesige Armee von ungelernten Arbeitern, die auch während des zyklischen Aufschwunges nur ungenügend Beschäftigung fand.

Eine Ausnahme davon machte lediglich die Zeit der Krise und der folgenden Depression, besonders die Jahre 1859/60, wo auch qualifizierte Fabrikarbeiter arbeitslos waren. Es ist verständlich, daß in gewissem Umfange ständig auch für den Maschinenbau Arbeiter eingestellt wurden, die keinerlei Vorkenntnisse besaßen.[469] Die Ausbildung in den Fabriken war verbunden mit einem bestimmten Aufwand seitens der Unternehmer, die u. a. auch aus diesem Grunde alle Arbeiter an sich binden wollten, um durch bessere systematische Anwendung der Arbeitskraft soviel als möglich an Mehrwert herauszuholen.

Sehr großer Einfluß auf die Ausbildung der Maschinenbaufach- und Vorarbeiter ging von der Verbesserung des Schulsystems in Deutschland schon seit den vierziger Jahren aus. Elementarkenntnisse, Lesen, Rechnen und Schreiben, sowie spezialisierte Kenntnisse auf technischem Gebiet wurden durch das sich ständig verbreiternde Gewerbeschulwesen vermittelt. Auf diesem Gebiet lag Deutschland bereits in den fünfziger und sechziger Jahren mit an der Spitze der westeuropäischen Industrieländer.[470] Während in England in diesem Zeitraum nach wie vor die praktische Ausbildung in den berühmten Maschinenfabriken, z. B. von „Boulton & Watt“ usw., überwog[471], gab es in Deutschland in fast allen Territorien eine Reihe von technischen Schulen, die sich auf wissenschaftlicher Grundlage mit dem Maschinenbau beschäftigten. Zahlreiche Lehrbücher erschienen mit dem Ziel, die Qualifikation der Techniker, Ingenieure, aber auch der Maschinenarbeiter zu erhöhen. Teilweise wurde, wie in Sachsen 1853, für Techniker schon die Ablegung einer Staatsprüfung angeordnet.[472] Nicht nur von seiten der Bourgeoisie wurde die Bildung der Techniker und Maschinenbauarbeiter im Interesse der Ausbeutung erhöht, sondern auch von seiten des Staates.[473] Schon 1851 auf der Weltausstellung in London fiel die außerordentliche Höhe des Schulsystems in Deutschland auf.[474] Playfair, ein englischer Beobachter des deutschen Schulwesens, meinte, daß in Deutschland um 1851 jährlich etwa 13 000 Schüler auf den technischen Bildungsanstalten (höhere technische Schulen, Gewerbeschulen, polytechnische Institute) ausgebildet wurden. Neben dieser Ausbildung erhielten etwa 30 000 Facharbeiter Grundlagen vermittelt im Zeichnen und in der Modellierkunst. Der Unterricht erfolgte zumeist außerhalb der Fabriken.[475] Das relativ hohe Niveau des Schulsystems in Deutschland brachte natürlich im Verhältnis zu England oder Frankreich große Fortschritte für die kapitalistische Produktion, ja, half mit, Grundlagen zu schaffen für den stürmischen Auf-

469 LAUX, K., Die Entwicklung der Frankenthaler Maschinen-Industrie. Diss. Giessen 1929, S. 28.
470 Vgl. FORBES, R. J., Vom Steinbeil zum Überschall. München 1954, S. 304 f.
471 Ebenda. 472 „Leipziger Zeitung“, Jg. 1852, Nr. 5.
473 Amtlicher Bericht über die Industrieausstellung aller Völker in London. III. Teil, a. a. O., S. 752 f.
474 DZA Merseburg, Rep. 120 D I, Nr. 44. 475 Ebenda.

schwung des deutschen Industriekapitalismus. Die deutsche Bourgeoisie machte Anstrengungen, durch die Ausnutzung des Schulsystems und die Verschärfung der Ausbeutung der Arbeiter den Vorsprung Englands auf produktionstechnischem Gebiet einzuholen. Gefördert wurden diese Anstrengungen dadurch, daß die deutschen Territorialstaaten im Interesse ihrer Machtpolitik eine Verbesserung des Schulwesens fur notwendig hielten.

Der Ausbau der technischen Schulen hatte in Deutschland schon in der ersten Hälfte des 19. Jh. begonnen. In Karlsruhe, München, Dresden und Stuttgart sowie Berlin wurden technische Schulen gegründet, die vor allem Kader für den Maschinenbau ausbildeten. Auswirkungen dieser Gründungen waren bereits in den fünfziger Jahren in dem schnellen Anwachsen der Anzahl der höheren technischen Kader in den Maschinenfabriken erkennbar.[476] Von 1850 bis 1870 wurden vor allem für die Ausbildung mittlerer Kader Schulen in fast allen Provinzen gegründet, die eine sehr enge Verbindung mit den Maschinenfabriken hatten. Der Besuch dieser Schulen war mit der Zahlung eines Schulgeldes von 6 Talern je Klasse verbunden.[477] Aus einem Artikel der „Deutschen Industriezeitung“ [478] ist zu entnehmen, daß zahlreiche Abkömmlinge vermögender Eltern trotz des Besuches technischer Schulen nicht die Leistungen vollbrachten, die man erwartete. Die „Deutsche Industriezeitung“, ein Organ der liberalen Bourgeoisie, schlägt eine Abänderung der Höhe der Ausbildungsgebühren vor, um die Heranziehung intelligenter unbemittelter Kinder zu ermöglichen. Natürlich ging es hier der Bourgeoisie nicht um die Förderung von Arbeiterkindern, sondern es ging ihr um die Profite, die sie mit mangelhaft ausgebildeten Fabrikantensöhnchen nicht erreichen konnte, und daher ihr Interesse auch für unbemittelte Kinder.

Die technischen Schulen hatten teils privaten und teils staatlichen Charakter. Besonders in Sachsen waren in den fünfziger Jahren industrielle Bildungsanstalten entstanden.[479] Aus diesen Schulen gingen zahlreiche Werkmeister und Techniker für den sächsischen Maschinenbau hervor.

Zum Schluß unserer Betrachtungen über das Schulwesen Deutschlands wollen wir noch das Urteil einer französischen Kommission hören, die in den sechziger Jahren das deutsche Schulwesen studierte. „Die polytechnischen Schulen Deutschlands geben alle einen sehr hohen wissenschaftlichen Unterricht, zuweilen einen höheren, als er den Bedürfnissen und dem vorgesteckten Ziele entspricht; überall wird aber auch die technische Seite des Unterrichts auf das Sorgfältigste gepflegt.“ [480] Weiter heißt es in dem Bericht, daß die Schüler im Durchschnitt 17—18 Jahre alt sind und eine Vorbildung in der Praxis haben müssen. Sie hören obligatorische Vorlesungen über einen Zeitraum von 2 Jahren, die Fachprobleme beinhalten; danach müssen sie wieder in der Praxis arbeiten. Seit 30 Jahren, so heißt es u. a., haben die Schulen einen starken Einfluß auf die Wissenschaft und die Industrie.[481]

[476] MATSCHOSS, C., Vom Ingenieur, seinem Werden und seiner Arbeit in Deutschland. In: BGTJ, Bd. 2, Berlin 1930, S. 4 ff.

[477] DZA Merseburg, Rep. 120 D I, Nr. 44.

[478] „Deutsche Industriezeitung“, Jg. 1865, Nr. 32, S. 317.

[479] DZA Merseburg, Rep. 120 D I, 1, Nr. 44.

[480] „Deutsche Industriezeitung“, Jg. 1865, Nr. 19, S. 181.

[481] Ebenda.

Aus dem bisher Dargelegten ergibt sich, daß die wissenschaftliche Durchdringung des Produktionsprozesses nach 1850 einsetzte.[482] Durch die ständig stärker werdende Konkurrenz im Maschinenbau waren die Unternehmer genötigt, die Qualifikation der technischen Kader und überdies auch die des Maschinenbauproletariats zu erhöhen. Die zunehmende Qualifikation der Arbeiter bedeutete eine intensivere Ausbeutung in der Produktion, und damit trug diese Tatsache zur Erhöhung der Profite des Unternehmers bei. Die großartigen technischen Leistungen des Maschinenbauproletariats wurden einseitig im Interesse des Kapitals genutzt. Um so höher muß man die Leistungen einschätzen, wenn man berücksichtigt, daß die zusätzliche Ausbildung oft in der Freizeit (und das bei 11—12 Stunden Arbeitszeit) erfolgte. Demgegenüber verblassen jene technischen „Leistungen" einzelner Unternehmer, die aber besonders in der bürgerlichen Literatur gefeiert werden.

4. Die Lage der Maschinenbauarbeiter

Die Sammlung von Material über die Löhne der Fabrikarbeiter bereitet für den gewählten Untersuchungszeitraum große Schwierigkeiten.[483] Kuczynski hat erstmalig — u. a. auch für die Metallindustrie — für die Zeit von 1850 bis 1870 einen Lohnindex einzelner Industriezweige errechnet. Uns interessieren dabei lediglich die Angaben über die Metallindustrie. Hiernach haben wir zu verzeichnen, daß die Nominallöhne nach der Berechnung Kuczynskis — im Gegensatz zu den Reallöhnen — kontinuierlich gestiegen sind, mit Ausnahme des Jahres 1864.[484]

Löhne der deutschen Metallindustrie (1900 = 100)

1850 — 59	48
1860 — 69	57

Seine Berechnungen stützt Kuczynski auf Angaben über die Löhne der Krupparbeiter, der Chemnitzer Maschinenbauarbeiter, der Augsburger Maschinenfabrik und einer Münchener Lokomotivfabrik.[485]

Angeregt durch die Bemerkung Kuczynskis, daß nämlich bislang die „... Lohndifferenzierung nach geographischen wie auch industriellen Gesichtspunkten, niemals in seiner Entwicklung ..." untersucht wurde, haben wir besondere Aufmerksamkeit bei der Materialsammlung auf diese Frage gerichtet, um einen Beitrag zur Lösung des Problems durch die Analyse der Lohnverhältnisse in der deutschen Maschinenbauindustrie leisten zu können.[486] Außerdem gibt das gesammelte Material die Möglichkeit, die Berechnungen Kuczynskis über die Löhne der Metallarbeiter zu ergänzen, was sehr notwendig war, da der Kuczynskische Lohnindex nicht genügend repräsentativ ist und sich nur auf Angaben aus wenigen Fabriken stützt.

[482] Vgl. MARX, K., Das Kapital. Bd. I, a. a. O., S. 458 f. Marx weist darauf hin, „... daß Kapital, indem es die Wissenschaft in seinen Dienst preßt, stets die rebellische Hand der Arbeit zur Gelehrigkeit zwingt."

[483] Vgl. KUCZYNSKI, J., Die Geschichte der Lage der Arbeiter in Deutschland. A. a. O., S. 196.

[484] Ebenda. [485] Ebenda, S. 303.

[486] Ebenda, S. 200.

Unsere Angaben über die Löhne der Maschinenbauarbeiter stammen größtenteils aus den Jahresberichten der Handelskammern. Es handelt sich in der Regel hierbei um Löhne, die gezahlt werden sollten, die aber in der angegebenen Höhe kaum gezahlt wurden. Leider gibt es keine Möglichkeit, so sehr wir uns auch darum bemüht haben, die tatsächlich gezahlten Löhne zu berechnen, weil wir heute nicht mehr nachprüfen können, in welchem Umfange z. B. Lohnverluste durch Strafen, Kurzarbeit, Streiks usw. eintraten. Dadurch werden die Angaben in ihrer Aussagefähigkeit gemindert, wenn man daraus Schlußfolgerungen über das tatsächliche Einkommen ziehen will, weil — das ist sicher — das tatsächliche Einkommen niedriger war, als in den Löhnen zum Ausdruck kommt. Sehr wertvolle Schlußfolgerungen lassen sich aber aus den Angaben der Handelskammerberichte über die Differenzierung der Löhne sowohl nach den einzelnen Maschinenbauarbeitergruppen als auch nach den verschiedenen Industriezentren sowie den städtischen und ländlichen Maschinenfabriken ziehen.
Ergänzt wurden die Lohndaten der Handelskammerberichte durch Angaben einzelner Maschinenfabriken, die zumeist die gesamte Jahreslohnsumme angaben und dadurch ebenfalls eine annähernde Berechnung der Tageslöhne ermöglichten. Auch in den durchgesehenen Archivalien fanden sich Lohnangaben einzelner Maschinenfabriken. Die Auswertung der Literatur ergab vor allem für Berlin [487], Anhalt [488], Mitteldeutschland [489], Chemnitz [490], Süddeutschland [491] und Magdeburg [492] Daten über die Höhe der Löhne im Untersuchungszeitraum.
In der angegebenen bürgerlichen Historiographie gab es außer einzelnen Lohnzahlen nicht einmal den Versuch, diese Angaben zu analysieren und den Zusammenhang der gesamten Lohnentwicklung im Maschinenbau herzustellen. Das ist zwar von der bürgerlichen Literatur kaum zu erwarten; es muß aber hier trotzdem ausdrücklich festgestellt werden.
Zuletzt seien schließlich noch Angaben über Löhne in den Zeitschriften erwähnt, die uns ebenfalls von Nutzen waren.
Sämtliche Daten sind wegen der besseren Vergleichbarkeit auf Mark umgerechnet und auf Tagelohn reduziert worden.
Die Berechnung und Analyse einer Vielzahl von Lohnangaben ermöglicht es uns — unter Berücksichtigung des von Kuczynski für die Metallindustrie Deutschlands berechneten Lohnindex [493] —, einen Index der durchschnittlichen Geldlöhne im deutschen Maschinenbau von 1850 bis 1870 zu berechnen. Obgleich wir uns darüber klar sind, daß diesem Index noch Mängel anhaften, so ergibt sich doch die Möglichkeit,

[487] Die Angaben von SCHULTE, F., Die Entlohnungsmethoden in der Berliner Maschinenindustrie. Berlin 1906, sind aus der Analyse der brieflichen Mitteilungen der Maschinenfabriken Berlins an das statistische Amt des Polizeipräsidiums entstanden.

[488] HÖHNE, E., Die Entwicklung der anhaltischen Maschinen-Industrie. Diss. Rostock 1928.

[489] WINKLER, M., a. a. O.

[490] THEUERKORN, A., a. a. O.; BARTH, H., a. a. O.

[491] BÜCHNER, F., a. a. O.; KUCZYNSKI, J., Die Geschichte der Lage der Arbeiter in Deutschland. A. a. O.

[492] FUHLROTT, J., a. a. O.

[493] KUCZYNSKI, J., Die Geschichte der Lage der Arbeiter in Deutschland. A. a. O., S. 196.

die Bewegung der durchschnittlichen Geldlöhne deutlich zu erkennen. Dadurch wiederum erschließen wir uns die Möglichkeit, eingehendere Bemerkungen als in der bisherigen Literatur zur Lage der Maschinenbauarbeiter zu machen, da ja bekanntlich der Lohn eine der wichtigsten Kennziffern für die Lage der Arbeiter im Kapitalismus ist.[494] Von 1850 bis 1870 ist in der Maschinenbauindustrie ein Ansteigen der durchschnittlichen Tageslöhne mit Unterbrechungen feststellbar.[495] Dieses Ansteigen der Geldlöhne entsprach der allgemeinen Tendenz der Lohnentwicklung in der deutschen Industrie.[496] Im Verhältnis zur Textilindustrie, zur Holzverarbeitung und zum Baugewerbe stiegen jedoch die Geldlöhne in den Maschinenbaufabriken am schnellsten an. Maßgebend dafür war, daß der Klassenkampf in den Maschinenfabriken in den fünfziger Jahren, besonders von 1854 bis 1857, heftig war und andererseits die Unternehmer der höheren durchschnittlichen Qualifikation der Maschinenbauarbeiter in gewissem Umfange Rechnung tragen mußten.

Die Jahre intensiven Kampfes um höhere Löhne sind gleichzeitig Jahre mit den höchsten absoluten Löhnen, z. B. die Jahre 1857 und 1869. Im einzelnen werden wir auf die Entwicklung des Klassenkampfes noch bei der Behandlung der Streiks im Maschinenbau zu sprechen kommen. Allerdings scheint es uns, als habe sich diese Tendenz trotz der absolut höheren Bezahlung der Maschinenbauarbeiter schon vor 1850[497] *nicht* in gleich starkem Maße fortgesetzt und als sei langsam eine gewisse Nivellierung der Durchschnittslöhne in der Industrie allgemein eingetreten. Wir sehen als Ursache für diesen Prozeß an, daß sich — gegenüber den vierziger Jahren des 19. Jh. — nach 1850 auf Grund der Zurückdrängung des handwerklichen Universalarbeiters durch den angelernten Facharbeiter die Lohndifferenz zu anderen Zweigen sich geringfügig zuungunsten der Maschinenbauarbeiter verringerte. Die Sonderstellung in der Bezahlung der Maschinenbauarbeiter hat sich also nicht in gleich hohem Maße wie vor 1850 erhalten.

Der Index der durchschnittlichen Tagesverdienste von 1850 bis 1870 weist weiter ein entsprechendes Sinken der Tagesverdienste in der zyklischen Krise von 1857 und der folgenden Depression auf. Für die Metallindustrie allgemein hat Kuczynski darauf hingewiesen, daß die Metallarbeiter „... stärker und länger unter den Auswirkungen der zu Ende 1857 ausgebrochenen zyklischen Krise leiden ..." als die Arbeiter der Textilindustrie und des Baugewerbes.[498] Auch aus unseren Berechnungen ergibt sich die Bestätigung für die Richtigkeit dieser Auffassung. Nachdem die Geldlöhne 1858 ihren höchsten Stand erreicht hatten, sanken sie bis 1862 ab. Erst 1863 stiegen sie wieder an — dann allerdings plötzlich. Wie wir in den vorhergehenden Kapiteln gesehen haben, fällt diese Tendenz etwa mit der gesamten zyklischen Entwicklung in der Industrie zusammen. Es gibt hier jedoch keinen mechanischen Zusammenhang, da natürlich der Klassenkampf des Proletariats das Absinken der Geldlöhne auch in Krisenzeiten hemmen kann.

[494] Vgl. ebenda.
[495] Vgl. S. 276.
[496] Vgl. ebenda.
[497] Vgl. SCHRÖTER, A., a. a. O., S. 80 ff.
[498] KUCZYNSKI, J., Die Geschichte der Lage der Arbeiter in Deutschland. A. a. O., S. 197.

Aber noch etwas ist an der Analyse des Lohnindex bemerkenswert, nämlich die Entwicklung in der ersten Hälfte der sechziger Jahre. Hier kam es 1863 zu einem plötzlichen Anstieg, der sich auch 1864 fortsetzte, und 1865 wieder zu einem Absinken der Löhne. Dafür kann man als Ursache ansehen, daß 1864 der Krieg Preußens und Österreichs gegen Dänemark geführt wurde und dadurch Störungen in den wirtschaftlichen Verhältnissen auftraten. Aber weitaus entscheidender war, daß von 1865 an eine Reihe von Lohnangaben aus mittleren und kleinen Städten Sachsens in die Tabelle aufgenommen wurden, die unter dem Durchschnitt lagen. Diese Tatsache ruft u. a. jene Schwankungen der Lohnkurve 1865 hervor. Ein weiterer Mangel des Lohnindex ist, daß Lohnangaben aus ländlichen Maschinenfabriken aus der Zeit vor 1865 fehlen.

Nach der Darstellung der allgemeinen Bewegung der durchschnittlichen Geldlöhne im deutschen Maschinenbau müssen wir uns nunmehr der Entwicklung der Geldlöhne in einzelnen Maschinenfabriken und Maschinenbauzentren zuwenden. Wir können feststellen, daß von den Löhnen, die uns aus den fünfziger Jahren bekannt sind, die Löhne, die Krupp, Essen, zahlte, über Jahre hinaus die niedrigsten waren. Allerdings darf dabei nicht außer acht gelassen werden, daß Krupp in diesem Zeitraum kein ausgesprochener Maschinenbaubetrieb war und sich daraus einige Abweichungen gegenüber den Löhnen anderer reiner Maschinenfabriken ergaben. Die höchsten Durchschnittslöhne wurden im Untersuchungszeitraum im Berliner Maschinenbau gezahlt. Daraus ist ersichtlich, daß die Lohndifferenzierung bereits zu diesem Zeitpunkt sich so entwickelte, daß ein Lohngefälle von der Großstadt zu den ländlichen Maschinenfabriken vorhanden war. Leider ist diese These für die fünfziger Jahre nicht so eindeutig zu belegen, wie für das folgende Jahrzehnt, wo uns Angaben aus den ländlichen bzw. kleinstädtischen Maschinenfabriken Sachsens zur Verfügung standen.

Von 1860 an liegen Lohndaten aus verschiedenen Städten und Gebieten vor. Typisch scheint zu sein, daß jetzt schon eine größere Annäherung der Tagesverdienste in den verschiedenen deutschen Gebieten eintrat. An der Spitze der Lohntabelle befand sich nach wie vor Berlin; mit geringem Abstand folgten Chemnitz, Zwickau und Essen. Am niedrigsten waren die Löhne in Augsburg. In dem folgenden Aufschwung bis 1864 erreichten die Tagesverdienste nach unseren Angaben in Augsburg die Spitze, lagen dann weit über dem Durchschnitt, fielen jedoch bis 1868 mit Unterbrechungen wieder ab. Interessant ist die Bewegung der Löhne in Zwickau und Glauchau-Meerane, wo wir von 1860 an ein ständiges Sinken der Tagesverdienste nachweisen können. Vermutlich findet diese Bewegung ihre Ursache in dem nach 1861 in starkem Maße vorhandenen Angebot an Heimarbeitern in Sachsen, das die ohnehin niedrigen Löhne weiter drückte.[499]

Sehen wir uns die Lohndaten nach Gebieten an, so ist 1870 ersichtlich, daß z. B. Augsburg und München eine Annäherung der Löhne verzeichnen, obwohl es sich in dem einen Fall um Angaben aus einer Fabrik des allgemeinen Maschinenbaues und im anderen um Angaben einer Lokomotivfabrik handelt.

In Sachsen sind die Löhne differenzierter, weil uns auch Lohndaten aus kleinen Städten und vom Lande zur Verfügung stehen. Zwar liegen die Arbeiter der sächsischen Kleinstädte mit 2,91 Mk Tagesverdienst an der Spitze der Lohntabelle Sachsens, was ver-

[499] Vgl. S. 227 f.

mutlich auf die außerordentliche Belebung der Geschäftslage der kleineren Webstuhlbauer ab 1869 zurückzuführen ist. Bis 1865 waren die Tagesverdienste dieser Gruppe am niedrigsten.

Chemnitz liegt an zweiter Stelle der sächsischen Tabelle mit 2,39 Mk, gefolgt von Zwickau mit 2,01 Mk und Glauchau-Meerane mit 1,87 Mk.

Im Berliner Maschinenbau wurden mit 2,95 Mk auch 1870 die höchsten Löhne gezahlt. Im Magdeburger Maschinenbau waren die Löhne im Untersuchungszeitraum nicht wesentlich niedriger als im Berliner Maschinenbau.

Die Zentren des deutschen Maschinenbaues wiesen also 1870 nur geringe Differenzen in der durchschnittlichen Entlohnung der Arbeiter auf; das war begründet in der zunehmenden Verbesserung der Organisation der Maschinenbauarbeiter, der Erleichterung der Freizügigkeit und der Verkehrsverhältnisse.

Wesentlich sind die durchschnittlichen Lohndifferenzen — mit Ausnahme der spezialisierten Fabriken — zwischen den Maschinenfabriken der Städte, insbesondere der Großstädte, und den ländlichen Maschinenfabriken. Wenngleich das in unserer Tabelle verarbeitete Material keinen exakten Schluß über die gesamten Lohndifferenzierungen zuläßt, weil die Lohndaten zu lückenhaft sind, so läßt sich doch mit Sicherheit die eben charakterisierte Tendenz der Differenzierung erkennen. In diesem Zusammenhang wäre das Problem zu untersuchen, ob bereits neben der Differenzierung der Löhne nach Stadt und Land und von Gebiet zu Gebiet, etwa Berlins und Sachsens, auch schon eine Differenzierung der Löhne nach Berufsgruppen in den Maschinenbauzentren vorhanden war.

Bevor wir uns mit dieser Frage beschäftigen, ist es notwendig, kurz einen Blick auf die Hauptgruppen der in Maschinenfabriken beschäftigten Arbeiter zu werfen. Die beginnende Spezialisierung der Maschinenproduktion von 1850 bis 1870 bewirkte die Entstehung folgender Kategorien von Maschinenbauarbeitern, die alle unterschiedlich entlohnt wurden:

1. Monteure
2. Schmiede
3. Modelltischler
4. Dreher, Hobler, Fräser, Bohrer
5. Maschinenschlosser
6. Tagelöhner, Handarbeiter, Hofarbeiter
7. Lehrlinge

Soweit die Maschinenfabriken über eine eigene Gießerei verfügten, kamen noch die Former und Gießer hinzu.

Innerhalb dieser Hauptgruppen gab es eine Reihe von Untergruppen, die sich im Laufe der technischen Entwicklung des Maschinenbaues herausbildeten. Diese Untergruppen müssen wir in unserer Betrachtung außer acht lassen.

Lohndaten über die Monteure sind uns nur in einem Falle bekannt geworden, wodurch eine Vergleichung mit den Lohndaten anderer Maschinenfabriken unmöglich ist.[500] Die

[500] In seiner Untersuchung über die Entlohnungsmethoden im Berliner Maschinenbau gibt SCHULTE, F., a. a. O., auf S. 92 die Tageslöhne der Monteure für die fünfziger Jahre mit 3 bis 4 Mk an.

Monteure entwickelten sich als Spezialberuf aus der Gruppe der sogenannten Fabrikschlosser. In den fünfziger Jahren übten die qualifizierten Fabrikschlosser noch diese Funktion in den Maschinenfabriken aus. Schon seit den sechziger Jahren und vor allem nach 1870 waren die Monteure eine spezielle Gruppe und gehörten zu den am besten bezahlten Maschinenbauarbeitern.[501]

Haben wir vor 1850 noch eine geringe Differenzierung in den Löhnen der Maschinenbauer einer Fabrik zu verzeichnen, so beginnt sich mit der zunehmenden Spezialisierung der Produktion innerhalb der Maschinenfabrik auch eine stärkere Lohndifferenzierung zu entwickeln. In unseren Darlegungen über die Qualifizierung der Maschinenbauarbeiter haben wir darauf hingewiesen, daß es im wesentlichen, was die Qualifikation angeht, 3 Hauptgruppen von Arbeitern gab: einmal die gelernten Arbeiter, Handwerker ihres Faches oder in Maschinenbaufabriken ausgebildete Arbeiter; angelernte Arbeiter, also vor allem Dreher, Hobler usw., schließlich drittens die Tagelöhner, Hofarbeiter und Packer.[502] Ausgehend davon sind auch die zur Reproduktion der Ware Arbeitskraft notwendigen Kosten unterschiedlich gewesen, was sich in der Höhe des Lohnes u. a. ausdrückte.

Sehen wir uns nun die Tabelle 10 [503] an, in der aus Sachsen Löhne der verschiedenen Maschinenbauarbeiterkategorien angegeben sind. Hierbei ist zunächst ersichtlich, daß zwischen den gelernten Maschinenbauarbeitern, also den Maschinenschlossern und Modelltischlern, nur geringfügige Lohndifferenzen, ja zeitweise — wie in Chemnitz — von 1860 bis 1870 gar keine Unterschiede vorhanden waren.

Die Maschinenschlosser sind die Maschinenbauer im engeren Sinne, und im gesamten Untersuchungszeitraum konnte der Bedarf an solchen Arbeitern nicht gedeckt werden. Wenngleich es nach 1861 in Sachsen zu einem größeren Angebot an Maschinenschlossern aus dem Handwerk kam, so machte sich doch für Deutschland insgesamt gesehen ein beträchtlicher Mangel an Maschinenschlossern durch die starke Ausdehnung des Maschinenbaues ständig bemerkbar. Diese Tatsache, darauf haben wir schon hingewiesen, führte mit zu relativ hohen Löhnen, erleichterte andererseits auch den Kampf dieser Arbeiter um höhere Löhne.

Ähnlich ist die Situation der Modelltischler, von denen ebenfalls eine hohe Qualifikation, die bei weitem über die der gewöhnlichen Tischler hinausging, verlangt wurde. Neben den Fähigkeiten und Kenntnissen des Tischlers mußten sie Kenntnisse über die Technologie des Maschinenbaues haben und mit einfachen Holzbearbeitungsmaschinen, die vor allem in den sechziger Jahren aufkamen, vertraut sein.

Daraus ergab sich, wie aus den Tabellen 6 und 10 [504] ersichtlich, daß auch die Modelltischler etwa so bezahlt wurden wie die Maschinenschlosser.

In der Gruppe der sonstigen Maschinenbauarbeiter sind alle angelernten Maschinenbauarbeiter erfaßt sowie die Schmiede, die allerdings eine handwerksmäßige Ausbildung

[501] Vgl. Beck, H., Lohn- und Arbeitsverhältnisse in der deutschen Maschinenindustrie am Ausgange des 19. Jahrhunderts. In: Untersuchungen aus dem volkswirtschaftlichen Seminar der Königlich Technischen Hochschule in Dresden. Heft 2, Berlin 1902, S. 26 ff.

[502] Vgl. S. 228 ff.

[503] Vgl. S. 274.

[504] Vgl. S. 272 u. 274.

besaßen. Ohne Zweifel wäre der Abstand dieser sonstigen Maschinenbauarbeiter zur ersten Gruppe wesentlich größer, wenn nicht die relativ gut bezahlten Schmiede — wie wir aus Tabelle 10 ersehen — mit in der Gruppe der gelernten Arbeiter erfaßt worden wären. Insofern spiegeln die Lohntabellen nur die ungefähren Relationen wider. Vergleichen wir zum Schluß unserer Betrachtungen über die differenzierten Löhne der Maschinenbauarbeiter noch die Tabelle 9 mit den Tabellen 6 und 7.[505] Vergleichbar sind lediglich die Angaben des Jahres 1865 und eventuell noch die von 1866. Die Durchschnittslöhne für Schlosser und Modelltischler lagen in Heilbronn über dem Durchschnitt der sächsischen Löhne und befanden sich mit den Angaben aus Magdeburg (1866) etwa auf der gleichen Höhe. Daraus kann man den Schluß ziehen, daß auch bei den qualifizierten Maschinenbauarbeitern in den sechziger Jahren unterschiedliche Löhne in den einzelnen Territorien gezahlt wurden und die sächsischen Löhne insgesamt mit die niedrigsten in Deutschland waren.

Zusammenfassend können wir feststellen, daß — soweit uns Lohndaten zur Verfügung stehen — eine Differenzierung der Nominallöhne erkennbar ist vor allem zwischen den gelernten, angelernten und Tagearbeitern. Aus der weitergehenden Spezialisierung der Berufe in den Maschinenfabriken ergab sich eine weitere zunehmende Differenzierung der Löhne nach Berufsgruppen, die sich im wesentlichen erst nach 1850, besonders aber in den sechziger Jahren, entfaltete.

Eine Betrachtung der Bewegung und der durchschnittlichen Höhe der Maschinenbauarbeiterlöhne für sich allein genügt aber nicht, weil wir dadurch noch nicht die Stellung der Maschinenbauarbeiterlöhne in der Industrie allgemein erkennen können. Zwar haben wir schon die Bewegung der Löhne der Maschinenindustrie verglichen mit denen der Textilindustrie und festgestellt, daß von 1850 bis 1870 die Löhne in der Maschinenindustrie schneller wuchsen. Wir müssen nunmehr noch einige Angaben über Nominallöhne im Maschinenbau und in anderen Berufsgruppen miteinander vergleichen, um ein noch klareres Bild über die absolute Höhe der Löhne der Maschinenbauarbeiter zu erhalten.[506] Vergleichbare Zahlen liegen uns nur für die Zeit von 1860 bis 1870 für Chemnitz vor.

Sehen wir uns die Tabelle 9 an.[507]

Zunächst ist es notwendig, einige Bemerkungen zum Aussagewert der Tabelle zu machen. Bei den angegebenen Löhnen handelt es sich um Nominallöhne männlicher Arbeiter der jeweiligen angegebenen Berufsgruppen. Für unsere Zwecke — die Höhe der Löhne der Maschinenbauindustrie im Vergleich zu den Löhnen in anderen Zweigen zu charakterisieren — ist die Aussagekraft dadurch beschränkt, daß z. B. bei den Löhnen der Textilindustrie nicht die der Arbeiterinnen und die der Kinder berücksichtigt wurden. Gerade gegenüber den Löhnen der Textilindustrie erscheinen die Löhne der Maschinenindustrie in Chemnitz als niedrig, da es sich noch dazu in der Kategorie „Maschinenbauarbeiter" um Durchschnittsangaben handelt, die den tatsächlichen Lohnverhältnissen

[505] Vgl. S. 272 u. 273.

[506] Vgl. vor allem die von J. Kuczynski zusammengestellten Angaben über die Löhne der Arbeiter in der Textilindustrie. KUCZYNSKI, J., Die Geschichte der Lage der Arbeiter in Deutschland. A. a. O., S. 304.

[507] Vgl. Tabelle 9.

im Maschinenbau und der Textilindustrie nur zum Teil entsprachen. Was die Lohnangaben der Maschinenfabriken angeht, so fällt der Faktor der Frauen- und Kinderarbeit, der für die Löhne der Textilindustrie große Bedeutung hat, weg; denn Frauen und Kinder wurden in Maschinenfabriken nicht oder fast nicht beschäftigt.

Wenn wir von den angegebenen Jahren ausgehen, so ist das Jahr 1869 am aussagekräftigsten, weil es eine außerordentlich günstige Entwicklung aller Industrie- und Gewerbezweige gebracht hatte. Für 1860 erscheinen die Löhne des Maschinenbaues niedriger, weil sich in diesem Jahr die Depression noch stark auswirkte, die die Unternehmer durch Lohnsenkungen, Kurzarbeit und Entlassungen auf die Arbeiter abzuwälzen suchten.

Anfang der sechziger Jahre wurde vor allem die Baumwollindustrie durch Rohstoffmangel von den Wirkungen des amerikanischen Bürgerkrieges betroffen. Auch der Textilmaschinenbau litt durch Auftragmangel seitens der Textilfabriken unter den schlechten Verhältnissen in der Baumwollindustrie, allerdings zumindest, was den sächsischen Maschinenbau insgesamt angeht, längst nicht in dem Maße wie die Baumwollindustrie selbst. Ferner wurde der Rückgang der Nachfrage nach Baumwollverarbeitungsmaschinen in gewissem Umfange kompensiert. Für das Jahr 1870 haben wir nur einige Angaben, so daß wir uns vor allem auf die Angaben des Jahres 1869 stützen müssen.

An der Spitze der Wochenlöhne stehen mit 15,— Mk die der Formenstecher, ein Spezialberuf mit längerer Qualifikationszeit. Auf gleicher Höhe befinden sich die Löhne der Schmiede und teilweise auch die einzelner Spinner. Gerade die Spinnerlöhne haben in den Angaben die größte Differenz von 6,— bis 15,— Mk aufzuweisen. Die durchschnittlichen Wochenlöhne der Maschinenbauarbeiter liegen mit 13,50 Mk bzw. 14,— Mk sehr hoch; denn wir müssen berücksichtigen, daß es sich bei den anderen angeführten Wochenlöhnen immer um die Löhne von zumeist einzelnen Handwerkergruppen handelt. Zum Vergleich haben wir noch die Löhne der Maschinenschlosser und Maschinentischler angegeben, die 13,60 Mk und 13,80 Mk betrugen. Es läßt sich somit sagen, daß in der Industrie die Maschinenbauarbeiterlöhne in Chemnitz mit an der Spitze lagen. Immerhin repräsentieren die Chemnitzer Maschinenbauarbeiter einen relativ großen Teil des deutschen Maschinenbauproletariats, und wir haben Veranlassung, auch für die übrigen Maschinenbauzentren ähnliche Lohnverhältnisse wie in Chemnitz anzunehmen, wenngleich die absolute Höhe und damit die Größe der Differenz zu anderen Wochenlöhnen unterschiedlich war.

Die niedrigsten Löhne haben wir bei den Tagelöhnern, den Handwebern und den Eisenbahnarbeitern. Die Lage dieser Gruppen war auf Grund der geringen Löhne sehr schlecht. Wenn wir allgemein zu der berechtigten Feststellung gelangen, daß mit Ausnahme der Bergarbeiter die Maschinenbauarbeiter zu den am besten bezahlten Arbeitern in der deutschen Industrie von 1850 bis 1870 gehören, so drängt sich die Frage auf, welche Ursache dieser Tatsache zugrunde lag.

Zur Begründung glauben wir im wesentlichen auf drei Faktoren hinweisen zu müssen, nämlich die Qualifikation, die Nachfrage nach Maschinenbauarbeitern und den organisierten Klassenkampf.

Zunächst müssen wir uns mit der Nachfrage nach Maschinenbauarbeitern beschäftigen. Die starke Ausdehnung der deutschen Maschinenbauindustrie zog seit 1850 — mit Ausnahme der Krise von 1857 bis 1858 und der Depression von 1859 bis 1861 — ununterbrochen eine starke Nachfrage nach qualifizierten Maschinenbauarbeitern nach sich. Das Angebot an qualifizierten Arbeitskräften war geringer als die Nachfrage, und so lassen sich zum Teil die relativ hohen Löhne auch von dieser Seite her begründen. Besonders im rheinisch-westfälischen Industriegebiet machte sich in den fünfziger Jahren ein außerordentlich starker Arbeitskräftemangel sowohl im Bergbau als auch in der Industrie, besonders im Maschinenbau, bemerkbar. Der große Bedarf an Hüttenmaschinen aller Art führte bei den einschlägigen Maschinenfabriken 1856/57 in Elberfeld-Barmen zu umfangreichen Aufträgen und andererseits natürlich auch zu einer großen Nachfrage an Maschinenbauarbeitern.[508] Verbunden war die wachsende Nachfrage mit steigenden Löhnen, die die Unternehmer zahlen mußten, wenn sie die Profitmöglichkeiten infolge der herrschenden Konjunktur ausnutzen wollten.[509]

Als Ausweg aus der Lage, den Arbeitern relativ hohe Löhne zahlen zu müssen, empfahlen die Maschinenfabrikanten 1859 dem preußischen Staat, die Niederlassung von „fremden Arbeitern" in Preußen umgehend zu erleichtern.[510]

In den übrigen Maschinenbauzentren ist der akute Mangel an Maschinenbauarbeitern nicht in gleich starkem Maße wie in Preußen aufgetreten, weil das Reservoir der Handwerksgesellen bei weitem noch nicht ausgeschöpft war.

Aus der zweiten Hälfte der sechziger Jahre liegen zahlreiche Fakten über eine große Nachfrage an Maschinenbauarbeitern in Sachsen vor, die hauptsächlich aus der Konjunktur im Textilmaschinenbau, der Herstellung von mechanischen Webstühlen, resultierte.[511] Im Jahre 1865 war ein ausgesprochener Mangel an Schmieden, Kesselschmieden, Modelltischlern, Schlossern und Formern vorhanden, der trotz der erheblichen Zunahme der Arbeiterzahl in Chemnitz nicht gedeckt werden konnte.[512] Auch 1869/70 ist nach wie vor eine große Nachfrage nach Maschinenbauarbeitern erkennbar, die durch die Reduktion der Arbeitszeit für jugendliche Arbeiter in den Maschinenfabriken noch zunahm.[513]

Auch im rheinisch-westfälischen Industriegebiet trat in den Jahren 1866 bis 1870 ein Mangel an geeigneten Maschinenbauarbeitern in bestimmten Maschinenfabriken auf, der sie an der Erledigung ihrer Aufträge hinderte.[514]

Neben der zeitweise starken Nachfrage nach Maschinenbauarbeitern gab es aber selbst in den sechziger Jahren entgegengesetzte Tendenzen in jenen Gebieten, die nur eine geringe Zahl von Maschinenfabriken aufwiesen und industriell gegenüber Preußen und Sachsen zurückgeblieben waren, wie z. B. Hessen-Nassau, Württemberg, Frankfurt a. M. Hier haben wir genau wie in anderen deutschen Gebieten ein entwickeltes Handwerk, für

[508] Vgl. Jahresbericht der Handelskammer für Elberfeld und Barmen 1856, 1857, 1858.

[509] Ebenda.

[510] Ebenda.

[511] Vgl. BARTH, H., a. a. O., S. 72 f.

[512] Jahresbericht der Handels- und Gewerbekammer für Chemnitz 1869/70.

[513] Ebenda.

[514] Vgl. Handelskammerbericht für 1866, Stolberg; Handelskammerbericht für 1870, Westfalen.

das aber die Möglichkeit der Beschäftigung in Maschinenfabriken nur vereinzelt gegeben war. Daher ist es nicht verwunderlich, daß z. B. „Collet und Engelhardt“ in ihrer Festschrift 1862 von einem genügenden Angebot an gelernten Arbeitskräften in Offenbach sprachen.[515] Bis 1865 kam es dann zu einer Abwanderung von Schlossern und Schmieden aus Süddeutschland nach Paris, wo diesen Handwerkern, zumeist Gesellen ihres Faches, wesentlich höhere Löhne versprochen wurden.[516] Auch aus anderen Quellen geht hervor, daß 1865 aus Württemberg vor allem gute Maschinenbauarbeiter und Former auswanderten in der Absicht, bessere Löhne zu erhalten.[517]
Andererseits zeigt diese Tatsache auch, daß trotz relativ hoher Löhne die Lage der Maschinenbauarbeiter keineswegs gut war.
Insgesamt sind wir aber berechtigt, auch in den sechziger Jahren von einem Mangel an qualifizierten Maschinenbauarbeitern in den entwickelten Maschinenbauzentren in Sachsen und Preußen zu sprechen. Daraus resultiert auch ein weiterer Grund für die relativ hohen Löhne im Maschinenbau.
In unseren Bemerkungen über die Qualifikation der Maschinenbauarbeiter haben wir bereits dargelegt, daß sich von 1850 bis 1870, besonders aber in den sechziger Jahren, die durchschnittliche Qualifikation der Maschinenbauarbeiter erhöhte.[518] Im Verhältnis sowohl zur Textilindustrie wie auch zum Bergbau war das durchschnittliche technische Niveau des Maschinenbauarbeiters höher als das der Arbeiter in diesen Zweigen. Marx weist im „Kapital“ bei seinen Darlegungen über das unterschiedliche Lohnniveau der einzelnen Länder darauf hin, daß die Erziehungskosten des Arbeiters bei der Höhe der Löhne eine Rolle spielen.[519] Durchschnittlich hohe Ausbildungskosten bedingen also einen durchschnittlich höheren Lohn und erklären ebenfalls z. T. die höheren Löhne im Maschinenbau gegenüber anderen Industriezweigen und Gewerben.
Als letzten und dritten Faktor müssen wir das fast völlige Fehlen der Frauen- und Kinderarbeit im Maschinenbau zur Begründung für die höheren Durchschnittslöhne anführen. Sowohl aus statistischen Angaben als auch mit anderen Fakten ist die damals fast völlig fehlende billige Frauen- und Kinderarbeit im Maschinenbau beweisbar. Ein Vergleich in dieser Beziehung zwischen Textil- und Maschinenfabriken für die sechziger Jahre in Chemnitz ist sehr interessant.[520] Der Anteil der männlichen Arbeiter in Textilfabriken ging ständig zurück, dagegen nahm bis 1875 die Beschäftigung von Arbeiterinnen stark zu und erreichte 60,8 % der Gesamtbeschäftigten. Der Anteil der Kinder an der Zahl der Beschäftigten in Textilfabriken machte 1875 in Chemnitz 6,7 % aus. Im Chemnitzer Maschinenbau dagegen gab es 1861 bei 3324 Arbeitern nur 7 Arbeiterinnen. Im Jahre 1875 waren von 7448 Beschäftigten 100 Arbeiterinnen. Auch die übrigen Zollvereinsstatistiken über die im Maschinenbau Beschäftigten weisen einen verschwindenden Prozentsatz an Frauen und Kindern auf.[521] In anderen Berichten

515 75 Jahre Collet u. Engelhard. A. a. O., S. 10.
516 „Deutsche Industriezeitung“, Jg. 1865, Nr. 22, S. 219.
517 Preußisches Handelsarchiv, Jg. 1866, 2. Hälfte, S. 380.
518 Vgl. S. 228 f.
519 Marx, K., Das Kapital. Bd. I, a. a. O., S. 586.
520 Vgl. hierzu und im folgenden: Barth, H., a. a. O., S. 72 ff.
521 Vgl. S. 278.

wird vor allem noch darauf hingewiesen, daß im Maschinenbau in der Regel männliche Arbeiter über 14 Jahre Verwendung fanden und Frauenarbeit zu den großen Ausnahmen gehörte.[522]

Für die Durchschnittslöhne bedeutete das Fehlen von Frauen- und Kinderarbeit relativ hohe Löhne im Maschinenbau; zum Beispiel lagen in den Jahren 1850 bis 1870 die Löhne im Maschinen- und Bergbau an der Spitze der Industriezweige.

Von großer Wirkung auf die Lohnentwicklung, darauf werden wir bei der Streikentwicklung im Maschinenbau von 1850 bis 1870 noch eingehen, war die vorzügliche Organisierung des Klassenkampfes der Maschinenbauarbeiter. Wir haben bei der Analyse gesehen, welche Hauptmomente sich auf den Lohn auswirken können. Ohne den Kampf der Maschinenbauarbeiter hätten sich aber die relativ hohen Löhne nicht erzielen lassen.

Bei der Einschätzung der Lage der Maschinenbauarbeiter dürfen wir nicht nur von der Bewegung der durchschnittlichen Geldlöhne ausgehen, sondern wir müssen die Bewegung dieser Löhne vergleichen mit der Entwicklung des in dieser Zeit maßgeblichen Lebenshaltungskostenindex um zur Erkenntnis der Reallohnverhältnisse zu gelangen. Wir stützen uns bei diesem Vergleich auf den von Kuczynski errechneten Index der Lebenshaltungskosten von 1850 bis 1870 [523] und unseren Lohnindex für die gleiche Zeit.[524]

Nach den Berechnungen Kuczynskis stiegen die Lebenshaltungskosten von 1850 bis 1855 um 70,6 %.[525]

Demgegenüber stiegen aber die durchschnittlichen Geldlöhne im deutschen Maschinenbau wesentlich langsamer, nämlich um rd. 11 %.[526] Daraus ergibt sich eine für alle kapitalistischen Länder typische Erscheinung, daß die Nominallöhne trotz ihres nachgewiesenen Anstiegs gegenüber den schneller steigenden Lebenshaltungskosten zurückblieben und die Reallöhne eine sinkende Tendenz zeigten. Im Vergleich zu anderen Industriezweigen, der Textilindustrie z. B., war aber die Reallohnsenkung im Maschinenbau geringer. Die niedrigen Reallöhne von 1850 bis 1855 waren begleitet von einer weiteren Ausdehnung der Arbeitszeit im Maschinenbau. Während dieser 6 Jahre waren Arbeitstage von 11 bis 14 Stunden die Regel.[527] Von 1856 bis 1859 gingen nach Kuczynski die Lebenshaltungskosten um 18,7 % zurück. Zur gleichen Zeit stiegen aber die Nominallöhne im Maschinenbau weiter an. Die daraus resultierende Erhöhung der Reallöhne ist aber unwesentlich, weil besonders 1859 für die Maschinenbauindustrie ein Krisenjahr war. Kuczynski weist darauf hin, daß diese Reallohnsteigerung kompensiert wurde durch Kurzarbeit und Entlassungen, also Arbeitslosigkeit.[528] Diese allgemeine These, daß es auch im Maschinenbau zu weiteren Reallohnsenkungen durch Kurzarbeit und Arbeits-

522 Zeitschrift des Königlich Statistischen Bureaus. A. a. O., 1863, Nr. 3 und 4, S. 23.

523 KUCZYNSKI, J., Die Geschichte der Lage der Arbeiter in Deutschland. A. a. O., S. 200.

524 Vgl. S. 276.

525 KUCZYNSKI, J., Die Geschichte der Lage der Arbeiter in Deutschland. A. a. O., S. 200. (Auf 1870 = 100 reduz. v. W. B.)

526 Vgl. Tabelle 12.

527 Vgl. WINKLER, M., a. a. O., S. 175 ff.; FUHLROTT, J., a. a. O., S. 34 f.

528 KUCZYNSKI, J., Die Geschichte der Lage der Arbeiter in Deutschland. A. a. O., S. 202.

losigkeit während dieser Zeit kam, möchten wir an Hand einiger Beispiele beweisen. Die Breslauer Maschinenfabriken entließen z. B. im Krisenjahr 1859 zahlreiche Arbeiter.[529] Auch 1860 und 1861 besserte sich hier die Lage der Arbeiter nicht. In Duisburg führte Auftragsmangel im Maschinenbau von 1859 bis 1861 ebenfalls zu Arbeitslosigkeit und Kurzarbeit.[530] 1859/60 setzten zahlreiche Magdeburger Maschinenfabriken Arbeiter auf die Straße.[531] Wegen starker Preisrückgänge ihrer Erzeugnisse entließ die Friedrich-Wilhelmhütte 1859/60 zahlreiche Arbeiter besonders aus den mechanischen Werkstätten.[532] In Westfalen wurden 1859 und 1860 in vielen Maschinenfabriken 50 % der Arbeiter arbeitslos gemacht. Erst 1862 nahm hier wieder die Zahl der Maschinenbauarbeiter zu.[533]

Eine große Anzahl von Maschinenbauarbeitern wurde durch Krise und Depression zur Arbeitslosigkeit und Kurzarbeit verurteilt. Die sinkende Tendenz der Reallöhne hielt bis in die sechziger Jahre hinein an. Von 1863 bis 1870 stiegen die Nominallöhne um 11 % und die Lebenshaltungskosten um 15 % [534]. Wir können für diese Jahre erstmalig feststellen, daß die Trends der Lebenshaltungskosten und der Nominallöhne sich annäherten. Diese Tatsache ist insofern bedeutsam, weil wir feststellen konnten, daß auch die Arbeitszeit während dieser Jahre bis 1870 eine sinkende Tendenz aufwies. Haben wir bis 1855 noch tägliche Arbeitszeiten bis zu 14 Stunden, so sind es 1867/68 im Durchschnitt kaum mehr als 12 Stunden, und 1869 haben wir bereits in den Maschinenfabriken 10 und 11 Stunden tägliche Arbeitszeit.[535] Nach den Fabrikordnungen von 1861 galt für sächsische Maschinenfabriken eine Arbeitszeit von 65 Stunden in der Woche. In der Textilindustrie haben wir dagegen in Sachsen von 1861 bis 1870 mit einer 72-Stunden-Woche zu rechnen.[536]

Abschließend kommen wir zu folgendem Ergebnis: Von 1850 bis 1855 ist bei zunehmender Arbeitszeit eine wesentliche Reallohnsenkung im deutschen Maschinenbau zu verzeichnen. Auch in den Jahren 1856 bis 1862, in denen die Reallöhne langsamer absanken, setzte sich diese Tendenz allgemein fort. Erst ab 1863 wuchsen Löhne und Lebenshaltungskosten etwa in gleichem Verhältnis, obwohl absolut keine Steigerung des Reallohnes eintrat, sondern nur die schon vor 1850 bestehende Tendenz des ständigen Absinkens der Reallöhne zunächst sich verlangsamte. Die Verschlechterung der Lage der Maschinenbauarbeiter erreichte 1855 einen Höhepunkt, da bei schnell steigenden Lebenshaltungskosten und Zunahme der Arbeitszeit bis auf 14 Stunden eine weitere Steigerung der Ausbeutung kaum möglich war, wenn die Bourgeoisie nicht die Existenz der Arbeiterklasse überhaupt gefährden wollte, und damit das Funktionieren des kapitalistischen Systems.[537] Völlig unzureichend wäre es, von dieser Seite her die

[529] Jahresbericht der Handelskammer Breslau für das Jahr 1859.

[530] Vgl. Jahresbericht der Handelskammer Duisburg für 1859—1861.

[531] Vgl. Bericht der Ältesten der Kaufmannschaft zu Magdeburg für 1859, 1860.

[532] Vgl. Jahresbericht der Handelskammer Mühlheim für 1859, 1860.

[533] Vgl. Jahresbericht der Handelskammer für Westfalen 1859, 1860, 1861.

[534] KUCZYNSKI, J., Die Geschichte der Lage der Arbeiter in Deutschland. A. a. O., S. 200.

[535] SIODLACZEK, E., a. a. O., S. 24.

[536] Vgl. BARTH, H., a. a. O., S. 128.

[537] Vgl. dazu KUCZYNSKI, J., Die Geschichte der Lage der Arbeiter in Deutschland. A. a. O., S. 203.

sich seit 1862 verändernde Lage der Arbeiter begründen zu wollen. Das hieße, den Kampf der Arbeiterklasse um Verbesserung ihrer Lage zu ignorieren. Aber gerade die außerordentlich große Aktivität der Arbeiter zwang die Bourgeoisie zu bestimmten Veränderungen.

Neben der Verkürzung der Arbeitszeit der Maschinenbauarbeiter, vor allem in der zweiten Hälfte der sechziger Jahre, wurden ferner die Methoden der Entlohnung verändert. Bis in die fünfziger Jahre hinein herrscht in den Maschinenfabriken der Zeitlohn vor.[538] Etwa seit 1840 gab es in den Maschinenbaufabriken Akkordlöhne, weil den Unternehmern die Zeitlöhne zumindest bei den qualifiziertesten Arbeitern, z. B. den Formern, nicht profitabel genug erschienen. Schon zu diesem Zeitpunkt kam es den Unternehmern darauf an, bei hochbezahlten Arbeitern die Intensität der Arbeit zu erhöhen. Die näheren Vereinbarungen über die Akkordlöhne wurden in den fünfziger Jahren zumeist zwischen den Meistern und Arbeitern abgeschlossen.[539]

Zwischen der Qualifikation der Arbeiter und dem Übergang zu Akkordlöhnen läßt sich ein Zusammenhang herstellen. So wurden z. B. Hofarbeiter, Packer usw. auch in den sechziger Jahren nicht in Akkord bezahlt, weil die Zeitlöhne hier dem Unternehmer die größtmögliche Ausbeutung dieser Arbeiter sicherten. So konnte er z. B. beliebig die tägliche Arbeitszeit verlängern oder aber auch Kurzarbeit für die Arbeiter einführen. Wenn wir uns die Tabellen [540] mit den Akkordsätzen aus den fünfziger Jahren ansehen, so können wir erkennen, daß die höchsten Sätze 1853 in der Schmiede der „Gräflich Stolberg'schen Maschinenfabrik", Magdeburg, gezahlt wurden, wo der Akkordlohn mit 90 % über dem Durchschnittsverdienst lag.[541] Allgemein jedoch waren wohl die Dreherakkordsätze mit 70 % über dem Durchschnitt mit am höchsten.[542] Die Einführung der Akkordlöhne war besonders in den Drehereien der Maschinenfabriken profitabel, da mit zunehmender Spezialisierung der Produktion natürlich in der Dreherei große Stückzahlen bestimmter Produkte hergestellt wurden und gleichzeitig auch die Intensität der Ausbeutung erhöht werden konnte.

In den sechziger Jahren nahm der Umfang der Akkordarbeit in den Maschinenfabriken stark zu [543], aber die Höhe der Akkordsätze nahm ab. Auch ein Vergleich der Tabelle 6 [544] bestätigt uns, daß in der „Gräflich Stolberg'schen Maschinenfabrik", Magdeburg, die Akkordsätze 1866 wesentlich unter denen von 1853 lagen.

Die von uns angegebenen Löhne bedeuten aber keinesfalls, daß die Arbeiter in den Maschinenfabriken auch in den vollen Besitz der gesamten Lohnsumme gelangten. Neben den Zwangsabzügen für die Fabrikkassen waren es vor allem Strafen aller Art, die den Verdienst schmälerten. Im Zusammenhang mit der Durchsetzung scharfer Fabrikordnungen in den fünfziger Jahren wurden auch die Strafbestimmungen für alle

538 Vgl. hierzu und im folgenden: FUHLROTT, J., a. a. O., S. 24.

539 Ebenda.

540 Vgl. S. 272 f.

541 FUHLROTT, J., a. a. O., S. 35 ff.

542 Vgl. S. 272.

543 Vgl. den Jahresbericht der Handelskammer Bielefeld für 1869, wo es u. a. heißt: „Es wird möglichst in Akkord gearbeitet..." Der Durchschnittslohn steigt dadurch um 25—30 %.

544 Tabelle 6.

möglichen „Vergehen“ verschärft.[545] So mußten z. B. Arbeiter, die in Berliner Maschinenfabriken 5 Minuten zu spät zur Arbeit kamen, als Strafe auf 25 % ihres Tagesverdienstes verzichten.[546]
Die Chemnitzer Maschinenfabrikanten setzten in den fünfziger Jahren gegen den erbitterten Widerstand der Maschinenbauarbeiter eine „Fabrikordnung der vereinigten Chemnitzer Maschinenfabrikanten“ durch, die neben Bestimmungen über die Arbeitszeit, Akkordsätze und die Gründung einer Krankenkasse auch Bestimmungen über Strafen aller Art enthielt.[547] Das Strafensystem war ein Mittel der Unternehmer, die Arbeiter der Ausbeutungsdisziplin des Kapitals zu unterwerfen. Damit aber erschöpften sich keineswegs die Methoden, den Arbeiter um einen Teil seines Lohnes zu bringen; denn wir müssen weiter beachten, daß z. B. durch fehlenden Unfallschutz gerade in den Maschinenfabriken Arbeiter oft arbeitsunfähig wurden, schwere körperliche Schäden erlitten und dadurch große finanzielle Einbußen hatten, die die Familien dem Hungertode nahebrachten. Den höchsten Unfallprozentsatz in den Maschinenfabriken wiesen 1868 die Gußputzer mit 83 % auf. Es folgten die Dreher mit 65 %, die Bohrer mit 54 % und die Schlosser mit 49 %. Wie hoch der jeweilige Ausfall an Arbeitstagen war, ergibt sich z. B. daraus, daß 279 verletzte Arbeiter 4726 Tage „feiern“ mußten.[548]
Die Wirkung der zahlreichen Augenverletzungen bei Maschinenbauarbeitern war, daß 1868 von 1000 Arbeitern 28 einen Teil ihres Sehvermögens einbüßten bzw. 16 ein Auge verloren. Leider liegen uns keine Vergleichszahlen aus dem vorhergehenden Jahrzehnt vor, so daß es uns nicht möglich ist, eine Zunahme der Unfälle durch die gestiegene Arbeitsintensität nachzuweisen.
Auf die für den Lohn sich auswirkende Kurzarbeit und Arbeitslosigkeit gehen wir im Zusammenhang mit dem Kampf der Arbeiter um die Verbesserung ihrer Lage ein.
Der Kampf des Maschinenbauproletariats gegen die kapitalistische Ausbeutung, den wir nunmehr behandeln wollen, ist vielfältig. Er reicht von der Durchsetzung höherer Löhne und eigener Unterstützungskassen in den fünfziger Jahren bis zur Einführung der verkürzten Arbeitszeit und Solidaritätsadressen an französische Arbeiter Ende der sechziger Jahre.

5. Der Klassenkampf des Maschinenbauproletariats

Das Hauptmotiv aller Streiks war der Kampf um höhere Löhne. Die Ursache dafür ergab sich aus der bereits dargelegten Entwicklung der Löhne allgemein und den Reallöhnen im besonderen.[549] Vor 1857 sind uns keine Streiks in Maschinenfabriken bekannt geworden. Auch aus der von Kuczynski aufgestellten Streikstatistik ergeben sich

[545] Vgl. SCHRÖTER, A., a. a. O., S. 139.
[546] „Sächsische Industriezeitung“, Jg. 1860, Nr. 16.
[547] Vgl. ZÖLLNER, G., Johann von Zimmermann. In: BGTJ, Bd. 29, Berlin 1940, S. 62.
[548] Vgl. hierzu und im folgenden: „Berliner Klinische Wochenschrift“, Jg. 1868, Nr. 8, zitiert in: „Deutsche Industriezeitung“, Nr. 13, S. 122, 216.
[549] Vgl. S. 242 f.

für die Zeit von 1850 bis 1856 relativ wenige Streiks, dagegen 1857 ein starkes Anschwellen der Streikbewegung.[550] Diese allgemeine Streikstatistik der Industrie dürfte auch für den Maschinenbau gelten, zumindest was die Tendenz angeht.

Die zeitweilige Schwäche der Arbeiterbewegung in den fünfziger Jahren in Deutschland wirkte sich auch hemmend auf die Entfaltung der ökonomischen Kämpfe aus, da diesen Kämpfen, auch wenn sie um die Anerkennung der Unterstützungskasse geführt wurden, keine politische Konzeption zugrunde lag. Erst in den sechziger Jahren des 19. Jh., als durch die Gründung der Sozialdemokratischen Arbeiterpartei unter Bebel die Arbeiterbewegung erstarkte und durch den ideologischen Einfluß von Marx und Engels das Proletariat sich stärker auf den Kampf gegen die Bourgeoisie orientierte, verschärfte sich auch der Klassenkampf in der Maschinenbauindustrie.

Man darf allerdings nicht den Fehler machen, die Aktivität des Proletariats nur nach der Anzahl der Streiks zu messen, weil dabei die Formen des passiven Widerstandes, aber auch die Abwanderung in andere Fabriken unberücksichtigt blieben. Für das Maschinenproletariat galt außerdem folgende Besonderheit:

Die starke Verknappung bestimmter Maschinenbauarbeitergruppen in den fünfziger Jahren wird in der Mehrzahl der Fälle die Unternehmer gezwungen haben, Lohnforderungen zu bewilligen, um einen Streik zu verhindern.[551] Auch die Möglichkeit der Abwanderung von einer Maschinenfabrik in eine andere, höhere Löhne zahlende hat für den erfolgreichen Kampf der Maschinenbauarbeiter, besonders in den sechziger Jahren, eine Rolle gespielt.[552]

Die beträchtliche gewerkschaftliche Betätigung der Maschinenbauarbeiter, vor allem in den Maschinenfabriken des Rheinlandes, suchte der preußische Staat durch verstärkten Polizeiterror, Koalitionsverbote und scharfe Anwendung der Gewerbeordnung vom 17. 1. 1845 bezüglich Streiks und Koalitionen zu unterdrücken. Trotz des Terrors kam es nicht nur zu Streikandrohungen, sondern auch zu Streiks. Ein Teilstreik der Maschinenschlosser in Düsseldorf wurde im Juli 1857 durch Polizeiterror abgewürgt.[553] Gleichzeitig streikten die Arbeiter der Maschinenfabrik „Vulkan“ in Stettin für höheren Lohn.[554] Bei einer neuerlichen Streikandrohung der Maschinentischler in der Maschinenfabrik „Vulkan“, um eine Erhöhung der Wochenlöhne auf 4½ Taler zu erzwingen, wurden sorgfältige Polizeirecherchen vorgenommen mit dem Ziel, den eventuellen Streik abzuwürgen, vor allem ein Übergreifen des Streiks auf 700—800 andere Maschinenbauarbeiter zu verhindern.[555] Teilstreiks in Maschinenfabriken scheint es häufig gegeben zu haben. Die Ursache dafür liegt in der unterschiedlichen Herkunft der einzelnen Maschinenbauarbeitergruppen. Diese Tendenz ist allerdings schon in den sechziger Jahren nicht mehr zu bemerken; hier sind die Maschinenbauarbeiter schon enger verbunden durch die allgemeinen Organisationen, einzelne Berufsorganisationen

[550] KUCZYNSKI, J., Die Geschichte der Lage der Arbeiter in Deutschland. A. a. O., S. 182.

[551] Vgl. TODT, E., Die gewerkschaftliche Betätigung in Deutschland von 1850—1859. Berlin 1950, S. 118.

[552] Vgl. S. 226.

[553] Ebenda.

[554] DZA Merseburg, Rep. 120 BB, VII, 1, 3.

[555] DZA Merseburg, Rep. 120 BB, VII, 1, 3, vol. 1.

traten in ihrer Bedeutung zurück. Über den Erfolg der Streiks in der Maschinenfabrik „Vulkan" ist nichts bekannt.
Neben den Lohnstreiks gab es 1857 eine Reihe von Streiks, denen andere Motive zugrunde lagen. In einigen Aachener Maschinenfabriken verweigerten Maschinenbauarbeiter die Annahme der Löhne, weil weiterhin Beiträge für die Zwangskasse abgezogen werden sollten.[556] Für die Unternehmer stellten die Zwangskassen eine willkommene Gelegenheit dar, die Arbeiter an den Betrieb zu binden und außerdem die Kassenmittel zeitweise für die kurzfristige Finanzierung der Fabriken heranzuziehen. Diese Manöver durchschauten die Maschinenarbeiter und kämpften mit vielfältigen Mitteln dagegen an, um diese Unternehmerkassen zu torpedieren und eigene Kassen aufzuziehen. Mit Polizeiterror und Verhaftungen ging der preußische Staat ein übriges Mal gegen Arbeiter vor. Vor allem wendeten sich die Polizeieinsätze gegen Abmachungen zwischen den Arbeitern mehrerer Maschinenfabriken Aachens. In einem Bericht der preußischen Behörden über die Aktionen der Maschinenarbeiter in Aachen heißt es, daß die Lage für die Unternehmer schwierig sei, weil die Maschinenbauarbeiter höhere Löhne bekämen und andererseits die Unternehmer durch langfristige Verträge feste Lieferfristen hätten. Deswegen seien zahlreiche Maschinenbauunternehmer geneigt, den Lohnforderungen der Arbeiter und der Forderung nach eigenen Unterstützungskassen nachzukommen.[557] Mit Hilfe der Polizei und durch einige Verhaftungen von Arbeitern wurden „weich" gewordenen Unternehmern die Rücken gestärkt und versucht, Aktionen der Arbeiter in den Aachener Maschinenfabriken zunichte zu machen.[558]
Trotz des Terrors der preußischen Staatsorgane gelang es nicht, die gewerkschaftlichen Organisationen, die oftmals in Form von Unterstützungskassen und Vereinen existierten, völlig zu unterdrücken. Im Gegenteil, die proletarischen Organisationen in der Maschinenbauindustrie erstarkten. Schon die Gründung des Allgemeinen Deutschen Arbeitervereins 1863 und noch mehr die Gründung der Sozialdemokratischen Arbeiterpartei 1869 sind Beweise dafür, wie stark die proletarischen Organisationen entwickelt waren, so daß die Gründung der Sozialdemokratischen Partei nicht vom junkerlich-bourgeoisen Staat verhindert werden konnte.
Die Streikbewegung im Maschinenbau nahm in den sechziger Jahren, besonders um 1869, stark zu. Die Ursache dafür ist in der Verschärfung der Ausbeutung und dem Kampf um den Normalarbeitstag zu sehen sowie in der größeren politischen Reife des Proletariats. In Berlin kam es 1865 zu Streiks in solchen Maschinenfabriken, die vorwiegend für die preußische Armee arbeiteten.[559] Streikmotiv waren die zahlreichen Überstunden. Überhaupt trat die Verkürzung der Arbeitszeit häufig in den sechziger Jahren als Motiv der Streiks auf.
Der Kampf des deutschen Proletariats wurde erleichtert durch den Kampf des internationalen Proletariats, vor allem des englischen Proletariats, das schon 1848 das 10-Stunden-Gesetz durchsetzte. Nicht zuletzt auch aus diesem Grunde haben wir vor allem seit 1865 eine ständige Zunahme der Streikaktivität in den Maschinenfabriken zu verzeichnen. Die Bedeutung der Gewerkschaften für die Maschinenbauarbeiter nahm in

[556] Ebenda. [557] Ebenda. [558] Vgl. dazu ebenda.
[559] Vgl. hierzu und im folgenden: „Deutsche Industriezeitung", Jg. 1865, Nr. 10.

den sechziger Jahren rasch zu.[560] Die Gewerkschaften setzten sich erfolgreich für die Interessen der Arbeiter ein, organisierten Streiks und unterstützten die Arbeiter einzelner Maschinenfabriken bei Maßregelungen. So setzte die Gewerkschaft der Maschinenbauer 1869 bei drei größeren Streiks für Arbeitszeitverkürzungen in Görlitz, Kotzenau und Spandau die Ziele der streikenden Maschinenbauarbeiter durch.[561] Ohne Zweifel hätte die Wirksamkeit der Maschinenbauarbeitergewerkschaft, die 1869 etwa 7000 Maschinenbauarbeiter repräsentierte, noch größer sein können, wenn sie nicht von kleinbürgerlichen Auffassungen beeinflußt worden wäre. Bei der überwiegend handwerklichen Herkunft vieler Maschinenbauarbeiter mußten diese Auffassungen gerade in den Maschinenfabriken zunächst einen gewissen Anklang finden. Trotz der hemmenden kleinbürgerlichen Auffassungen kämpften die Maschinenbauarbeiter in den verschiedenen Teilen Deutschlands um die Einführung des Normalarbeitstages. Den Höhepunkt des Kampfes stellte das Jahr 1869 dar. In Hannover streikten im April die Arbeiter der „Maschinenfabrik Meine" für die Verkürzung der Arbeitszeit von 12 auf 10 Stunden täglich.[562] Über den Erfolg des Streiks ist nichts bekannt. Neben der Herabsetzung der Arbeitszeit von 12 auf 11 Stunden bei gleichbleibendem Lohn und Arbeitsbedingungen hatte ein Streik der Augsburger Eisengießer das Ziel, die Entlassung eines Angestellten einer Maschinenfabrik durchzusetzen, der sich gegen Arbeiter verging.[563] Der Streik in der Geschützgießerei Spandau im Juni 1869 hatte zum Motiv die Entlassung eines Bohrmeisters wegen Mißhandlung von Arbeitern.[564] Wir sehen schon bei den Streiks in den sechziger Jahren, daß Solidaritätsstreiks oder Streiks zur Unterstützung gemaßregelter Kollegen durchgeführt wurden. Diese Tatsache charakterisiert wohl am deutlichsten das zunehmende Klassenbewußtsein der Arbeiter.
Ein Streik der Schmiede in Berliner Maschinenfabriken verlief erfolgreich, die geforderte Herabsetzung der Arbeitszeit wurde erreicht.[565] Auch im rheinisch-westfälischen Industriegebiet und in Darmstadt fanden 1869 Streiks statt. Es handelt sich um Maschinenfabriken und Eisenbahnwaggonfabriken. Das Motiv der Streiks ist unbekannt.[566] Die Forderungen der sächsischen Maschinenbauarbeiter nach dem 10-Stunden-Arbeitstag unter Beibehaltung der Feiertage und Lohnerhöhung um 25 % für Überstunden führten in Sachsen erst 1870, in der Hauptsache aber 1871, zu großen Streikkämpfen in den Maschinenfabriken. Trotz des Zusammenschlusses der Maschinenbauunternehmer gelang es den Arbeitern, bis zum Oktober 1871 ihre Forderungen restlos durchzusetzen.

[560] Eine der großen Gewerkschaften war die Allgemeine deutsche Vulkan-Union. Die Gewerkschaft umfaßte Maschinenbauarbeiter, Maschinenschlosser und Eisenarbeiter. Der Sitz der Organisation war Hannover.
Die Verbindungen reichten bis Süddeutschland. Als spezielle Aufgaben der Gewerkschaften werden Reiseunterstützungen, Behebung persönlicher Notstände und Schutz bei Maßregelungen angegeben.

[561] „Deutsche Industriezeitung", Jg. 1869, Nr. 30.

[562] Ebenda, Nr. 17.

[563] „Deutsche Industriezeitung", Jg. 1869, Nr. 25.

[564] Ebenda, Nr. 30.

[565] Ebenda.

[566] Ebenda, Nr. 38, 48.

Weder der Maschinenfabrikantenverein noch der Einsatz von Militär gegen Streikposten konnten den Erfolg des proletarischen Klassenkampfes verhindern, der immer zielstrebiger unter ideologischer Leitung von Marx und Engels geführt wurde.[567] Wenngleich die Sozialdemokratische Arbeiterpartei keine Streiks selbst durchführte, so machte sich doch ihr Einfluß in der zunehmenden Klarheit im Bewußtsein der Arbeiter bemerkbar.

Die Verkürzung der Arbeitszeit in Maschinenfabriken suchten die Unternehmer oft mit Veränderungen im Reglement der Fabrik mit dem Ziel zu verbinden, durch straffere Organisation die Ausbeutung der Arbeiter zusätzlich zu steigern. Diese Bemühungen der Unternehmer stießen auf großen Widerstand seitens der Arbeiter. Meistens genügten Streikandrohungen, um die Versuche der Unternehmer zurückzuschlagen, in anderen Fällen, wie in Essen, kam es 1870 gegen die Einführung eines neuen Fabrikreglements zu großen Streikkämpfen, an denen in einer Fabrik allein 300 Arbeiter beteiligt waren.[568] Der Streik war erfolgreich, das neue Reglement konnte nicht eingeführt werden. Insgesamt hatte die Streikbewegung in Deutschland weitaus größeren Umfang im Maschinenbau, als aus den Beispielen hervorgeht. Das bestätigt uns indirekt vor allem eine Mitteilung der preußischen Zentralbehörden an die Kommunalbehörden, sich stärker als bisher um die Streiktätigkeit in den Fabriken zu kümmern.[569] Durch Einziehung von Arbeitern bzw. Schließung von Betrieben beendete der Krieg 1870 eine Reihe von Streiks. Neben energischen und kraftvollen Klassenkämpfen bewiesen die Maschinenbauarbeiter aber auch schon eine große internationale Solidarität.

Im Zusammenhang mit der sich gegen Ende der sechziger Jahre abzeichnenden Möglichkeit eines Krieges zwischen Preußen und Frankreich überreichten 1867 deutsche Maschinenbauarbeiter durch Deputierte eine Solidaritätsadresse an französische Maschinenbauarbeiter. Hierin kommt zum Ausdruck, daß die internationale Solidarität in der deutschen Arbeiterklasse zu diesem Zeitpunkt schon gut entwickelt war. Es heißt in dem Schreiben:

„Wir scheuen jeden Krieg und halten besonders einen Krieg zwischen Frankreich und Deutschland für gleich sehr schädlich den Interessen der Civilisation und der Freiheit. Wir wissen, daß beide Völker auf ihrem weiten und schönen Gebiet Raum genug haben, um frei, glücklich und friedliebend nebeneinander zu leben, und daß um die Hetzereien Derer, die ein Interesse daran haben, der rohen Gewalt über Recht und Freiheit zum Siege zu verhelfen, die Völker zum gegenseitigen Haß und zum Neid aufzustacheln suchen. Wir sind überzeugt, daß der Arbeiter nichts zu schaffen hat mit dem Lorbeer des Krieges, denn dieser Lorbeer wurzelt in den mit Gebeinen der Arbeiter gedüngten Schlachtfeldern, ist befeuchtet von den Thränen der Witwen und Waisen und ist beladen mit den Flüchen verhungernder Arbeiter. Wir halten die Concurrenz der Arbeit für einzige unserer Cultur entsprechende Wahlstatt und den gemeinsamen Kampf gegen die Feinde derselben für den einzigen uns würdigen Kampf. So senden wir unseren Französischen Brüdern unseren friedlichen Gruß.“ [570]

[567] Vgl. dazu „Deutsche Industriezeitung“, Jg. 1871, Nr. 43, 45; ZÖLLNER, C. W., a. a. O., S. 71.
[568] „Deutsche Industriezeitung“, Jg. 1870, Nr. 9.
[569] „Deutsche Industriezeitung“, Jg. 1870, Nr. 49.
[570] „Deutsche Industriezeitung“, Jg. 1867. Nr. 17.

VI. SCHLUSSBETRACHTUNG

Im Untersuchungszeitraum machte die industrielle Revolution in Deutschland rasche Fortschritte. Die umfangreichen Kapitalanlagen zogen, zusammen mit der fortschreitenden gesellschaftlichen Arbeitsteilung, gesetzmäßig die rasche Ausdehnung des inneren Marktes auf der Basis der Produktionsmittel nach sich. Innerhalb des Produktionsmittelmarktes spielte die Entwicklung der Maschinennachfrage eine entscheidende Rolle. Die Ausdehnung des Maschinenmarktes erfolgte in engstem Zusammenhang mit der gesamten kapitalistischen Entwicklung Deutschlands und war durch sie bedingt.
Der eingehenden Darstellung des inneren Marktes für die Maschinenindustrie gehört der Vorrang, weil er die Grundlage für die Analyse der Entwicklung des fabrikmäßigen Baues von Maschinen ist.
Der zyklische Aufschwung in den vierziger Jahren schloß in Deutschland mit der Krise von 1847 ab, die zu einem wesentlichen Produktionsrückgang auch in der Maschinenbauindustrie führte. Der Rückgang der Produktion wurde durch die revolutionären Ereignisse 1848/49 und die Depression noch verschärft. Die Krise war Ausgangspunkt für eine neue umfangreiche Anlage von konstantem fixen Kapital, für die stufenweise Erweiterung des inneren Marktes, die sich aus den Gesetzmäßigkeiten der kapitalistischen Produktionsweise im Stadium der freien Konkurrenz ergab. Diese Tendenz wurde begünstigt durch den Wegfall einer Reihe von außerökonomischen Hemmnissen im Zusammenhang mit dem zweiten Stadium der bürgerlichen Umwälzung, die bislang die Durchsetzung der kapitalistischen Produktionsverhältnisse behindert hatten.
Andere Hemmnisse, z. B. die politische Zersplitterung Deutschlands und die sich daraus ergebenden Folgen, blieben weiter wirksam bis 1867 bzw. 1870/71.
Für den zyklischen Aufschwung in Deutschland in den fünfziger Jahren war ferner die Entdeckung des kalifornischen und australischen Goldes von Bedeutung.
Auf dieser Basis begann sich seit 1852/53 eine gewaltige Gründerwelle abzuzeichnen, die 1854 bis 1858 ihren Höhepunkt erreichte. Der deutsche Kapitalismus entwickelte ein hohes Tempo, Ausdruck dafür ist die Verdoppelung der gesamten Industrieproduktion. Was die Entwicklung des Maschinenmarktes angeht, so können wir feststellen, daß der schwerindustrielle Bedarf gegenüber den vierziger Jahren des 19. Jh. stärker in den Vordergrund trat, neben dem allgemeinen Eisenbahnbedarf die entscheidende Grundlage des zyklischen Aufschwunges bildete und damit auch die Grundlage für die schnelle Entwicklung der deutschen Maschinenindustrie darstellt.
Die stärkere Einbeziehung der Schwerindustrie in den Prozeß der industriellen Revolution resultierte aus dem gesetzmäßig schnelleren Wachstum der Abteilung I der gesellschaftlichen Produktion gegenüber der Abteilung II.
Begünstigt wurde diese Entwicklung durch wirtschaftspolitische Maßnahmen, z. B. durch die Eisenzollregelung von 1844, die außerordentliche Bedeutung für die selbständige, unabhängige Entwicklung des deutschen Kapitalismus hatte.
Darauf ist zurückzuführen, daß der Maschinen- und Apparatebedarf der Schwerindustrie in den fünfziger Jahren wesentlich rascher wuchs als im vorhergehenden

Jahrzehnt. Die schnelle Steigerung der Produktion von Produktionsmitteln bedingte die Anwendung von Maschinen und Apparaten in zentralisierten Großbetrieben.

Wenn wir die gesamte Entwicklung des inneren Maschinenmarktes überblicken, so können wir feststellen, daß während des zyklischen Aufschwunges in den fünfziger Jahren, besonders aber in den sechziger Jahren, der schwerindustrielle Bedarf im Zusammenhang mit dem Kommunikationsmittelbedarf entscheidend für die Maschinenbauindustrie war.

Die Sprunghaftigkeit der Markterweiterung spiegelt die explosive Ausdehnungsfähigkeit des Kapitalismus in dieser Phase wider.

Zur gleichen Zeit war die ausländische Maschineneinfuhr, insbesondere die englische, zwar absolut gegenüber den vierziger Jahren angestiegen, aber insgesamt betrachtet war sie gegenüber dem gewaltigen Maschinenmarkt quantitativ unbedeutend. Dem Maschinenimport in den Zollvereinen standen sowohl zollpolitische Maßnahmen als auch ökonomische und technische Hemmnisse entgegen. Die deutsche Maschinenbauindustrie konnte unter diesen Bedingungen ihren Anteil an der Befriedigung der Maschinennachfrage rasch steigern. Trotz der günstigen Situation war die Maschinenproduktion keineswegs in der Lage, der sprunghaften Entwicklung des Maschinenbedarfes zwischen 1854 und 1858 zu folgen.

Der Widerspruch zwischen dem Stand der Maschinenproduktion und dem schneller wachsenden Bedarf infolge der industriellen Revolution wurde erst in den sechziger Jahren überwunden, als die Fabrik in der Maschinenproduktion vorherrschte und sich bereits die Anfänge einer Großfabrikation auf einigen Maschinenbaugebieten abzuzeichnen begannen.

Durch die Auswirkungen der Krise von 1857 trat seit Ende 1858 ein leichtes Nachlassen der Aufträge in den Maschinenfabriken ein, aber erst 1859/60 kam es zu beträchtlichen Produktionseinschränkungen. Die Auswirkungen der Überproduktion in der Textilindustrie Ende 1857 auf den Textilmaschinenbau hielten nur wenige Monate an, und bereits 1858 erfolgte eine Belebung des Textilmaschinenbaues. Diese konnte jedoch das Nachlassen des schwerindustriellen Bedarfes nicht kompensieren. Insgesamt waren also die Krisenwirkungen sehr langwierig und führten zu einem Preisfall für Maschinen. Dieser differenzierte Krisenverlauf und die Depression bis 1861 in der Schwerindustrie zeigen, daß die industrielle Entwicklung noch nicht zu einer einheitlichen zyklischen Entwicklung geführt hatte. Es wird weiterer Untersuchungen bedürfen, um dieses Problem endgültig zu klären. Durch Rüstungsaufträge und die Fortsetzung der Bahnbauten war zudem in gewissem Umfange die Krisenwirkung auf den Maschinenbau gemildert worden.

Die sechziger Jahre des 19. Jh. sind durch neue Erscheinungen in der kapitalistischen Entwicklung Deutschlands charakterisiert, die u. a. zu wesentlichen Veränderungen im Umfang und in der Struktur der Maschinennachfrage führten. An erster Stelle ist in diesem Zusammenhang die Tendenz der Kapitalisten zu nennen, stärker als vorher Kapital zur Modernisierung des Produktionsapparates zu investieren. Sie waren dazu auf Grund des Wirkens der ökonomischen Gesetzmäßigkeiten des Kapitalismus der freien Konkurrenz gezwungen. Auch der sich schnell verschärfende Klassenkampf des jungen Industrieproletariats wirkte in der gleichen Richtung.

Daraus ist zu erklären, daß trotz des geringen industriellen Entwicklungstempos die Maschinennachfrage absolut, besonders nach solchen Maschinen, die eine intensive Ausbeutung des Proletariats ermöglichten, zunahm. Recht deutlich ist diese Tendenz in der Baumwollspinnerei, der Weberei, der Roheisen- und Stahlerzeugung sowie in der Maschinenbauindustrie selbst erkennbar.

Die Fortschritte der industriellen Revolution führten ferner durch die rasche Zunahme des Industrieproletariats zur Erweiterung des inneren Marktes für die landwirtschaftlichen kapitalistischen Warenproduzenten. Gleichzeitig machte sich aber besonders gegen Ende der sechziger Jahre die ausländische Konkurrenz auf dem deutschen Markt bemerkbar, so daß sich die Absatzbedingungen für landwirtschaftliche Erzeugnisse verschlechterten. Im Zusammenhang mit der, zumindest in der zweiten Hälfte der sechziger Jahre, einsetzenden Verminderung der agrikolen Überschußbevölkerung wurde die Anlage von Kapital in der Landwirtschaft forciert. Darauf ist die wesentliche Steigerung des landwirtschaftlichen Geräte- und Maschinenbedarfes in den sechziger Jahren in erster Linie zurückzuführen.

Obwohl sich die Maschineneinfuhr in den Zollverein in den sechziger Jahren erhöhte, ist die dadurch vorhandene Konkurrenz für die deutsche Maschinenbauindustrie als gering anzusehen. Ganz wesentlich nahm dagegen die Konkurrenz innerhalb der deutschen Maschinenbauindustrie zu, was u. a. mit der Veränderung der Nachfragestruktur und der Entwicklung des interlokalen Absatzes zusammenhängt.

Die schnelle Entfaltung und Vertiefung eines weitgehend gegen ausländische Konkurrenz gesicherten Maschinenmarktes führte zwangsläufig zur Schaffung und Ausdehnung von Außenhandelsbeziehungen mit dem Ziel, ausländische Märkte zu erobern. Hinderlich stand dem wachsenden Außenhandel die fehlende staatliche Einheit Deutschlands gegenüber, die die deutsche Bourgeoisie daran hinderte, ihre Positionen auf dem Weltmarkt schon in den fünfziger Jahren auszubauen.

Trotzdem stieg — nicht zuletzt auch auf Grund der Fortschritte der industriellen Revolution in den osteuropäischen und skandinavischen Ländern — der deutsche Maschinenexport erheblich an.

Im folgenden Jahrzehnt, besonders seit 1867, machte der deutsche Maschinenexport wesentlich raschere Fortschritte, die vor allem dadurch charakterisiert waren, daß seit 1868 der Zollverein eine aktive Maschinenhandelsbilanz aufzuweisen hatte. Auch der Export deutscher Maschinen nach den westeuropäischen Ländern deutet den qualitativen Umschwung in der deutschen Maschinenbauindustrie an. Im Jahre 1871 waren immerhin schon über ein Drittel der deutschen Maschinenfabriken am Exportgeschäft beteiligt. Besondere Beachtung verdient in diesem Zusammenhang die Tatsache, daß überwiegend Produkte des Schwermaschinenbaues in den sechziger Jahren exportiert wurden.

Die stärkere Zunahme des Maschinenexportes ist aber nicht nur ein Ausdruck für die rasche Entwicklung der deutschen Maschinenbauindustrie, sondern auch eine Folge der sich in dieser Zeit abzeichnenden internationalen Arbeitsteilung.

Wir haben bereits darauf hingewiesen, daß in den fünfziger Jahren ein Widerspruch zwischen der Maschinenproduktion und dem Maschinenbedarf der Industrie und dem Transportwesen zumindest von 1854 bis 1858 vorhanden war. Dieser Faktor wirkte sich auf das Wachstumstempo der Maschinenbauindustrie in erheblichem Maße aus, so daß im Untersuchungszeitraum eine Vervierfachung der Zahl der Maschinenfabriken angenommen werden kann. Man wird mit einiger Sicherheit daraus den Schluß ziehen dürfen, daß von 1850 bis 1870 die Maschinenbauindustrie das größte Wachstum innerhalb der gesamten Industrie aufzuweisen hatte. Die Zunahme der Produktion, die in den fünfziger Jahren etwa der allgemeinen industriellen Zuwachsrate entsprach, dürfte sich von 1862 bis 1870/71 etwa verdreifacht haben. Wenn wir von einzelnen Maschinen ausgehen, z. B. Dampfmaschinen, Lokomotiven und Waggons, können wir für die ganze Periode ein noch größeres Wachstum annehmen.

Für die rasche Steigerung der Maschinenproduktion war neben der quantitativen Ausdehnung der Maschinenbauindustrie der technische Fortschritt von großer Bedeutung. In den fünfziger Jahren des 19. Jh. machte die Verwendung von Werkzeugmaschinen weitere Fortschritte.

Die Notwendigkeit, immer größere Eisen- und Stahlmassen zu verformen, ergab sich aus der Entwicklung vor allem der Schwerindustrie und des Transportwesens. Unter dem Einfluß der industriellen Umwälzung waren in der Maschinenindustrie wesentliche Veränderungen erkennbar, die vor allem darin bestanden, daß sich die maschinelle Herstellung von Maschinen durch Maschinen durchsetzte. Dem technischen Fortschritt standen bis in die Mitte der sechziger Jahre Hemmnisse entgegen, die aus dem Nichtvorhandensein eines der Basis entsprechenden Überbaues resultierten. So führte z. B. die uneinheitliche, unzulängliche Patentgesetzgebung in den Zollvereinsländern zu einer Hemmung des technischen Fortschritts und damit zu einer Beeinträchtigung des Wachstums der Produktivkräfte überhaupt.

Während in den vierziger Jahren die einfachen Universalmaschinen lediglich den Maschinenbauern Hilfsdienste leisteten, war 1870 ein Stand erreicht worden, der die zur Produktion von Maschinen erforderliche manuelle Arbeit verminderte, vor allem durch die Anwendung zyklopischer, vielseitig gegliederter Werkzeugmaschinensysteme, die von gleichmäßig arbeitenden leistungsfähigen Dampfmaschinen angetrieben wurden. Diese Fabriken, in denen die Maschinenarbeit bei der Produktion von Maschinen überwog, sind als die Maschinenfabriken im engeren Sinne anzusehen. Während die Arbeitsteilung in den Maschinenbauunternehmen der vierziger Jahre noch zumeist von dem handwerklich ausgebildeten Maschinenbauer und seinen Fertigkeiten abhing, ist in den 1870 existierenden Fabriken die Arbeitsteilung objektiv von den angewendeten Werkzeugmaschinen bestimmt gewesen, in die der Maschinenbauarbeiter gepreßt wurde.

Die entscheidende Grundlage für diese wesentlichen Veränderungen, die sich in den sechziger Jahren vor allem vollzogen, war die Entstehung des fabrikmäßigen Baues von Werkzeugmaschinen zur Herstellung von Maschinen.

Die Entstehung des Werkzeugmaschinenbaues als selbständiger Zweig in der Maschinenindustrie bildete letztlich die Voraussetzung für den Sieg der kapitalistischen Warenproduktion über die einfache Warenproduktion, weil dadurch die große Industrie eine ihr entsprechende technische Grundlage erhielt. Die Ursache für die Herausbildung des eigentlichen Werkzeugmaschinenbaues ist in der notwendigen Verformung von gewaltigen Eisen- und Stahlmassen zu sehen. Diese Verformung durch die Gießerei, vor allem aber durch die spanabhebende Bearbeitung, konnte mit den manufakturmäßigen Mitteln, also der Anwendung von Hilfsmaschinen bei überwiegender Handarbeit, nicht bewältigt werden.

An der raschen Verbesserung der Qualität der deutschen Maschinenbauerzeugnisse, besonders in den sechziger Jahren des 19. Jh., ist zu einem gewissen Grade ersichtlich, welche Fortschritte in der technischen Ausrüstung der Maschinenfabriken erzielt wurden. Neben den technischen Verbesserungen spielte bei der Erhöhung der Qualität der Produkte besonders der Stand der fachlichen Ausbildung und Geschicklichkeit der Arbeiter eine Rolle.

Die Zahl jener Fabriken, die international anerkannte Maschinen lieferten, nahm in den sechziger Jahren erheblich rascher als im vorhergehenden Jahrzehnt zu.

Die Maschinenfabrik selbst machte Veränderungen durch, die vor allem, wie in der gesamten Industrie, durch die zunehmende Bedeutung der Anlage von konstantem fixen Kapital charakterisiert waren. Hauptsächlich sind die erforderlichen Mittel für Werkzeug- und Antriebsmaschinen schnell angewachsen, weil — bedingt durch die technischen Fortschritte — der Eigenbau von Werkzeugmaschinen, der in den vierziger Jahren noch vorherrschte, immer mehr zurückgedrängt wurde und 1871 schließlich kaum noch eine Rolle spielte. Der Bau von Werkzeugmaschinen hatte ein Niveau erreicht, das einen Eigenbau praktisch ausschloß, wenn die damals übliche Genauigkeit und Präzision erreicht werden sollte. Die Erweiterungs- und Gründungstätigkeit war besonders intensiv in der zweiten Hälfte der sechziger Jahre. Im Jahre 1870 war die Verwendung von einigen hundert Werkzeugmaschinen und mehreren Dampfmaschinen in einer Maschinenfabrik keine Seltenheit mehr.

Der Kapitalbedarf der Maschinenfabriken steigerte sich durch das anwachsende konstante fixe Kapital schnell. Als hauptsächliche Form der Finanzierung der Gründung von Maschinenfabriken hatte sich in den vierziger Jahren bereits die OHG herausgebildet, wodurch Geldfonds in industrielles Kapital umgewandelt wurden. Diese Form ist auch im Untersuchungszeitraum noch weit verbreitet. Die Erweiterung solcher OHG geschah vor allem auf der Basis der akkumulierten Profite, die besonders in den fünfziger Jahren hoch waren. Auch der Hypothekenkredit wurde in gewissem Umfange zur Erweiterung der Fabriken ausgenutzt. Kurzfristige Kredite zur Finanzierung des Bedarfs an konstantem zirkulierenden und variablem Kapital wurden durch die lange Produktionszeit der Maschinen in beträchtlichem Umfange erforderlich. Es war üblich, einen Teil der Mittel durch Vorauszahlungen der Maschinenbesteller zu beschaffen. Trotzdem war die Möglichkeit der Erweiterung und Neugründung von Fabriken unter diesen Bedingungen beengt.

Trotz der relativ hohen Profite wendete sich das Kapital zunächst wegen des Risikos der Maschinenproduktion nur zögernd dieser Anlagesphäre zu. Der entscheidende Durchbruch zu neuen Methoden der Finanzierung erfolgte eigentlich, wenn wir von den Anfängen in den fünfziger Jahren absehen, erst in den sechziger Jahren durch die sich anbahnende Erweiterung von Maschinenfabriken in Form der Aktiengesellschaften. Das angewendete zentralisierte Kapital ermöglichte die Finanzierung der Maschinengroßfabrikation. In erster Linie rentierten sich Aktiengesellschaften im Transport- und Schwermaschinenbau. Die Ursache für die Durchsetzung der Aktiengesellschaften im Schwermaschinenbau allgemein ist darin zu suchen, daß die zur Produktion notwendigen

Werkzeugmaschinen-Systeme solch zentralisiertes Kapital erforderten. Ferner spielt eine Rolle, daß in der zweiten Hälfte der sechziger Jahre sich die Liberalisierung der AG-Gesetzgebung in Preußen abzuzeichnen begann. Die Gründung von Aktiengesellschaften wurde außerdem dadurch erleichtert, daß jetzt Techniker, Ingenieure und auch Arbeiter für die Maschinen-Großfabrikation vorhanden waren. In Maschinenfabriken, die durch Gründung einer Aktiengesellschaft erweitert wurden, sicherten sich die ehemaligen Unternehmer entscheidenden Einfluß.

Fortschritte der Arbeitsteilung innerhalb der Maschinenbauindustrie sind in zweifacher Hinsicht zu bemerken:

1. Fortschritte innerhalb der Maschinenfabrik und
2. Fortschritte innerhalb des Industriezweiges.

Wenden wir uns zunächst der Maschinenfabrik zu.

Die weitergehende Arbeitsteilung in der Fabrik, die durch das Entstehen mehrerer Produktionsabteilungen charakterisiert war, führte dazu, daß der Arbeitsgegenstand eine Reihe von Bearbeitungsstufen durchlief. Die Technologie der Maschinenproduktion verfeinerte sich und führte u. a. zur räumlichen Trennung der verschiedenen Produktionsprozesse innerhalb der Fabrik. Für die Fabrik Ende der sechziger Jahre war typisch, daß der Produktionsprozeß sich in Gießerei, Dreherei, Bohrerei, Hobelei, Schleiferei und die Montage gliederte. Diese überwiegend maschinelle Bearbeitung war möglich durch die zunehmende Genauigkeit der Werkzeugmaschinen und die Einführung von Modellen sowie von Lehren zur Kontrolle der Toleranzen einzelner Teile. Die Arbeitsteilung im Produktionsprozeß führte ferner zu organisatorischen Veränderungen durch die Entstehung von technisch-kaufmännischen Abteilungen. Die Tätigkeit des Unternehmers, den Produktionsprozeß unmittelbar zu leiten, ging seit den fünfziger Jahren immer mehr an die wissenschaftlich ausgebildeten Techniker bzw. an die Meister der einzelnen Abteilungen über. Von den technischen Konstruktionsabteilungen wurden die Zeichnungen und die Technologie der jeweiligen Produktion erarbeitet. Teilweise oblag den Ingenieuren aber auch noch der Vertrieb der Maschinen im sogenannten Kommissionswesen.

Eine verzerrte Widerspiegelung der Fortschritte in der Arbeitsteilung innerhalb der Fabrik stellte die Einführung neuer Fabrikordnungen dar, mit denen die Unternehmer die Arbeiter in die neuen Formen der kapitalistischen Fabrikorganisation mit Hilfe eines ausgeklügelten Strafensystems hineinpreßten. Diese Tendenz war für die gesamte Industrie in den sechziger Jahren typisch.

Auf der Grundlage der Fortschritte der Produktivkräfte, der stufenweisen Erweiterung des Maschinenmarktes und der Entwicklung der Arbeitsteilung in der Fabrik machte die Herausbildung der Zweigstruktur, machte die Arbeitsteilung innerhalb der Maschinenbauindustrie Fortschritte. Dieser Prozeß war dadurch charakterisiert, daß die vor 1850 in der Maschinenbauindustrie vorherrschende Tendenz des allgemeinen Maschinenbaues allmählich zurückgedrängt wurde durch die einsetzende Spezialisierung. Wesentliche Fortschritte in der Spezialisierung waren im Lokomotiv-, Textilmaschinen-, Waggon- und Werkzeugmaschinenbau festzustellen. Die Mehrzahl der Maschinenfabriken war auch 1871 zumeist noch auf den Bau fast aller Maschinen eingerichtet.

Der geringere Spezialisierungsgrad der deutschen Maschinenbauindustrie ist eine Folge der Besonderheiten in der Entwicklung des deutschen Kapitalismus.
Aufmerksamkeit verdient der Konzentrationsprozeß der Produktion in der Maschinenbauindustrie, der sich vor allem in der zweiten Hälfte der sechziger Jahre abzuzeichnen begann. Auf der Grundlage des Wirkens der ökonomischen Gesetze des Kapitalismus der freien Konkurrenz entwickelten sich Großbetriebe, die in immer größerem Umfange ihren Anteil an der Maschinenproduktion erhöhten. Die Entwicklung der Großbetriebe wurde u. a. auch durch die strukturellen Veränderungen des Maschinenmarktes begünstigt. Die Konzentration der Produktion in der Maschinenbauindustrie führte Ende der sechziger Jahre bis dicht an das Monopol heran.
Die Entfaltung der industriellen Revolution brachte u. a. Veränderungen in der Wirksamkeit einzelner Standortfaktoren im Hinblick auf die Maschinenfabrik mit sich. Die Maschinenfabrikation dehnte sich zwischen 1850 und 1870 — territorial gesehen — weiter aus. Es entstanden besonders seit dem Ende der fünfziger Jahre des 19. Jh. neue Zentren mit einer Vielzahl von Maschinenfabriken in Mittel-, Nord- und Nordostdeutschland. In Nordost- und Mitteldeutschland bildete sich auf Grund der Veränderungen in der Landwirtschaft die Produktion von landwirtschaftlichen Geräten und Landmaschinen in einer Reihe von Fabriken heraus. Diese Standorte der Maschinenfabriken wurden weitgehend durch die Absatzmöglichkeiten bestimmt. Das Wachstum des inneren und äußeren Marktes sowie die Verbesserung des Transportwesens bedingten, daß sich bei den Neugründungen von Maschinenfabriken in den sechziger Jahren eine stärkere Orientierung auf Arbeitskräfte bei der Wahl der Standorte bemerkbar machte. Sehr günstige Standorte für die Maschinenindustrie waren in Rheinland-Westfalen, Schlesien und Sachsen vorhanden, weil hier der Absatz, die Rohstoff- und die Arbeitskräftebeschaffung erleichtert wurden. Es entwickelte sich hier vor allem der Bau von schweren Maschinen aller Art. Die material-intensive Produktion verlagerte sich mehr und mehr in die Standorte der Schwerindustrie.
Die überwiegende Mehrzahl der deutschen Maschinenfabriken war in den Industriestädten konzentriert. Im Gegensatz dazu wurden vor allem kleinere Fabriken auf Grund des Lokalbedarfes in ländlichen Gebieten gegründet. Ausgehend von der Spezialisierung der deutschen Maschinenbauindustrie ist seit den fünfziger Jahren eine territoriale Arbeitsteilung in den Anfängen erkennbar.
Das entscheidende sozialökonomische Ergebnis der industriellen Revolution besteht in der Herausbildung des industriellen Proletariats.
Auf Grund des Entwicklungstempos der Maschinenindustrie vervierfachte sich etwa die Zahl der Maschinenbauarbeiter zwischen 1850 und 1870; am meisten nahm sie in der Zeit von 1855 bis 1858 zu. In den sechziger Jahren verringerte sich das Wachstumstempo der Maschinenbauarbeiterzahl, es war aber immer noch schneller als in der Industrie allgemein.
Wir haben festgestellt, daß auch in den Jahren 1850 bis 1870 die Mehrzahl der Maschinenbauarbeiter ihrer sozialökonomischen Herkunft nach Handwerker war.
Solange das Maschinensystem nicht die entscheidende Rolle im Produktionsprozeß spielte, war die Maschinenproduktion an die manuellen Fertigkeiten handwerklich ausgebildeter Arbeiter gebunden, die über eine geradezu künstlerische Geschicklichkeit

verfügen mußten. Solche Arbeiter waren für die Maschinenfabriken in den fünfziger Jahren nicht in genügendem Maße vorhanden. Es ergab sich daher die Notwendigkeit für die Unternehmer, Arbeiter selbst heranzubilden. Erst die Verbesserung der Werkzeugmaschinen drängte in gewissem Umfange die „Maschinenbauer" zurück, indem jetzt — das ist seit der Mitte der fünfziger Jahre der Fall gewesen — schon angelernte Arbeiter, also solche ohne handwerkliche Ausbildung, in den Fabriken selbst ausgebildet wurden. Dieser Typ des Maschinenbauarbeiters verfügte keineswegs mehr über die universellen Fertigkeiten der Maschinenbauer der vierziger Jahre. Er eignete sich lediglich für die Ausführung von Teilarbeiten. Im deutschen Maschinenbau, ebenso wie in anderen Industriezweigen, veränderte sich mit dem technischen Fortschritt die Rolle des Arbeiters im Produktionsprozeß; der Arbeiter wurde zum Anhängsel der Maschine. Diese negativen Wirkungen resultierten daraus, daß im Kapitalismus die Maschine nicht zur Erleichterung der Arbeit, sondern zur Produktion von Mehrwert dient.

Das Überwechseln von Handwerksgesellen in Maschinenfabriken machte vor allem in Sachsen und Süddeutschland auf Grund der Maßnahmen der Zünfte bis in die sechziger Jahre hinein Schwierigkeiten. Diese Maßnahmen müssen sich hemmend ausgewirkt haben, sonst wäre 1861 in Sachsen nicht die Zahl der in Maschinenbaufabriken beschäftigten Handwerksgesellen durch die Aufhebung der Zunftgesetzgebung steil angestiegen.

Die Bourgeoisie war gezwungen, wenn sie die Überlegenheit Englands auf ökonomisch-technischem Gebiet brechen wollte, u. a. das Schulwesen, insbesondere das gewerblich-technische Schulwesen, zu verbessern. Es wurde hauptsächlich versucht, die Herausbildung technischer Kader zu forcieren, um kadermäßige Voraussetzungen für die wissenschaftliche Durchdringung des Produktionsprozesses zu schaffen. Eine Auswirkung davon war die Entwicklung technischer Abteilungen in den Fabriken.

Wenn auch die universellen Fähigkeiten der ausgebildeten Arbeiter verkrüppelten, so darf andererseits nicht übersehen werden, daß die Maschinenproduktion eine Verbesserung der Elementarkenntnisse der angelernten und gelernten Arbeiter erforderte und deshalb im Interesse der Bourgeoisie lag. Die deutsche Bourgeoisie erreichte durch die allgemeine Verbesserung des Schulsystems, besonders durch die technischen Schulen, daß in zunehmendem Maße technische Kader herangebildet wurden. Darauf ist vor allem das spätere Einholen Frankreichs und Englands auf technischem Gebiet mit zurückzuführen.

Das Maschinenbau-Proletariat kämpfte durch eine Vielzahl von Streiks, Teilstreiks und Streikandrohungen gegen die Tendenz der Unternehmer, die Arbeitszeit zu verlängern und die Ausbeutung zu erhöhen. Besonders intensiv wurde die Streiktätigkeit Ende der sechziger Jahre, wo es vor allem um die Verkürzung der Arbeitszeit ging. Die Aktionen der Arbeiter wurden in gewissem Umfange in den Maschinenfabriken dadurch erleichtert, daß die Unternehmer durch lange Verträge mit den Maschinenbestellern gebunden waren, und so genügte zeitweise eine Streikandrohung, um Lohnforderungen durchzusetzen.

Die Intensität der Ausbeutung der Arbeiter nahm im Untersuchungszeitraum zu. Das Tempo der Intensitätssteigerung war in der zweiten Hälfte der sechziger Jahre wesentlich größer als von 1855 bis 1858. Die Entwicklung der Lage der Arbeiter in den Maschinenfabriken war in den fünfziger Jahren durch sinkende Reallöhne charakterisiert. Durch die stärkere Verwendung von angelernten Arbeitern beginnt sich im gleichen Zeitraum eine Nivellierung der Löhne in der gesamten Industrie durchzusetzen. Zwar war insgesamt das Lohnniveau auf Grund der vorhandenen Reproduktionsbedingungen der Ware Arbeitskraft auch 1870 im Maschinenbau noch höher als z. B. in der Textilindustrie, aber die Differenz hatte sich gegenüber den vierziger Jahren verringert. Wir haben es hier mit einem Problem zu tun, das noch gründlich untersucht werden muß. Vor allem müßte erforscht werden, wie sich die Kämpfe der Arbeiter eines Zweiges auf die Verbesserung der Lage der Arbeiter in anderen Zweigen auswirkten. Wir glauben in diesem Falle feststellen zu können, daß im Zusammenhang mit der Verbesserung des Verkehrswesens die Industriearbeiter versuchten, aus schlecht zahlenden Industriezweigen in andere abzuwandern.

Der Klassenkampf der Arbeiterklasse führte in den sechziger Jahren zu einer Verbesserung der Lage der Arbeiter, vor allem im Hinblick auf die Einführung des 10-Stunden-Arbeitstages. Die Ausbeutung wurde intensiver, und die steigenden Unfallziffern kompensierten teilweise die eingetretenen Verbesserungen.

An den zahlreichen Solidaritätsstreiks können wir die bewußtseinsmäßige Entwicklung der Maschinenbauarbeiter erkennen. Fördernd wirkte sich auf diese Entwicklung die Gründung der ersten marxistischen deutschen Arbeiterpartei unter Bebel 1869 aus.

ANHANG

1. Verzeichnis der in die Untersuchung einbezogenen Maschinenfabriken

Achilles, W.	Chemnitz
Adam, J.	Chemnitz
Adler, M., u. Panofsky, H.	Sohrau
Aichele u. Backmann	Berlin
Altmann, Eugen	Magdeburg
Anna-Hütte	Tannhausen
Apel, C.	Braunschweig
Arnd, G.	Chemnitz
Arndt u. Co.	Dortmund
Arnold, Fr.	Magdeburg
Aktiengesellschaft Bergbau Borussia	Dortmund
AG für Eisen-Industrie	Steysum
AG Essener Maschinenfabrik	Essen
AG Friedrich-Wilhelm-Hütte	Mühlheim
AG Harpener Bergbau	Dortmund
AG Hörder Bergwerks- und Hüttenverein	Dortmund
AG Hütte Leopold	Dortmund
AG Kölnischer Maschinenbau	Beyenthal
AG für landwirtschaftliche Maschinen u. Ackergeräte, Regenswalde	Regenswalde
AG Maschinenbau Vulcan	Stettin
AG Maschinenbaugesellschaft Karlsruhe	Karlsruhe
AG Maschinenfabrik Augsburg (seit 1857 AG)	Augsburg
AG Maschinenfabrik Eßlingen	Eßlingen
AG Norddeutsche Fabrik für Eisenbahnbetriebsmaterial	Berlin
AG Rostocker AG für Schiffs- und Maschinenbau	Rostock
Bach und Klug	Chemnitz
Baldauf, C. G.	Chemnitz
Ballin, J. u. Co.	Hamburg
Bassermann und Mondt	Mannheim
Bechern und Keetmann, später: Duisburger Maschinenbau AG	Duisburg
Beck, L.	Chemnitz
Becker, Ludwig	Offenbach
Behrend, Ch.	Wanzleben
Behrend, Friedr.	Wanzleben
Behrisch, Karl	Radeberg
Benarowicz, Franz	Posen

Benndorf, William, später: Werkzeugmaschinenfabrik Vulkan AG	Chemnitz
Berghausen	Köln
Bergmann, Julius	Wetter
Berlin, Karl	Weißenfels
Bernhardt, F. W., später: B. und Philipp	Chemnitz
Beutel und Banarius	Chemnitz
Beyer, Th.	Dresden
Billeter und Klunz	Aschersleben
Bitter, Wilhelm	Bielefeld
Blass u. Co	Dortmund
Blessing, A.	Henningen
Bochumer Verein für Bergbau und Gußstahlfabrikation	Bochum
Bock, C.	Magdeburg
Böcker, Gebr.	Remscheid
Böcking, Ed.	Neukirchen
Böhme	Chemnitz
Boelte, P.	Oschersleben
Bohringer, Gebr.	Göppingen
Börn und Rempel, Bielefelder Nähmaschinenfabrik	Bielefeld
Bötticher und Sondermann	Chemnitz
Bofinger, Gebr.	Ravensberg
Borchert	Chemnitz
Borsig, A.	Berlin
Brach u. Co.	Berlin
Brackmann und Kertschmann	Chemnitz
Brauer	Chemnitz
Brauer und Ludwig	Chemnitz
Brinkmann, G. u. Co.	Witten
Brishar, Gebr.	Reinau
Brodnitz und Seidel	Berlin
Bünger, Aug.	Düsseldorf
v. Burgk	Burgk
Buxbaum, Engelberg	Augsburg
Calow u. Co.	Bielefeld
Camozzin und Schlösser	Frankfurt a. M.
Cegielski, später: Cegielski und Mögerlin	Posen
Collet und Engelhardt	Offenbach
Decon, E.	Chemnitz
Dehm, A. L. G.	Halle
Dehm, Friedr.	Halberstadt
Deuters u. Co.	Hannover
Diehl und Bendross	Chemnitz
Dinglersche Maschinenfabrik	Zweibrücken
Dinnendahl und Röttger, W.	Huttrop
Dittler, Gustav	Pforzheim
Dorning und Krug	Zwickau

Drewitz, E., vorm. E. Drewitz und Rudolph	Thorn
Dreyer, Rosenkranz und Droop	Hannover
Duden, Friedr. u. Co., vorm. E. Koppelmann und Duden	Köln
Eberhardt, Gebr.	Ulm
Ebersbach, Ch. Fr.	Glauchau
Eck, Joseph u. Co.	Düsseldorf
Eckardt und Heyn	Chemnitz
Eckert, H. F.	Berlin
Eckhardt	Altheim
Egells, A., später: Märk. schles. Maschinenbau- u. Hütten-AG	Berlin
Egestorff, G., später Hannover'sche Maschinenbau-AG	Linden
Ehmke, später Philippstahl, G.	Stolp
Eisenhütte Phönix	Eschweiler
Elsterer, Jos., später: Elsterer, A.	Altötting
Elterich	Stuttgart
Englerth und Cunzer	Eschweiler
Ergang, F.	Magdeburg
Erler, A.	Chemnitz
Estever	Altötting
Fielitz, G.	Chemnitz
Findeisen, G. H.	Chemnitz
Fischer, C.	Chemnitz
Fraas, Joh.	Wunsiedel
Främbs und Freudenberg	Schweidnitz
Franke, W.	Chemnitz
Frenzel, M.	Chemnitz
Freund	Berlin
Friedrich und Schüßler	Chemnitz
Froriep und Klingelhöffer	Rheidt
Fürchtenicht und Brock	Stettin
Gandenberg'sche Maschinenfabrik	Darmstadt
Garrett, G. D.	Magdeburg
Garveman und Turner, vorm. C. W. Runde, Dt. engl. Co. für Maschinen u. Pumpen	Hannover
Gebauer, Fr., später: AG für Stückfärb. Appret.	Berlin
Geiger, Karl	Stuttgart
Geisler, G.	Schweidnitz
Gerhardi, W.	Lüdenscheid
Giese, Gebr.	Offenbach
Giesecke, C.	Chemnitz
Glas, Markus	Freising
Gminder, G. C., später Gminder, Gebr.	Reutlingen
Götz und Nestmann	Leipzig
Götzen u. Co.	Chemnitz
Gossner, Ernst	Aue

Gottschald, später: Rötelin und Steiner	Golzern
Gräfl. Einsiedel'sches Eisenwerk	Lauchhammer
Gräflich Stolberg-Wernigeröder Maschinenfabrik Ilsenburg	Ilsenburg
Greßler, N.	Halle
Greulich	Chemnitz
Gschwindt und Zimmermann, später: Geschwindt u. Co	Karlsruhe
Günther und Heise	Chemnitz
Gursch und Klemm, vorm. Gursch, Küstermann u. Co.	Berlin
Gutehoffnungshütte	Sterkenrade
Haack, F., später: Stein, G.	Berlin
Haag, Joh.	Augsburg
Hafner	Chemnitz
Hahn, E.	Stuttgart
Hallström, F.	Nienburg
Hamann	Berlin
Hambruch, Vollbaum u. Co.	Elbing
Hammacher, W.	Dortmund
Hampel, Joh.	Dresden
„Hansa“, vorm. A. Tischbeim	Rostock
Harkort, C., u. Co.	Leipzig
Hartmann, Rich., später: Sächsische Maschinenfabrik AG	Chemnitz
Hartwig, Holler u. Co., später: AG der Holle'schen Carlshütte	Rendburg
Harzer Werke, Rübeland und Zorge	Braunschweig
Haubold, G. G.	Chemnitz
Heckmann, C.	Berlin
Hein, Gebr.	Offenbach
Hammer und Bundgens, später: Hammer, Leop.	Aachen
Henke, Fr.	Probsthain
Henko, Gebr.	Neucoschnitz
Henrichshütte	Hattingen
Henschel und Sohn	Kassel
Hensel, Aug.	Bayreuth
Hermanhütte	Hörde
Hermann	Chemnitz
Hermann, Gust. Ad.	Schweinfurt
Hertel u. Co., später: Eisengießerei und Maschinenfabrik Nienburg AG	Nienburg
Hetzel, J. G., später: Ulbricht, H.	Chemnitz
Heyne, W.	Chemnitz
Hilger, E.	Essen
Hilgers, Jacob	Rheinbrohl
Hilscher, G.	Chemnitz
Honer	Ravensburg
Honigmann, Maschinenfabrik	Essen
Honold und Wagner	Eislingen
Hoppe	Berlin
Hotopp, H.	Elbing

Hüttenverw. und Werkstätten Zinkwalzwerk	Pida
Hüttenwerk St. Engbert	St. Engbert
Hüttenwerk Gleiwitz	Gleiwitz
Hüttenwerk Lehrkind u. Co.	Haspe
Hüttenwerk Malapane	Malapane
Hüttenwerk Sayn (staatl.)	Bendorf
Hummel	Berlin
Hunold, C. W.	Chemnitz
Huth u. Co., später: Elbing u. Co.	Goldberg
Idahütte	Saarau
Illing, F. G.	Chemnitz
Jacobi	Meißen
Jänecke, Fritz	Berlin
Jahn, Ch.	Hof
Jahn und Arendt	Dessau
Januschěk, E.	Schweidnitz
Jeep	Köln
Joerning und Sauter	Buckau
Johann-Hütte	Thorn
Josten	Düsseldorf
Jung und Must	Halle
Junker und Rab	Karlsruhe
Kahle	Reichenberg
Kamp u. Co., später: Märk. Maschinenfabrik	Wetter
Karlshütte	Altwasser
Kautz und Westmeyer	St. Johann
Keller und Bauning, J., später: Bauning, J.	Hamm
Kermaul, M. H.	Berlin
Kerzdörfer	Ausbach
Ketzer, V.	Chemnitz
Kiesler u. Co., später: Zittauer Maschinenfabrik u. Eisengießerei	Zittau
Kietzer, Robert	Leipzig
Klein, Font und Bohn	Johannisburg
Klein, Gebr.	Kreuzthal
Klemm, Gebr.	Eckernförde
Kleym und Rosenbaum, später: K. u. Beck	Darmstadt
Klinger	Glauchau
Klusmann	Sudenburg
Köbner und Kautz	Breslau
Köhn, Albert	Halle
Kölner Wassermot.-Fabr. u. Fabr. hydr. Pumpen- u. Hebemasch.	Köln
König und Bauer	Oberzell
König, C.	Speyer
Königl. Bayer. Berg- u. Hüttenamt	Bergen
Königl. Hüttenwerk	Königsbrunn

Körner, C., später: AG Görlitzer Maschinenfabrik u. Eisengießerei	Görlitz
Kormann, L.	Chemnitz
Korte u. Co., später: Bochumer Eisenhütte	Bochum
Krauss u. Co.	München
Kropf, O., u. Co., später: AG für Fabr. v. Eismasch. u. sonst. App.	Nordhausen
Küchenmeister, H. F.	Chemnitz
Kuhn, Alfred	Gera
Kummer und Küßner	Chemnitz
Kupfer u. Aders	Magdeburg
Kurz, P. J.	Walldüren
Kutschke und Götze	Bautzen
Laeis u. Co.	Trier
Lässig	Chemnitz
Lamberts, H. u. R.	Burtscheid
Landes, J. G.	München
Lange und Lindner	Berlin
Langen, O. u. R., später: Deutz	Köln
Langer und Gehrkens	Ottensee
Lanz, Heinrich	Mannheim-Bad
Leder, R.	Quedlinburg
Lehmann, J.	Berlin
Lehrmann, J. M.	Lübtau
Lerch, G.	Nurtingen
Lichelt u. Cie.	Chemnitz
Lichthardt	Dortmund
Linke, G., später: Breslauer AG für Eisenbaubed.	Breslau
Lismann	München
Löhdefink, D. A.	Hannover
Loewe u. Co., Kommandit-Ges. auf Aktien	Breslau
Lossen und Schäffer	Darmstadt
Ludwig, R.	Chemnitz
Lüders, C.	Görlitz
Maaß und Kienast	Berlin
Mahle und Bausch	Cannstadt
Manhard	München
Mansfeld, Ch.	Leipzig
Marienhütte	Saarau
Marienhütte	Zwickau
Martin, W.	Bitterfeld
Maschinenbauanstalt Buckau	Buckau
Maschinenfabrik und Eisenhüttenwerk Wilhelmshütte, später: Wilhelmshütte AG	Sprottau
Maschinenfabrik der Vereinigten Hamburg-Magdeburger Dampfschiffahrtsgesellschaft	Magdeburg
Maschinenfabrik d. Prinz Karls-Hütte	Rothenburg
Maultzsch, H.	Zschilau

Mende, A. H.	Chemnitz
Merkel, C.	Chemnitz
Merz und Geyer	Chemnitz
Metzger und Venenbeth	Darmstadt
Meyer, C., u. Co.	Düsseldorf
Michaelis und Miller	Chemnitz
Möller und Holberg	Stettin
Möller, K. u. Th.	Bielefeld
Möwes und Leutert	Halle
Müller, A., u. Link, T.	Stuttgart
Müller, F. H.	Chemnitz
Müller und Rentzsch	Crimmitschau
Münch, F. A.	Chemnitz
Münich u. Co.	Chemnitz
Münzer, Gebr.	Oppenheim
Mundlos und Schulz	Magdeburg
Näher, J. E.	Chemnitz
Nagel und Kaemp	Hamburg
Naundorf, J. G.	Werdau
Nestler und Breitfeld	Erla
Netke und Milzlaff	Elbirg
Öchselhäuser und Blum, später: Bln.-Anhalt. Maschinenbau-AG.	Berlin
Oeser, G.	Chemnitz
Ohm u. Co.	Berlin
Opel, Adam	Rüsselsheim
Partick, J. E.	Chemnitz
Pauksch und Schröter, später: J. H. Freund, später P. u. F. Kommanditgesellschaft auf Aktien	Landsberg
Peisker u. Co.	Schweidnitz
Petzholdt	Döhlen
Petzold'sche Maschinenfabrik	Bautzen
Pfaff, C. M.	Kaiserslautern
Pfaff, C., später: Werkzeugmaschinenfabrik Saxonia	Chemnitz
Pietsch und Glockner	Chemnitz
Plöttner, W. u. Co.	Crimmitschau
Pötz, W.	Chemnitz
Pohlmann	Berlin
Pollack, Schmidt u. E., später: Hamburg-Amerik. Nähmaschinen Fabr.	Hamburg
Poppe, H.	Ülzen
Prinz Carls-Hütte	Rothenburg
Quester, Wilh.	Köln
Rappsilber, August	Pillowitz
Rathgeber, J.	München

Reichenbach	Augsburg
Reiherstieg Schiffsmasch. Fabr.	Hamburg
Reimsch, Karl	Dresden
Reinecker, J. E.	Chemnitz
Reinicke, E.	Königsberg
Redecker und Nauß	Bielefeld
Renson und Mönting	Bochum
Richard, H. u. Hermann, vorm. M. E. Richard	Burtscheid
Richter, A. W.	Chemnitz
Riedel und Kemnitz, später: Hallesche Maschinenfabr. u. Eisengießerei	Halle
Riedel, S.	Chemnitz
Riedinger, L. A.	Augsburg
Rindig und Wünschelmann	Leipzig
Rissmann, Oscar	Mittweida
Rockstroh, G. H.	Chemnitz
Röther, C.	Liegnitz
Ronninger, O.	Leipzig
Rosenkrantz	Chemnitz
Rossberger und Schröter	Chemnitz
Rost, C. E. u. Co.	Dresden
Rudolph und Beck	Chemnitz
Rüßler, später: Maschinenfabrik u. Eisengießerei AG	Darmstadt
Ruetz u. Co.	Dortmund
Saarbrücker Maschinen- u. Schiffsbau-Anstalt	Saarbrücken
Sachsenberg, Gebr.	Rußlau
Sack, R.	Leipzig
Säuberlich, F.	Chemnitz
Sauerbrey, G. V. u. Riesberg	Staßfurt
Scatz, H.	Reingarten
Seiberlich u. Co.	Riesa
Seidel und Naumann	Dresden
Serbes u. Co.	Chemnitz
Seyfert, O. F.	Chemnitz
Siemens und Halske	Wetter
Siewers u. Co., später: Maschinenbau-AG Humboldt	Kalk
Sigl, G.	Berlin
Speck, J. A.	Chemnitz
Spranger und Schimmel, später: O. Schimmel u. Co.	Chemnitz
Swiederski, P.	Leipzig
Schäffer und Udenberg	Magdeburg
Scharrer u. Co.	Nürnberg
Schellenberg, August	Chemnitz
Schellenberg, C. F., später: Maschinenbauverein	Chemnitz
Schichau, F.	Elbing
Schieß, E.	Düsseldorf

Schiet, D. T.	Görlitz
Schlegel, F.	Chemnitz
Schleuter, J. u. Co.	Aachen
Schlick, Otto, später: Sächs. Dampfmasch. u. Masch. Fabr. AG	Dresden
Schlosser, später: Schlosser und Meyer	Crimmitschau
Schlüter, R.	Hannover
Schmaltz, Gebr.	Offenbach
Schmiers, W. u. Stein	Leipzig
Schmidt, C.	Chemnitz
Schmidt, C. u. Co., später: Schlesische AG f. Eisengießerei, Maschinen u. Waggonbau	Breslau
Schmidt, E. H.	Chemnitz
Schmidt, F.	Halle
Schmidt, R.	Altona
Schneider und Fritze, später: Fritze, G. H.	Küstrin
Schneider, Gebr.	Cottbus
Schneider, R.	Düsseldorf
Schöne, J. G. u. Sohn	Leipzig
Schönherr, L.	Chemnitz
Schöttler, G.	Magdeburg
Scholze, C. M. M.	Crimmitschau
Schröter, A.	Chemnitz
Schuster und Krutemeier	Minden
Schwaber, J. F.	Chemnitz
Schwalbe und Sohn	Chemnitz
Schwartz, A.	Berlin
Schwartzkopff, später: Berliner Maschinenbau AG	Berlin
Schweizer, J., später: Schenk, Mohr und Elsäßer	Mannheim
Steckel, C. F.	Elbing
Steiner, J.	Chemnitz
Steiner und Trautheim	Chemnitz
Steiniger, C. G.	Chemnitz
Stengelin, J. K.	Tuttlingen
Straubs, D.	Geißlingen
Strobel, C.	Chemnitz
Stübingen, J. L.	Chemnitz
Stückler und Terrot	Chemnitz
Taatz, A.	Halle
Talbott und Herbrandt	Aachen
Taylors, W., Patentnähmaschinenfabrik, vorm. Schippmann, A.	Chemnitz
Tettweiler, G.	Saarbrücken
Thieme, G.	Chemnitz
Thomas	Berlin
Thomas	Dresden
Tiedow, Louis	Magdeburg
Tietsch u. Co., später: Berliner Eisengießerei u. Werkzeugmaschinenfabrik	Berlin

Tietzens, C. G.	Heidau
Tippmann, C. G.	Chemnitz
Ulbrich, H.	Chemnitz
Ulbricht, F. W.	Chemnitz
Vaaß und Littmann	Halle
Voigt, A., später: Stickmasch. Fabrik	Chemnitz
Voigt, R.	Chemnitz
Vorwärts-Hütte	Waldenburg
Waggonfabrik Ludwigshafen	Ludwigshafen
Wagner u. Co.	Dortmund
Wagner, R.	Chemnitz
Walrath und Bach	Chemnitz
Wannsteiner Gruben u. Hüttenwerke	Wannstein
Watremez und Kloth	Aachen
Wedding	Berlin
Wegelin und Hübner	Halle
Weichholdt, W.	Chemnitz
Weil, M.	Frankfurt a. M.
Weiland, H.	Chemnitz
Weissbach, G. H., vorm. Weissbach und Lehrmann	Chemnitz
Weisser, J. G. u. Söhne	St. Georgen
Wenker und Birminghaus	Dortmund
Weyer u. Co.	Düsseldorf
Wiedau, G., u. A. Plischke, 1862, später: Neptun AG	
Wiedermann, F. E.	Chemnitz
Wiedermann, G. O.	Chemnitz
Wilhelm-Hütte,	Oberwaldenburg
Wilhelm-Hütte, später: Maschinen-Fabrik u. Eisengießerei AG, ab 1870	Sprottau
Willich, W.	Hörde
Windscheit, O. u. F.	Düsseldorf
Winkler und Sohn	Chemnitz
Winkler, W.	Chemnitz
Wöhlert,	Berlin
Wolters, J.	Aachen
Zimmermann u. Co.	Halle
Zimmermann, H.	Berlin
Zimmermann, J.	Chemnitz
Zypen, Vande und Charlier	Deutz

2. *Tabellen*

Tabelle 1

Einfuhr, Ausfuhr und Verbrauch an Eisen (reduziert auf Roheisen) im Zollverein (in t) von 1851 bis 1871

1851 = 100

	1	2	3	4	5	6
Jahr	Produktion	Einfuhr	Ausfuhr	Verbrauch	Ø Verbrauch je Kopf der Bevölkerung	Veränderung
1851	218796	126672	26955	318513	18,4 Pf.	100 + 0
1852	244096	130232	25728	348600	20,1 Pf.	109 + 9
1853	295586	124064	29982	389668	22,3 Pf.	121 + 12
1854	369202	166830	36713	499319	28,5 Pf.	155 + 34
1855	419969	197990	36069	579890	33,2 Pf.	180 + 25
1856	495112	263332	59463	698981	40,0 Pf.	218 + 38
1857	536057	345903	69231	812729	46,3 Pf.	252 + 34
1858	557770	356221	55114	858877	48,9 Pf.	266 + 14
1859	579992	157209	45537	691564	39,3 Pf.	213 — 53
1860	545298	146218	44027	647479	36,5 Pf.	198 — 15
1861	591593	178971	62756	707808	39,8 Pf.	216 + 18
1862	696350	200539	74962	821827	46,1 Pf.	250 + 34
1863	812555	204444	75182	941817	53,1 Pf.	289 + 39
1864	904658	155744	94322	966080	53,9 Pf.	293 + 4
1865	988191	218829	75503	1131517	63,0 Pf.	340 + 47
1866	1046954	233574	99876	1180652	65,5 Pf.	356 + 16
1867	1113606	165576	129807	1149375	63,5 Pf.	345 — 11
1868	1264347	192902	262649	1194602	66,1 Pf.	359 + 14
1869	1413030	263837	302480	1374387	76,1 Pf.	414 + 55
1870	1391124	297787	291023	1397888	77,2 Pf.	420 + 6
1871	1583682	589778	314662	1808798	99,9 Pf.	543 + 123

Erläuterungen:

1. Die Angaben der Spalten 1—4 sind von BECK, L., a. a. O., 5. Abt., S. 255, entnommen. Diese Zahlen sind die besten, weil darin die Angaben folgender Werke berücksichtigt worden sind: VIEBAHN, G., Statistische Studien des zollvereinten und nördlichen Deutschland. Berlin 1862; SERING, M., a. a. O., S. 290 ff.; BIENENGRÄBER, A., Statistik des Verkehrs und Verbrauchs im Zollverein für die Jahre 1842–1864. Berlin 1868.
2. Die Einfuhr in t umfaßt:
   a) Roheisen und altes Brucheisen,
   b) alle übrigen Eisenfabrikate im Verhältnis 100 : 140 auf Roheisen reduziert.
3. Die Ausfuhr in t umfaßt Roheisen und andere Einfuhrfabrikate bis 1864 im Verhältnis 100:150 auf Roheisen reduziert, ab 1865 100:140.
4. Die Zahlen der Spalte 4 ergeben sich aus der Addition von 1+2, unter Abzug von 3.
5. Die Angaben des durchschnittlichen Eisenverbrauches je Kopf der Bevölkerung wurden von mir berechnet unter Berücksichtigung der jährlichen mittleren Bevölkerung des Zollvereins (Sp. 5).

Zur Kritik der Kennziffer:

1. Im Pro-Kopf-Verbrauch ist auch der Anteil der eisenverarbeitenden Handwerke und Gewerbe enthalten, so z. B. der Schmiede, Schlosser, Mechaniker, und insofern ist die Kennziffer kein völlig realer Gradmesser für die Zunahme der Maschinenproduktion.

2. Bei allen Angaben wurde das alte Brucheisen nicht berücksichtigt, d. h., wir haben es fast immer bei den Jahresangaben lediglich mit dem Zuschuß an neugewonnenem Eisen zu tun. Daher sind die Durchschnittsangaben etwas zu niedrig!

3. Wie bei allen Zollvereinsstatistiken ist zu berücksichtigen:
   a) 1854 kam Hannover und Oldenburg zum Zollverein hinzu;
   b) 1867 wurde die Zollinie auf Schleswig-Holstein, Lauenburg, Mecklenburg-Schwerin und Strelitz sowie Lübeck ausgedehnt;
   c) 1871 war in den Zahlen bereits das durch Deutschland annektierte Elsaß-Lothringen enthalten.

Tabelle 2

Anzahl der Maschinenfabriken im Zollverein *

Jahr	Preußen	Sachsen	Württemberg	Bayern	Hessen	u. a. deutsche Staaten	insgesamt
1846	131	232	17	14	18	5	417
1861	314	164	48	23	37	79	665
1875**	1196			182***			

Erläuterung:

Direkt vergleichbar sind die Zahlen nicht, weil sie nach unterschiedlichen Aufnahmetechniken gewonnen wurden. So wurden z. B. 1846 in Sachsen zahlreiche handwerkliche Maschinenbauer mitgezählt. Realer sind insgesamt die Zahlen für 1861 und 1875, die eine Analyse schon eher gestatten.

* Gewerbe-Tabelle der Fabrikationsanstalten und Fabrikunternehmungen aller Art in sämtlichen Staaten des Zollvereins nach der Aufnahme von 1846. Tabellen der Handwerker, der Fabriken sowie des Handels- u. Transportgewerbes im Zollverein. Nach der Aufnahme von 1861 vom Zentralbüro des Zollvereins zusammengestellt;
SCHMOLLER, G., Die Ergebnisse der zu Zollvereinszwecken in Württemberg stattgefundenen Gewerbeaufnahme, Württemberg. Jahrbücher, Jg. 1862, Heft 2;
vgl. FRORIEP, O., a. a. O., S. 112.

** Nach ENGEL, E., Die deutsche Industrie 1875 und 1861. Berlin 1881, 2. verb. Auflage, S. 324. Preußen allein, Betriebe über 50 Arbeiter mit Motoren!

*** Für Bayern ebenda.

Tabelle 3

*Einfuhr von groben Eisen- und Gußwaren in den Zollverein (in Nettoztr., d. h. 6 % Abzug)**

Jahr	grobe Guß- und Eisenwaren (insges.) (a)	Maschinen von a (b)	in %	davon Lokomotiven, Tender Dampfkessel (c)	in % von b	Maschinen aus Schmiedeeisen oder Stahl (d)	in % von b	Maschinen aus Gußeisen (e)	in % von (b)	Veränderungen der Masch. Einfuhr (1866 = 100) (f)	Veränderungen der Einfuhr von c und d (1866 = 100) (g)	Veränderungen der Einfuhr von e (1866 = 100) (h)
1854/57	184412	83000										
1858/61	247694	112000**										
1862/64	316415	140380**										
1865 Jan.–Juni	141677	64000**										
1865 Juli–Dez.	256321	115000**										
1866	401359	204835	51	52585	25,5	27962	14	124288	60	100	100	100
1867	387850	203231	52	25599	13	31156	15	146476	72	99	70	117
1868	405659	191159	47	16256	8	28567	15	146336	76	93	56	117
1869	625400	254048	41	21436	9	38124	15	194480	76	124	69	156
1870	609728	24737[illegible]		23154	9	41007	16,5	183218	74	121	79	148
1871	708386	280033	39,5	37654	10	49503	18	202876	72	136	91	164

* Die Zahlen wurden entnommen: FRORIEP, O., a. a. O.; SERING, M., a. a. O.; BIENENGRÄBER, A., a. a. O.

** Grobe Schätzungen von W. B.

Tabelle 4

*Ein-, Aus- und Durchfuhr von Maschinen 1866 bis 1871 (Zollverein)**

1866 = 100

Jahr	Einfuhr	Ausfuhr	Mehreinf.	Mehrausf.	Durchf.	E	A
1866	154307	108393	45914		129092	100	100
1867	179246	150803	28643		242453	116	139
1868	176525	226734		50209	284228	115	210
1869	234542	328669		94017	313593	152	303
1870	225673	296691		71018	225967	146	274
1871	253934	371032		117098	267817	165	342

* FRORIEP, O., a. a. O., S. 72.

Erläuterung:

Die Zahlenangaben (Nettozentner) beziehen sich auf den Zollverein. Die Tabelle umfaßt: Guß-, schmiedeeiserne, stählerne und Maschinen aus unedlen Metallen sowie die Maschinenteile. Lokomotiven, Tender, Dampfkessel sind nicht berücksichtigt!

Tabelle 5

Die Ausfuhr (i. Ztr.) von Lokomotiven, Tendern und Dampfkesseln (Zollverein) *

Jahr	Ausfuhr	Ausfuhr von Lokomotiven, Tendern, Dampfkesseln in % der Gesamtausfuhr	Veränderung (1866 = 100)
1866	28561	26,4	100
1867	42648	28,2	149
1868	31489	13,4	110
1869	52085	15,8	183
1870	87715	29,5	237
1871	88070	23,7	238

* FRORIEP, O., a. a. O., S. 75.

Tabelle 6

Magdeburger Tage- und Akkordlöhne (Beispiel: „Gräflich Stolbergsche Maschinenfabrik")
(in Mark und Pfennig berechnet von W. B.) *

je Arbeiter wurde verdient in:	durchschnittlicher Tagelohn	Akkordlohn	Prozent. Verhältnis Tagelohn zum Akkordlohn
1853			
Schlosserei	1,77	2,90	163,4
Dreherei	1,69	2,89	171,3
Tischlerei	1,59	2,58	161,1
Schmiede	1,50	2,85	190,2
Kesselschmiede	1,54	2,53	158,6
1866			
Schlosserei	2,37	3,22	135,3
Dreherei	2,34	3,36	143,4
Tischlerei	2,68	3,06	114,1
Schmiede	1,73	3,00	172,9

* FUHLROTT, J., a. a. O., S. 35 ff.

Tabelle 7

Tagelöhne einer Heilbronner Maschinenfabrik 1864 **(In Mark und Pfennig berechnet v. W. B.)** *

Arbeiterkategorie	Ø	untere Grenze	obere Grenze	
Metalldreher	2,60	2,00	4,00	153%
Schlosser	2,36	1,08	2,84	120%
Schmiede	2,36	2,00	2,72	115%
Modelltischler	2,50	2,18	2,90	—
Gießer	2,56	2,24	2,00	—
Tagelöhner (ält.)	1,08	0,96	2,24	—
Tagelöhner (jüng.)	0,50	0,30	0,72	—

Tabelle 8

Berliner Tagelöhne in den fünfziger Jahren des 19. Jh. **(In Mark u. Pfennig berechnet v. W. B.)** **

Arbeiterkategorie	Satz	Ø Satz	Höchstsatz
Former, Gießer	2,50	3,00	5,00 Akk. 166%
Modelltischler	2,00	2,50	3,00
Schlosser und Schmiede	2,00	2,50	3,00 Akk. 120%
Hammerschmiede	3,00	5,00	6,00 Akk. 120%
Fabrikarbeiter allgemein	1,50	1,75	2,00
Monteure	—	3,00	4,00
Tagelöhner	—	1,25–1,50	1,50

* Preußisches Handelsarchiv, Jg. 1866, S. 380.

** SCHULTE, F., a. a. O., S. 92.

Tabelle 9

Chemnitzer Wochenlöhne

Berufsgruppen	1860	1865	1869	1870
Maschinenbauarbeiter	9,00–13,50	12,00	13,50	14,10
Eisengießer	10,50	12,00	10,50–14,00	–
Schlosser	10,50	12,00	13,50	–
Schmiede	9,00–12,00	12,00	15,00	–
Maschinenheizer	9,00–12,00	11,25	12,75	–
Tischler	9,00	9,00	12,00	–
Eisenbahnarbeiter	–	7,80	–	–
Formenstecher	16,50	15,00	15,00	–
Spinner	9,00–12,00	6,00	6,00–15,00	–
Handweber				13,50
Kettenweber	13,50	13,50	12,00	–
Tagelöhner	6,90	6,60	9,00	–
Maschinenschlosser	13,50	12,90	13,60	15,00
Maschinentischler	13,50	13,50	10,80	13,80

Erläuterung:

Die Angaben dieser Tabelle wurden von mir ebenfalls in Mark und Pfennig umgerechnet wegen der besseren Vergleichbarkeit mit den anderen Angaben. Sie wurden entnommen: BARTH, H., a. a. O., S. 130, Jahresbericht der Handels- und Gewerbekammer Chemnitz für 1871/72.

Tabelle 10

Durchschnittliche Tagelöhne in sächsischen Maschinenfabriken
(in Mark und Pfennig berechnet von W. B.)

Jahr	1. Schlosser	2. Modelltischler	3. Sonstige Maschinenbauarbeiter	4. Eisengießer	1. Schlosser	2. Modelltischler	3. Sonstige Maschinenbauarbeiter	4. Eisengießer
		Chemnitz				Zwickau		
1860	2,25	2,25	1,50	1,75	2,75	2,00–2,50	1,50–2,00	1,50–2,00
1864	2,25	2,25	1,50	1,75–2,00	2,50–3,50	2,00–3,00	1,50–2,25	2,00–2,50
1865	2,15	2,25	1,87	2,00				
1866	2,15	2,25	1,87	2,00				
1867	2,20	2,25	1,87–2,00	2,00				
1868	2,25	2,30	1,87–2,00	3,00				
1896	2,40	1,80–2,30	1,87	–				
1870	2,50	1,80–2,30	1,87	–				
		Glauchau				Crimmitschau		
1860	2,25	1,75	1,30	2,25	1,50	1,50	1,50	2,25
1864	2,75	2,25	1,50	1,75	1,75	1,75	1,75	2,50
1865	2,00	2,00						
1866	2,00	2,00	2,00	–				
1867	1,75–2,00	1,75–2,00	1,50–2,00	–				
1868	1,75–2,00	1,75–2,00	1,50–2,00	1,50–2,50				
1869	2,50	2,00	1,50–2,00	2,50				
1870	2,50	2,00	1,50–2,00	–				
	Städte von 5000–10000 Einwohnern (Sa.)							
1865	1,30–2,50	1,00–2,50	1,25–1,50	–				
1866	1,62	1,00–2,50	1,30–1,50	1,75–2,50				
1867		1,25–3,00	1,30–2,25	–				
1868	3,00	–	1,30–2,25	2,00–3,25				
1869	1,00–2,25	1,75–3,00	1,50–2,50	–				
1870	1,00–2,25	1,75–3,00	1,50–2,50	–				

Erläuterung:

Die Lohndaten wurden vor allem aus Jahresberichten der Handels- und Gewerbekammern 1860–1870 zusammengestellt.

Tabelle 11

Das zahlenmäßige Verhältnis zwischen Arbeitern und technischen Angestellten in Maschinenfabriken
(berechnet und zusammengestellt von W. B.)

	Ange-stellte	Ar-beiter	Auf einen techn. Angest. kommen:	Produktion
1. C. Meyer u. Co., Düsseldorf	20	600	30,0 Arb.	Waggons, Bahnbedarf, Lokomotiven
2. Krauss u. Co., München	70	600	8,5 Arb.	Bahnmaterial
3. Maffei, G. A., München	35	740	21,1 Arb.	Lokomotivbau, Dampfmaschinen, Dampfkessel
4. Maschinenfabrik Eßlingen AG	50	1550	31,0 Arb.	Lokomotiven, Waggons, Brücken
5. Maschinenbau-Gesellschaft Karlsruhe	69	1169	16,9 Arb.	Lokomotiven, Bahnbedarf, Kriegsmaterial, Waggons
6. L. Schwartzkopff, Berlin	101	1700	16,8 Arb.	Lokomotiven, Dampfmasch., Dampfkessel, Brücken, Bahnbedarf
7. G. Linke, Breslau	38	1200	31,5 Arb.	Waggons
8. G. Egestorff, Hannover	128	2744	21,5 Arb.	Lokomotiven
9. C. Schmidt u. Co., Breslau	42	820	19,5 Arb.	eiserne Waggons
10. Rostocker AG für Schiffsbau und Maschinenbau, Rostock	17	370	21,7 Arb.	Schiffe, Dampfmaschinen
11. Reiherstieg, Schiffswerft und Maschinenfabrik, Hamburg	35	800	22,1 Arb.	Werft und Maschinenfabrik
12. A. Tischbein, Rostock	20	400	20,0 Arb.	Maschinenfabriken, Schiffsmaschinen, Fabrikanlagen
13. Danziger Maschinenbau AG, vorm. Steckel und Wagenknecht, Danzig	15	190	12,6 Arb.	Kriegsmaterial, Werkzeugmaschinenbau

Tabelle 12

Die durchschnittlichen Tagelöhne im deutschen Maschinenbau von 1850 bis 1870
(in Mark und Pfennig berechnet von W. B.)

Jahr	in Mark*	Maschinenbau 1870=100	Differenz z. Vj.	Lebenshaltungskosten 1870=100	Differenz z. Vj.**	Baumwollweber***	Landw. Tagelöhner***	Schles. Leinenhandweber***
1850	1,56	65	± 0	59	± 0			—,60
1851	1,61	67	+ 2	66	+ 7			
1852	1,50	62	— 5	78	+ 12			
1853	1,61	67	+ 5	83	+ 5			
1854	1,68	70	+ 3	97	+ 14			
1855	1,73	72	+ 2	104	+ 7			
1856	1,90	79	+ 7	102	— 2			
1857	2,10	87	+ 8	86	— 16			
1858	2,13	88	+ 1	83	— 3			
1859	2,06	85	— 3	83	± 0			
1860	2,05	85	± 0	89	+ 6	1,33	1,38	—,55
1861	1,94	80	— 5	92	+ 3			
1862	1,96	81	+ 1	94	+ 2			
1863	2,15	89	+ 8	86	— 8			
1864	2,19	91	+ 2	82	— 4			
1865	2,10	87	— 4	85	+ 3		1,33	—,96
1866	2,11	87	± 0	90	+ 5			
1867	2,13	88	+ 1	106	+ 16	1,66	1,46	1,05
1868	2,19	91	+ 3	107	+ 1			
1869	2,40	100	+ 9	98	— 9	1,66	1,63	1,15
1870	2,40	100	± 0	100	+ 2			

* Die Tagelöhne wurden aus zahlreichen Einzelangaben berechnet, die sich in Handelskammerberichten und der Literatur fanden. Eine Gewichtung der verschiedenen Angaben ist nicht vorgenommen worden, weil keine ausreichenden Angaben über die Maschinenbauarbeiterzahl erhältlich waren. Der angegebene Durchschnittslohn setzt sich aus Lohndaten folgender Städte bzw. Gebiete zusammen: Berlin, Augsburg, Magdeburg, Chemnitz, Zwickau, Glauchau-Meerane, sächsische Städte (von 6000 bis 10 000 Einwohnern), sächsische Städte (unter 5000 Einwohnern), Essen (Krupp), Görlitz, Hanau (Hessen), Duisburg, Bielefeld, Heilbronn und Stettin. Angaben über Jahres- oder Wochenlöhne wurden von uns auf Tagelöhne umgerechnet.

** KUCZYNSKI, J., Die Geschichte der Lage der Arbeiter in Deutschland. A. a. O., Bd. II.

*** Diese lediglich zum Vergleich angegebenen Lohndaten sind von BLUMBERG, H., Ein Beitrag zur Geschichte der deutschen Leinenindustrie 1834 bis 1870, In: Studien zur Geschichte der industriellen Revolution, a. a. O., S. 128, entnommen.

Tabelle 13

Die Entwicklung der preußischen Maschinenfabriken in den einzelnen Regierungsbezirken und ihre Arbeiterzahl von 1846 bis 1861 *

	Zahl der Fabriken					
Regierungsbezirke	1846	1849	1852	1855	1858	1861
Preußen	11	16	12	15	18	19
Pommern	4	6	10	11	11	10
Posen	2	2	1	4	9	10
Brandenburg	42	41	42	60	91	96
Sachsen	12	19	23	23	38	45
Schlesien	13	13	21	27	50	36
Westfalen	16	17	20	21	28	25
Rheinland	31	74	51	73	77	72
KR. Preußen	131	188	180	234	322	313
Gesamt	131	188	180	234	322	313
Hohenzollern			1			1

* Froriep, a. a. O., S. 110, Tab. 2.

	Zahl der Arbeiter					
Regierungsbezirke	1846	1849	1852	1855	1858	1861
Preußen	149	439	748	1370	1246	1678
Pommern	53	89	403	819	1443	1306
Posen	59	8	8	131	309	391
Brandenburg	2970	1048	1462	2199	6949	5806
Sachsen	1394	970	1371	2004	2687	2498
Schlesien	965	791	1251	920	3203	2409
Westfalen	237	394	618	929	1486	1232
Rheinland	1759	2459	3180	3971	4978	4529
KR. Preußen	7586	6198	9041	12343	22402	19849
weibl. Personen	26			36	5	1
Knaben	32		25	25	19	
Gesamt	7644	6198	9066	12404	22426	19850
Hohenzollern			3			19

Tabelle 14

Die Maschinenfabriken des Zollvereins von 1846 und 1861 (einschl. Schiffbau) sowie die Zahl der Beschäftigten *

	1846					1861		
	Betriebe	Arbeiter	Arbeite-rinnen	Knaben	Mäd-chen	Betriebe	Arbeiter	Arbeite-rinnen
Preußen	131	7585	26	32		314	19869	1
Oldenburg, Hannover						30	996	
Lippe						1	6	
Braunschweig						9	291	
Anhalt	2	48				9	422	
Dresden	56	127	2			36	1240	
Leipzig	16	517				33	1410	
Zwickau	135	1551		11	6	83	4692	
Bautzen	25	36				12	146	
Sachsen	232	2231	2	11	6	164	7488	
Thüringen	2	14				18	228	1
Oberbayern	4	329		8		6	810	
Niederbayern						3	23	
Oberpfalz u. Regensburg						3	156	
Oberfranken						3	40	
Mittelfranken	6	153				3	573	
Unterfranken	2	84	50			2	168	15
Schwaben, Neuburg	2	116				3	614	
Bayern	14	682	50	8		23	2384	15
Neckarkreis						25	1686	
Schwarzwaldkreis						5	59	
Donaukreis						18	464	
Württemberg	17	983	1			48	2209	
Herzogtum Hessen	14	246				30	834	
Kurfürstentum Hessen	4	212				7	380	
Herzogtum Nassau	1	45				7	270	
Luxemburg						5	185	
Zollverein	417	12046	79	51	6	665	35562	17

Erläuterungen:

Beachtet werden muß:

1. Neueinteilung der Gewerbetabelle 1861 in Preußen, nach der auch die anderen Staaten vorgingen.
2. Als Fabriken wurden Betriebe angesehen, die für den Großhandel arbeiteten.
3. 1846 wurden Handwerksbetriebe, vor allem in Sachsen, mitgezählt.
4. SCHMOLLER, G., Die Ergebnisse der zu Zollvereinszwecken in Württemberg stattgefundenen Gewerbezählung, Württemberg 1862, Heft 2; FRORIEP, O., a. a. O., S. 111, Tab. 3; Gewerbe-Tabelle der Fabrikationsanstalten und Fabrikunternehmungen aller Art in sämtlichen Staaten des Zollvereins nach der Aufnahme von 1846/47; Tabellen der Handwerker, der Fabriken sowie der Handels- und Transportgewerbe im Zollverein. Nach der Aufnahme im Jahre 1861 vom Zentral-Büro des Zollvereins zusammengestellt.

Tabelle 15

Die Betriebsgrößenverhältnisse in der deutschen Maschinenbauindustrie

Zahl der Arbeiter	Betriebe		Arbeiter	
	Anzahl	%	Anzahl	%
6 — 10	2	0,8	18	0,02
11 — 20	13	5,6	210	0,33
21 — 50	45	19,2	1597	2,56
51 — 100	62	26,5	4377	7,01
101 — 200	41	17,5	5879	9,42
201 — 400	37	15,9	10632	17,04
401 — 800	21	8,9	12205	19,57
801 — 1500	5	2,2	5539	8,88
1501 — 3000	6	2,6	11654	18,68
3001 — 5000	1	0,4	3250	5,21
über 5000	1	0,4	7000	11,22

Erläuterung:

Die Zahlen wurden von uns nach Angaben aus 234 Maschinenfabriken zusammengestellt.

3. *Verzeichnis der verwendeten Quellen und der Literatur*

A. ARCHIVALIFN

a) Deutsches Zentralarchiv, Abt. Merseburg:

Rep. 89×1 — 28
Rep. 120 D XIV, 1, No. 34, vol. 2
Rep. 120 D XIV, 1, No. 39
Rep. 120 D XVI, 1, No. 13, vol. 2
Rep. 120 D XIV, 1, No. 2, vol. 4
Rep. 120 D XIV, No. 12
Rep. 120 D XIV, 1, No. 54, vol. 3
Rep. 120 D XIV, 1, No. 34
Rep. 120 D XIV, No. 12, vol. 1
Rep. 120 I, No. 60
Rep. 120 D I, 1, No. 11, vol. 5
Rep. 120 D I, 1, No. 11, vol. 4
Rep. 120 D I, 1, No. 60
Rep. 120 A V, 5, No. 22, vol. 2
Rep. 120 XII, 7, No. 66
Rep. 120 C XIV, 1, No. 39
Rep. 120 A XII, 7, No. 169
Rep. 120 A XII, 7, No. 166, vol. 1
Rep. 128 BB VII, 1, 3, S. 100
Rep. 128 BB VII, 1, 3, vol. 1
Rep. 120, D I, No. 44
Rep. 120 A VIII, 1, No. 11
Rep. 120, A XII, 7, No. 165
Rep. 120 I, 1, No. 11, vol. 5
Rep. 120 I, No. 11, vol. 5
Rep. 120 D XIV, No. 13, vol. 2
Rep. 120, D II, No. 86

b) Sächsisches Landeshauptarchiv, Dresden:

Ministerium des Innern Nr. 5946
Ministerium des Innern Nr. 6614
Ministerium des Innern Nr. 5894

c) Stadtarchiv Karl-Marx-Stadt:

Cap. IX, Aa, No. 14

B. FEST- UND JUBILÄUMSSCHRIFTEN

Chronik, die, des Hauses Sack. O. J. (1863—1938) — Landmaschinenbau.
Denkschrift zum 50jährigen Bestehen des Werkes Maschinenbau-AG, vormals Starke u. Hoffmann, Hirschberg/Schles. 1868—1918.
Denkschrift der Rixdorfer Maschinenfabrik, GmbH vormals Schlickeysen, Rixdorf b. Berlin 1850—1910.
Denkschrift zur Erinnerung an das 50jährige Bestehen der Maschinenbauanstalt Humboldt i. Kalk/Köln — 1906.
Festschrift — Fünfzig Jahre CHN. Mansfeld 1861, 1. Okt. 1911.
Festschrift — Deutscher Maschinenbau 1837—1937 im Spiegel des Werkes Borsig. Berlin 1939.
Festschrift — 75 Jahre Schwartzkopff. Berlin 1927.
Festschrift zur 50. Hauptversammlung des Vereins Deutscher Eisengießereien.
Zur Geschichte der deutschen Eisengießereien. Düsseldorf 1920.
Festschrift — 100 Jahre Hanomag. Düsseldorf 1935.
Festschrift — Fünfzig Jahre Kircheiswerk 1861—1911. O. J. u. o. O.
A. Borsig, Berlin 1837—1902. Festschrift zur Produktion der 5000. Lokomotive. Berlin 1902.
Festschrift — Die Schichau-Werke in Elbing, Danzig u. Pillau 1837—1912. O. J.
75 Jahre Collet u. Engelhard 1862—1937. O. O.
Geschichte der Firma G. Sauerbrey Maschinenfabrik AG, Staßfurt o. J. (1863-1913).
Geschichtskalender der Eckertwerke 1846—1921.
Hundert Jahre Bochumer Eisenhütte, Bochum 1851—1951.
Hundert Jahre deutsche Eisenbahnen. O. O. 1938.
Sächsische Maschinenfabrik R. Hartmann AG Chemnitz o. J. (Festschrift).

C. PERIODICA UND BERICHTE

„Allgemeine Zeitung". Augsburg 1882, Nr. 207.
Beiträge zur Geschichte der Technik und Industrie. Jahrbuch des Vereins der deutschen Ingenieure. Herausgegeben von C. Matschoss (sämtl. Bände).
„Berliner Klinische Wochenschrift". Jg. 1868, Nr. 8.
„Bremer Handelsblatt". Jg. 1855, Nr. 199.
„Commercial Reports" receired at the Foreign Office from her Majesty Consuls in 1869, London 1869.
„Deutsche Industriezeitung". Jg. 1862, 1865, 1866, 1868, 1869, 1870, 1871.
„Leipziger Zeitung". Nr. 5 vom 6. 1. 1852.
„Preußisches Handelsarchiv". Jg. 1866, 2. Hälfte.
„Sächsische Industriezeitung". Jg. 1860, Nr. 16.
Sonderheft des Instituts für Konjunkturforschung. Nr. 37: Die Großhandelspreise in Deutschland von 1792 bis 1934, Berlin 1935.

„The Practical Mechanic's Journal". Jg. 1837.
Jahresberichte der Handelskammer Aachen u. Burtscheid für 1856, 1857, 1859, 1860, 1861, 1865, 1866.
Jahresberichte der Ältesten der Kaufmannschaft zu Berlin für 1854, 1856, 1858, 1859, 1861, 1868.
Jahresberichte der Handelskammer Bielefeld für 1869.
Jahresberichte der Handelskammer Breslau für 1853, 1854, 1859, 1861, 1868–1871.
Jahresberichte der Handels- und Gewerbekammer Chemnitz für 1864, 1865, 1866—1870.
Jahresberichte der Handelskammer Dortmund für 1868—1869.
Jahresberichte der Handelskammer Duisburg für 1860—1870.
Jahresberichte der Handelskammer Düsseldorf für 1858, 1863—1870.
Jahresberichte der Handelskammer Elberfeld für 1851, 1853, 1858.
Jahresberichte der Ältesten der Kaufmannschaft zu Elbing über Handel, Gewerbe und Schiffbau für 1856, 1857, 1858.
Jahresberichte der Handelskammer Essen für 1856, 1861, 1865, 1866—1870.
Jahresberichte der Handelskammer Eupen für 1863, 1864, 1865, 1866.
Jahresberichte der Handelskammer Frankfurt a. M. für 1871.
Jahresberichte der Handelskammer des Kreises Hagen für 1850, 1856, 1857, 1858, 1868, 1869.
Jahresberichte der Handelskammer Hannover für 1871.
Jahresberichte der Handelskammer für die Stadt und den Kreis Görlitz für 1858, 1859, 1862, 1863, 1868, 1871.
Jahresberichte der Handelskammer Koblenz für 1859, 1860—1870.
Jahresberichte der Handelskammer Köln für 1858, 1860, 1861.
Jahresberichte der Handelskammer des Kreises Lennep für 1857, 1858.
Berichte der Ältesten der Kaufmannschaft zu Magdeburg für 1853, 1859, 1860—1870.
Jahresberichte der Handelskammer Mühlheim für 1853, 1860—1870.
Jahresberichte der Handelskammer Stolberg für 1851, 1869.
Berichte der Ältesten der Kaufmannschaft zu Tilsit für 1860—1861, 1863, 1866.
Jahresberichte westfälischer Handelskammern 1859—1861.
„Zeitschrift des VDJ". Düsseldorf 1949.

D. LITERATUR

MARX, K., Das Kapital. Bd. I, Berlin 1955; Bd. II, Berlin 1955; Bd. III, Berlin 1956.
MARX, K., Rede über die Frage des Freihandels (Anhang 16: „Das Elend der Philosophie"). Berlin 1952.
MARX/ENGELS/LENIN/STALIN (im folgenden MELS), Zur Deutschen Geschichte. Bd. I u. II, Berlin 1953/54.
MARX/ENGELS, Briefwechsel. Bd. II, Berlin 1950.
ENGELS, F., Deutsche Zustände. Berlin 1952.
ENGELS, F., Der deutsche Bauernkrieg. Berlin 1946.
ENGELS, F., Einleitung zu Marx, K., Die Klassenkämpfe in Frankreich 1848—1850. In: MARX/ENGELS, Ausgewählte Schriften in 2 Bänden. Bd. I, Moskau 1950.
ENGELS, F., Die Rolle der Gewalt in der Geschichte. In: MELS, Bd. II, 2. Hälfte, Berlin 1954.
LENIN, W. I., Die Entwicklung des Kapitalismus in Rußland. Werke, Bd. 3, Berlin 1956.
LENIN, W. I., Bemerkungen zur Frage der Theorie der Märkte. In: MARX, K., Das Kapital. Bd. II, Berlin 1955.
LENIN, W. I., Über die „Linksschwenkung" der deutschen Bourgeoisie in den 60er Jahren. In: MELS, Bd. II, 1. Hälfte, Berlin 1954.
BONDI, G., Deutschlands Außenhandel 1815—1870. Berlin 1958.

ENGELBERG, E., Deutschland 1849—1871. Berlin 1959.

FAINGAR, J. M., Die Entwicklung des deutschen Monopolkapitals. Berlin 1959.

KUCZYNSKI, J./WITTKOWSKI, G., Die deutsch-russischen Handelsbeziehungen in den letzten 150 Jahren. Berlin 1947.

KUCZYNSKI, J., Studien zur Geschichte des Kapitalismus. Berlin 1957.

KUCZYNSKI, J., Die Geschichte der Lage der Arbeiter in Deutschland von 1789 bis in die Gegenwart. Bd. I, 1. Teil, Berlin 1954.

MOTTEK, H., Zum Verlauf und zu einigen Hauptproblemen der industriellen Revolution in Deutschland. In: Studien zur Geschichte der industriellen Revolution, Berlin 1960.

MOTTEK, H., Die Volkswirtschaft Deutschlands von 1849 bis 1871. Vorlesung, Maschinenschr., unveröffentlicht.

MOTTEK, H., Wirtschaftsgeschichte Deutschlands. Bd. I, Berlin 1957.

OELSSNER, F., Die Wirtschaftskrisen. Bd. I, Berlin 1949.

SCHRÖTER, A., Die Entstehung der deutschen Maschinenbauindustrie in der ersten Hälfte des 19. Jh. In: Die deutsche Maschinenbauindustrie in der industriellen Revolution. Berlin 1962.

TODT, E., Die gewerkschaftliche Betätigung in Deutschland 1850—1859. Berlin 1950.

BAAR, L., Die Entwicklung der Berliner Industrie in der Periode der industriellen Revolution. Diss. Hochschule für Ökonomie, Berlin 1961.

BECKER, W., Die Bedeutung der nichtagrarischen Wanderungen für die Herausbildung des industriellen Proletariats in Deutschland, unter besonderer Berücksichtigung Preußens von 1850 bis 1870. In: Studien zur Geschichte der industriellen Revolution, Berlin 1960.

BLUMBERG, H., Die Finanzierung der Neugründungen und Erweiterungen von Industriebetrieben in Form der Aktiengesellschaften während der fünfziger Jahre des 19. Jahrhunderts in Deutschland, am Beispiel der preußischen Verhältnisse erläutert. In: Studien zur Geschichte der industriellen Revolution, Berlin 1960.

BLUMBERG, H., Ein Beitrag zur Geschichte der deutschen Leinenindustrie von 1834 bis 1870. In: Studien zur Geschichte der industriellen Revolution, Berlin 1960.

WEHNER, H., Die Entwicklung des deutschen Bergbaues von 1850 bis 1870. Forschungsref., Institut für Wirtschaftsgeschichte, Maschinenschr.

WUTZMER, H., Die Baumwollindustrie Deutschlands von 1834 bis 1870. Forschungsref., Institut für Wirtschaftsgeschichte, Maschinenschr.

Adreßbücher der Stadt Chemnitz von 1852 bis 1872. Stadtarchiv Karl-Marx-Stadt.

Amtlicher Bericht über die Industrieausstellung aller Völker in London im Jahre 1851. Berlin 1853, Bd. 2, 1852, Bd. 3, 1853.

Amtlicher Bericht über die Allgemeine Pariser Ausstellung 1855. Berlin 1856.

Amtlicher Bericht über die Industrie- und Kunstausstellung zu London im Jahre 1862. Berlin 1865.

Amtlicher Katalog der Ausstellung des Deutschen Reiches. Berlin 1873 (Wiener Weltausstellung).

ASCHENBRENNER, K., Die Hannoversche Maschinenindustrie seit ihrer Entstehung im Anfang der 30er Jahre bis zum Jahre 1884. Diss. Göttingen 1921.

BAER, A., Über die Entwicklung der Mannheimer Eisen- und Maschinenindustrie mit besonderer Berücksichtigung der Arbeiterverhältnisse. Diss. Heidelberg 1901.

BARTH, H., Die sozialen Zustände der unteren Bevölkerungsschichten in Chemnitz während der Umgestaltung unseres Wirtschaftslebens im vorigen Jahrhundert. Diss. Frankfurt a. M. o. J.

BECK, H., Lohn- und Arbeitsverhältnisse in der deutschen Maschinenindustrie am Ausgange des 19. Jahrhunderts. In: Untersuchungen aus dem volkswirtschaftlichen Seminar der Königlich Technischen Hochschule in Dresden, Heft 2, Berlin 1902.

BECK, L., Die Geschichte des Eisens. Braunschweig 1903.

Berichte aus den Kreisen der Provinzen Preußen, Posen, Pommern, Brandenburg, Schlesien, Sachsen für 1862—1866. In: Jahrbuch für die Amtliche Statistik des Preußischen Staates. II. Jg., Berlin 1867.

Berichte über die Allgemeine Ausstellung zu Paris im Jahre 1867. Berlin 1868.

BERNDT, C., Die Entwicklung der Schraubengewinde. In: BGTJ, Bd. 14, Berlin 1924.

BERNDT, E., Entwicklungsrichtungen im neuzeitlichen Großwerkzeugmaschinenbau. In: BGTJ, Bd. 30, Berlin 1941.

BERTHOLD, K., Untersuchungen über den Standort der Maschinen-Industrie in Deutschland. Jena 1915.

Beschreibender Kalender der Württemberger Erzeugnisse in der Allgemeinen Deutschen Industrieausstellung zu München, Stuttgart 1854.

BIELEFELDT, K., Das Eindringen des Kapitalismus in die Landwirtschaft, unter besonderer Berücksichtigung der Provinz Sachsen und der angrenzenden Gebiete. Berlin 1911.

BIENENGRÄBER, A., Statistik des Verkehrs und Verbrauchs im Zollverein für die Jahre 1842 bis 1864. Berlin 1868.

BOECKH, R., Ortschaftsstatistik des Regierungsbezirks Potsdam. Berlin 1861.

BÖSSELMANN, K., Die Entwicklung des deutschen Aktienwesens im 19. Jahrhundert. Berlin 1939.

BORRIES, K. v., Das Puddelverfahren im Rheinland und Westfalen. Diss. Düsseldorf 1929.

British Economic History Since 1760 v. S. G. E. Lythe, M. A. London 1950.

BÜCHNER, F., Hundert Jahre Geschichte der Maschinenfabrik Augsburg-Nürnberg (1840—1940).

BUXBAUM, B., Der englische Werkzeugmaschinen- und Werkzeugbau im 18. und 19. Jahrhundert. In: BGTJ, Bd. 11, Berlin 1921.

BUXBAUM, B., Der deutsche Werkzeugmaschinen- und Werkzeugbau im 19. Jahrhundert. In: BGTJ, Bd. 9, Berlin 1919.

CHEVALIER, M., Die heutige Industrie, ihre Fortschritte und die Voraussetzungen ihrer Stärke. Berlin 1863.

DÄBRITZ, W., Entstehung und Aufbau des rheinisch-westfälischen Industriebezirkes. In: BGTJ, Bd. 15, Berlin 1925.

Denkschrift über die Gewerbeverhältnisse Hannovers beim Eintritt in den preußischen Staat. Hannover 1867.

DOOGS, K., Die Berliner Maschinen-Industrie und ihre Produktionsbedingungen seit ihrer Entstehung. Berlin 1928.

ENGEL, E., Die erwerbstätigen juristischen Personen, insbesondere die Aktiengesellschaften im preußischen Staate. Berlin 1876.

ENGEL, E., Die Reform der Gewerbestatistik im deutschen Reiche. Berlin 1872.

ENGEL, E., Die deutsche Industrie 1875 und 1861. Berlin 1881.

FAULKNER, H., Geschichte der amerikanischen Wirtschaft. Düsseldorf 1957.

FINKE, L., Die Mannheimer Maschinenindustrie als Standortproblem betrachtet. Diss. Heidelberg 1924.

FISCHER, G., Die Kraftmaschine. In: Arbeiten der DLG, Heft 177, Berlin 1910.

FISCHER, G., Die Entwicklungsbedingungen des landwirtschaftlichen Maschinenwesens und seine Bedeutung für die Landwirtschaft. In: Arbeiten der DLG, Heft 177: Die Entwicklung des landwirtschaftlichen Maschinenwesens in Deutschland, Berlin 1910.

FLEGEL, K./TORNOW, M., Montanstatistik des Deutschen Reiches. Berlin 1915.

FORBES, R. J., Vom Steinbeil zum Überschall. München 1954.

FREIBERGER, E., Die deutsche Maschinenbauindustrie. Diss. Würzburg, Trier 1913.

FRORIEP, O., Zur Geschichte der Maschinenbau-Industrie und der Maschinenzölle im deutschen Zollverein. Stuttgart, Berlin, Leipzig 1918.

FUHLROTT, J., Die wirtschaftliche Entwicklung der Maschinenindustrie in Magdeburg unter besonderer Berücksichtigung der Herkunft der Arbeiterschaft. Diss. Leipzig o. J.

Gewerbetabelle der Fabrikationsanstalten und Fabrikunternehmungen aller Art in sämtlichen Staaten des Zollvereins für 1846 und 1861.

GLASER, E., Die Hannoversche Maschinenbau AG, vormals Georg Egestorff zu Linden vor Hannover. Diss. Halle/S. 1909.

GÜNTHER, E., Die Entlöhnungsmethoden in der bayrischen Eisen- und Maschinen-Industrie. Berlin 1908.

HAUBOLD, S., Entwicklung und Organisation einer Chemnitzer Maschinenfabrik. Diss. Bonn 1939.

HAUSSHERR, H., Wirtschaftsgeschichte der Neuzeit. Weimar 1954.

HEISMANN, H., Die geschichtliche Entwicklung des deutschen Maschinen-Außenhandels. Diss. Berlin 1926.

HERMANN, H., Die Entwicklung der Waggonfabrik J. Rathgeber in München. In: BGTJ, Bd. 8, Berlin 1918.

HOCKER, N., Die Großindustrie Rheinlands und Westfalens. Leipzig 1867.

HÖHNE, E., Die Entwicklung der anhaltischen Maschinen-Industrie. Diss. Rostock 1928.

HOFER, M., Der Landmaschinenbau. In: Musterbetriebe der Deutschen Wirtschaft, Bd. 10, Landmaschinenbau, Berlin 1929.

HUDDE, H., Die Wirtschafts- und Bevölkerungsentwicklung der Stadt Essen in den Jahren 1800 bis 1914. Diss. Freiberg o. J.

Jahresbericht der Maschinenfabrik und Eisengießerei H. F. Eckert. Berlin 1866.

Jahrbuch für die Amtliche Statistik des Preußischen Staates. II. Jg., Berlin 1867, IV. Jg., Berlin 1867.

LAUX, K., Die Entwicklung der Frankenthaler Maschinen-Industrie. Diss. Gießen 1929.

LEGGE, J., Kapital- u. Verwaltungsüberfremdung bei der Industrie und den Verkehrsanstalten Deutschlands von 1800 bis 1923/24. Halberstadt 1924.

LEISKOW, H., Spekulation und öffentliche Meinung in der 1. Hälfte des 19. Jh. Jena 1930.

LESSING, J., Das halbe Jahrhundert der Weltausstellungen. Berlin 1900.

v. LIPPMANN, E., Die Entwicklung der deutschen Zuckerindustrie von 1850 bis 1900. Leipzig 1900.

LOEWENSTEIN, H., Die Entwicklung der Hallischen Maschinenindustrie. Diss. Halle 1925.

Londoner Ausstellung — Spezialkatalog der Gewerblichen Ausstellung des Zollvereins. Berlin 1862.

MATSCHOSS, C., R. Wolf, der Begründer der Maschinenfabrik in Magdeburg-Buckau. In: BGTJ, Bd. 4, Berlin 1912.

MATSCHOSS, C., Männer der Technik. Berlin 1925.

MATSCHOSS, C., Geschichte des Zahnrades. Berlin 1940.

MATSCHOSS, C., Die Entwicklung der Dampfmaschine. Bd. I u. II, Berlin 1908.

MATSCHOSS, C., Die Geschichte der Dampfmaschine. Berlin 1901.

MATSCHOSS, C., Vom Ingenieur, seinem Werden und seiner Arbeit in Deutschland. In: BGTJ, Bd. 20, Berlin 1930.

MATSCHOSS, C., Ein Jahrhundert deutscher Maschinenbau 1819—1919. Berlin 1919.

MAYER, M., Emil Keßler, ein Begründer des deutschen Lokomotivbaues. In: BGTJ, Bd. 14, Berlin 1924.

MENGEL, W., Strukturwandlungen und Konjunkturbewegung in der Werkzeugmaschinen-Industrie. Diss. Berlin 1931.

MISSELWITZ, A., Die Entwicklung des Gewerbes in Halle a. S. während des 19. Jahrhunderts. Jena 1913.

NEUSS, E., Lebensbilder zur Geschichte der Industrie- und Handelskammer zu Halle. Bd. II, Halle 1929.
PASTOR, J. J., Die Ausfuhr des deutschen Maschinenbaues und ihre volkswirtschaftliche Bedeutung. Diss. Köln 1937.
PINNER, F., Die großen Weltkrisen. Zürich und Leipzig 1937.
PÖNICKE, H., Sachsens Entwicklung zum Industriestaate (1850—1871). Dresden 1934.
POHLE, L., Die Entwicklung des deutschen Wirtschaftslebens im letzten Jahrhundert. Berlin 1923.
ROE, J. W., Aus der Geschichte der amerikanischen Werkzeugmaschinen. In: BGTJ, Bd. 17, Berlin 1927.
SCHLIER, O., Der deutsche Industriekörper seit 1860. Tübingen 1922.
SCHULTE, F., Die Entlohnungsmethoden in der Berliner Maschinenindustrie. In: Untersuchungen über die Entlohnungsmethoden in der deutschen Eisenindustrie und Maschinenindustrie, Heft 2, Berlin 1906.
SCHULZE, E. H., Hundert Jahre Werkstoffprüfung. In: „Zeitschrift des VDJ", Bd. 9, Nr. 7, Düsseldorf 1949.
SERING, M., Geschichte der preußisch-deutschen Eisenzölle von 1818 bis zur Gegenwart. Leipzig 1882.
SIODLACZEK, E., Die Entwicklung der Leipziger Maschinenindustrie. Diss. Halle/S. 1930.
Statistisches Handbuch für das Deutsche Reich, Teil 2, Berlin 1907.
STOLL, H., Die deutsche Landmaschinen-Industrie und ihre Lebensbedingungen. Diss. Frankfurt a. M. 1936.
Tabellen und Amtliche Nachrichten über den Preußischen Staat für 1846, 1849, 1858, 1861.
Tabellen der Handwerker, der Fabriken sowie der Handels- und Transportgewerbe im Zollverein nach der Aufnahme im Jahre 1861.
THEUERKORN, A., Die industrielle Entwicklung der Stadt Chemnitz. Diss. Würzburg 1923.
VIEBAHN, G., Statistik des zollvereinten und nördlichen Deutschlands. Teil 2, Berlin 1862.
SARTORIUS v. WALTERSHAUSEN, A., Deutsche Wirtschaftsgeschichte 1815—1914. Jena 1923.
WEFELMEIER, H.-J., Die geschichtliche Entwicklung der Kölner Maschinenindustrie. Diss. Köln 1932.
WIEDENFELD, K., Ein Jahrhundert rheinische Montan-Industrie 1815—1915. Bonn 1916.
WIEDFELDT, O., Statistische Studien zur Entwicklungsgeschichte der Berliner Industrie von 1720 bis 1890. Leipzig 1898.
WINKLER, M., Die Metallindustrie Mitteldeutschlands in ihrer geschichtlichen Entwicklung. Diss. Halle/S. 1934.
ZANDER, A., Die wirtschaftliche Entwicklung der Provinz Sachsen im 19. Jh. Diss. Halle/S. 1934.
Zeitschrift des Statistischen Bureaus des Königlich Sächsischen Ministeriums des Innern (verschiedene Jahrgänge).
ZÖLLNER, G., Johann von Zimmermann. In: BGTJ, Bd. 29, Berlin 1940.
ZÖLLNER, C. W., Geschichte der Fabrik- und Handelsstadt Chemnitz. Chemnitz 1888.

Kolibri 360 GmbH
Ferdinand-Jühlke-Straße 7
99095 Erfurt, Deutschland
produktsicherheit@kolibri360.de